Introdução à Econometria

Introdução à Econometria

2018 • 2ª Edição

José Murteira
Vítor Castro

ALMEDINA

INTRODUÇÃO À ECONOMETRIA

AUTORES
José Murteira
Vítor Castro

EDITOR
EDIÇÕES ALMEDINA, S.A.
Rua Fernandes Tomás, nºs 76-80
3000-167 Coimbra
Tel.: 239 851 904 · Fax: 239 851 901
www.almedina.net · editora@almedina.net

DESIGN DE CAPA
FBA.

PRÉ-IMPRESSÃO
EDIÇÕES ALMEDINA, SA

IMPRESSÃO E ACABAMENTO
PENTAEDRO, LDA.
Fevereiro, 2018

DEPÓSITO LEGAL
437008/18

ALMEDINA | GRUPOALMEDINA

BIBLIOTECA NACIONAL DE PORTUGAL – CATALOGAÇÃO NA PUBLICAÇÃO
MURTEIRA, José, e outro

Introdução à econometria / José Murteira, Vítor Castro. – 2ª ed

ISBN 978-972-40-7364-4
I – CASTRO, Vítor

CDU 330

Índice

Prefácio

Como frequentemente acontece, o presente trabalho teve origem em textos de apoio da actividade docente – no caso, um conjunto de apontamentos teóricos disponibilizados na disciplina de Econometria desde 2009, na licenciatura de Economia da Universidade de Coimbra. Dado o interesse em acompanhar a bibliografia existente, na sua maioria em língua inglesa, com um texto em português, procurou-se, de há alguns anos a esta parte, converter e ampliar as notas originais, de modo a produzir um manual organizado de âmbito mais abrangente do que o de um simples caderno pedagógico.

Como o próprio título indica, o texto reveste um cariz introdutório, visando proporcionar a quem, por primeira vez, contacta com estas matérias, uma compreensão suficiente de noções fundamentais, ao longo de um conjunto de temas que constituem o núcleo básico (ou parte deste, consoante as opiniões) da disciplina de Econometria. Neste sentido se procura, por exemplo, fazer acompanhar os resultados teóricos de exemplos práticos, que motivam e naturalmente ilustram o alcance e aplicação da teoria. No fim de cada capítulo inclui-se vários exercícios, que permitem testar a compreensão dos respectivos tópicos. Alguns exercícios envolvem análise de dados reais, que estão disponibilizados em http://www.almedina.net/livro/isbn/9789724060149. A este respeito, refira-se também a publicação de um manual de resolução dos exercícios incluídos no presente livro: dos mesmos autores, *Introdução à Econometria – exercícios resolvidos*, Almedina, Coimbra, 2018.

Sem prejuízo da preocupação pedagógica, procura-se manter na exposição um nível de rigor necessário que, assim se pretende, longe de dificultar a finalidade geral do livro, antes a favoreça. Neste sentido, com frequência se demonstra resultados teóricos fundamentais (no fim de cada capítulo e cuja leitura se pode omitir sem prejuízo de uma utilização mais superficial). De referir, também, que em vários pontos se alude a extensões dos temas abordados, remetendo os interessados para outras obras e sugerindo, do mesmo modo, um aprofundar do estudo. Em concreto, o texto presente cinge-se a modelos uni-equacionais, na sua maioria lineares, em cujo âmbito o método OLS e respectivas variantes constituem a ferramenta mais usual. Vários temas aqui não tratados, como sistemas de equações de regressão, modelos de equações simultâneas ou o método generalizado dos momentos podem consultar-se noutros manuais. Por outro lado, diversamente de vários textos disponíveis, o presente livro inclui, por exemplo, o método da máxima verosimilhança e alguns modelos simples de escolha discreta (de uso frequente em microeconometria).

O livro pode naturalmente utilizar-se em cadeiras de Econometria introdutória ou de nível intermédio, possibilitando alguma flexibilidade de utilização. Um programa semestral de nível introdutório inclui usualmente os capítulos 1–7, sobre estimação e inferência em modelos uni-equacionais para dados seccionais (incluindo a violação das hipóteses clássicas), bem como os capítulos 9–11, sobre estimação e inferência em modelos para dados temporais. Num âmbito introdutório pode-se ainda omitir ou limitar a aspectos operativos o capítulo 5, sobre propriedades assintóticas do estimador OLS. Por seu turno, um curso de nível mais intermédio pode optar por excluir, por exemplo, os capítulos 1, 2 (regressão linear simples) e 6 (variáveis explicativas *dummy*), apresentando em termos gerais o modelo uni-equacional de regressão linear, em contexto de dados seccionais (capítulos 3–5 e 7). Além dos capítulos 9–11, pode-se também incluir vários capítulos da parte III do livro, sobre tópicos mais avançados; por exemplo, os capítulos 12 e 13 (respectivamente, variáveis instrumentais e modelos lineares para dados de painel), abordando-se também, consoante o tempo disponível e os objectivos visados, o método da máxima verosimilhança (capítulos 14 e 15) e/ou tópicos avançados em modelos para dados temporais (como, por exemplo, testes de estacionaridade e cointegração – capítulo 16). Em qualquer caso, sendo uma área de confluência de diversas matérias de natureza quantitativa (álgebra linear, cálculo, probabilidades e estatística), a exposição faz amplo uso de técnicas e instrumentos básicos usuais, provenientes de todas estas áreas. Por este motivo se inclui no texto três anexos acerca de, respectivamente, álgebra linear, elementos de probabilidade e elementos de estatística – proporcionando estes dois domínios o "ambiente" científico em que tem evoluído a disciplina de Econometria, na esteira da intuição original de Haavelmo (veja-se, a este propósito, a secção 1.1, adiante).

Diversas influências se mostraram relevantes para o trabalho proposto, já em segunda edição. Refira-se, antes de mais, a preferência pela articulação do texto em torno dos diversos tipos de dados económicos – em particular, dados seccionais, temporais ou de painel. Uma opção que se enquadra na perspectiva adoptada em textos modernos de utilização frequente, como Wooldridge (2016), e se coaduna bem com uma abordagem probabilística da Econometria, que o presente trabalho visa reflectir. A nível mais prático, destaca-se a experiência lectiva, que tem contribuído para uma compreensão progressivamente mais clara – e pedagogicamente mais profícua – das matérias. O contacto com formadores e colegas, na Universidade de Coimbra e outras instituições de ensino e de investigação, merece naturalmente o devido realce. Cabe aqui a ressalva habitual devida a eventuais incorrecções, de natureza formal ou substantiva, de única responsabilidade dos autores. Admite-se, mesmo assim, que o texto proposto possa constituir um pequeno contributo para a formação dos estudantes aos quais se dirige.

Janeiro, 2018
José Murteira
Vítor Castro

1 Introdução

1.1 Econometria

Algumas definições

Literalmente, *Econometria* significa medição em economia, ou medida de realidades de natureza económica. Supondo adquiridos os significados dos dois termos – "medição" e "economia" – ou, pelo menos, ideias intuitivas de cada um, coloca-se a questão de como traduzir esta noção etimológica, mais ou menos vaga, em termos simultaneamente mais rigorosos, do ponto de vista científico, e mais úteis do ponto de vista prático. Várias propostas na literatura têm contribuído para uma progressiva clarificação, quer da definição, quer do objecto da Econometria.

Atribui-se a Frisch (1933) a introdução do termo "Econometria". Segundo este Autor, a definição decorre da declaração dos objectivos da *Econometric Society*, uma "sociedade internacional dedicada ao avanço da teoria económica, na sua relação com a estatística e a matemática ...", com o objecto principal de "promover estudos que visam uma unificação das abordagens teórico-quantitativa e empírico-quantitativa aos problemas económicos ..." O Autor nota que "nenhuma das três perspectivas, a estatística, a teoria económica ou a matemática, constitui, por si só, condição suficiente para uma compreensão real das relações quantitativas na vida económica moderna. (...) É a *unificação* das três perspectivas que constitui a Econometria."(1)

Pode-se afirmar que esta definição permanece válida hoje, embora, naturalmente, com alguma evolução. No essencial, todas as definições propostas posteriormente partilham a ideia básica de que a Econometria tem por objecto a verificação empírica das relações económicas (veja-se, entre muitos outros exemplos na literatura, Spanos,

---

(1) As citações incluídas no texto são tradução dos autores.

1986, Greene, 2012, ou Wooldridge, 2016). Os três ingredientes básicos desta verificação são, conjuntamente, a teoria económica, os dados económicos e os métodos estatísticos – nem a medição sem teoria (económica), nem a teoria sem medição (estatística), bastam para explicar os fenómenos económicos.

Várias subdivisões e especializações se podem considerar no âmbito geral da disciplina. Uma primeira classificação distingue a teoria econométrica da econometria aplicada: a primeira ocupa-se do desenvolvimento de técnicas e das propriedades estatísticas dos métodos propostos; a segunda desenvolve modelos económicos quantitativos e aplica os métodos econométricos a estes modelos, utilizando dados económicos. Sob uma perspectiva alternativa, distingue-se também a *macroeconometria* da *microeconometria*. A primeira envolve usualmente a análise de dados temporais, com frequência a respeito de grandes agregados como o investimento, taxa de crescimento, nível de preços, oferta de moeda, rendimento nacional, etc.. A segunda envolve vulgarmente a análise de dados seccionais ou dados de painel, relativos a agentes económicos de nível micro, como consumidores individuais, empresas, etc..(2) A análise microeconométrica socorre-se frequentemente de instrumentos teóricos como, por exemplo, a maximização do lucro e da utilidade, ou o equilíbrio de mercado.

Abordagem probabilística

A vertente económica da realidade é conhecida em grau limitado, ou aproximado. Este facto, evidente para os cientistas sociais, implica que os modelos económicos – formalização matemática de relações entre variáveis económicas – são uma simplificação das relações económicas reais (preservando, supostamente, o essencial desta realidade). Com

(2) V. sec. 1.3 para a definição de dados seccionais, temporais e de painel.

efeito, raramente se encara as equações de um modelo como traduzindo exactamente a realidade. Acresce que os dados a respeito das variáveis envolvidas nos modelos, necessários para a sua verificação empírica, constituem usualmente realizações não inteiramente controladas das variáveis em causa.

Em consequência, é cada vez mais consensual a aceitação da proposta de Haavelmo (1944), segundo a qual os modelos económicos devem, necessariamente, constituir modelos *probabilísticos*, ou modelos *estocásticos* – modelos que envolvem relações não exactas entre as variáveis económicas de interesse, as quais devem ser encaradas como variáveis *aleatórias*. A consideração da aleatoriedade, como tradução do imperfeito conhecimento da realidade, evita a aplicação de modelos quantitativos determinísticos a dados que constituem realizações não inteiramente controladas de variáveis (e estruturas) económicas – que, por este motivo, se devem considerar aleatórias.

Deste modo, o método adequado a uma análise económica quantitativa resulta da construção probabilística de um modelo económico. Quando este é encarado como modelo estocástico, recorre-se naturalmente a resultados da estatística matemática teórica, para obter instrumentos adequados de quantificação e inferência a respeito da realidade económica de interesse. Em todo o caso, não obstante a concordância generalizada dos economistas a este respeito, o modo da sua concretização tem naturalmente variado. De acordo com Hansen (2017, sec. 1.2), a *abordagem estrutural*, mais próxima da proposta original de Haavelmo, supõe que o modelo probabilístico é correctamente especificado, o que conduz, tipicamente, a análises baseadas na função de distribuição conjunta das variáveis do modelo (ou na distribuição condicional das variáveis dependentes dadas as variáveis explicativas) – designadamente, a estimação por máxima verosimilhança (MV) e a estimação bayesiana. Esta abordagem tem sido criticada como demasiado restritiva, já que dificilmente se aceita que os modelos probabilísticos traduzam fielmente a realidade dos processos geradores dos dados observados. Em vez disso, parece mais correcto (e útil) considerar os modelos como aproximação ou simplificação do real; ou, de modo análogo, encarar o modelo económico probabilístico como parcialmente formulado, deixando algumas características por especificar. Esta abordagem designa-se *semi-paramétrica* e no seu âmbito surgiram vários métodos de estimação e inferência, tais como os métodos dos mínimos quadrados e das variáveis instrumentais (IV), entre outros. Esta é actualmente a abordagem dominante em Econometria, constituindo o tema principal do presente texto. Não obstante, os capítulos 14 e 15 afloram também a abordagem estrutural, introduzindo o método MV e a sua aplicação em contextos microeconométricos simples.

1.2 Terminologia e notação básica

Tipicamente, um investigador dispõe de um conjunto de *dados* ou *observações* a respeito das variáveis ou características económicas de interesse para o estudo que pretende realizar. Com frequência, o objectivo principal deste estudo consiste em medir o efeito de uma ou mais variáveis (*variáveis explicativas*) sobre uma outra variável (designada *variável dependente*). Por exemplo, num estudo sobre o impacto da escolaridade sobre o salário, as variáveis podem incluir o rendimento salarial, o número de anos de escolaridade, experiência profissional, idade e género, entre outras. As características económicas em apreço constituem variáveis aleatórias, que, como tal, assumem valores de acordo com uma distribuição conjunta de probabilidades. Estas variáveis e a respectiva distribuição conjunta designam-se usualmente *população* ou *processo gerador dos dados*; o vector das realizações, ou observações, das variáveis constitui a *amostra*.[3]

---

(3) V. anexos B e C para uma descrição mais demorada de conceitos como variável aleatória, função de distribuição, população e amostra.

Cada observação refere-se frequentemente a um *indivíduo* ou *unidade estatística* - trabalhador, agregado familiar, empresa, concelho, país, etc.. Uma observação também pode constituir uma realização de variáveis temporalmente indexadas, em determinado momento - por exemplo, taxa de inflação mensal, PIB anual ou índice bolsista diário.

Usualmente, denota-se as variáveis por letras minúsculas do alfabeto latino, em itálico - y, x, etc. (y representa vulgarmente a variável dependente). Diversamente da notação estatística, em que se distingue a variável aleatória da sua realização, utiliza-se no texto letras minúsculas para denotar indistintamente uma e outra, seguindo o uso frequente em Econometria (em princípio, o contexto deverá esclarecer o significado da notação em cada caso). Utiliza-se letras maiúsculas em negrito para representar matrizes; para vectores utiliza-se letras minúsculas, também em negrito - por exemplo, $\boldsymbol{X}$, $\boldsymbol{y}$, respectivamente.

O número de observações da amostra designa-se *dimensão da amostra* e representa-se genericamente por n (amostras de dados seccionais) ou T (amostras de dados temporais). Para representar as observações de uma variável, afecta-se a respectiva letra de um índice observacional, relativo ao indivíduo, ou período temporal, ou ambos. Frequentemente utiliza-se o índice "i" para indicar o indivíduo e o índice "t" para o período temporal (e o índice duplo "it" para uma observação relativa ao indivíduo i no período t) - por exemplo, y_i, y_t, y_{it}. Quando há várias variáveis explicativas (o mais frequente), pode-se utilizar a mesma letra para estas variáveis, cada uma com um índice próprio - por exemplo, as variáveis x_1 e x_2. Neste caso, o índice observacional precede o índice da variável: x_{i2} denota a observação i da variável x_2.

Para representar os parâmetros dos modelos utiliza-se letras gregas minúsculas, eventualmente indexadas (β_0, β_1, etc.). Os vectores de parâmetros representam-se em negrito - por exemplo, $\boldsymbol{\beta}$ - e as matrizes de parâmetros (por exemplo, matrizes de covariâncias ou correlações) com letras gregas maiúsculas em negrito – $\boldsymbol{\Sigma}$, etc.. Para denotar o estimador de um parâmetro ou vector de parâmetros utiliza-se a respectiva letra grega acentuada (frequentemente com "^") – $\hat{\beta}_0$, $\hat{\beta}_1$, $\hat{\sigma}^2$, $\widehat{\boldsymbol{\beta}}$, etc..

1.3 Os dados económicos

Dados reais. Causalidade.

Como já referido, um objectivo frequente da análise consiste em medir o efeito da variação de uma ou mais variáveis explicativas sobre outra variável, dita dependente. Em geral, o efeito da variação de uma variável sobre outra, mantendo inalteradas as restantes, designa-se *efeito de causalidade* ou *efeito ceteris paribus* – por exemplo, o impacto de mais um ano de escolaridade sobre o salário. Note-se que, se a escolaridade varia, é natural que algumas outras variáveis, relacionadas com a escolaridade e que influenciam o salário, também variem. Donde, quando se fala em medir o efeito *ceteris paribus* da escolaridade sobre o salário, não se trata de assumir o pressuposto irrealista de que a variação total no salário, desencadeada a partir de uma variação da escolaridade, se deve apenas a esta variação. Antes, o que se pretende (recorrendo a um modelo apropriado) é medir aquela parte da variação total do salário que se deve *exclusivamente* à variação da escolaridade (sem "passar" por outras variáveis, relacionadas com a escolaridade e que também influenciam o salário).

Para medir o efeito de causalidade escolaridade–salário, poder-se-ia pensar em realizar uma experiência, submetendo diferentes pessoas, seleccionadas aleatoriamente, a diversos níveis de escolaridade e observando as correspondentes carreiras salariais. Como é óbvio, a experiência seria, no mínimo, eticamente reprovável – logo, para procurar medir o efeito de causalidade desejado, torna-se necessário utilizar dados observados, não experimentais.

É um facto que a partir de observações sobre um conjunto de variáveis se pode realizar inferência acerca de aspectos da distribuição conjunta destas variáveis como, por exemplo, o seu grau de correlação.

Retomando o exemplo, com dados observados pode-se medir o grau de correlação entre as variáveis escolaridade e rendimento salarial. Todavia, uma mesma correlação (positiva, em princípio) entre ambas é consistente com vários tipos de explicação. Por exemplo, mais rendimento pode ser devido a maior aptidão intelectual, usualmente associada a mais escolaridade – caso em que, se não se observa uma variável do tipo "aptidão intelectual", se torna difícil medir o efeito de causalidade escolaridade-salário. Em consequência, dado que não se pode manipular variáveis para medir o impacto de umas sobre outras, para quantificar efeitos de causalidade a partir de dados observacionais, torna-se necessário adoptar hipóteses ou condições ditas de *identificação*. Usualmente, trata-se de hipóteses acerca da relação entre as componentes observável e não observável do modelo, que fazem parte da definição do próprio modelo.

Exemplo 1.1

Suponha-se que se pretende quantificar o impacto da escolaridade sobre o rendimento. Um modelo simples de investimento em capital humano pode especificar-se como

$$y = \beta_0 + \beta_1 x + u,$$

em que y e x representam, respectivamente, o rendimento e a escolaridade, e β_1 traduz a variação do rendimento, que se deve exclusivamente a uma variação da escolaridade (efeito causal ou *ceteris paribus* de x sobre y). Coloca-se a questão: esta equação permite medir este efeito causal? O *termo de erro*, u, inclui outros factores que também afectam o rendimento. Muitos são observáveis e podem explicitar-se (ou "controlar-se") no modelo. Porém, outros factores não são observáveis, o que pode dificultar a medição do efeito de causalidade pretendido (se tais factores são relacionados com x).

Se u e x não estão relacionados (o que pode ser pouco realista), de uma variação Δx resulta uma variação em y dada por

$$\Delta y = \beta_0 + \beta_1(x + \Delta x) + u - (\beta_0 + \beta_1 x + u) = \beta_1 \Delta x,$$

porque $\Delta u = 0$, uma vez que u e x não são relacionados. Com observações de (y, x) pode-se estimar o efeito *ceteris paribus*,

$$\Delta y / \Delta x = \beta_1.$$

Se, pelo contrário, u e x estão relacionados, se x varia u também varia: $\Delta u \neq 0$. Logo, uma variação Δx conduz a

$$\Delta y = \beta_0 + \beta_1(x + \Delta x) + u + \Delta u - (\beta_0 + \beta_1 x + u) = \beta_1 \Delta x + \Delta u.$$

Dado que não se observa u, também não se observa Δu; logo, com observações apenas sobre (y, x) não se pode medir correctamente o efeito *ceteris paribus*, β_1. Com tais dados só se poderia estimar

$$\Delta y / \Delta x = \beta_1 + \Delta u / \Delta x,$$

isto é, só se poderia medir o efeito de x "contaminado" pelo impacto de x sobre os factores não observados, u, que também afectam y.

No contexto da equação adoptada, uma condição crucial de identificação do efeito de causalidade, β_1, seria, portanto, a de que a escolaridade não é correlacionada com qualquer outro factor que afecta o rendimento salarial. Contudo, um argumento simples suscita dúvidas sobre a validade desta condição: em geral, parece razoável supor que uma variável como, por exemplo, *aptidão intelectual* influencie o rendimento. Ora, na equação referida, uma tal variável está incluída em u (que representa todos os factores, que não x, que influenciam y). E pode bem suceder que pessoas mais aptas decidam estudar mais tempo ou seja, as variáveis x e u podem estar relacionadas (porque x é relacionado com uma componente incluída em u).

Estrutura dos dados económicos

Considera-se três tipos principais de estruturas de dados económicos: dados *seccionais*, dados *cronológicos* ou *temporais*, e dados *longitudinais* ou de *painel*. Um aspecto importante nesta classificação prende-se com o tipo de dependência entre diferentes elementos da amostra.[(4)]

---

(4) Note-se que quando se diz, por exemplo, que os elementos de uma amostra são independentes, se refere uma amostra genérica, que é um vector de variáveis aleatórias – não, obviamente, um vector de números observados, que nada têm de aleatório (logo, não faz sentido caracterizar como independentes ou com determinada distribuição) – v. anexo C.1.

As amostras de dados seccionais contêm uma observação por indivíduo, com todos os indivíduos observados no mesmo período, a respeito das variáveis em causa - por exemplo, uma amostra de observações sobre o rendimento, nível de escolaridade e idade do trabalhador, em determinado sector de actividade. Neste caso, a população pode representar-se como (y, x_1, x_2) e uma observação individual da população por (y_i, x_{i1}, x_{i2}). A amostra pode exprimir-se na forma

$$[(y_1, x_{11}, x_{12}), \dots, (y_n, x_{n1}, x_{n2})] = [(y_i, x_{i1}, x_{i2}), i = 1, \dots, n].$$

Numa amostra seccional típica, n é elevado e as componentes da amostra correspondem a realizações independentes das componentes da população. Note-se que se supõe independência entre diferentes realizações da população, não entre variáveis diferentes desta população (se, como quase sempre sucede, se aborda mais do que uma variável). No exemplo considerado, assume-se independência entre (y_i, x_{i1}, x_{i2}) e (y_j, x_{j1}, x_{j2}), para $i \neq j$; não entre y_i, x_{i1} e x_{i2} (elementos da i-ésima observação). Finalmente, os elementos de uma amostra seccional correspondem, por norma, a realizações de um *mesmo* conjunto de variáveis aleatórias (a população), para todos os indivíduos. Em suma, supõe-se vulgarmente que a amostra é *casual* ou *aleatória simples* ou, ainda, que os seus elementos são *independentes e identicamente distribuídos* (i.i.d.).

Uma amostra temporal é um conjunto de observações de variáveis temporalmente indexadas, relativas a um mesmo indivíduo - por exemplo, a sequência de observações do índice mensal de preços ao consumidor, de Janeiro a Dezembro de dado ano em Portugal: as variáveis temporalmente indexadas são os índices mensais de preços e o "indivíduo" é Portugal. Neste contexto, a população define-se como *série temporal* ou seja, uma sequência de variáveis aleatórias temporalmente indexadas. A amostra temporal é uma realização parcial da série temporal. Por exemplo, a população pode exprimir-se na forma

$$[(y_1, x_{11}, x_{12}), (y_2, x_{21}, x_{22}), \dots] = [(y_t, x_{t1}, x_{t2}), t = 1,2, \dots],$$

sendo a amostra representada por

$$[(y_1, x_{11}, x_{12}), \dots, (y_T, x_{T1}, x_{T2})] = [(y_t, x_{t1}, x_{t2}), t = 1, \dots, T].$$

As variáveis temporalmente indexadas que constituem a população são usualmente dependentes de período para período. Por exemplo, é natural que a variável taxa de inflação de determinado período e a variável taxa de inflação de outro período sejam dependentes (sobretudo se os dois períodos são próximos um do outro). Em consequência, é incorrecto adoptar a hipótese contrária para as componentes amostrais, supondo que estas componentes são independentes – um aspecto fundamentalmente diferente do que ocorre com dados seccionais. Enquanto neste contexto a amostra é um conjunto de múltiplas realizações independentes de um conjunto finito de variáveis aleatórias (que constituem a população), no caso de dados temporais a amostra corresponde a *uma* única realização de uma série de variáveis temporalmente indexadas, usualmente dependentes entre si ao longo do tempo.

Frequentemente, com dados temporais as variáveis económicas observadas são agregadas (por exemplo, o PIB), com baixa frequência dos dados (semestral, anual, etc.). Por esta razão a dimensão amostral (T, número de períodos em que há observações) é reduzida. Uma excepção refere-se a séries financeiras, de elevada frequência (diária, horária, por transacção, etc.) e, portanto, com amostras de grande dimensão.

As amostras de painel, por seu turno, constituem um conjunto de observações a respeito de um mesmo grupo de indivíduos, ao longo de vários períodos.(5) Por exemplo, uma amostra de painel pode-se representar na forma $[(y_{it}, x_{it1}, x_{it2}), t = 1, \ldots, T, i = 1, \ldots, n]$ (supondo o mesmo número de observações temporais, T, por indivíduo). Admite-se vulgarmente que observações relativas a indivíduos diferentes são independentes; para um mesmo indivíduo as observações são realização

---

(5) Não se deve confundir um painel com uma amostra de observações relativas a diferentes indivíduos, em diferentes períodos temporais. Este caso, não tratado de forma explícita no texto, pode referir-se como dados seccionais agrupados (*pooled cross section*) – v., por exemplo, Wooldridge (2016, sec. 13.1).

de uma série temporal, de termos dependentes. Em suma, admite-se independência na dimensão individual mas não na temporal: y_{it} e y_{js} são independentes, para $i \neq j$, mas y_{it} e y_{is} são dependentes.

Parte do texto aborda modelos para dados seccionais (parte I, capítulos 2 a 8), em que, via de regra, se supõe amostragem casual. A parte II (capítulos 9 a 11) trata de modelos para dados temporais, em que, como referido, não se deve adoptar o pressuposto de observações independentes. Os modelos para dados de painel, que combinam as vertentes seccional e temporal, expõem-se no capítulo 13 (parte III). Nesta parte aborda-se alguns tópicos adicionais na análise de regressão com dados temporais (capítulo 16). Entretanto, na maior parte do capítulo 12, sobre variáveis instrumentais, supõe-se amostragem i.i.d. (com breve menção de dados temporais). No que se refere ao método MV (capítulo 14), assume-se em geral amostragem aleatória simples.

I Modelos para dados seccionais

2 Modelo de regressão linear simples

2.1 Introdução.

O presente capítulo introduz o modelo de regressão simples, servindo em boa medida de preparação para o modelo mais geral de regressão múltipla, descrito no capítulo 3. Sobretudo por razões pedagógicas, começa por se apresentar o modelo de regressão apenas com uma variável explicativa, no âmbito do qual se pode já introduzir várias noções importantes, como os conceitos de exogeneidade e de função de regressão populacional (sec. 2.2), a interpretação dos parâmetros de regressão no contexto de várias formas funcionais (sec. 2.3) e o método de estimação dos mínimos quadrados (OLS – sec. 2.4). O modelo de regressão simples constitui ainda um contexto formal que permite deduzir, de forma simples, as propriedades estatísticas do estimador OLS (sec. 2.5). A terminar, expõe-se na sec. 2.6 o modelo de regressão sem termo independente e respectivas propriedades estatísticas do estimador OLS. Tal como nos restantes capítulos do livro, as demonstrações da maioria dos resultados teóricos é incluída na última secção do capítulo (sec. 2.7).

2.2 Exogeneidade e função de regressão populacional.

Um dos objectivos principais na análise de regressão consiste em medir o impacto de variações de uma variável x sobre o comportamento da variável y, isolando este efeito do de variações concomitantes de outras variáveis correlacionadas com x. Para conseguir atingir este objectivo, importa dar resposta a três questões fundamentais.

i. Para além de x, há outras variáveis que afectam y; como tratar estas variáveis?

ii. Que forma funcional se deve considerar para descrever a relação entre as variáveis y e x?

iii. Como ter a certeza de conseguir captar um efeito de causalidade (ou efeito *ceteris paribus*) entre y e x?

Considere-se o vector aleatório (x, y) que constitui a população. Pode-se responder a estas questões admitindo que as variáveis x e y se relacionam através da equação

$$y = \beta_0 + \beta_1 x + u, \qquad (2.1)$$

que se designa *modelo de regressão linear simples* (ou *modelo bivariado*). Nesta equação, β_0 e β_1 denotam *parâmetros* (usualmente desconhecidos), y designa-se *variável dependente* ou *variável explicada*, x *variável independente*, *variável explicativa* ou *variável de controlo*, e u denota o *termo de erro* ou *termo de perturbação*, não observado, o qual inclui todos os outros factores (que não x), que afectam y.

A relação entre y e x supõe-se *linear*, o que significa que, se x sofre uma variação (Δx) e todos os outros factores permanecem fixos ($\Delta u = 0$), x tem um efeito linear em y. Formalmente,

$$\Delta y = \beta_0 + \beta_1(x + \Delta x) + u - (\beta_0 + \beta_1 x + u) = \beta_1 \Delta x.$$

Ou seja, a uma variação unitária de x ($\Delta x = 1$) corresponde sempre o mesmo efeito em y (independentemente do valor de x): β_1 designa-se o *declive* na relação entre x e y; β_0 designa-se *termo independente* – o valor de y que corresponde a $x = 0$ (para $u = 0$).

Uma hipótese crucial do modelo refere-se ao modo como u e x se relacionam. Dado que u não é observado, deve-se assumir algum pressuposto razoável acerca desta relação (um exemplo de uma condição de identificação). Adopta-se a hipótese de que a média condicional de u, dado x, não depende de x, isto é,

$$\mathrm{E}(u|x) = \mathrm{E}(u), \quad \forall x.$$

No essencial, pretende-se que qualquer informação a respeito de x não forneça informação sobre o valor médio de u. Desta condição segue-se que x e u não são correlacionados (v. anexo B.5.4),

$$\mathrm{E}(u|x) = \mathrm{E}(u) \Rightarrow \mathrm{COV}(x, u) = 0.$$

A condição $\mathrm{COV}(x, u) = 0$ designa-se frequentemente *exogeneidade da variável explicativa*. Se esta condição é válida na população, diz-se que a variável explicativa, x, é *exógena* neste modelo. Por outras palavras, uma variável exógena em determinado modelo tem correlação nula com o respectivo termo de erro ou seja, com os factores não controlados que afectam a variável dependente.

Note-se que a condição de média condicional constante do erro, $\mathrm{E}(u|x) = \mathrm{E}(u)$, e a definição proposta de exogeneidade de x, $\mathrm{COV}(x, u) = 0$, não são equivalentes. Como referido, a primeira implica a segunda mas a recíproca não é necessariamente verdadeira [de $\mathrm{COV}(x, u) = 0$ não se segue necessariamente $\mathrm{E}(u|x) = \mathrm{E}(u)$]. De modo equivalente, pode-se afirmar que, se x não é exógeno então a média condicional de u não é constante mas depende de x. Formalmente,

$$\mathrm{COV}(x, u) \neq 0 \Rightarrow \mathrm{E}(u|x) = u(x),$$

em que $u(x)$ designa uma função de x.

Adopte-se também a hipótese de que na população a média de u é nula: $\mathrm{E}(u) = 0$. Não é uma hipótese muito restritiva, porque se pode alterar β_0 de modo a obter um termo de erro com média nula. Ou seja,

$$y = \beta_0^* + \beta_1 x + u^*, \quad \mathrm{E}(u^*) \neq 0 \Leftrightarrow$$
$$y = [\beta_0^* + \mathrm{E}(u^*)] + \beta_1 x + [u^* - \mathrm{E}(u^*)] \Leftrightarrow$$
$$y = \beta_0 + \beta_1 x + u, \quad u = u^* - \mathrm{E}(u^*), \quad \mathrm{E}(u) = 0, \quad \beta_0 = \beta_0^* + \mathrm{E}(u^*).$$

Combinando os dois pressupostos, $\mathrm{E}(u|x) = \mathrm{E}(u)$ e $\mathrm{E}(u) = 0$, obtém-se o pressuposto da média condicional nula do termo de erro,

$$\mathrm{E}(u|x) = 0, \forall x. \tag{2.2}$$

Sob esta condição, $\mathrm{COV}(x, u) = \mathrm{E}(xu)$, de modo que a exogeneidade de x se pode definir como $\mathrm{E}(xu) = 0$.

A média condicional de y dado x, $\mathrm{E}(y|x)$, designa-se *função de regressão populacional*. Sob a relação (2.1), a igualdade (2.2) significa que a função de regressão populacional é linear em x. Formalmente,

$$\mathrm{E}(u|x) = 0 \Leftrightarrow \mathrm{E}(y|x) = \beta_0 + \beta_1 x + \mathrm{E}(u|x) = \beta_0 + \beta_1 x.$$

Esta igualdade não significa que qualquer indivíduo com o valor x da variável explicativa tenha o valor da variável dependente igual a $\beta_0 + \beta_1 x$. Por outras palavras, para o valor x, y não é necessariamente igual a $\mathrm{E}(y|x)$. A expressão $\beta_0 + \beta_1 x$ representa o valor médio de y dado o valor x da variável independente. Para um indivíduo particular pode perfeitamente ocorrer $y \neq \beta_0 + \beta_1 x$ (v. fig. 2.1).

Exemplo 2.1

Retome-se o exemplo 1.1.

$y = \beta_0 + \beta_1 x + u$, y: salário, x: número de anos de escolaridade; β_1 mede o efeito em y devido a mais um ano de escolaridade, mantendo inalterados outros factores (u); u pode incluir factores como experiência, permanência no presente emprego, aptidão inata, etc. - alguns observáveis, outros não.

O pressuposto de média condicional de u constante significa que o nível médio de aptidão é sempre o mesmo, independentemente do número de anos de escolaridade. Por exemplo, $\mathrm{E}(u|x = 12) = \mathrm{E}(u|x = 4) = \mathrm{E}(u)$. Se na realidade a aptidão média aumenta com o número de anos de escolaridade, então o pressuposto é falso; em vez deste, tem-se $x_1 > x_2 \Rightarrow \mathrm{E}(u|x = x_1) > \mathrm{E}(u|x = x_2)$ - em média, pessoas mais aptas passam mais tempo na escola.

Não se observa a aptidão; logo, não se sabe se a hipótese $\mathrm{E}(u|x) = \mathrm{E}(u)$ é válida ou não. Mas deve esclarecer-se a questão antes de confiar na análise de regressão simples.

Note-se que a condição (2.2) é válida se se define o erro como diferença entre a variável dependente e a sua média condicional, $u = y - \mathrm{E}(y|x)$. Da lei das expectativas iteradas (L.E.I.) (v. anexo B.5.4) resulta

$$\mathrm{E}(u|x) = \mathrm{E}[y - \mathrm{E}(y|x)|x] = \mathrm{E}(y|x) - \mathrm{E}(y|x) = 0,$$

o que, por sua vez, significa que a variável explicativa é exógena. Em particular, se, no modelo linear, $\beta_0 + \beta_1 x$ (designado *parte sistemática* do modelo) corresponde à média condicional de y dado x, então $\mathrm{E}(u|x) = 0$ e, por conseguinte, x é exógeno neste modelo. Se, pelo contrário, a variável x não é exógena - $\mathrm{COV}(x, u) \neq 0$ - então

$$\mathrm{E}(y|x) = \beta_0 + \beta_1 x + \mathrm{E}(u|x) \neq \beta_0 + \beta_1 x,$$

porque, neste caso, $\mathrm{E}(u|x) \neq 0$. Ou seja, se x não é exógeno no modelo linear, a função $\beta_0 + \beta_1 x$ não exprime a média condicional de y dado x.

Figura 2.1

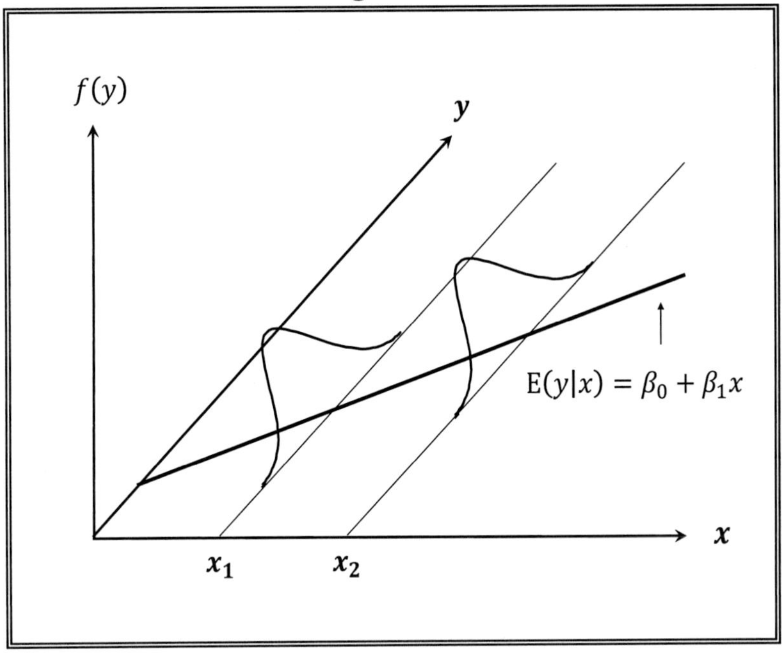

$E(y|x)$ como função linear de x.

2.3 Forma funcional

A relação linear (2.1) não acomoda a forma funcional de todas as aplicações económicas de interesse. Mesmo assim, redefinindo adequadamente as variáveis, a regressão linear pode acomodar vários tipos de não linearidade.

Em geral, um modelo diz-se linear se é *linear nos parâmetros*. A interpretação dos parâmetros do modelo linear depende da forma das variáveis; num modelo linearizável, a interpretação dos parâmetros resulta da forma das variáveis após a linearização. Frequentemente lineariza-se regressões através de logaritmos, pelo que convém referir o significado de uma variação no logaritmo de uma variável. Tem-se

$$\Delta \log y = \log(y + \Delta y) - \log y = \log(1 + \Delta y/y) \approx \Delta y/y,$$

em que o último passo utiliza a aproximação da função $\log(1 + z)$ ao primeiro termo da expansão em série de Taylor, $\log(1 + z) \approx z$. Assim, a variação no logaritmo de uma variável y, $\Delta\log(y)$, é aproximadamente igual à *variação relativa* da variável, $\Delta y/y$. Repare-se que $\Delta y/y = 1 \Leftrightarrow \Delta y = y$, ou seja, um acréscimo unitário de $\log(y)$ corresponde, aproximadamente, a um acréscimo relativo de 100% em y.

Exemplo 2.2

(a) $y = \beta_0 + \beta_1/x + u$	modelo linear;
(b) $y = \beta_0 + x/\beta_1 + u$	modelo não linear;
(c) $y = 1/(\beta_0 + \beta_1 x) + u$	modelo não linear;
(d) $y = \exp(\beta_0 + \beta_1 x + u)$	modelo não linear, linearizável: $z = \log y = \beta_0 + \beta_1 x + u$.

Modelo de *acréscimos constantes* ou *lin-lin*

$$y = \beta_0 + \beta_1 x + u \Rightarrow \Delta y = \beta_1 \Delta x \Leftrightarrow \beta_1 = \Delta y/\Delta x:$$

β_1 mede a variação em y por unidade de acréscimo de x.

Exemplo 2.3

Modelo $y = \beta_0 + \beta_1 x + u$, $\beta_1 = -0{,}12$: de um acréscimo unitário em x, *ceteris paribus*, resulta um decréscimo de 0,12 unidades em y.

Modelo de *taxas constantes* ou *log-lin*

$$y = \exp(\beta_0 + \beta_1 x + u) \Leftrightarrow \log y = \beta_0 + \beta_1 x + u \Rightarrow$$
$$\Delta(\log y) = \beta_1 \Delta x \Leftrightarrow \beta_1 = \Delta(\log y)/\Delta x \approx (\Delta y/y)/\Delta x:$$

β_1 mede a variação relativa em y por unidade de acréscimo de x (*taxa de variação*, ou *semi-elasticidade*).

Exemplo 2.4

No modelo $\log y = \beta_0 + \beta_1 x + u$, $\beta_1 = -0{,}12$: a um acréscimo de uma unidade em x, *c. p.*, corresponde um decréscimo relativo de 12% em y.

Modelo de *elasticidades constantes* ou *log-log*

$$y = \beta_0 x^{\beta_1} u \Leftrightarrow \log y = \log\beta_0 + \beta_1 \log x + v, v = \log u \Rightarrow$$
$$\Delta(\log y) = \beta_1 \Delta(\log x) \Leftrightarrow \beta_1 = \Delta(\log y)/\Delta(\log x) \approx (\Delta y/y)/(\Delta x/x):$$

$\beta_1 \times 100\%$ mede a variação relativa em y correspondente a um acréscimo relativo de 100% em x, *ceteris paribus* - ou, de modo equivalente, $\beta_1\%$ mede a variação relativa em y correspondente a um acréscimo relativo de 1% em x, *ceteris paribus* (*elasticidade*).

Exemplo 2.5

Modelo $\log y = \log \beta_0 + \beta_1 \log x + u$, $\beta_1 = -0{,}12$: de um acréscimo relativo de 1% em x, *c. p.*, resulta um decréscimo relativo de 0,12% em y.

Modelo *lin-log*

$$y = \beta_0 + \beta_1 \log x + u \Rightarrow \Delta y = \beta_1 \Delta(\log x) \Leftrightarrow$$
$$\beta_1 = \Delta y / \Delta(\log x) \approx \Delta y / (\Delta x / x):$$

β_1 mede a variação em y, correspondente a um acréscimo relativo de 100% em x, *ceteris paribus*.

Exemplo 2.6

Modelo $y = \log \beta_0 + \beta_1 \log x + u$, $\beta_1 = -0{,}12$: a um acréscimo relativo de 100% em x, *c. p.*, corresponde um decréscimo de 0,12 unidades em y.

2.4 Método dos mínimos quadrados (OLS)

Um dos primeiros objectivos da análise de regressão consiste em estimar os parâmetros populacionais, dada uma amostra de observações das variáveis dependente e explicativa. Admita-se, para o efeito, que se dispõe de uma amostra aleatória simples de dimensão n, obtida da população. Ou seja dispõe-se de n realizações independentes do vector aleatório (x, y): $[(x_i, y_i), i = 1, \dots, n]$. Dado que as componentes desta amostra são réplicas da população, para cada observação pode-se estabelecer a relação que ocorre na população ou seja (v. fig. 2.2),

$$y_i = \beta_0 + \beta_1 x_i + u_i, \qquad i = 1, \dots, n.$$

Figura 2.2

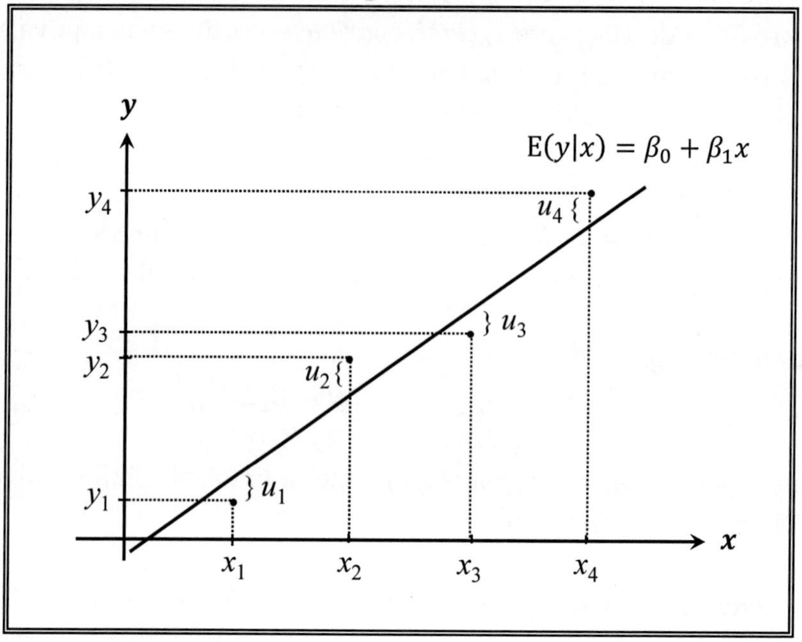

Função de regressão populacional, pontos amostrais e termos de erro

2.4.1 Dedução dos estimadores OLS

Método dos momentos

Como atrás referido, o pressuposto básico $E(u|x) = E(u) = 0$ implica $COV(x, u) = E(xu) = 0$: na população, erro e regressor têm correlação nula. Dado que $u = y - \beta_0 - \beta_1 x$, pode-se escrever os dois pressupostos adoptados em termos de x, y, β_0 e β_1,

$$\begin{aligned} E(u) = 0 &\Leftrightarrow E(y - \beta_0 - \beta_1 x) = 0, \\ E(xu) = 0 &\Leftrightarrow E[x(y - \beta_0 - \beta_1 x)] = 0. \end{aligned} \quad (2.3)$$

Igualdades deste tipo designam-se *condições de momentos*.

O *método dos momentos* (MM) impõe à amostra condições análogas às condições de momentos populacionais. O MM determina valores $\hat{\beta}_0, \hat{\beta}_1$ – designados *estimativas* dos parâmetros – tais, que os momentos amostrais (versões amostrais dos momentos populacionais) verifiquem condições idênticas às dos momentos populacionais. Note-se que, pela lei dos grandes números (LLN), um estimador válido de $\mathrm{E}(z)$ (média populacional) é a média amostral (média aritmética), $\bar{z} = n^{-1}\sum_{i=1}^{n} z_i$ (v. anexo C.2.2). Então, substituindo parâmetros por estimadores, as condições amostrais análogas a (2.3) podem formular-se como

$$\begin{cases} n^{-1}\sum_{i=1}^{n}(y_i - \hat{\beta}_0 - \hat{\beta}_1 x_i) = n^{-1}\sum_{i=1}^{n}\hat{u}_i = 0, \\ n^{-1}\sum_{i=1}^{n}x_i(y_i - \hat{\beta}_0 - \hat{\beta}_1 x_i) = n^{-1}\sum_{i=1}^{n}x_i\hat{u}_i = 0. \end{cases} \tag{2.4}$$

A primeira equação equivale a

$$n^{-1}\sum_{i=1}^{n}y_i - \hat{\beta}_0 - \hat{\beta}_1 n^{-1}\sum_{i=1}^{n}x_i =$$
$$\bar{y} - \hat{\beta}_0 - \hat{\beta}_1\bar{x} = 0 \Leftrightarrow \hat{\beta}_0 = \bar{y} - \hat{\beta}_1\bar{x}. \tag{2.5}$$

Introduzindo na segunda equação e eliminando o factor n^{-1},

$$\sum_{i=1}^{n}x_i[y_i - (\bar{y} - \hat{\beta}_1\bar{x}) - \hat{\beta}_1 x_i] = 0 \Leftrightarrow$$
$$\sum_{i=1}^{n}x_i(y_i - \bar{y}) = \hat{\beta}_1\sum_{i=1}^{n}x_i(x_i - \bar{x}) \Leftrightarrow$$
$$\sum_{i=1}^{n}(x_i - \bar{x})(y_i - \bar{y}) = \hat{\beta}_1\sum_{i=1}^{n}(x_i - \bar{x})^2 \Leftrightarrow$$
$$\hat{\beta}_1 = \sum_{i=1}^{n}(x_i - \bar{x})(y_i - \bar{y}) \Big/ \sum_{i=1}^{n}(x_i - \bar{x})^2, \tag{2.6}$$

desde que o denominador, $\sum_{i=1}^{n}(x_i - \bar{x})^2$ não seja nulo (o que significa que deve haver variabilidade amostral na variável explicativa, x).[6]

Do exposto, resulta a função de regressão amostral,

$$\hat{y} = \hat{\beta}_0 + \hat{\beta}_1 x,$$

(6) Note-se que $\sum_{i=1}^{n}(w_i - \bar{w})(z_i - \bar{z}) = \sum_{i=1}^{n} w_i(z_i - \bar{z}) - \bar{w}\sum_{i=1}^{n}(z_i - \bar{z}) = \sum_{i=1}^{n} w_i(z_i - \bar{z})$, porque $\sum_{i=1}^{n}(z_i - \bar{z}) = \sum_{i=1}^{n} z_i - \sum_{i=1}^{n}\bar{z} = n\bar{z} - n\bar{z} \equiv 0$.

cujos coeficientes resultam do cálculo de (2.5) e (2.6) a partir dos dados amostrais, $\{(y_i, x_i), i = 1, \dots, n\}$. Pode encarar-se o estimador OLS do declive como quociente entre a covariância amostral entre x_i e y_i e a variância amostral de x_i,

$$\hat{\beta}_1 = \sum_{i=1}^{n}(x_i - \bar{x})(y_i - \bar{y}) \Big/ \sum_{i=1}^{n}(x_i - \bar{x})^2 =$$

$$n^{-1}\sum_{i=1}^{n}(x_i - \bar{x})(y_i - \bar{y}) \Big/ \left[n^{-1}\sum_{i=1}^{n}(x_i - \bar{x})^2\right].$$

Se x_i e y_i são positivamente (negativamente) correlacionados na amostra, o declive é positivo (negativo) (recorde-se que o coeficiente de correlação linear tem o mesmo sinal que a covariância).

Minimização da soma dos quadrados dos resíduos

O *resíduo*, $\hat{u}_i$, é uma estimativa do erro, u_i; mede-se através da distância vertical entre a linha ajustada (função de regressão amostral) e o ponto observado (v. fig. 2.3). O método OLS determina a posição de uma recta através da nuvem de pontos amostrais de tal modo, que a *soma dos quadrados dos resíduos* (SQR) é *mínima*. Daí a designação método dos "mínimos quadrados ordinários" – em inglês, *ordinary least squares* (OLS). Ou seja, pode-se encarar a posição da recta como um problema de minimização: selecciona-se os coeficientes b_0 e b_1, a fim de minimizar

$$\mathrm{SQR}(b_0, b_1) = \sum_{i=1}^{n}(y_i - b_0 - b_1 x_i)^2.$$

A função $\mathrm{SQR}(b_0, b_1)$ tem dois argumentos. Para que esta função tenha um mínimo em determinado ponto, (b_0, b_1), é necessário que as derivadas parciais de primeira ordem se anulem no ponto. Resultam as duas condições de primeira ordem (CPO), que coincidem com as equações obtidas com o MM (agora multiplicadas por n),

$$\begin{cases} \dfrac{\partial \mathrm{SQR}}{\partial b_0} = 0, \\ \dfrac{\partial \mathrm{SQR}}{\partial b_1} = 0 \end{cases} \Leftrightarrow \begin{cases} \sum_{i=1}^{n} 2(y_i - b_0 - b_1 x_i)(-1) = 0 \\ \sum_{i=1}^{n} 2(y_i - b_0 - b_1 x_i)(-x_i) = 0 \end{cases} \Leftrightarrow \begin{cases} \sum_{i=1}^{n} \hat{u}_i = 0 \\ \sum_{i=1}^{n} x_i \hat{u}_i = 0 \end{cases},$$

em que, agora, $\hat{u}_i = y_i - b_0 - b_1 x_i$. O sistema é equivalente ao sistema (2.4), logo os estimadores coincidem com os estimadores MM. Em todo o caso, utiliza-se vulgarmente a designação OLS (*ordinary least squares*). Pode-se verificar que os estimadores obtidos verificam as condições de segunda ordem para um mínimo de SQR – v. cap. 3.

Figura 2.3

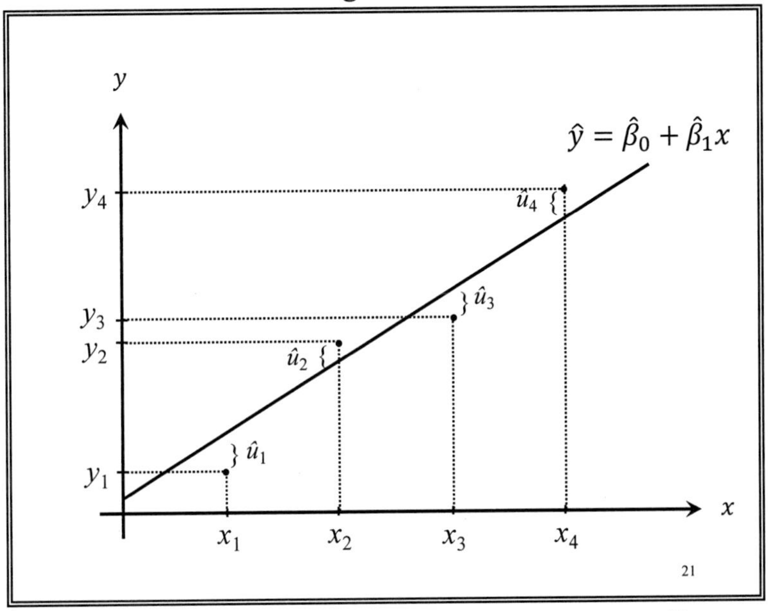

Função de regressão amostral, pontos amostrais e resíduos

2.4.2 OLS – propriedades algébricas

O sistema (2.4), do qual se obtém os estimadores OLS, implica um conjunto de propriedades algébricas destes estimadores. Em particular,

- A soma – logo, a média amostral – dos resíduos OLS é nula:

$$\sum_{i=1}^{n} \hat{u}_i = 0 \Leftrightarrow n^{-1} \sum_{i=1}^{n} \hat{u}_i = \bar{\hat{u}} = 0.$$

- A covariância (ou correlação) amostral entre o regressor e os resíduos OLS é nula:

$$\sum_{i=1}^{n} x_i\hat{u}_i = 0 \Leftrightarrow n^{-1}\sum_{i=1}^{n} x_i(\hat{u}_i - \bar{\hat{u}}) =$$
$$n^{-1}\sum_{i=1}^{n}(x_i - \bar{x})(\hat{u}_i - \bar{\hat{u}}) = 0.$$

- A linha de regressão OLS passa pelo ponto cujas coordenadas são as médias amostrais (ou seja, se $x = \bar{x}$, então $y = \bar{y}$):
$$\hat{\beta}_0 = \bar{y} - \hat{\beta}_1\bar{x} \Leftrightarrow \bar{y} = \hat{\beta}_0 + \hat{\beta}_1\bar{x}.$$

2.4.3 Qualidade do ajustamento OLS

Pode decompor-se cada observação da variável dependente na soma de uma parte "explicada" e uma parte "não explicada", $y_i = \hat{y}_i + \hat{u}_i$. Deste modo, define-se: $\text{SQT} = \sum_{i=1}^{n}(y_i - \bar{y})^2$: *soma dos quadrados totais*; $\text{SQE} = \sum_{i=1}^{n}(\hat{y}_i - \bar{y})^2$: *soma dos quadrados explicados*. Verifica-se a igualdade $\text{SQT} = \text{SQE} + \text{SQR}$.

Como avaliar a qualidade do ajustamento (o grau de proximidade) da linha de regressão amostral aos dados amostrais? Para o efeito, pode calcular-se a proporção de SQT que é "explicada" pelo modelo. Esta proporção designa-se *coeficiente de determinação* ou *R quadrado* da regressão (R^2) e define-se como
$$R^2 = \text{SQE}/\text{SQT} = 1 - \text{SQR}/\text{SQT}.$$
Da igualdade SQT = SQE + SQR resulta $0 \leq R^2 \leq 1$. Considere-se os dois casos extremos:

- $R^2 = 1$: os pontos situam-se sobre a recta ($\text{SQR} = 0 \Rightarrow \hat{u}_i = 0, \forall i$).
- $R^2 \approx 0$: ajustamento muito fraco ($\text{SQR} \approx \text{SQT}$) – a variação de $\hat{y}_i$ capta muito pouco da variação amostral de y_i.

Mostra-se que R^2 é numericamente igual ao quadrado do coeficiente de correlação entre y_i e $\hat{y}_i$ (v. sec. 3.3.3).

Exemplo 2.7

$\hat{y}_i = 870{,}437 + 16{,}483x_i$, $n = 187$, $R^2 = 0{,}023$. y: salário anual de administrador de empresa (milhares de euros - m.€); x: rentabilidade dos capitais próprios (pontos percentuais).

Se x aumenta uma unidade (ponto percentual), estima-se que y aumenta 16,483 m.€. Se $x = 0$, estima-se o valor médio de y em 870,437 m.€. 97,7% da variação dos salários dos indivíduos da amostra não é explicada pelo modelo. Há muitos outros factores (além de x), que afectam y e que na regressão simples se incluem no erro.

2.4.4 Alteração de unidades de medida das variáveis

Qual é o efeito de uma alteração das unidades de medida sobre os estimadores OLS? Considere-se as alterações seguintes: sejam as mudanças de escala $y^* = c_1 y$ e $x^* = c_2 x$. Vem $\overline{y^*} = c_1\bar{y}$, $\overline{x^*} = c_2\bar{x}$, donde

$$\hat{\beta}_1^* = \sum\left(x_i^* - \overline{x^*}\right)\left(y_i^* - \overline{y^*}\right)/\sum\left(x_i^* - \overline{x^*}\right)^2 =$$

$$\sum c_2(x_i - \bar{x})c_1(y_i - \bar{y})/\sum c_2^2(x_i - \bar{x})^2 = (c_1/c_2)\hat{\beta}_1;$$

$$\hat{\beta}_0^* = \overline{y^*} - \hat{\beta}_1^*\overline{x^*} = c_1\bar{y} - (c_1/c_2)\hat{\beta}_1 c_2\bar{x} = c_1\left(\bar{y} - \hat{\beta}_1\bar{x}\right) = c_1\hat{\beta}_0;$$

$$R^{2*} = \left(\hat{\beta}_1^*\right)^2 \sum\left(x_i^* - \overline{x^*}\right)^2/\sum\left(y_i^* - \overline{y^*}\right)^2 =$$

$$(c_1/c_2)^2\hat{\beta}_1^2 c_2^2 \sum(x_i - \bar{x})^2/\left[c_1^2\sum(y_i - \bar{y})^2\right] =$$

$$\hat{\beta}_1^2 \sum(x_i - \bar{x})^2/\sum(y_i - \bar{y})^2 = R^2.$$

Verifica-se que $\hat{\beta}_1$ é influenciado por alterações em y e x, e $\hat{\beta}_0$ só é influenciado por alterações em y. R^2 não se altera (a qualidade do ajustamento mantém-se). Outros exemplos incluem adição de constantes às variáveis (mudança de origem), passagem a logaritmo, etc..

Exemplo 2.8

No exemplo anterior, seja agora z o salário medido em €, $z = 1000y$, mantendo-se x: $c_1 = 1000$, $c_2 = 1$, de que resulta $\hat{\beta}_0^* = 1000\hat{\beta}_0 = 870437$, $\hat{\beta}_1^* = 1000\hat{\beta}_1/1 = 16483$. Se x aumenta um ponto percentual, estima-se que z aumenta 18501€ (ou que y aumenta 16,483 m.€). Se $x = 0$, estima-se que $z = 870437$€ (ou $y = 870,437$ m.€).

2.5 OLS – propriedades estatísticas em amostras finitas

As propriedades algébricas de um estimador dependem da sua definição formal, como função das observações amostrais. As propriedades *estatísticas* do estimador dependem não só da sua definição formal mas também das hipóteses probabilísticas que compõem o modelo, bem como do processo de amostragem.

O conhecimento das propriedades estatísticas de um estimador permite realizar inferência (testes de hipóteses e intervalos de confiança) acerca dos parâmetros de interesse. Descreve-se estes procedimentos nos capítulos 4 (inferência exacta) e 5 (inferência assintótica).

2.5.1 Valor esperado dos estimadores OLS

Pressupostos do modelo

Adopta-se os seguintes pressupostos populacionais, que permitem obter os valores esperados dos estimadores OLS:

(*i*) A relação entre as variáveis aleatórias x e y é da forma

$$y = \beta_0 + \beta_1 x + u.$$

Esta relação pode designar-se *modelo populacional.*

(*ii*) Dispõe-se de uma amostra casual de dimensão n, $\{(x_i, y_i): i = 1, 2, \dots, n\}$, gerada pelo modelo populacional. Isto é, pode-se escrever o modelo amostral

$$y_i = \beta_0 + \beta_1 x_i + u_i, \quad i = 1, \dots, n.$$

(*iii*) Há variação amostral em x_i ou, de modo equivalente,

$$\sum_{i=1}^{n} (x_i - \bar{x})^2 > 0.$$

(*iv*) O erro tem média condicional nula. Formalmente,

$$\mathrm{E}(u|x) = \mathrm{E}(u) = 0.$$

[Note-se que, dado (*ii*), também $\mathrm{E}(u_i|x_i) = \mathrm{E}(u_i) = 0, i = 1, \dots, n.$]

Em conjunto com (*ii*), a hipótese (*iv*) permite a dedução das propriedades estatísticas de OLS, condicionando nos valores de x_i na amostra. O que equivale a tratar x *como se fosse* fixo, sem que seja necessário admitir tal pressuposto, quase sempre pouco razoável. Por exemplo, numa regressão do salário sobre a escolaridade, não tem sentido fixar *a priori* os valores da escolaridade e depois recolher observações apenas para indivíduos com estes níveis de escolaridade. A amostragem é aleatória, também para a variável explicativa.

Centricidade dos estimadores OLS
Sob as hipóteses (*i*) - (*iv*), os estimadores OLS de β_0 e β_1 são cêntricos:

$$\mathrm{E}(\hat{\beta}_j) = \beta_j, \quad j = 0{,}1.$$

Exemplo 2.9
$\hat{y}_i = 30{,}78 - 0{,}276x_i$, $n = 370$, $R^2 = 0{,}167$; y_i: percentagem de alunos com positiva a matemática; x_i: percentagem de alunos que recebem bolsa de estudo na escola i. É razoável admitir um efeito positivo de x sobre y ($\beta_1 > 0$). Contudo, $\hat{\beta}_1 = -0{,}276$ - como explicar o resultado? Possivelmente, x é endógeno no modelo; o erro inclui factores como a percentagem de crianças de famílias de baixos rendimentos, o nível de recursos da escola, etc., que afectam y e são correlacionados com x. $\hat{\beta}_1$ não tem que ser igual a β_1 mas o seu sinal faz suspeitar que $\mathrm{E}(u|x) \neq 0$: o estimador de β_1 na regressão simples é enviesado.

2.5.2 Variâncias dos estimadores OLS

Para realizar inferência não basta conhecer a média da distribuição amostral do estimador OLS. É necessário conhecer também a dispersão desta distribuição.

Pressuposto adicional. Modelo de Gauss-Markov.
(*v*) $\mathrm{V}(u|x)$ é constante ($= \sigma^2 > 0$) - $\underbrace{homos}_{\text{igual}}\underbrace{cedasticidade}_{\text{dispersão}}$.

Nos termos de Wooldridge (2016), as hipóteses (*i*) - (*v*) designam-se *hipóteses de Gauss-Markov* ou *modelo de Gauss-Markov*. A hipótese contrária a (*v*) (*heteroscedasticidade*) é "$\mathrm{V}(u|x)$ é variável" (fig. 2.4 e 2.5).

A condição $\mathrm{V}(u|x) = \sigma^2$, constante, significa que σ^2 também é a variância incondicional do erro: $\mathrm{V}(u) = \sigma^2$ – designa-se *variância do erro*. Note-se também que a hipótese (v), relativa à variância do erro, corresponde a uma hipótese semelhante acerca da variância de y:

$$\mathrm{V}(y|x) = \mathrm{V}(\beta_0 + \beta_1 x + u|x) = \mathrm{V}(u|x) = \sigma^2.$$

Exemplo 2.10

Regressão do salário (y) sobre a escolaridade (x). Homoscedasticidade, $\mathrm{V}(u|x) = \mathrm{V}(y|x) = \sigma^2$ significa que a *variabilidade* do salário, dada a escolaridade, é constante e independente da escolaridade. Este pressuposto pode revelar-se pouco realista: indivíduos com mais instrução podem exibir maior dispersão de salários, por terem acesso a um maior leque de opções profissionais. E, pelo contrário, com baixa escolaridade há usualmente menos opções (auferindo-se muitas vezes o salário mínimo). Portanto, parece mais razoável a hipótese de heteroscedasticidade, com $\mathrm{V}(u|x)$ função crescente de x.

Figura 2.4

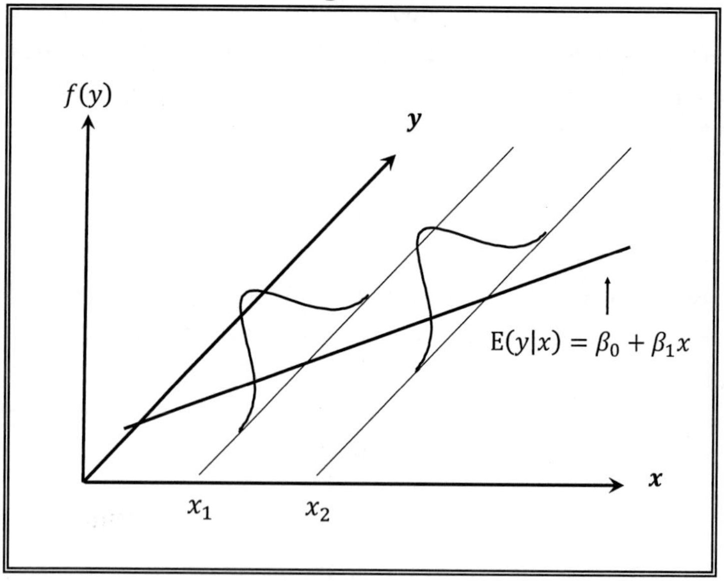

Homoscedasticidade

Figura 2.5

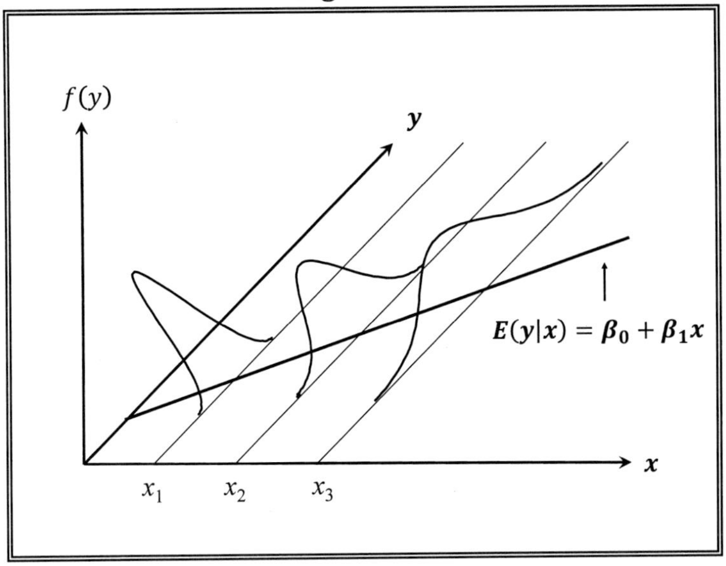

Heteroscedasticidade

Variâncias dos estimadores OLS

A partir dos pressupostos de Gauss-Markov pode obter-se a variância dos estimadores dos parâmetros de regressão. Tem-se

$$\mathrm{V}(\hat{\beta}_0|\boldsymbol{X}) = \sigma^2 \sum\nolimits_{i=1}^{n} x_i^2 \Big/ \left[n \sum\nolimits_{i=1}^{n} (x_i - \bar{x})^2 \right],$$

$$\mathrm{V}(\hat{\beta}_1|\boldsymbol{X}) = \sigma^2 \Big/ \sum\nolimits_{i=1}^{n} (x_i - \bar{x})^2. \tag{2.7}$$

A variância do estimador do declive aumenta com a variância do erro, σ^2, e diminui com o aumento da variabilidade amostral de x, $\sum(x_i - \bar{x})^2$. Nesta medida, uma amostra de maior dimensão pode conduzir a menor variância - maior precisão - do estimador do declive.

Raramente se conhece o parâmetro σ^2, logo, para realizar inferência, torna-se necessário estimar as variâncias dos estimadores (o que implica estimar σ^2). Dado que não se observa os erros, não se pode utilizar $n^{-1} \sum_{i=1}^{n} (u_i - \bar{u})^2$ como estimador de σ^2. Um estimador de σ^2 resulta de substituir u_i por $\hat{u}_i$ nesta expressão. Todavia, este estimador não é cêntrico; o estimador cêntrico de σ^2 é dado por

$$\hat{\sigma}^2 = (n-2)^{-1} \sum_{i=1}^{n} \hat{u}_i^2 = \text{SQR}/(n-2)$$

(v. exercício 2.7 e sec. 3.4.2).

A raiz quadrada de σ^2 $(= \sigma)$ designa-se *desvio-padrão do erro*. A estimativa produzida por $\hat{\sigma} = \sqrt{\hat{\sigma}^2}$ designa-se *erro-padrão da regressão* (*standard error of regression*). Substituindo σ^2 por $\hat{\sigma}^2$ em (2.7), obtém-se os estimadores das variâncias dos estimadores dos parâmetros. As respectivas raízes quadradas designam-se *erros-padrão* dos estimadores dos parâmetros. Respectivamente,

$$\text{se}(\hat{\beta}_0) = \hat{\sigma}\sqrt{n^{-1}\textstyle\sum_{i=1}^{n} x_i^2 / \sum_{i=1}^{n}(x_i - \bar{x})^2}\text{: erro-padrão de } \hat{\beta}_0;$$

$$\text{se}(\hat{\beta}_1) = \hat{\sigma}/\sqrt{\textstyle\sum_{i=1}^{n}(x_i - \bar{x})^2}\text{: erro-padrão de } \hat{\beta}_1.$$

2.6 Modelo sem termo independente

Em certas situações impõe-se a restrição $E(y|x = 0) = 0$, ou seja, *a priori* sabe-se que a função de regressão populacional passa na origem, (0,0). Por exemplo, na regressão do imposto sobre rendimento (y) sobre o rendimento (x), se $x = 0$, $y = 0$. Um tal modelo é da forma

$$y = \beta_1 x + u, \quad \text{E}(u|x) = 0.$$

Seja $\tilde{\beta}_1$ o estimador OLS de β_1. Então, $\tilde{\beta}_1$ minimiza a SQR,

$$\sum_{i=1}^{n} \tilde{u}_i^2 = \sum_{i=1}^{n} \left(y_i - \tilde{\beta}_1 x_i\right)^2.$$

Resulta a CPO e o estimador

$$\partial\text{SQR}/\partial\tilde{\beta}_1 = 0 \Leftrightarrow (-2)\sum_{i=1}^{n} \left(y_i - \tilde{\beta}_1 x_i\right)x_i = 0 \Leftrightarrow$$

$$\tilde{\beta}_1 = \sum_{i=1}^{n} x_i y_i \Big/ \sum_{i=1}^{n} x_i^2,$$

que só é idêntico a $\hat{\beta}_1$ se $\bar{x} = 0$.

Não se utiliza frequentemente este estimador, porque se a população é da forma

$$y = \beta_0 + \beta_1 x + v, \quad \text{E}(v|x) = 0,$$

então $\tilde{\beta}_1$ é enviesado. Com efeito, de

$$\tilde{\beta}_1 = \sum x_i y_i \Big/ \sum x_i^2 = \sum x_i(\beta_0 + \beta_1 x_i + v_i) \Big/ \sum x_i^2 =$$
$$\beta_1 + \beta_0 \sum x_i \Big/ \sum x_i^2 + \sum x_i v_i \Big/ \sum x_i^2$$

segue-se que

$$\mathrm{E}(\tilde{\beta}_1 | \boldsymbol{X}) = \beta_1 + \beta_0 \sum x_i \Big/ \sum x_i^2 + \sum x_i \mathrm{E}(v_i|x_i) \Big/ \sum x_i^2 =$$
$$\beta_1 + \beta_0 \sum x_i \Big/ \sum x_i^2.$$

Só se tem $\mathrm{E}(\tilde{\beta}_1 | \boldsymbol{X}) = \beta_1$, se $\beta_0 = 0$ (modelo populacional através da origem) ou $\bar{x} = 0$.

Em conclusão, só se deve adoptar o modelo sem termo independente se, *a priori*, há razões para concluir que o termo independente é de facto nulo na população. De contrário, o estimador do declive é enviesado – a não ser que se verifique a nulidade da média amostral da variável explicativa (o que, por exemplo, acontece, se se utiliza as observações da variável explicativa na forma de desvios em relação à média amostral, $x_i - \bar{x}$).

2.7 Demonstrações

Qualidade do ajustamento OLS – SQT = SQE + SQR

$$\mathrm{SQT} = \sum (y_i - \bar{y})^2 = \sum [(y_i - \hat{y}_i) + (\hat{y}_i - \bar{y})]^2 =$$
$$\sum [\hat{u}_i + (\hat{y}_i - \bar{y})]^2 = \sum \hat{u}_i^2 + \sum (\hat{y}_i - \bar{y})^2 + 2 \sum \hat{u}_i (\hat{y}_i - \bar{y}) =$$
$$\mathrm{SQR} + \mathrm{SQE},$$

porque de (2.4) resulta

$$\sum \hat{u}_i (\hat{y}_i - \bar{y}) = \sum \hat{u}_i \hat{y}_i - \bar{y} \underbrace{\sum \hat{u}_i}_{=0} = \sum \hat{u}_i (\hat{\beta}_0 + \hat{\beta}_1 x_i) =$$
$$\hat{\beta}_0 \underbrace{\sum \hat{u}_i}_{=0} + \hat{\beta}_1 \underbrace{\sum \hat{u}_i x_i}_{=0} = 0. \qquad \#$$

Propriedades estatísticas dos estimadores OLS

Valor esperado de $\hat{\beta}_1$

Escreva-se $\hat{\beta}_1$ na forma

$$\hat{\beta}_1 = \sum (x_i - \bar{x}) y_i / S_X^2, \quad S_X^2 = \sum_{i=1}^{n} (x_i - \bar{x})^2;$$

dado o pressuposto (*ii*), vem

$$\hat{\beta}_1 = \left[\sum (x_i - \bar{x})(\beta_0 + \beta_1 x_i + u_i)\right] / S_X^2 =$$

$$\left[\beta_0 \sum (x_i - \bar{x}) + \beta_1 \sum (x_i - \bar{x}) x_i + \sum (x_i - \bar{x}) u_i\right] / S_X^2 =$$

$$\beta_1 + \sum (x_i - \bar{x}) u_i / S_X^2,$$

porque

$$\sum (x_i - \bar{x}) \equiv 0, \qquad \sum (x_i - \bar{x}) x_i = \sum (x_i - \bar{x})^2.$$

Da nova expressão para $\hat{\beta}_1$, utilizando os pressupostos (*ii*) e (*iv*), condicional em $\boldsymbol{X} = (x_1, x_2, \dots, x_n)'$, vem

$$\mathrm{E}(\hat{\beta}_1 | \boldsymbol{X}) = \mathrm{E}\left[\beta_1 + \sum (x_i - \bar{x}) u_i / S_X^2 \middle| \boldsymbol{X}\right] =$$

$$\beta_1 + \sum (x_i - \bar{x}) \underbrace{\mathrm{E}(u_i | x_i)}_{=0} / S_X^2 = \beta_1.$$

Logo, por aplicação da L.E.I., $\mathrm{E}(\hat{\beta}_1) = \mathrm{E}_X[\mathrm{E}(\hat{\beta}_1 | \boldsymbol{X})] = \mathrm{E}_X(\beta_1) = \beta_1$. #

Valor esperado de $\hat{\beta}_0$

Reescreva-se $\hat{\beta}_0$ na forma

$$\hat{\beta}_0 = \bar{y} - \hat{\beta}_1 \bar{x} = \beta_0 + \beta_1 \bar{x} + \bar{u} - \hat{\beta}_1 \bar{x} = \beta_0 + (\beta_1 - \hat{\beta}_1) \bar{x} + \bar{u};$$

tomando o valor esperado condicional em $\boldsymbol{X}$,

$$\mathrm{E}(\hat{\beta}_0 | \boldsymbol{X}) = \mathrm{E}[\beta_0 + (\beta_1 - \hat{\beta}_1) \bar{x} + \bar{u} | \boldsymbol{X}] =$$

$$\beta_0 + \mathrm{E}(\beta_1 - \hat{\beta}_1 | \boldsymbol{X}) \bar{x} + n^{-1} \sum_{i=1}^{n} \mathrm{E}(u_i | x_i) = \beta_0,$$

dados $\mathrm{E}(\hat{\beta}_1 | \boldsymbol{X}) = \beta_1$ e os pressupostos (*ii*) e (*iv*). Da L.E.I., $\mathrm{E}(\hat{\beta}_0) = \mathrm{E}_X[\mathrm{E}(\hat{\beta}_0 | \boldsymbol{X})] = \mathrm{E}_X(\beta_0) = \beta_0$. #

Variância condicional de $\hat{\boldsymbol{\beta}}_1$

A partir de $\mathrm{V}(\hat{\beta}_1|\boldsymbol{X}) = \mathrm{E}\left\{\left[\hat{\beta}_1 - \mathrm{E}(\hat{\beta}_1|\boldsymbol{X})\right]^2\middle|\boldsymbol{X}\right\}$ e de

$$\hat{\beta}_1 = \beta_1 + \sum (x_i - \bar{x})u_i/S_X^2, \quad S_X^2 = \sum_{i=1}^{n} (x_i - \bar{x})^2,$$

e de $\mathrm{E}(\hat{\beta}_1|\boldsymbol{X}) = \beta_1$, resulta

$$\left[\hat{\beta}_1 - \mathrm{E}(\hat{\beta}_1|\boldsymbol{X})\right]^2 = \left[\sum_{i=1}^{n} (x_i - \bar{x})u_i/S_X^2\right]^2 =$$

$$\left[\sum_{i=1}^{n} (x_i - \bar{x})^2 u_i^2 + \sum_{i=1}^{n}\sum_{j\neq i}^{n} (x_i - \bar{x})(x_j - \bar{x})u_i u_j\right]/(S_X^2)^2 \Rightarrow$$

$$\mathrm{V}(\hat{\beta}_1|\boldsymbol{X}) = \left[\sum_{i=1}^{n} (x_i - \bar{x})^2 \mathrm{E}(u_i^2|x_i) + \right.$$

$$\left.\sum_{i=1}^{n}\sum_{j\neq i}^{n} (x_i - \bar{x})(x_j - \bar{x})\mathrm{E}(u_i u_j|x_i, x_j)\right]/(S_X^2)^2 =$$

$$\sigma^2 \sum_{i=1}^{n} (x_i - \bar{x})^2/(S_X^2)^2 = \sigma^2/S_X^2,$$

porque $\mathrm{E}(u_i^2|x_i) = \sigma^2$ [dados (*ii*), (*iv*), (*v*)] e $\mathrm{E}(u_i u_j|x_i, x_j) = \mathrm{E}(u_i|x_i)\mathrm{E}(u_j|x_j) = 0$ [dados (*ii*), (*iv*)]. #

Variância condicional de $\hat{\boldsymbol{\beta}}_0$

$\mathrm{V}(\hat{\beta}_0|\boldsymbol{X}) = \mathrm{E}\left\{\left[\hat{\beta}_0 - \mathrm{E}(\hat{\beta}_0|\boldsymbol{X})\right]^2\middle|\boldsymbol{X}\right\}$, $\hat{\beta}_0 = \beta_0 + (\beta_1 - \hat{\beta}_1)\bar{x} + \bar{u}$, e $\hat{\beta}_1 = \beta_1 + \sum_{i=1}^{n}(x_i - \bar{x})u_i/S_X^2$, com $\mathrm{E}(\hat{\beta}_j|\boldsymbol{X}) = \beta_j, j = 0{,}1$. Logo,

$$\left[\hat{\beta}_0 - \mathrm{E}(\hat{\beta}_0|\boldsymbol{X})\right]^2 = \left[(\beta_1 - \hat{\beta}_1)\bar{x} + \bar{u}\right]^2 =$$

$$\left[(\beta_1 - \hat{\beta}_1)\bar{x}\right]^2 + \bar{u}^2 - 2\bar{x}(\hat{\beta}_1 - \beta_1)\bar{u} =$$

$$\left[(\beta_1 - \hat{\beta}_1)\bar{x}\right]^2 + \left(\sum_{i=1}^{n} u_i/n\right)^2 - 2\bar{x}\sum_{i=1}^{n} (x_i - \bar{x})u_i \sum_{i=1}^{n} u_i/(nS_X^2) =$$

$$\left[(\beta_1 - \hat{\beta}_1)\bar{x}\right]^2 + \left(\sum_{i=1}^{n} u_i^2 + \sum_{i=1}^{n}\sum_{j\neq i}^{n} u_i u_j\right)/n^2 -$$

$$2\bar{x}\left[\sum_{i=1}^{n} (x_i - \bar{x})u_i^2 + \sum_{i=1}^{n}\sum_{j\neq i}^{n} (x_i - \bar{x})u_i u_j\right]/(nS_X^2) \Rightarrow$$

$$
\begin{aligned}
&\mathrm{V}(\hat{\beta}_0|\boldsymbol{X}) = \\
&\bar{x}^2\mathrm{V}(\hat{\beta}_1|\boldsymbol{X}) + \left[\sum_{i=1}^{n}\mathrm{E}(u_i^2|x_i) + \sum_{i=1}^{n}\sum_{j\neq i}^{n}\mathrm{E}\left(u_iu_j|x_ix_j\right)\right]/n^2 - \\
&2\bar{x}\left[\sum_{i=1}^{n}(x_i-\bar{x})\mathrm{E}(u_i^2|x_i) + \sum_{i=1}^{n}\sum_{j\neq i}^{n}(x_i-\bar{x})\mathrm{E}\left(u_iu_j|x_ix_j\right)\right]/(nS_X^2) \\
&= \bar{x}^2\sigma^2/S_X^2 + \sigma^2/n = \sigma^2\sum_{i=1}^{n}x_i^2/(nS_X^2),
\end{aligned}
$$

porque, dados (*ii*), (*iv*), (*v*), se tem $\mathrm{E}(u_i^2|x_i) = \sigma^2$ e

$$\sum_{i=1}^{n}(x_i-\bar{x})\mathrm{E}(u_i^2|x_i) = \sigma^2\sum_{i=1}^{n}(x_i-\bar{x}) = 0,$$

e, por (*ii*), (*iv*), $\mathrm{E}\left(u_iu_j|x_i,x_j\right) = \mathrm{E}(u_i|x_i)\mathrm{E}\left(u_j|x_j\right) = 0$. #

Exercícios

2.1 Sejam $y_i^* = y_i - \bar{y}$ e $x_i^* = x_i - \bar{x}$; determine os coeficientes OLS do termo independente e declive da regressão linear de y_i^* sobre x_i^*.

2.2 Mostre que na regressão linear de y sobre x, com termo independente, se tem

$$R^2 = \hat{\beta}_1^2\sum_i(x_i-\bar{x})^2\Big/\sum_i(y_i-\bar{y})^2,$$

em que $\hat{\beta}_1$ é o estimador OLS do declive.

2.3 Considere sucessivamente as regressões lineares de y sobre x, e de x sobre y, ambas com termo independente. Sejam $\hat{\beta}_{yx}$ e $\hat{\beta}_{xy}$ os estimadores dos respectivos declives.

a) Mostre que $0 \leq \hat{\beta}_{yx}\hat{\beta}_{xy} \leq 1$.

b) Mostre que R^2 é igual em ambas as regressões.

2.4 Considere a regressão $\log_a y = \beta_0 + \beta_1\log_a x + u$, em que $a \in \mathcal{R}^+$ é constante. Mostre que a estimativa OLS de β_1 é a mesma, independentemente do valor escolhido para a constante positiva a. Pode-se afirmar o mesmo em relação à estimativa OLS de β_0?

2.5 Considere o modelo populacional $y = \alpha + \beta x + u$, em que α e β denotam parâmetros desconhecidos e $\text{E}(u|x) = 0$.

a) Determine o estimador OLS de β, sob a restrição $\alpha = \beta$.

b) Determine o estimador OLS de α, sob a restrição $\beta = 0$. Calcule, neste caso, o valor de R^2.

c) Calcule o valor esperado condicional dos estimadores anteriores.

2.6 Suponha que na população (x, y) se tem $y = \beta_0 + \beta_1 x + u$, verificando-se todos os pressupostos de Gauss-Markov, excepto a hipótese relativa à média condicional do erro, da forma $\text{E}(u|x) = h(x)$.

a) Mostre que, se $h(x) = h \neq 0$, o estimador OLS de β_0 é enviesado mas o estimador OLS de β_1 permanece cêntrico.

b) Mostre que, em geral [$h(x)$ função de x], o estimador OLS de β_1 é enviesado; calcule o seu enviesamento, $\text{B}(\hat{\beta}_1) = \text{E}(\hat{\beta}_1) - \beta_1$.

2.7 Seja $\hat{u}_i = y_i - \hat{\beta}_0 - \hat{\beta}_1 x_i$, $i = 1, \dots, n$, o i-ésimo resíduo da estimação OLS do modelo simples, $y = \beta_0 + \beta_1 x + u$, suposto de Gauss-Markov. Mostre que $\hat{\sigma}^2 = \sum_{i=1}^{n} \hat{u}_i^2/(n-2)$ é cêntrico para $\text{V}(u) = \sigma^2$, verificando para o efeito cada uma das igualdades [$\boldsymbol{X}$ denota a amostra casual de observações de x, $\bar{u} = \sum_{i=1}^{n} u_i/n$ e $s_x^2 = \sum_{i=1}^{n}(x_i - \bar{x})^2$].

a) $\hat{u}_i = u_i - \bar{u} - (\hat{\beta}_1 - \beta_1)(x_i - \bar{x})$.

b) $\text{E}[(u_i - \bar{u})^2] = \sigma^2(1 - 1/n)$.

c) $\text{E}[(u_i - \bar{u})(\hat{\beta}_1 - \beta_1)|\boldsymbol{X}] = \sigma^2\,(x_i - \bar{x})/s_x^2$.

d) $\text{E}(\hat{u}_i^2|\boldsymbol{X}) = \sigma^2[1 - 1/n - (x_i - \bar{x})^2/s_x^2]$
(note que o resíduo OLS é heteroscedástico).

e) $\text{E}(\hat{\sigma}^2) = \sigma^2$.

2.8 Na população (x, y) é válida a relação $y = \beta_0 + \beta_1 x + u$, cujo erro, u, verifica a condição $\text{E}(u|x) = 0$. Seja $\hat{\beta}_1$ o estimador OLS de β_1, obtido de uma amostra casual de dimensão n.

a) Determine o estimador OLS de β_1 supondo que $\beta_0 = 0$ (seja $\tilde{\beta}_1$ este estimador.

b) Determine $\text{EQM}(\tilde{\beta}_1|\boldsymbol{X})$; compare com $\text{V}(\hat{\beta}_1|\boldsymbol{X})$. Em que circunstâncias se poderá preferir utilizar $\tilde{\beta}_1$, em vez de $\hat{\beta}_1$?

2.9 Seja $\tilde{u}_i = y_i - \tilde{\beta}x_i, i = 1, \dots, n$, o i-ésimo resíduo da estimação OLS do modelo $y = \beta x + u$, $\text{E}(u|x) = 0$, $\text{V}(u|x) = \sigma^2 > 0$. Mostre que $\tilde{\sigma}^2 = \sum_{i=1}^{n} \tilde{u}_i^2/(n-1)$ é o estimador cêntrico de σ^2, verificando para o efeito cada uma das igualdades ($\boldsymbol{X}$ denota a amostra casual de observações de x e $s_x^2 = \sum_{i=1}^{n} x_i^2$).

a) $\tilde{u}_i = u_i - (\tilde{\beta} - \beta)x_i$.

b) $\text{E}[u_i(\tilde{\beta} - \beta)|\boldsymbol{X}] = \sigma^2 x_i/s_x^2$.

c) $\text{E}(\tilde{u}_i^2|\boldsymbol{X}) = \sigma^2(1 - x_i^2/s_x^2)$.

d) $\text{E}(\tilde{\sigma}^2) = \sigma^2$.

2.10 A tabela contém dados sobre o preço médio das casas (*pr*, euros por m²) e a densidade populacional (*dens*, número de habitantes por km²) nos concelhos do distrito de Coimbra, em 2010.

	pr	*dens*
Cantanhede	1028	94,1
Coimbra	1467	450,7
Condeixa-a-Nova	1040	122,8
Figueira da Foz	1264	164,4
Mira	1098	101,0
Montemor-o-Velho	1056	114,3
Penacova	852	70,9
Soure	849	73,2

a) Estime por OLS a relação linear entre *pr* e *dens*. Comente o resultado obtido.

b) Calcule o valor estimado e o resíduo para cada observação. Verifique que a soma dos resíduos é nula.

c) Qual o acréscimo previsto em pr para um aumento de $dens$ de 20? Calcule o valor previsto de pr para $dens = 200$.

d) Para os oito concelhos, qual a percentagem da variação de pr explicada por $dens$?

2.11 Utilizando dados para as 28 NUTS III de Portugal continental em 2002, estima-se várias formas funcionais para a relação entre o número camas disponíveis ($aloj$) e as despesas das Camaras Municipais em actividades culturais ($gastos$, em milhares de euros).

$A \quad aloj = -2478{,}76 + 0{,}38 gastos$

$B \quad \log(aloj) = -3{,}44 + 1{,}15 \log(gastos)$

$C \quad aloj = -83706{,}10 + 9250{,}60 \log(gastos)$

$D \quad \log(aloj) = 6{,}80 + 0{,}00004 gastos$

a) Interprete em cada caso a estimativa do coeficiente de $gastos$.

b) Estime em cada caso a elasticidade de $aloj$ relativamente a $gastos$, para $aloj = 7500$ e $gastos = 26000$.

2.12 Seja a estimativa da função procura de gasolina (gas: consumo de gasolina anual *per capita*, litros; pg: preço médio da gasolina, euros),

$$\widehat{\log(gas)} = 6.74 - 0.41 \log(pg)\,.$$

a) Interprete o coeficiente de $\log(pg)$.

b) Que outros factores podem influenciar a procura de gasolina? Discuta a questão da centricidade do estimador da elasticidade do preço em relação à procura nesta regressão simples.

2.13 Considere a função consumo (c – consumo familiar)

$$c = \beta_0 + \beta_1 y + u,$$

em que y denota o rendimento familiar e u é o erro não observável, verificando as condições $\mathrm{E}(u|y) = 0, \mathrm{V}(u|y) = \sigma^2 y, \sigma^2 > 0$ (constante).

a) O estimador OLS dos parâmetros de regressão é BLUE? Porquê?

b) Calcule $\mathrm{V}(c|y)$. Discuta a hipótese de a variância condicional do consumo aumentar com o rendimento.

c) Determine $\mathrm{V}(\hat{\beta}_1|\boldsymbol{Y})$ ($\boldsymbol{Y}$: vector das observações de y).

3 Modelo de regressão linear múltipla – estimação

3.1 Introdução

O presente capítulo expande e generaliza o anterior, descrevendo o modelo uni-equacional de regressão linear com qualquer número de variáveis explicativas. Distingue-se as expressões populacional e amostral da função de regressão, introduzindo-se também a forma matricial do modelo (sec. 3.2.2), a partir da qual se deduz o estimador OLS (sec. 3.3). Nesta secção, descreve-se, desde logo, as propriedades algébricas do estimador, directamente decorrentes da sua definição, bem como a qualidade de ajustamento por ele proporcionado. De entre as propriedades algébricas do método OLS, o Teorema de Frisch-Waugh-Lovell (FWL) reveste particular importância, dada a sua utilização em vários resultados subsequentes ao longo do texto.

A secção 3.4 expõe de modo rigoroso os pressupostos a respeito da população e do esquema amostral adequados à análise de regressão com dados seccionais. Este conjunto de pressupostos constitui o modelo de Gauss-Markov, sob o qual, de acordo com o Teorema de Gauss-Markov (sec. 3.4.2), o estimador OLS tem propriedades estatísticas óptimas. Na secção 3.4 expõe-se também as consequências da omissão de variáveis relevantes do modelo, usualmente induzindo endogeneidade das variáveis explicativas e consequente enviesamento do estimador OLS. As propriedades estatísticas do método OLS, expostas nesta secção, preparam já os capítulos subsequentes, que descrevem os procedimentos de inferência estatística acerca dos parâmetros de regressão, a partir da sua estimação por OLS.

3.2 O modelo

3.2.1 Motivação do modelo. Interpretação dos parâmetros.

Uma limitação frequente da análise de regressão simples, baseada na equação (2.1), resulta do facto de que, neste caso, se torna difícil retirar conclusões acerca do efeito *ceteris paribus* de x sobre y. O pressuposto de exogeneidade de x pode ser irrealista, designadamente porque, na população, outros factores não controlados no modelo e que afectam y podem ser correlacionados com x. A análise de regressão múltipla visa controlar explicitamente estes outros factores que afectam y, simultaneamente com x, de tal modo que o termo de erro resultante tenha correlação nula com as variáveis explicativas do modelo. Deste modo, torna-se mais fácil inferir sobre o efeito de causalidade das variáveis explicativas sobre a variável dependente de interesse.

Na população supõe-se, em geral, que

$$y = \beta_0 + \beta_1 x_1 + \beta_2 x_2 + \cdots + \beta_k x_k + u, \tag{3.1}$$

em que, à semelhança de (2.1), se considera a presença do termo de erro, u, uma vez que a variável dependente não se pode exprimir como combinação linear exacta das variáveis explicativas. Por muitas variáveis explicativas que se inclua no modelo, há sempre outros factores não observados (ou não controlados), que afectam y.

Os parâmetros do modelo têm diferentes interpretações, consoante o tipo de modelo ou a forma das variáveis. Considere-se, entre outros possíveis, os exemplos que se seguem.

Exemplo 3.1

$$y = \beta_0 + \beta_1 x_1 + \beta_2 x_2 + u,$$

em que y: salário, x_1: escolaridade, x_2: experiência profissional.
β_1: mede o efeito de x_1 sobre y, mantendo x_2 fixo – variação de y devida exclusivamente a x_1; β_2: mede o efeito de x_2 sobre y, mantendo x_1 fixo – variação de y devida exclusivamente a x_2.

Exemplo 3.2

$$\log y = \beta_0 + \beta_1 x_1 + \beta_2 \log x_2 + u.$$

β_1: mede a variação relativa em y correspondente a um acréscimo unitário de x_1, mantendo x_2 inalterado; β_2: mede a elasticidade de y em ordem a x_2, mantendo x_1 inalterado.

Exemplo 3.3

$$\widehat{\log y} = 0{,}257 + 0{,}103x_1 + 0{,}0063x_2 + 0{,}019x_3,$$

y: salário; x_1: escolaridade; x_2: experiência profissional; x_3: permanência na empresa; variáveis explicativas em anos; estimativas OLS.

0,103: estima-se que, para mais 1 ano de escolaridade, *ceteris paribus*, o salário aumenta 10,3%. Para mais um ano de permanência na empresa, mantendo a escolaridade constante, a variação no salário vem dada por: $\Delta x_3 = 1 = \Delta x_2 \Rightarrow \Delta\widehat{\log y} = 0{,}0063\Delta x_2 + 0{,}019\Delta x_3 = 0{,}0253$ - estima-se um acréscimo de 2,53% em y para mais um ano de permanência na empresa (e, portanto, de experiência profissional).

3.2.2 O modelo de regressão linear em forma matricial

Considere-se uma amostra de n réplicas independentes do vector aleatório $(y, x_1, \dots, x_k)$. Dada a equação (3.1)(3.1), para cada componente i da amostra pode-se escrever

$$y_i = \beta_0 + \beta_1 x_{i1} + \beta_2 x_{i2} + \cdots + \beta_k x_{ik} + u_i, \quad i = 1, \dots, n. \quad (3.2)$$

Para cada i define-se o vector linha $1 \times (k+1)$ das observações das variáveis explicativas, $\boldsymbol{x_i} = (1, x_{i1}, x_{i2}, \dots, x_{ik})$; define-se também o vector coluna $(k+1) \times 1$ dos parâmetros, $\boldsymbol{\beta} = (\beta_0, \beta_1, \beta_2, \dots, \beta_k)'$. De modo equivalente a (3.2),

$$y_i = \boldsymbol{x_i\beta} + u_i, \qquad i = 1, \dots, n.$$

Defina-se agora

$\boldsymbol{y} = (y_1, y_2, \dots, y_n)'$: vector coluna $n \times 1$ das observações da variável dependente,

$\boldsymbol{u} = (u_1, u_2, \dots, u_n)'$: vector coluna $n \times 1$ dos erros (não observáveis),

$$\boldsymbol{X} = \begin{bmatrix} 1 & x_{11} & x_{12} & \dots & x_{1k} \\ 1 & x_{21} & x_{22} & & x_{2k} \\ & \vdots & & \ddots & \vdots \\ 1 & x_{n1} & x_{n2} & \cdots & x_{nk} \end{bmatrix} = \begin{bmatrix} \boldsymbol{x_1} \\ \boldsymbol{x_2} \\ \vdots \\ \boldsymbol{x_n} \end{bmatrix}:$$

matriz $n \times (k+1)$ dos regressores.

Para as n observações, pode escrever-se o modelo em forma matricial

$$\boldsymbol{y} = \boldsymbol{X\beta} + \boldsymbol{u}.$$

Dados $\hat{\boldsymbol{y}} = (\hat{y}_1, \hat{y}_2, \dots, \hat{y}_n)'$, vector $n \times 1$ dos valores estimados de y, e

$\hat{\boldsymbol{\beta}} = \left(\hat{\beta}_0, \hat{\beta}_1, \dots, \hat{\beta}_k\right)'$, vector $(k+1) \times 1$ dos estimadores dos parâmetros, resulta a *função de regressão amostral* para as n observações

$$\hat{\boldsymbol{y}} = \boldsymbol{X}\hat{\boldsymbol{\beta}}.$$

3.3 Método OLS

3.3.1 Dedução dos estimadores OLS

Método dos momentos

Como para a regressão simples, adopta-se desde já as hipóteses de média condicional constante do erro, dadas as variáveis explicativas,

$$\mathrm{E}(u|x_1, x_2, \dots, x_k) = \mathrm{E}(u), \quad \forall x_1, x_2, \dots, x_k,$$

e de média nula do erro,

$$\mathrm{E}(u) = 0,$$

de que resultam

$$\mathrm{COV}\left(x_j, u\right) = \mathrm{E}\left(x_j u\right) = 0, \quad j = 1,2, \dots, k.$$

O *método dos momentos* (MM) determina as estimativas dos parâmetros que resultam de impor à amostra restrições análogas das condições de momentos, supostas válidas na população. Ou seja, a partir das condições de momentos populacionais,

$$\begin{cases} \mathrm{E}(u) = 0 \\ \mathrm{E}(x_1 u) = 0 \\ \dots \dots \\ \mathrm{E}(x_k u) = 0 \end{cases} \Leftrightarrow \begin{cases} \mathrm{E}(y - \beta_0 - \beta_1 x_1 - \beta_2 x_2 - \dots - \beta_k x_k) = 0 \\ \mathrm{E}[x_1(y - \beta_0 - \beta_1 x_1 - \beta_2 x_2 - \dots - \beta_k x_k)] = 0 \\ \dots \dots \dots \dots \\ \mathrm{E}[x_k(y - \beta_0 - \beta_1 x_1 - \beta_2 x_2 - \dots - \beta_k x_k)] = 0 \end{cases},$$

considera-se o sistema de equações

$$\begin{cases} n^{-1} \sum_{i=1}^{n} \left(y_i - \hat{\beta}_0 - \hat{\beta}_1 x_{i1} - \hat{\beta}_2 x_{i2} - \dots - \hat{\beta}_k x_{ik}\right) = 0 \\ n^{-1} \sum_{i=1}^{n} x_{i1}\left(y_i - \hat{\beta}_0 - \hat{\beta}_1 x_{i1} - \hat{\beta}_2 x_{i2} - \dots - \hat{\beta}_k x_{ik}\right) = 0 \\ \dots \dots \dots \dots \dots \\ n^{-1} \sum_{i=1}^{n} x_{ik}\left(y_i - \hat{\beta}_0 - \hat{\beta}_1 x_{i1} - \hat{\beta}_2 x_{i2} - \dots - \hat{\beta}_k x_{ik}\right) = 0 \end{cases} \Leftrightarrow$$

$$\begin{cases} n^{-1}\sum_{i=1}^{n}(y_i - \boldsymbol{x}_i\hat{\boldsymbol{\beta}}) = n^{-1}\sum_{i=1}^{n}\hat{u}_i = 0 \\ n^{-1}\sum_{i=1}^{n}x_{i1}(y_i - \boldsymbol{x}_i\hat{\boldsymbol{\beta}}) = n^{-1}\sum_{i=1}^{n}x_{i1}\hat{u}_i = 0 \\ \dots\ \dots\ \dots\ \dots\ \dots \\ n^{-1}\sum_{i=1}^{n}x_{ik}(y_i - \boldsymbol{x}_i\hat{\boldsymbol{\beta}}) = n^{-1}\sum_{i=1}^{n}x_{ik}\hat{u}_i = 0. \end{cases} \tag{3.3}$$

De modo equivalente, em forma matricial,

$$n^{-1}[1 \quad \cdots \quad 1]\begin{bmatrix}\hat{u}_1\\ \vdots \\ \hat{u}_n\end{bmatrix} = 0, \quad n^{-1}[x_{11} \quad \cdots \quad x_{n1}]\begin{bmatrix}\hat{u}_1\\ \vdots \\ \hat{u}_n\end{bmatrix} = 0, \quad \dots,$$

$$n^{-1}[x_{1k} \quad \cdots \quad x_{nk}]\begin{bmatrix}\hat{u}_1\\ \vdots \\ \hat{u}_n\end{bmatrix} = 0$$

ou, numa só equação matricial,

$$n^{-1}\begin{bmatrix}1 & 1 & \cdots & 1\\ x_{11} & x_{21} & & x_{n1}\\ \vdots & & \ddots & \vdots\\ x_{1k} & x_{2k} & \cdots & x_{nk}\end{bmatrix}\begin{bmatrix}\hat{u}_1\\ \hat{u}_2\\ \cdots \\ \hat{u}_n\end{bmatrix} = \mathbf{0} \Leftrightarrow n^{-1}\boldsymbol{X}'\hat{\boldsymbol{u}} = \mathbf{0} \Leftrightarrow$$

$$\boldsymbol{X}'(\boldsymbol{y} - \boldsymbol{X}\hat{\boldsymbol{\beta}}) = \mathbf{0} \Leftrightarrow (\boldsymbol{X}'\boldsymbol{X})\hat{\boldsymbol{\beta}} = \boldsymbol{X}'\boldsymbol{y} \Leftrightarrow \hat{\boldsymbol{\beta}} = \begin{bmatrix}\hat{\beta}_0\\ \hat{\beta}_1\\ \cdots \\ \hat{\beta}_k\end{bmatrix} = (\boldsymbol{X}'\boldsymbol{X})^{-1}\boldsymbol{X}'\boldsymbol{y},$$

se $\boldsymbol{X}'\boldsymbol{X}$ tem inversa. Resulta assim a expressão do estimador OLS de $\boldsymbol{\beta}$.

Minimização da soma dos quadrados dos resíduos

Considere-se agora a soma dos quadrados dos resíduos, definida como função do vector de estimadores $\boldsymbol{b} = (b_0, b_1, \dots, b_k)'$,

$$\mathrm{SQR}(\boldsymbol{b}) = \sum_{i=1}^{n}(y_i - b_0 - b_1x_{i1} - \cdots - b_kx_{ik})^2 =$$

$$\sum_{i=1}^{n}(y_i - \boldsymbol{x}_i\boldsymbol{b})^2 = (\boldsymbol{y} - \boldsymbol{X}\boldsymbol{b})'(\boldsymbol{y} - \boldsymbol{X}\boldsymbol{b});$$

a função $\mathrm{SQR}(\boldsymbol{b})$ é minimizada para $\boldsymbol{b} = \hat{\boldsymbol{\beta}}$, o estimador OLS de $\boldsymbol{\beta}$ (v. sec. 3.5 para a demonstração).

3.3.2 OLS - propriedades algébricas

As propriedades seguintes generalizam as propriedades algébricas do estimador OLS para a regressão simples. Em particular,

- A média (ou a soma) dos resíduos OLS é nula,
$$\bar{\hat{u}} = n^{-1}\sum_{i=1}^{n} \hat{u}_i = 0$$
(trata-se da expressão da primeira CPO).
- $\bar{y} = \bar{\hat{y}}$ (as médias dos valores observados e das estimativas OLS da variável dependente são iguais). Somando ordenadamente $y_i = \hat{y}_i + \hat{u}_i$, para $i = 1, \dots, n$ e dividindo por n, obtém-se
$$\bar{y} = n^{-1}\sum_{i=1}^{n} y_i = n^{-1}\sum_{i=1}^{n} (\hat{y}_i + \hat{u}_i) =$$
$$n^{-1}\sum_{i=1}^{n} \hat{y}_i + \bar{\hat{u}} = n^{-1}\sum_{i=1}^{n} \hat{y}_i = \bar{\hat{y}}.$$
- A linha de regressão OLS passa no ponto de coordenadas $(\bar{x}_1, \dots, \bar{x}_k, \bar{y})$.
Efectivamente, da primeira equação de (3.3), vem $\hat{\beta}_0 = \bar{y} - \hat{\beta}_1\bar{x}_1 - \cdots - \hat{\beta}_k\bar{x}_k$. Donde, $\bar{y} = \hat{\beta}_0 + \hat{\beta}_1\bar{x}_1 + \cdots + \hat{\beta}_k\bar{x}_k$, ou seja, para $x_1 = \bar{x}_1, \dots, x_k = \bar{x}_k$, tem-se $y = \bar{y}$.
- A covariância (logo, a correlação) amostral entre os resíduos e qualquer regressor é nula. Logo, é nula a covariância amostral entre os resíduos e as estimativas da variável dependente,
$$n^{-1}\sum_{i=1}^{n} (x_{ij} - \bar{x}_j)\hat{u}_i = 0, \forall j = 1, \dots, k \Rightarrow$$
$$n^{-1}\sum_{i=1}^{n} (\hat{y}_i - \bar{y})\hat{u}_i = 0.$$
Efectivamente, para $j = 1, \dots, k$, vem (omite-se o factor n^{-1})
$$\sum (x_{ij} - \bar{x}_j)\hat{u}_i = \sum x_{ij}\hat{u}_i - \bar{x}_j \sum \hat{u}_i = \sum x_{ij}\hat{u}_i = 0,$$
em virtude de (3.3). Donde,
$$\sum (\hat{y}_i - \bar{y})\hat{u}_i = \sum \hat{y}_i\hat{u}_i - \bar{y}\sum \hat{u}_i = \sum \hat{y}_i\hat{u}_i =$$
$$\sum (\hat{\beta}_0 + \hat{\beta}_1 x_{i1} + \cdots + \hat{\beta}_k x_{ik})\hat{u}_i =$$

$$\hat{\beta}_0 \sum \hat{u}_i + \hat{\beta}_1 \sum x_{i1}\hat{u}_i + \cdots + \hat{\beta}_k \sum x_{ik}\hat{u}_i = 0.$$

Regressão residual. Teorema de Frisch-Waugh-Lovell.

Demonstra-se que a regressão múltipla OLS se pode encarar como regressão simples da variável dependente sobre os resíduos da regressão OLS de cada variável explicativa sobre os outros regressores. Ou seja, o estimador $\hat{\beta}_j$ pode obter-se através dos seguintes passos:

i. Regressão OLS de x_{ij} sobre as outras variáveis explicativas do modelo (incluindo a constante, se o modelo a inclui); sejam $\hat{r}_{ij}$ os resíduos desta regressão.

ii. Regressão OLS da variável dependente do modelo, y_i, sobre $\hat{r}_{ij}$; o coeficiente de $\hat{r}_{ij}$ nesta regressão é igual a $\hat{\beta}_j$.

O estimador OLS do coeficiente de x_j pode então escrever-se

$$\hat{\beta}_j = \sum_{i=1}^{n} \hat{r}_{ij} y_i \Big/ \sum_{i=1}^{n} \hat{r}_{ij}^2. \tag{3.4}$$

O termo $\hat{r}_{ij}$ denota a parte de x_{ij} não correlacionada com os outros regressores: $\hat{\beta}_j$ estima o efeito de x_j sobre y, após exclusão da parte de x_j que se correlaciona com as outras variáveis explicativas. A demonstração deste resultado expõe-se adiante. Note-se, para já, que na regressão referida em *ii.* é indiferente utilizar y_i ou, em sua vez, os resíduos da regressão OLS de y_i sobre todos os regressores, excepto x_{ij}. Neste sentido, esta regressão designa-se também *regressão residual*. Sejam, respectivamente, $\hat{y}_{ij-}$ e $\hat{r}_{ij-}$ os valores estimados e os resíduos desta regressão: $y_i = \hat{y}_{ij-} + \hat{r}_{ij-}$. Vem

$$\sum_{i=1}^{n} \hat{r}_{ij} y_i = \sum_{i=1}^{n} \hat{r}_{ij}\left(\hat{y}_{ij-} + \hat{r}_{ij-}\right) = \sum_{i=1}^{n} \hat{r}_{ij}\hat{r}_{ij-},$$

porque, sendo $\hat{y}_{ij-}$ uma combinação linear da i-ésima observação dos regressores, excepto x_{ij}, as CPO da regressão referida em *i.* asseguram $\sum_{i=1}^{n} \hat{r}_{ij}\hat{y}_{ij-} = 0$. Assim, retomando (3.4),

$$\hat{\beta}_j = \sum_{i=1}^{n} \hat{r}_{ij} y_i \Big/ \sum_{i=1}^{n} \hat{r}_{ij}^2 = \left(\sum_{i=1}^{n} \hat{r}_{ij}\hat{r}_{ij-}\right) \Big/ \sum_{i=1}^{n} \hat{r}_{ij}^2.$$

Exemplo 3.4

Modelo com duas variáveis explicativas $\hat{y} = \hat{\beta}_0 + \hat{\beta}_1 x_1 + \hat{\beta}_2 x_2$.
Vem $\hat{\beta}_2 = \sum_{i=1}^{n} \hat{r}_{i2} y_i / \sum_{i=1}^{n} \hat{r}_{i2}^2$, em que $\hat{r}_{i2}$ designa o resíduo da regressão OLS de x_2 sobre o termo independente e x_1. Reconhece-se em $\hat{\beta}_j$ o estimador OLS do coeficiente de $\hat{r}_{ij}$ na regressão de y_i sobre $\hat{r}_{ij}$,

$$y_i = \beta_j \hat{r}_{ij} + erro.$$

O procedimento acima descrito é um caso particular do resultado geral referido em seguida, enunciado na forma de um teorema. Seja a partição de $\boldsymbol{X}$ e $\boldsymbol{\beta}$ em blocos conformáveis,

$$\boldsymbol{X} = [\boldsymbol{X}_1 \quad \boldsymbol{X}_2] \qquad \boldsymbol{\beta} = \begin{bmatrix} \boldsymbol{\beta}_1 \\ \boldsymbol{\beta}_2 \end{bmatrix}.$$

Nestes termos, o vector $\boldsymbol{y}$ pode decompor-se sucessivamente como

$$\boldsymbol{y} = \boldsymbol{X}_1\boldsymbol{\beta}_1 + \boldsymbol{X}_2\boldsymbol{\beta}_2 + \boldsymbol{u} = \boldsymbol{X}_1\widehat{\boldsymbol{\beta}}_1 + \boldsymbol{X}_2\widehat{\boldsymbol{\beta}}_2 + \widehat{\boldsymbol{u}}.$$

Enuncia-se o seguinte teorema (demonstração na secção 3.5):

Teorema de Frisch-Waugh-Lovell (FWL)
(Frisch e Waugh, 1933; Lovell, 1963).

O estimador OLS, $\widehat{\boldsymbol{\beta}}_2$, e os resíduos OLS do modelo, $\widehat{\boldsymbol{u}}$, podem obter-se, em alternativa à estimação OLS do modelo completo, por aplicação do seguinte algoritmo:

i. Regressão de $\boldsymbol{y}$ sobre $\boldsymbol{X}_1$; seja $\hat{\boldsymbol{r}}$ o vector dos resíduos.

ii. Regressão de cada coluna de $\boldsymbol{X}_2$ sobre $\boldsymbol{X}_1$; seja $\widehat{\boldsymbol{R}}$ a matriz em que cada coluna é o vector de resíduos de cada uma destas regressões.

iii. Regressão de $\hat{\boldsymbol{r}}$ sobre $\widehat{\boldsymbol{R}}$: o vector dos coeficientes de $\widehat{\boldsymbol{R}}$ coincide com $\widehat{\boldsymbol{\beta}}_2$; o vector dos resíduos coincide com o vector de resíduos da regressão original, $\widehat{\boldsymbol{u}}$.

O Teorema FWL é utilizado com muita frequência. O resultado referido no exercício 3.3 constitui um exemplo importante. Na secção 10.5 o teorema permite mostrar a equivalência de formas alternativas de controlo da tendência e sazonalidade em modelos para dados temporais. Outros exemplos de aplicação ocorrem na secção 8.2, sobre observações influentes, e em modelos de regressão para dados de painel, na dedução do estimador dos parâmetros de regressão sob abordagem de efeitos fixos (sec. 13.2.1).

3.3.3 Qualidade do ajustamento OLS

No contexto da estimação OLS do modelo linear, define-se

$\text{SQR} = \sum_{i=1}^{n} \hat{u}_i^2$: *soma dos quadrados dos resíduos*;

$\text{SQT} = \sum_{i=1}^{n} (y_i - \bar{y})^2$: *soma dos quadrados totais*;

$\text{SQE} = \sum_{i=1}^{n} (\hat{y}_i - \bar{y})^2$: *soma dos quadrados explicados*.

Se o modelo tem termo independente, verifica-se a igualdade

$$\text{SQT} = \text{SQE} + \text{SQR}.$$

Como na regressão simples, seja o coeficiente de determinação,

$$R^2 = \text{SQE}/\text{SQT} = 1 - \text{SQR}/\text{SQT}\,,$$

que mede a proporção da variação da variável dependente em torno da média amostral, explicada pela regressão estimada. R^2também se pode obter como quadrado do coeficiente de correlação entre os valores observados (y_i) e estimados $(\hat{y}_i)$ da variável dependente,

$$R^2 = \left[\sum_{i=1}^{n} (y_i - \bar{y})(\hat{y}_i - \bar{y})\right]^2 \Big/ \left[\sum_{i=1}^{n} (y_i - \bar{y})^2 \sum_{i=1}^{n} (\hat{y}_i - \bar{y})^2\right].$$

O coeficiente R^2 não decresce quando se adiciona variáveis explicativas ao modelo - usualmente o seu valor aumenta. Considere-se os vectores de resíduos do modelo "reduzido" (sem variáveis adicionais), $\widetilde{\boldsymbol{u}} = \boldsymbol{y} - \boldsymbol{X}\widetilde{\boldsymbol{\beta}}$, em que $\widetilde{\boldsymbol{\beta}}$ denota o respectivo estimador OLS, e do modelo "aumentado" (com variáveis adicionais), $\widehat{\boldsymbol{u}} = \boldsymbol{y} - \boldsymbol{X}\widehat{\boldsymbol{\beta}}$, com $\widehat{\boldsymbol{\beta}}$ o respectivo estimador OLS. Note-se que

$$\widetilde{\boldsymbol{u}} = \boldsymbol{y} - \boldsymbol{X}\widetilde{\boldsymbol{\beta}} = \boldsymbol{y} - \boldsymbol{X}\widehat{\boldsymbol{\beta}} - \boldsymbol{X}(\widetilde{\boldsymbol{\beta}} - \widehat{\boldsymbol{\beta}}) = \widehat{\boldsymbol{u}} - \boldsymbol{X}(\widetilde{\boldsymbol{\beta}} - \widehat{\boldsymbol{\beta}}),$$

do que resulta a relação entre $\text{SQR}_r = \widetilde{\boldsymbol{u}}'\widetilde{\boldsymbol{u}}$ e $\text{SQR}_{nr} = \widehat{\boldsymbol{u}}'\widehat{\boldsymbol{u}}$,

$$\text{SQR}_r = \text{SQR}_{nr} + (\widetilde{\boldsymbol{\beta}} - \widehat{\boldsymbol{\beta}})'\boldsymbol{X}'\boldsymbol{X}(\widetilde{\boldsymbol{\beta}} - \widehat{\boldsymbol{\beta}}) \Leftrightarrow$$

$$\text{SQR}_r - \text{SQR}_{nr} = (\widetilde{\boldsymbol{\beta}} - \widehat{\boldsymbol{\beta}})'\boldsymbol{X}'\boldsymbol{X}(\widetilde{\boldsymbol{\beta}} - \widehat{\boldsymbol{\beta}}) \geq 0, \tag{3.5}$$

em que a primeira igualdade resulta da CPO, $\boldsymbol{X}'\widehat{\boldsymbol{u}} = \boldsymbol{0}$, e (3.5) resulta do facto de que $(\widetilde{\boldsymbol{\beta}}-\widehat{\boldsymbol{\beta}})'\boldsymbol{X}'\boldsymbol{X}(\widetilde{\boldsymbol{\beta}}-\widehat{\boldsymbol{\beta}})$ é uma forma quadrática cuja matriz, $\boldsymbol{X}'\boldsymbol{X}$, é definida positiva. Em consequência, o coeficiente R^2 da regressão "reduzida" é inferior ou igual ao da regressão "aumentada".

O seguinte argumento ajuda a compreender o que está envolvido na estimação OLS de ambos os modelos: ao minimizar SQR, o método OLS maximiza R^2. Logo, ao acrescentar uma variável explicativa ao modelo, se o respectivo coeficiente estimado é nulo, tal significa que R^2 permanece inalterado; o método OLS só atribui um valor não nulo ao novo coeficiente estimado, se tal provoca um aumento do valor de R^2. Por conseguinte, R^2 não decresce quando se adiciona variáveis explicativas ao modelo e, em consequência, R^2 não constitui, por si só, um instrumento adequado de comparação de modelos, quanto à inclusão ou não de variáveis explicativas.

Se R^2 não decresce quando se adiciona variáveis ao modelo, tal significa que também não aumenta quando se retira variáveis. Qual é o valor de R^2 num modelo sem variáveis explicativas? Note-se que um tal modelo assume a forma $y=\beta_0+u$ e, portanto, $\hat{y}_i=\hat{\beta}_0, \forall i$. Segue-se que $\text{SQE}=\sum_i(\hat{y}_i-\bar{\hat{y}})^2=\sum_i(\hat{\beta}_0-\hat{\beta}_0)^2=0$, pelo que $R^2=0$.

3.4 Método OLS – propriedades estatísticas em amostras finitas

Como já referido (cap. 2), as propriedades algébricas de um estimador dependem apenas da sua definição formal, como função das observações das variáveis aleatórias, $(\boldsymbol{x}, y)$. As propriedades *estatísticas* do estimador dependem, não só da definição formal mas também das hipóteses probabilísticas que constituem o modelo e do processo de amostragem.

3.4.1 Valores esperados dos estimadores OLS

Pressupostos do modelo

A média da distribuição amostral dos estimadores OLS, exposta adiante, obtém-se a partir dos pressupostos populacionais seguintes:

(*i*) Linearidade: a relação entre as variáveis dependente e explicativas (o "modelo populacional") é linear nos parâmetros,

$$y = \beta_0 + \beta_1 x_1 + \cdots + \beta_k x_k + u = \boldsymbol{x\beta} + u,$$

em que $\boldsymbol{x} = (1, x_1, \dots, x_k)$ e $\boldsymbol{\beta}$ denota o vector de parâmetros.

(*ii*) Amostra casual: dispõe-se de amostra i.i.d. de dimensão n, $\{(x_{i1}, \dots, x_{ik}, y_i), i = 1, \dots, n\}$, representativa da população, de modo que o modelo amostral se pode escrever

$$y_i = \beta_0 + \beta_1 x_{i1} + \cdots + \beta_k x_{ik} + u_i = \boldsymbol{x_i\beta} + u_i, \quad i = 1, \dots, n$$

ou, de modo equivalente, em notação matricial,

$$\boldsymbol{y} = \boldsymbol{X\beta} + \boldsymbol{u}.$$

(*iii*) As colunas de $\boldsymbol{X}$ são linearmente independentes. De modo equivalente, a característica de $\boldsymbol{X}$ é igual ao número de colunas, $(k+1)$ [generaliza-se a condição (*iii*) para a regressão simples]. O pressuposto implica que na população nenhuma variável explicativa é função linear exacta das outras variáveis (por outras palavras, a informação veiculada pelos regressores não é redundante).

(*iv*) O erro tem média condicional nula. Formalmente,

$$\mathrm{E}(u|\boldsymbol{x}) = \mathrm{E}(u) = 0.$$

De (*i*), (*iv*) resulta

$$\mathrm{E}(y|x_1, \dots, x_k) = \mathrm{E}(\beta_0 + \beta_1 x_1 + \cdots + \beta_k x_k + u|x_1, \dots, x_k) =$$
$$\beta_0 + \beta_1 x_1 + \cdots + \beta_k x_k + \mathrm{E}(u|x_1, \dots, x_k) = \beta_0 + \beta_1 x_1 + \cdots + \beta_k x_k \Leftrightarrow$$
$$\mathrm{E}(y|x_1, \dots, x_k) = \beta_0 + \beta_1 x_1 + \cdots + \beta_k x_k,$$

designado função de regressão populacional. De (*i*), (*ii*) e (*iv*) resulta

$$\mathrm{E}(u_i|x_{i1}, \dots, x_{ik}) = 0, i = 1, \dots, n \Leftrightarrow \mathrm{E}(\boldsymbol{u}|\boldsymbol{X}) = \boldsymbol{0} \Rightarrow$$
$$\mathrm{E}(\boldsymbol{y}|\boldsymbol{X}) = \mathrm{E}(\boldsymbol{X\beta} + \boldsymbol{u}|\boldsymbol{X}) = \boldsymbol{X\beta} + \mathrm{E}(\boldsymbol{u}|\boldsymbol{X}) = \boldsymbol{X\beta} \Leftrightarrow \mathrm{E}(\boldsymbol{y}|\boldsymbol{X}) = \boldsymbol{X\beta}.$$

Ou seja, a parte sistemática do modelo, $\boldsymbol{x\beta}$, corresponde à média condicional da variável dependente, dadas as variáveis explicativas, $\mathrm{E}(y|\boldsymbol{x})$. Como já referido, este resultado implica a exogeneidade das variáveis explicativas no modelo, $\mathrm{COV}(x_j, u) = 0, j = 1,2, \dots, k$.

Centricidade do estimador OLS

Sob os pressupostos (*i*) – (*iv*), o estimador OLS de $\boldsymbol{\beta}$ é cêntrico:

$$\mathrm{E}(\widehat{\boldsymbol{\beta}}) = \boldsymbol{\beta}.$$

Sob (*i*) – (*iv*) a média da distribuição amostral conjunta dos estimadores OLS é igual ao valor do vector dos parâmetros populacionais.

Inclusão de variáveis irrelevantes

A inclusão de variáveis irrelevantes no modelo designa-se *sobre-especificação*. O valor esperado da distribuição amostral dos estimadores OLS não é afectado por esta inclusão. Se uma variável explicativa é irrelevante, então o seu coeficiente é nulo, o que reflecte o efeito marginal nulo sobre a variável dependente. Donde, o respectivo estimador tem valor esperado nulo (igual ao valor do parâmetro).

Exemplo 3.5

Especifica-se o modelo $y = \beta_0 + \beta_1 x_1 + \beta_2 x_2 + \beta_3 x_3 + u$ mas x_3 não tem qualquer efeito *ceteris paribus* sobre y: $\beta_3 = 0$. Em termos de média condicional,

$$\mathrm{E}(y|x_1, x_2, x_3) = \mathrm{E}(y|x_1, x_2) = \beta_0 + \beta_1 x_1 + \beta_2 x_2.$$

Dado que não se sabe que $\beta_3 = 0$, estima-se o modelo incluindo x_3, $\hat{y} = \hat{\beta}_0 + \hat{\beta}_1 x_1 + \hat{\beta}_2 x_2 + \hat{\beta}_3 x_3$. A centricidade dos estimadores mantém-se: $\mathrm{E}(\hat{\beta}_j) = \beta_j, j = 0, \ldots, 3$, e $\mathrm{E}(\hat{\beta}_3) = \beta_3 = 0$.

Omissão de variáveis relevantes

A omissão de variáveis relevantes do modelo designa-se *sub-especificação* do modelo. Considere-se em primeiro lugar a omissão de uma variável, no modelo com duas variáveis explicativas.

Seja o modelo populacional, que verifica (*i*) – (*iv*),

$$y = \beta_0 + \beta_1 x_1 + \beta_2 x_2 + u.$$

Admita-se que, por ignorância ou falta de dados, se estima o modelo

$$y = \beta_0 + \beta_1 x_1 + v.$$

Seja $\tilde{\beta}_1$ o estimador OLS de β_1 no modelo "reduzido" e considere-se a decomposição amostral de y, $y_i = \hat{\beta}_0 + \hat{\beta}_1 x_{i1} + \hat{\beta}_2 x_{i2} + \hat{u}_i$, em que $\hat{\beta}_j, j = 0,1,2$, designa os estimadores OLS dos parâmetros do modelo populacional (o modelo "correcto"). Tem-se

$$\tilde{\beta}_1 = \sum (x_{i1} - \bar{x}_1) y_i \Big/ \sum (x_{i1} - \bar{x}_1)^2 =$$

$$\sum(x_{i1}-\bar{x}_1)(\hat{\beta}_0+\hat{\beta}_1 x_{i1}+\hat{\beta}_2 x_{i2}+\hat{u}_i)/\sum(x_{i1}-\bar{x}_1)^2=\hat{\beta}_1+\hat{\beta}_2\tilde{\delta}_1,$$

em que $\tilde{\delta}_1=\sum(x_{i1}-\bar{x}_1)(x_{i2}-\bar{x}_2)/\sum(x_{i1}-\bar{x}_1)^2$ representa o coeficiente estimado de x_{i1} na regressão OLS de x_{i2} sobre x_{i1} [note-se que a terceira igualdade se deve a que $\sum(x_{i1}-\bar{x}_1)=0=\sum(x_{i1}-\bar{x}_1)\hat{u}_i$]. Deste modo, o valor esperado de $\tilde{\beta}_1$ vem dado por

$$\mathrm{E}(\tilde{\beta}_1|\boldsymbol{X})=\mathrm{E}(\hat{\beta}_1+\hat{\beta}_2\tilde{\delta}_1|\boldsymbol{X})=\mathrm{E}(\hat{\beta}_1|\boldsymbol{X})+\mathrm{E}(\hat{\beta}_2\tilde{\delta}_1|\boldsymbol{X})=$$
$$\beta_1+\tilde{\delta}_1\mathrm{E}(\hat{\beta}_2|\boldsymbol{X})=\beta_1+\tilde{\delta}_1\beta_2,$$

porque $\hat{\beta}_1$ e $\hat{\beta}_2$ são cêntricos e $\tilde{\delta}_1$ só envolve $\boldsymbol{X}$. Resulta o enviesamento

$$\mathrm{B}(\tilde{\beta}_1|\boldsymbol{X})=\mathrm{E}(\tilde{\beta}_1|\boldsymbol{X})-\beta_1=\beta_1+\tilde{\delta}_1\beta_2-\beta_1=\tilde{\delta}_1\beta_2.$$

Dado que x_2 é relevante ($\beta_2\neq 0$), o enviesamento só é nulo ($\tilde{\beta}_1$ só é cêntrico), se $\tilde{\delta}_1=0$ ou seja, se x_1 e x_2 têm correlação nula na amostra. A correlação amostral entre x_1 e x_2 reflecte, com elevada probabilidade (tanto maior, quanto maior a dimensão amostral), a correlação entre x_1 e x_2 na população, $\mathrm{CORR}(x_1,x_2)$. Donde, se na população estas variáveis são correlacionadas, a correlação amostral será provavelmente diferente de zero, com o mesmo sinal que na população. Logo, o sinal (e grandeza) de $\mathrm{CORR}(x_1,x_2)$ afecta, muito provavelmente, o sinal do enviesamento de $\tilde{\beta}_1$. O quadro 3.1 sintetiza os diferentes casos.

Quadro 3.1

Enviesamento de $\tilde{\boldsymbol{\beta}}_1$ por sub-especificação do modelo ($\boldsymbol{k}=\mathbf{2}$)

	$\mathrm{CORR}(x_1,x_2)>0$	$\mathrm{CORR}(x_1,x_2)<0$
$\beta_2>0$	$\mathrm{B}>0$	$\mathrm{B}<0$
$\beta_2<0$	$\mathrm{B}<0$	$\mathrm{B}>0$

Exemplo 3.6

Supõe-se que o modelo $\log y=\beta_0+\beta_1 x_1+\beta_2 x_2+u$, em que y é o salário, x_1 a escolaridade e x_2 a aptidão do trabalhador, verifica (*i*) - (*iv*). Não se dispõe de informação sobre a variável x_2. Logo, estima-se por OLS a regressão simples $\widehat{\log y}=0{,}612+\underbrace{0{,}079}_{\tilde{\beta}_1}x_1$.

É razoável admitir que $\mathrm{E}(\tilde{\beta}_1) > \beta_1$ (enviesamento positivo), porque provavelmente $\beta_2 > 0$ (espera-se que x_2 tenha efeito positivo sobre y, *ceteris paribus*) e a correlação entre x_1 e x_2 é positiva (pessoas mais aptas provavelmente estudam mais anos). É pois razoável supor que $\tilde{\beta}_1 = 0{,}079$ sobre-estima β_1 – a taxa "real" de variação do salário por ano adicional de escolaridade, *ceteris paribus*, é provavelmente inferior a 7,9%.

Seja agora o caso geral, em que se omite uma ou mais variáveis no modelo de regressão múltipla. Seja o modelo populacional,

$$y = \boldsymbol{x}_1\boldsymbol{\beta}_1 + \boldsymbol{x}_2\boldsymbol{\beta}_2 + u, \quad \boldsymbol{\beta}_2 \neq \boldsymbol{0}, \quad \mathrm{E}(u|\boldsymbol{x}_1, \boldsymbol{x}_2) = 0,$$

do qual se omite as variáveis $\boldsymbol{x}_2$, estimando-se $\boldsymbol{\beta}_1$ a partir do modelo $y = \boldsymbol{x}_1\boldsymbol{\beta}_1 + v$.

Escreva-se a regressão "correcta" na forma matricial, $\boldsymbol{y} = \boldsymbol{X}_1\boldsymbol{\beta}_1 + \boldsymbol{X}_2\boldsymbol{\beta}_2 + \boldsymbol{u}$, com a partição $\boldsymbol{X} = [\boldsymbol{X}_1 \quad \boldsymbol{X}_2]$ e $\boldsymbol{\beta} = [\boldsymbol{\beta}_1' \quad \boldsymbol{\beta}_2']'$. Utilizando os estimadores e o vector de resíduos OLS, pode escrever-se $\boldsymbol{y} = \boldsymbol{X}_1\hat{\boldsymbol{\beta}}_1 + \boldsymbol{X}_2\hat{\boldsymbol{\beta}}_2 + \hat{\boldsymbol{u}}$, tendo-se $\boldsymbol{X}_1'\hat{\boldsymbol{u}} = \boldsymbol{0}$ (CPO OLS). Matricialmente, a regressão "incorrecta" é $\boldsymbol{y} = \boldsymbol{X}_1\boldsymbol{\beta}_1 + \boldsymbol{v}$. O estimador de $\boldsymbol{\beta}_1$ a partir desta regressão é $\tilde{\boldsymbol{\beta}}_1 = (\boldsymbol{X}_1'\boldsymbol{X}_1)^{-1}\boldsymbol{X}_1'\boldsymbol{y}$, que se pode escrever como

$$\tilde{\boldsymbol{\beta}}_1 = (\boldsymbol{X}_1'\boldsymbol{X}_1)^{-1}\boldsymbol{X}_1'(\boldsymbol{X}_1\hat{\boldsymbol{\beta}}_1 + \boldsymbol{X}_2\hat{\boldsymbol{\beta}}_2 + \hat{\boldsymbol{u}}) =$$

$$\hat{\boldsymbol{\beta}}_1 + (\boldsymbol{X}_1'\boldsymbol{X}_1)^{-1}\boldsymbol{X}_1'\boldsymbol{X}_2\hat{\boldsymbol{\beta}}_2 + (\boldsymbol{X}_1'\boldsymbol{X}_1)^{-1}\boldsymbol{X}_1'\hat{\boldsymbol{u}} = \hat{\boldsymbol{\beta}}_1 + \tilde{\boldsymbol{\Delta}}_1\hat{\boldsymbol{\beta}}_2,$$

em que $\tilde{\boldsymbol{\Delta}}_1 = (\boldsymbol{X}_1'\boldsymbol{X}_1)^{-1}\boldsymbol{X}_1'\boldsymbol{X}_2$ denota uma matriz em que cada coluna é o vector de coeficientes da regressão OLS da coluna correspondente de $\boldsymbol{X}_2$ sobre $\boldsymbol{X}_1$. Em geral, $\tilde{\boldsymbol{\beta}}_1$ é enviesado porque

$$\mathrm{E}(\tilde{\boldsymbol{\beta}}_1|\boldsymbol{X}) = \boldsymbol{\beta}_1 + \tilde{\boldsymbol{\Delta}}_1\boldsymbol{\beta}_2 \Leftrightarrow \mathrm{B}(\tilde{\boldsymbol{\beta}}_1|\boldsymbol{X}) = \boldsymbol{\beta}_1 + \tilde{\boldsymbol{\Delta}}_1\boldsymbol{\beta}_2 - \boldsymbol{\beta}_1 = \tilde{\boldsymbol{\Delta}}_1\boldsymbol{\beta}_2,$$

visto que $\hat{\boldsymbol{\beta}}_1$ e $\hat{\boldsymbol{\beta}}_2$ são cêntricos e $\tilde{\boldsymbol{\Delta}}_1$ só depende de $\boldsymbol{X}_1$ e $\boldsymbol{X}_2$. Dado $\boldsymbol{\beta}_2 \neq \boldsymbol{0}$, $\tilde{\boldsymbol{\beta}}_1$ só é cêntrico se $\tilde{\boldsymbol{\Delta}}_1 = \boldsymbol{0}$, o que ocorre se $\boldsymbol{X}_1'\boldsymbol{X}_2 = \boldsymbol{0}$ (correlação amostral nula entre qualquer variável de $\boldsymbol{x}_1$ e qualquer variável excluída) – o que é bastante improvável.

Em geral, só se pode conhecer o sinal do enviesamento se as variáveis explicativas não são correlacionadas. Usualmente, para o efeito, admite-se esta hipótese como hipótese de trabalho, não necessariamente correcta.

3.4.2 Variâncias dos estimadores OLS

Pressuposto de homoscedasticidade

Que se pode dizer a respeito da dispersão da distribuição amostral dos estimadores OLS? A questão refere-se às variâncias e covariâncias da distribuição de $\hat{\boldsymbol{\beta}}$, cuja expressão requer algum pressuposto acerca da variância do erro. Para tal adopta-se a hipótese de homoscedasticidade.

(v) $\quad \mathrm{V}(u|x_1, \dots, x_k) = \sigma^2$.

O pressuposto (v) significa que a variância condicional do erro, dadas as variáveis explicativas, não depende destas variáveis. Caso contrário, a condição é falsa e ocorre heteroscedasticidade. Como já referido na regressão simples, o conjunto das hipóteses (i) - (v) designa-se *pressupostos de Gauss–Markov* ou *modelo de Gauss–Markov*.

De (ii) (amostra i.i.d.) resulta (omite-se o condicionamento em $\boldsymbol{X}$)

$$\mathrm{COV}(u_i, u_j) = \mathrm{E}\{[u_i - \mathrm{E}(u_i)][u_j - \mathrm{E}(u_j)]\} =$$
$$\mathrm{E}[u_i - \mathrm{E}(u_i)]\mathrm{E}[u_j - \mathrm{E}(u_j)] = 0, \quad i \neq j.$$

Esta igualdade designa-se ausência de autocorrelação dos erros: os erros para diferentes observações não são correlacionados. Assim,

$$\mathrm{V}(u_i|\boldsymbol{X}) = \sigma^2, \quad i = 1, \dots, n,$$
$$\mathrm{COV}(u_i, u_j|\boldsymbol{X}) = 0, \quad i \neq j, \quad i,j = 1, \dots, n,$$

ou, matricialmente, $\mathrm{V}(\boldsymbol{u}|\boldsymbol{X}) = \sigma^2\boldsymbol{I}_n$, com $\boldsymbol{I}_n$ matriz identidade de ordem n. Entretanto, de $\mathrm{V}(\boldsymbol{y}|\boldsymbol{X}) = \mathrm{V}(\boldsymbol{X\beta} + \boldsymbol{u}|\boldsymbol{X}) = \mathrm{V}(\boldsymbol{u}|\boldsymbol{X})$ segue-se também

$$\mathrm{V}(\boldsymbol{y}|\boldsymbol{X}) = \sigma^2\boldsymbol{I}_n$$

ou seja, o pressuposto (v), a respeito da variância do erro, é, na mesma medida, uma condição a respeito da variância da variável dependente. A matriz de covariâncias dos erros e da variável dependente é uma matriz diagonal, cujos elementos da diagonal principal são dados por σ^2.

Da hipótese da média condicional nula, $\mathrm{E}(\boldsymbol{u}|\boldsymbol{X}) = \boldsymbol{0}$, resulta ainda

$$\mathrm{V}(\boldsymbol{u}|\boldsymbol{X}) = \mathrm{E}\{[\boldsymbol{u} - \mathrm{E}(\boldsymbol{u}|\boldsymbol{X})][\boldsymbol{u} - \mathrm{E}(\boldsymbol{u}|\boldsymbol{X})]'|\boldsymbol{X}\} = \mathrm{E}(\boldsymbol{uu}'|\boldsymbol{X}),$$

correspondendo obviamente a

$$\mathrm{V}(u_i|\boldsymbol{X}) = \mathrm{E}(u_i^2|\boldsymbol{X}), \quad \mathrm{COV}(u_i, u_j|\boldsymbol{X}) = \mathrm{E}(u_i u_j|\boldsymbol{X}), \quad i,j = 1, \dots, n.$$

Variâncias dos estimadores OLS

Sob o modelo de Gauss-Markov,

$$\mathrm{V}(\hat{\boldsymbol{\beta}}|\boldsymbol{X}) = \sigma^2(\boldsymbol{X}'\boldsymbol{X})^{-1}. \tag{3.6}$$

Se o modelo tem termo independente, esta fórmula significa, por exemplo, que $\mathrm{V}(\hat{\beta}_2|\boldsymbol{X})$ se obtém multiplicando o elemento (3,3) de $(\boldsymbol{X}'\boldsymbol{X})^{-1}$ por σ^2 ou que $\mathrm{COV}(\hat{\beta}_1, \hat{\beta}_3|\boldsymbol{X})$ se obtém multiplicando o elemento (2,4) de $(\boldsymbol{X}'\boldsymbol{X})^{-1}$ por σ^2.

Para cada estimador individual, $\hat{\beta}_j$, a fórmula (3.6) corresponde a

$$\mathrm{V}(\hat{\beta}_j|\boldsymbol{X}) = \sigma^2/[\mathrm{SQT}_j(1 - R_j^2)], \quad \mathrm{SQT}_j = \sum_{i=1}^{n} (x_{ij} - \bar{x}_j)^2, \tag{3.7}$$

com R_j^2 o coeficiente de determinação da regressão de x_j sobre os outros regressores (incluindo termo independente, se o modelo o inclui).

De (3.7) decorre que a variância de cada estimador OLS,

- Aumenta com maior variância do erro, σ^2: mais "ruído" reduz a precisão dos estimadores do efeito marginal de cada variável.
- Decresce com maior SQT_j: a precisão do estimador aumenta com maior variação amostral de x_j.
- Aumenta com maior R_j^2: se há maior grau de correlação entre x_j e os outros regressores, a estimação de β_j é menos precisa.

Pode assim considerar-se os seguintes casos extremos:

- $R_j^2 = 0 \Leftrightarrow \mathrm{V}(\hat{\beta}_j|\boldsymbol{X}) = \sigma^2/\mathrm{SQT}_j$: x_j é não correlacionado com os outros regressores. Neste caso (o mais favorável possível mas raro), a variância de $\hat{\beta}_j$ é igual à respectiva variância na regressão simples de y sobre x_j.
- $R_j^2 = 1 \Leftrightarrow \mathrm{V}(\hat{\beta}_j|\boldsymbol{X}) \to \infty$: x_j é função linear exacta dos outros regressores [excluído por (*iii*), ausência de multicolinearidade]. Se tal ocorre, $\boldsymbol{X}'\boldsymbol{X}$ é singular, logo não se pode estimar o modelo, que está mal especificado. Por exemplo, deve retirar-se x_j ou outro regressor do modelo, para eliminar a multicolinearidade.

Variâncias dos estimadores OLS em modelos sub-especificados (regressão simples)

Sejam o modelo populacional (k regressores) e o modelo simples, sub-especificado, do qual se obtém por OLS $\tilde{y} = \tilde{\beta}_0 + \tilde{\beta}_1 x_1$. Assim,

$$\mathrm{V}(\tilde{\beta}_1 | \boldsymbol{X}) = \sigma^2/\mathrm{SQT}_1 \leq \mathrm{V}(\hat{\beta}_1 | \boldsymbol{X}) = \sigma^2/[\mathrm{SQT}_1(1 - R_1^2)].$$

As variâncias são iguais se $R_1^2 = 0$, caso em que os próprios estimadores são idênticos. Embora $\tilde{\beta}_1$ seja enviesado, a variância é menor sob o modelo incorrecto. Mas se n aumenta, as variâncias tendem para zero, o que torna pouco relevante a diferença entre ambas.

Estimador da variância do erro

Não se conhece a variância do erro, σ^2, porque não se observa o erro - apenas se observa os resíduos de estimação, $\hat{u}_i$. Para estimar $\sigma^2 = \mathrm{E}(u^2)$, sob os pressupostos de Gauss-Markov o estimador cêntrico de σ^2 vem dado por

$$\hat{\sigma}^2 = (n-k-1)^{-1} \sum_{i=1}^{n} \hat{u}_i^2 = (n-k-1)^{-1} \hat{\boldsymbol{u}}'\hat{\boldsymbol{u}} = \mathrm{SQR}/(n-k-1).$$

Estima-se a variância dos estimadores substituindo σ^2 por $\hat{\sigma}^2$ em (3.6). Vem $\widehat{\mathrm{V}}(\hat{\boldsymbol{\beta}}) = \hat{\sigma}^2 (\boldsymbol{X}'\boldsymbol{X})^{-1}$, logo, se existe termo independente,

$$\widehat{\mathrm{V}}(\hat{\beta}_j) = \hat{\sigma}^2 \times \text{elemento } (j+1, j+1) \text{ de } (\boldsymbol{X}'\boldsymbol{X})^{-1},$$

$$\widehat{\mathrm{COV}}(\hat{\beta}_j, \hat{\beta}_k) = \hat{\sigma}^2 \times \text{elemento } (j+1, k+1) \text{ de } (\boldsymbol{X}'\boldsymbol{X})^{-1}$$

e ainda $\widehat{\mathrm{V}}(\hat{\beta}_j) = \hat{\sigma}^2 / [\mathrm{SQT}_j(1 - R_j^2)]$. Os erros-padrão obtêm-se como raiz positiva das estimativas das variâncias. Sendo $\hat{\sigma} = \sqrt{\hat{\sigma}^2}$,

$$\mathrm{se}(\hat{\beta}_j) = \sqrt{\widehat{\mathrm{V}}(\hat{\beta}_j)} = \hat{\sigma} \times \sqrt{\text{elemento } (j+1, j+1) \text{ de } (\boldsymbol{X}'\boldsymbol{X})^{-1}}.$$

Teorema de Gauss-Markov

Sob as hipóteses de Gauss-Markov, o estimador $\hat{\boldsymbol{\beta}}$ é *BLUE*: *B*est (o mais eficiente de entre os estimadores lineares e cêntricos); *L*inear (em y_i); *U*nbiased (cêntrico); *E*stimator. Se o modelo de Gauss-Markov é válido, OLS é o método que produz o estimador linear cêntrico mais eficiente.

Formalmente, se $\tilde{\boldsymbol{\beta}}$ designa um estimador diferente de $\hat{\boldsymbol{\beta}}$, também linear e cêntrico de $\boldsymbol{\beta}$, o teorema de Gauss-Markov assegura que

$$\mathrm{V}(\widetilde{\boldsymbol{\beta}}|\boldsymbol{X}) \geq \mathrm{V}(\widehat{\boldsymbol{\beta}}|\boldsymbol{X}).$$

A desigualdade está expressa em termos matriciais: $\widehat{\boldsymbol{\beta}}$ (logo, qualquer seu componente) tem variância não superior à variância de $\widetilde{\boldsymbol{\beta}}$ (logo, do componente correspondente) linear e cêntrico de $\boldsymbol{\beta}$.

3.5 Demonstrações

Estimadores OLS – minimização de SQR

A função $\mathrm{SQR}(\boldsymbol{b})$ pode escrever-se sucessivamente como

$$(\boldsymbol{y}-\boldsymbol{X}\boldsymbol{b})'(\boldsymbol{y}-\boldsymbol{X}\boldsymbol{b}) = \boldsymbol{y}'\boldsymbol{y} - \boldsymbol{y}'\boldsymbol{X}\boldsymbol{b} - \boldsymbol{b}'\boldsymbol{X}'\boldsymbol{y} + \boldsymbol{b}'(\boldsymbol{X}'\boldsymbol{X})\boldsymbol{b} =$$
$$\boldsymbol{y}'\boldsymbol{y} - 2\boldsymbol{b}'\boldsymbol{X}'\boldsymbol{y} + \boldsymbol{b}'(\boldsymbol{X}'\boldsymbol{X})\boldsymbol{b}$$

($\boldsymbol{y}'\boldsymbol{X}\boldsymbol{b}$ é escalar, logo igual a $\boldsymbol{b}'\boldsymbol{X}'\boldsymbol{y}$). Resultam as CPO

$$\partial\mathrm{SQR}(\boldsymbol{b})/\partial\boldsymbol{b} = \boldsymbol{0} \Leftrightarrow -2\boldsymbol{X}'\boldsymbol{y} + 2\boldsymbol{X}'\boldsymbol{X}\boldsymbol{b} = \boldsymbol{0} \Leftrightarrow \boldsymbol{X}'(\boldsymbol{y}-\boldsymbol{X}\boldsymbol{b}) = \boldsymbol{0}$$

(note-se que $\boldsymbol{X}'\boldsymbol{X}$ é simétrica), que constituem um sistema idêntico ao sistema (3.3). A sua solução é $\boldsymbol{b} = \widehat{\boldsymbol{\beta}}$, o estimador OLS. Derivando novamente obtém-se a matriz hessiana de $\mathrm{SQR}(\boldsymbol{b})$,

$$\partial^2\mathrm{SQR}(\boldsymbol{b})/\partial\boldsymbol{b}\partial\boldsymbol{b}' = 2\boldsymbol{X}'\boldsymbol{X},$$

que é definida positiva. Logo, $\mathrm{SQR}(\boldsymbol{b})$ é mínimo em $\boldsymbol{b} = \widehat{\boldsymbol{\beta}}$. #

Método OLS – propriedades algébricas

Regressão residual. Teorema de Frisch-Waugh-Lovell.

Considere-se as matrizes simétricas idempotentes

$$\boldsymbol{M} = \boldsymbol{I}_n - \boldsymbol{X}(\boldsymbol{X}'\boldsymbol{X})^{-1}\boldsymbol{X}', \qquad \boldsymbol{M}_1 = \boldsymbol{I}_n - \boldsymbol{X}_1(\boldsymbol{X}_1'\boldsymbol{X}_1)^{-1}\boldsymbol{X}_1'.$$

Note-se que $\boldsymbol{M}\boldsymbol{X} = \boldsymbol{X} - \boldsymbol{X}(\boldsymbol{X}'\boldsymbol{X})^{-1}\boldsymbol{X}'\boldsymbol{X} = \boldsymbol{X} - \boldsymbol{X} = \boldsymbol{0}$, de modo que o vector de resíduos OLS se pode escrever

$$\widehat{\boldsymbol{u}} = \boldsymbol{y} - \boldsymbol{X}\widehat{\boldsymbol{\beta}} = \boldsymbol{y} - \boldsymbol{X}(\boldsymbol{X}'\boldsymbol{X})^{-1}\boldsymbol{X}'\boldsymbol{y} = \boldsymbol{M}\boldsymbol{y} = \boldsymbol{M}(\boldsymbol{X}\boldsymbol{\beta}+\boldsymbol{u}) = \boldsymbol{M}\boldsymbol{u}.$$

Note-se ainda que $\boldsymbol{X}_1'\boldsymbol{M}_1 = \boldsymbol{0}$ e que, também,

$$\boldsymbol{X}'\boldsymbol{M} = \boldsymbol{0} \Leftrightarrow \begin{bmatrix}\boldsymbol{X}_1'\\ \boldsymbol{X}_2'\end{bmatrix}\boldsymbol{M} = \begin{bmatrix}\boldsymbol{X}_1'\boldsymbol{M}\\ \boldsymbol{X}_2'\boldsymbol{M}\end{bmatrix} = \begin{bmatrix}\boldsymbol{0}\\ \boldsymbol{0}\end{bmatrix} \Rightarrow \boldsymbol{X}_1'\boldsymbol{M} = \boldsymbol{0}.$$

Deste modo, $\boldsymbol{M}_1\boldsymbol{M} = \boldsymbol{M} - \boldsymbol{X}_1(\boldsymbol{X}_1'\boldsymbol{X}_1)^{-1}\boldsymbol{X}_1'\boldsymbol{M} = \boldsymbol{M}$, do que resulta $\boldsymbol{M}_1\widehat{\boldsymbol{u}} = \boldsymbol{M}_1\boldsymbol{M}\boldsymbol{u} = \boldsymbol{M}\boldsymbol{u} = \widehat{\boldsymbol{u}}$. Vem

$$\boldsymbol{y} = \boldsymbol{X}_1\widehat{\boldsymbol{\beta}}_1 + \boldsymbol{X}_2\widehat{\boldsymbol{\beta}}_2 + \widehat{\boldsymbol{u}} \Leftrightarrow \boldsymbol{M}_1\boldsymbol{y} = \boldsymbol{M}_1\boldsymbol{X}_2\widehat{\boldsymbol{\beta}}_2 + \boldsymbol{M}_1\widehat{\boldsymbol{u}} \Leftrightarrow$$
$$\boldsymbol{M}_1\boldsymbol{y} = \boldsymbol{M}_1\boldsymbol{X}_2\widehat{\boldsymbol{\beta}}_2 + \widehat{\boldsymbol{u}}.$$

Multiplicando à esquerda por $\boldsymbol{X}_2'$, notando a CPO $\boldsymbol{X}_2'\widehat{\boldsymbol{u}} = \boldsymbol{0}$,

$$\boldsymbol{X}_2'\boldsymbol{M}_1\boldsymbol{y} = \boldsymbol{X}_2'\boldsymbol{M}_1\boldsymbol{X}_2\widehat{\boldsymbol{\beta}}_2 \Leftrightarrow \widehat{\boldsymbol{\beta}}_2 = (\boldsymbol{X}_2'\boldsymbol{M}_1\boldsymbol{X}_2)^{-1}\boldsymbol{X}_2'\boldsymbol{M}_1\boldsymbol{y}. \qquad (3.8)$$

$\boldsymbol{M}_1$ é simétrica e idempotente, logo $\boldsymbol{X}_2'\boldsymbol{M}_1\boldsymbol{X}_2 = (\boldsymbol{M}_1\boldsymbol{X}_2)'(\boldsymbol{M}_1\boldsymbol{X}_2)$ e $\boldsymbol{X}_2'\boldsymbol{M}_1\boldsymbol{y} = (\boldsymbol{M}_1\boldsymbol{X}_2)'(\boldsymbol{M}_1\boldsymbol{y})$. Assim, $\widehat{\boldsymbol{\beta}}_2$ pode encarar-se como resultando da regressão OLS de $\boldsymbol{M}_1\boldsymbol{y}$ sobre $\boldsymbol{M}_1\boldsymbol{X}_2$; respectivamente, o vector dos resíduos da regressão de $\boldsymbol{y}$ sobre $\boldsymbol{X}_1$,

$$\widehat{\boldsymbol{r}} = \boldsymbol{M}_1\boldsymbol{y} = \boldsymbol{y} - \boldsymbol{X}_1(\boldsymbol{X}_1'\boldsymbol{X}_1)^{-1}\boldsymbol{X}_1'\boldsymbol{y},$$

e a matriz cujas colunas são os vectores dos resíduos das regressões OLS de cada coluna de $\boldsymbol{X}_2$ sobre $\boldsymbol{X}_1$,

$$\widehat{\boldsymbol{R}} = \boldsymbol{M}_1\boldsymbol{X}_2 = \boldsymbol{X}_2 - \boldsymbol{X}_1(\boldsymbol{X}_1'\boldsymbol{X}_1)^{-1}\boldsymbol{X}_1'\boldsymbol{X}_2.$$

O vector dos resíduos desta regressão vem dado por $\boldsymbol{M}_1\boldsymbol{y} - \boldsymbol{M}_1\boldsymbol{X}_2\widehat{\boldsymbol{\beta}}_2$, que, por (3.8), se verifica ser igual a $\widehat{\boldsymbol{u}}$, o vector dos resíduos OLS da regressão de $\boldsymbol{y}$ sobre $\boldsymbol{X}$. #

Qualidade do ajustamento OLS - SQT = SQE + SQR

Considere-se a matriz $\boldsymbol{M}_\iota = \boldsymbol{I}_n - \boldsymbol{\iota\iota}'/n$, em que $\boldsymbol{\iota}$ denota um vector $n \times 1$ de 1's. Note-se as igualdades $\boldsymbol{M}_\iota\boldsymbol{y} = \boldsymbol{y} - \overline{\boldsymbol{y}}$, $\boldsymbol{M}_\iota\boldsymbol{X} = \boldsymbol{X} - \overline{\boldsymbol{X}}$, em que

$$\overline{\boldsymbol{X}} = \begin{bmatrix} 1 & \bar{x}_1 & \bar{x}_2 & \dots & \bar{x}_k \\ 1 & \bar{x}_1 & \bar{x}_2 & & \bar{x}_k \\ & \vdots & & \ddots & \vdots \\ 1 & \bar{x}_1 & \bar{x}_2 & \cdots & \bar{x}_k \end{bmatrix}, \qquad \overline{\boldsymbol{y}} = \begin{bmatrix} \bar{y} \\ \bar{y} \\ \vdots \\ \bar{y} \end{bmatrix}$$

ou seja, quando se pré-multiplica uma matriz por $\boldsymbol{M}_\iota$ obtém-se uma matriz da mesma dimensão, cujos elementos são as diferenças dos elementos originais para as médias aritméticas por coluna. Note-se que $\boldsymbol{M}_\iota\widehat{\boldsymbol{u}} = \widehat{\boldsymbol{u}} - \overline{\boldsymbol{u}} = \widehat{\boldsymbol{u}}$, porque $\overline{\boldsymbol{u}} = \boldsymbol{0}$ - primeira CPO OLS, sistema (3.3).

$\boldsymbol{M}_\iota$ é simétrica idempotente ($\boldsymbol{M}_\iota' = \boldsymbol{M}_\iota = \boldsymbol{M}_\iota^2$), donde, atendendo a que $\boldsymbol{y} = \boldsymbol{X}\widehat{\boldsymbol{\beta}} + \widehat{\boldsymbol{u}} = \widehat{\boldsymbol{y}} + \widehat{\boldsymbol{u}}$,

$$\text{SQT} = (\boldsymbol{y} - \overline{\boldsymbol{y}})'(\boldsymbol{y} - \overline{\boldsymbol{y}}) = (\boldsymbol{M}_\iota\boldsymbol{y})'\boldsymbol{M}_\iota\boldsymbol{y} = \boldsymbol{y}'\boldsymbol{M}_\iota'\boldsymbol{M}_\iota\boldsymbol{y} = \boldsymbol{y}'\boldsymbol{M}_\iota\boldsymbol{y} =$$
$$(\widehat{\boldsymbol{y}} + \widehat{\boldsymbol{u}})'\boldsymbol{M}_\iota(\widehat{\boldsymbol{y}} + \widehat{\boldsymbol{u}}) = \widehat{\boldsymbol{y}}'\boldsymbol{M}_\iota\widehat{\boldsymbol{y}} + \widehat{\boldsymbol{u}}'\boldsymbol{M}_\iota\widehat{\boldsymbol{u}} = (\widehat{\boldsymbol{y}} - \overline{\boldsymbol{y}})'(\widehat{\boldsymbol{y}} - \overline{\boldsymbol{y}}) + \widehat{\boldsymbol{u}}'\widehat{\boldsymbol{u}} =$$
$$\text{SQE} + \text{SQR},$$

em que se utilizou $\overline{\widehat{\boldsymbol{y}}} = \overline{\boldsymbol{y}}$ e porque, também das CPO OLS,(3.3) resulta

$$\hat{\boldsymbol{u}}'\boldsymbol{M}_\iota\hat{\boldsymbol{y}} = \hat{\boldsymbol{y}}'\boldsymbol{M}_\iota\hat{\boldsymbol{u}} = \hat{\boldsymbol{y}}'\hat{\boldsymbol{u}} = \hat{\boldsymbol{\beta}}'\boldsymbol{X}'\hat{\boldsymbol{u}} = 0$$

e

$$\hat{\boldsymbol{u}}'\boldsymbol{M}_\iota\hat{\boldsymbol{u}} = \hat{\boldsymbol{u}}'\boldsymbol{M}_\iota'\boldsymbol{M}_\iota\hat{\boldsymbol{u}} = (\boldsymbol{M}_\iota\hat{\boldsymbol{u}})'\boldsymbol{M}_\iota\hat{\boldsymbol{u}} = \hat{\boldsymbol{u}}'\hat{\boldsymbol{u}} = \text{SQR}. \qquad \#$$

R^2 como quadrado do coeficiente de correlação entre y_i e $\hat{y}_i$

Considere-se a matriz $\boldsymbol{M}_\iota$ definida acima. O quadrado do coeficiente de correlação entre y_i e $\hat{y}_i$ pode escrever-se como

$$\text{CORR}(\boldsymbol{y},\hat{\boldsymbol{y}})^2 = [(\boldsymbol{M}_\iota\boldsymbol{y})'(\boldsymbol{M}_\iota\hat{\boldsymbol{y}})]^2/[(\boldsymbol{M}_\iota\boldsymbol{y})'(\boldsymbol{M}_\iota\boldsymbol{y})(\boldsymbol{M}_\iota\hat{\boldsymbol{y}})'(\boldsymbol{M}_\iota\hat{\boldsymbol{y}})] =$$
$$(\boldsymbol{y}'\boldsymbol{M}_\iota\hat{\boldsymbol{y}})^2/[(\boldsymbol{y}'\boldsymbol{M}_\iota\boldsymbol{y})(\hat{\boldsymbol{y}}'\boldsymbol{M}_\iota\hat{\boldsymbol{y}})] = (\boldsymbol{y}'\boldsymbol{M}_\iota\hat{\boldsymbol{y}})^2/(\text{SQT}\times\text{SQE}).$$

Seja a decomposição $\boldsymbol{y} = \hat{\boldsymbol{y}} + \hat{\boldsymbol{u}}$; a base do quadrado no numerador pode-se escrever $\boldsymbol{y}'\boldsymbol{M}_\iota\hat{\boldsymbol{y}} = (\hat{\boldsymbol{y}} + \hat{\boldsymbol{u}})'\boldsymbol{M}_\iota\hat{\boldsymbol{y}} = \hat{\boldsymbol{y}}'\boldsymbol{M}_\iota\hat{\boldsymbol{y}} = \text{SQE}$, porque das CPO OLS, $\hat{\boldsymbol{u}}'\boldsymbol{M}_\iota\hat{\boldsymbol{y}} = \hat{\boldsymbol{u}}'\hat{\boldsymbol{y}} = \hat{\boldsymbol{u}}'\boldsymbol{X}\hat{\boldsymbol{\beta}} = 0$. Donde,

$$\text{CORR}(\boldsymbol{y},\hat{\boldsymbol{y}})^2 = \text{SQE}^2/(\text{SQT}\times\text{SQE}) = \text{SQE}/\text{SQT} = R^2. \qquad \#$$

Método OLS – propriedades estatísticas em amostras finitas

Centricidade dos estimadores OLS

Dados (*i*) – (*iii*),

$$\hat{\boldsymbol{\beta}} = (\boldsymbol{X}'\boldsymbol{X})^{-1}\boldsymbol{X}'\boldsymbol{y} = (\boldsymbol{X}'\boldsymbol{X})^{-1}\boldsymbol{X}'(\boldsymbol{X}\boldsymbol{\beta} + \boldsymbol{u}) =$$
$$(\boldsymbol{X}'\boldsymbol{X})^{-1}\boldsymbol{X}'\boldsymbol{X}\boldsymbol{\beta} + (\boldsymbol{X}'\boldsymbol{X})^{-1}\boldsymbol{X}'\boldsymbol{u} = \boldsymbol{\beta} + (\boldsymbol{X}'\boldsymbol{X})^{-1}\boldsymbol{X}'\boldsymbol{u}.$$

Dados o pressuposto (*iv*) e a L.E.I.,

$$\text{E}(\hat{\boldsymbol{\beta}}) = \text{E}_X[\text{E}(\hat{\boldsymbol{\beta}}|\boldsymbol{X})] = \text{E}_X\{\text{E}[\boldsymbol{\beta} + (\boldsymbol{X}'\boldsymbol{X})^{-1}\boldsymbol{X}'\boldsymbol{u}|\boldsymbol{X}]\} =$$
$$\boldsymbol{\beta} + \text{E}_X[(\boldsymbol{X}'\boldsymbol{X})^{-1}\boldsymbol{X}'\text{E}(\boldsymbol{u}|\boldsymbol{X})] = \boldsymbol{\beta}. \qquad \#$$

Variâncias dos estimadores OLS sob o modelo de Gauss-Markov

$$\hat{\boldsymbol{\beta}} = \boldsymbol{\beta} + (\boldsymbol{X}'\boldsymbol{X})^{-1}\boldsymbol{X}'\boldsymbol{u}, \qquad \text{E}(\hat{\boldsymbol{\beta}}|\boldsymbol{X}) = \boldsymbol{\beta},$$

logo, $\hat{\boldsymbol{\beta}} - \text{E}(\hat{\boldsymbol{\beta}}|\boldsymbol{X}) = (\boldsymbol{X}'\boldsymbol{X})^{-1}\boldsymbol{X}'\boldsymbol{u}$. Em consequência (todos os valores esperados são condicionais em $\boldsymbol{X}$),

$$\text{V}(\hat{\boldsymbol{\beta}}|\boldsymbol{X}) = \text{E}\{[\hat{\boldsymbol{\beta}} - \text{E}(\hat{\boldsymbol{\beta}})][\hat{\boldsymbol{\beta}} - \text{E}(\hat{\boldsymbol{\beta}})]'\} =$$
$$\text{E}\{(\boldsymbol{X}'\boldsymbol{X})^{-1}\boldsymbol{X}'\boldsymbol{u}[(\boldsymbol{X}'\boldsymbol{X})^{-1}\boldsymbol{X}'\boldsymbol{u}]'\} = \text{E}[(\boldsymbol{X}'\boldsymbol{X})^{-1}\boldsymbol{X}'\boldsymbol{u}\boldsymbol{u}'\boldsymbol{X}(\boldsymbol{X}'\boldsymbol{X})^{-1}] =$$
$$(\boldsymbol{X}'\boldsymbol{X})^{-1}\boldsymbol{X}'\text{E}(\boldsymbol{u}\boldsymbol{u}')\boldsymbol{X}(\boldsymbol{X}'\boldsymbol{X})^{-1} = (\boldsymbol{X}'\boldsymbol{X})^{-1}\boldsymbol{X}'\sigma^2\boldsymbol{I}_n\boldsymbol{X}(\boldsymbol{X}'\boldsymbol{X})^{-1} =$$
$$\sigma^2(\boldsymbol{X}'\boldsymbol{X})^{-1}\boldsymbol{X}'\boldsymbol{X}(\boldsymbol{X}'\boldsymbol{X})^{-1} = \sigma^2(\boldsymbol{X}'\boldsymbol{X})^{-1}. \qquad \#$$

Variâncias individuais dos estimadores OLS - expressão (3.7)

O Teorema FWL permite escrever

$$\hat{\beta}_j = \sum_{i=1}^{n} \hat{r}_{ij} y_i \Big/ \sum_{i=1}^{n} \hat{r}_{ij}^2, \quad j = 0, \dots, k,$$

em que, das CPO da regressão OLS de x_{ij} sobre os outros regressores ($x_{ij} = \hat{x}_{ij} + \hat{r}_{ij}$), se tem

$$\sum_{i=1}^{n} \hat{r}_{ij} = \sum_{i=1}^{n} \hat{r}_{ij} x_{il} = 0, \quad l \neq j.$$

Logo, dado que $\hat{x}_{ij}$ é combinação linear dos outros regressores,

$$\sum_{i=1}^{n} \hat{r}_{ij} y_i = \sum_{i=1}^{n} \hat{r}_{ij} (\beta_j x_{ij} + u_i) =$$

$$\sum_{i=1}^{n} \hat{r}_{ij} [\beta_j (\hat{x}_{ij} + \hat{r}_{ij}) + u_i] = \beta_j \sum_{i=1}^{n} \hat{r}_{ij}^2 + \sum_{i=1}^{n} \hat{r}_{ij} u_i,$$

do que resulta

$$\hat{\beta}_j = \beta_j + \sum_{i=1}^{n} \hat{r}_{ij} u_i \Big/ \sum_{i=1}^{n} \hat{r}_{ij}^2.$$

Donde, sob os pressupostos de Gauss-Markov,

$$\mathrm{V}(\hat{\beta}_j | \boldsymbol{X}) = \mathrm{V}\left(\textstyle\sum_{i=1}^{n} \hat{r}_{ij} u_i / \sum_{i=1}^{n} \hat{r}_{ij}^2 \,|\boldsymbol{X}\right) =$$

$$\sum_{i=1}^{n} \hat{r}_{ij}^2 \mathrm{V}(u_i | \boldsymbol{x}_i) \Big/ \left(\sum_{i=1}^{n} \hat{r}_{ij}^2\right)^2 = \sigma^2 \Big/ \sum_{i=1}^{n} \hat{r}_{ij}^2 = \sigma^2 / [\mathrm{SQT}_j (1 - R_j^2)].$$

em que o denominador da última fracção resulta de

$$R_j^2 = 1 - \sum_{i=1}^{n} \hat{r}_{ij}^2 / \mathrm{SQT}_j \qquad \#$$

Centricidade de $\hat{\sigma}^2$

O vector dos resíduos pode escrever-se

$$\hat{\boldsymbol{u}} = \boldsymbol{y} - \boldsymbol{X}\hat{\boldsymbol{\beta}} = \boldsymbol{y} - \boldsymbol{X}(\boldsymbol{X}'\boldsymbol{X})^{-1}\boldsymbol{X}'\boldsymbol{y} = \boldsymbol{X\beta} + \boldsymbol{u} - \boldsymbol{X}(\boldsymbol{X}'\boldsymbol{X})^{-1}\boldsymbol{X}'(\boldsymbol{X\beta} + \boldsymbol{u}) =$$

$$\boldsymbol{X\beta} + \boldsymbol{u} - \boldsymbol{X}(\boldsymbol{X}'\boldsymbol{X})^{-1}\boldsymbol{X}'\boldsymbol{X\beta} - \boldsymbol{X}(\boldsymbol{X}'\boldsymbol{X})^{-1}\boldsymbol{X}'\boldsymbol{u} =$$

$$[\boldsymbol{I}_n - \boldsymbol{X}(\boldsymbol{X}'\boldsymbol{X})^{-1}\boldsymbol{X}']\boldsymbol{u} = \boldsymbol{Mu},$$

em que $\boldsymbol{M} = \boldsymbol{I}_n - \boldsymbol{X}(\boldsymbol{X}'\boldsymbol{X})^{-1}\boldsymbol{X}'$ é simétrica ($\boldsymbol{M} = \boldsymbol{M}'$) e idempotente ($\boldsymbol{M}^2 = \boldsymbol{M}$). Donde,

$$\mathrm{SQR} = \hat{\boldsymbol{u}}'\hat{\boldsymbol{u}} = (\boldsymbol{Mu})'\boldsymbol{Mu} = \boldsymbol{u}'\boldsymbol{M}'\boldsymbol{Mu} = \boldsymbol{u}'\boldsymbol{Mu},$$

o qual, sendo escalar, é igual ao seu traço. Das propriedades do traço de uma matriz quadrada (anexo A.2), vem

$$\begin{gathered}\mathrm{E}(\mathrm{SQR}|\boldsymbol{X}) = \mathrm{E}(\boldsymbol{u}'\boldsymbol{M}\boldsymbol{u}|\boldsymbol{X}) = \mathrm{E}[\mathrm{tr}(\boldsymbol{u}'\boldsymbol{M}\boldsymbol{u})|\boldsymbol{X}] = \\ \mathrm{E}[\mathrm{tr}(\boldsymbol{M}\boldsymbol{u}\boldsymbol{u}')|\boldsymbol{X}] = \mathrm{tr}[\mathrm{E}(\boldsymbol{M}\boldsymbol{u}\boldsymbol{u}'|\boldsymbol{X})] = \mathrm{tr}[\boldsymbol{M}\mathrm{E}(\boldsymbol{u}\boldsymbol{u}'|\boldsymbol{X})] = \\ \mathrm{tr}(\boldsymbol{M}\sigma^2\boldsymbol{I}_n) = \sigma^2\mathrm{tr}(\boldsymbol{M}) = \sigma^2\mathrm{tr}[\boldsymbol{I}_n - \boldsymbol{X}(\boldsymbol{X}'\boldsymbol{X})^{-1}\boldsymbol{X}'] = \\ \sigma^2\{n - \mathrm{tr}[\boldsymbol{X}(\boldsymbol{X}'\boldsymbol{X})^{-1}\boldsymbol{X}']\} = \sigma^2\{n - \mathrm{tr}[(\boldsymbol{X}'\boldsymbol{X})^{-1}\boldsymbol{X}'\boldsymbol{X}]\} = \\ \sigma^2\,[n - \mathrm{tr}(\boldsymbol{I}_{k+1})] = \sigma^2[n - (k+1)] = \sigma^2(n-k-1) \\ \Leftrightarrow \\ \mathrm{E}(\hat{\sigma}^2) = \mathrm{E}[\mathrm{E}(\hat{\sigma}^2|\boldsymbol{X})] = \mathrm{E}[\mathrm{E}(\mathrm{SQR}/(n-k-1)\,|\boldsymbol{X})] = \sigma^2. \qquad \#\end{gathered}$$

Teorema de Gauss-Markov

Qualquer estimador linear de $\boldsymbol{\beta}$ se pode escrever na forma $\widetilde{\boldsymbol{\beta}} = \boldsymbol{Z}'\boldsymbol{y}$, com $\boldsymbol{Z}$ uma matriz $n \times (k+1)$. Para que $\widetilde{\boldsymbol{\beta}}$ seja cêntrico, condicional em $\boldsymbol{X}$, $\boldsymbol{Z}$ pode ser constante ou função de $\boldsymbol{X}$ (não pode ser função de $\boldsymbol{y}$). Seja

$$\widetilde{\boldsymbol{\beta}} = \boldsymbol{Z}'(\boldsymbol{X}\boldsymbol{\beta} + \boldsymbol{u}) = (\boldsymbol{Z}'\boldsymbol{X})\boldsymbol{\beta} + \boldsymbol{Z}'\boldsymbol{u},$$

de que resulta $\mathrm{E}(\widetilde{\boldsymbol{\beta}}|\boldsymbol{X}) = (\boldsymbol{Z}'\boldsymbol{X})\boldsymbol{\beta} + \boldsymbol{Z}'\mathrm{E}(\boldsymbol{u}|\boldsymbol{X}) = (\boldsymbol{Z}'\boldsymbol{X})\boldsymbol{\beta}$. Para que $\widetilde{\boldsymbol{\beta}}$ seja cêntrico para $\boldsymbol{\beta}$, deve verificar-se

$$\mathrm{E}(\widetilde{\boldsymbol{\beta}}|\boldsymbol{X}) = (\boldsymbol{Z}'\boldsymbol{X})\boldsymbol{\beta} = \boldsymbol{\beta} \Leftrightarrow \boldsymbol{Z}'\boldsymbol{X} = \boldsymbol{I}_{\boldsymbol{k+1}}.$$

Dada a centricidade de $\widetilde{\boldsymbol{\beta}}$, vem

$$\widetilde{\boldsymbol{\beta}} - \mathrm{E}(\widetilde{\boldsymbol{\beta}}|\boldsymbol{X}) = \boldsymbol{Z}'(\boldsymbol{X}\boldsymbol{\beta} + \boldsymbol{u}) - \boldsymbol{\beta} = (\boldsymbol{Z}'\boldsymbol{X})\boldsymbol{\beta} + \boldsymbol{Z}'\boldsymbol{u} - \boldsymbol{\beta} = \boldsymbol{Z}'\boldsymbol{u},$$

porque $\boldsymbol{Z}'\boldsymbol{X} = \boldsymbol{I}_{\boldsymbol{k+1}}$. Logo,

$$\begin{gathered}\mathrm{V}(\widetilde{\boldsymbol{\beta}}|\boldsymbol{X}) = \mathrm{E}\{[\widetilde{\boldsymbol{\beta}} - \mathrm{E}(\widetilde{\boldsymbol{\beta}}|\boldsymbol{X})][\widetilde{\boldsymbol{\beta}} - \mathrm{E}(\widetilde{\boldsymbol{\beta}}|\boldsymbol{X})]'|\boldsymbol{X}\} = \mathrm{E}(\boldsymbol{Z}'\boldsymbol{u}\boldsymbol{u}'\boldsymbol{Z}|\boldsymbol{X}) = \\ \boldsymbol{Z}'\mathrm{E}(\boldsymbol{u}\boldsymbol{u}'|\boldsymbol{X})\boldsymbol{Z} = \sigma^2\boldsymbol{Z}'\boldsymbol{Z}.\end{gathered}$$

A diferença entre as variâncias de $\widetilde{\boldsymbol{\beta}}$ e de $\widehat{\boldsymbol{\beta}}$ pode escrever-se

$$\begin{gathered}\mathrm{V}(\widetilde{\boldsymbol{\beta}}|\boldsymbol{X}) - \mathrm{V}(\widehat{\boldsymbol{\beta}}|\boldsymbol{X}) = \sigma^2\boldsymbol{Z}'\boldsymbol{Z} - \sigma^2(\boldsymbol{X}'\boldsymbol{X})^{-1} = \\ \sigma^2[\boldsymbol{Z}'\boldsymbol{Z} - (\boldsymbol{X}'\boldsymbol{X})^{-1}] = \sigma^2[\boldsymbol{Z}'\boldsymbol{Z} - \boldsymbol{Z}'\boldsymbol{X}(\boldsymbol{X}'\boldsymbol{X})^{-1}\boldsymbol{X}'\boldsymbol{Z}],\end{gathered}$$

porque $\boldsymbol{Z}'\boldsymbol{X} = \boldsymbol{I}_{\boldsymbol{k+1}}$; o que conduz a

$$\begin{gathered}\mathrm{V}(\widetilde{\boldsymbol{\beta}}|\boldsymbol{X}) - \mathrm{V}(\widehat{\boldsymbol{\beta}}|\boldsymbol{X}) = \sigma^2\boldsymbol{Z}'[\boldsymbol{I}_{\boldsymbol{k+1}} - \boldsymbol{X}(\boldsymbol{X}'\boldsymbol{X})^{-1}\boldsymbol{X}]\boldsymbol{Z} = \sigma^2\boldsymbol{Z}'\boldsymbol{M}\boldsymbol{Z}, \\ \boldsymbol{M} = \boldsymbol{I}_{\boldsymbol{k+1}} - \boldsymbol{X}(\boldsymbol{X}'\boldsymbol{X})^{-1}\boldsymbol{X}.\end{gathered}$$

$\boldsymbol{M}$ é simétrica idempotente, logo $\boldsymbol{Z}'\boldsymbol{M}\boldsymbol{Z} = \boldsymbol{Z}'\boldsymbol{M}\boldsymbol{M}\boldsymbol{Z} = (\boldsymbol{M}\boldsymbol{Z})'(\boldsymbol{M}\boldsymbol{Z})$, que é semi-definida positiva, $\forall\boldsymbol{Z}$. Donde, $\mathrm{V}(\widetilde{\boldsymbol{\beta}}|\boldsymbol{X}) \geq \mathrm{V}(\widehat{\boldsymbol{\beta}}|\boldsymbol{X})$. #

Exercícios

3.1 Considere a regressão $\boldsymbol{y} = \boldsymbol{X\beta} + \boldsymbol{u}$ (todos os termos de significado usual). Seja $\widetilde{\boldsymbol{\beta}}$ um estimador de $\boldsymbol{\beta}$, diferente do estimador OLS, $\widehat{\boldsymbol{\beta}}$.

a) Verifique que $\text{SQR}(\widetilde{\boldsymbol{\beta}}) = \text{SQR}(\widehat{\boldsymbol{\beta}}) + (\widetilde{\boldsymbol{\beta}} - \widehat{\boldsymbol{\beta}})'\boldsymbol{X}'\boldsymbol{X}(\widetilde{\boldsymbol{\beta}} - \widehat{\boldsymbol{\beta}})$, em que $\text{SQR}(\widetilde{\boldsymbol{\beta}})$ e $\text{SQR}(\widehat{\boldsymbol{\beta}})$ denotam as somas dos quadrados dos resíduos associadas a cada estimador de $\boldsymbol{\beta}$.

b) Mostre que $\widehat{\boldsymbol{\beta}}$ é o estimador que minimiza SQR (atenda ao facto de que $\boldsymbol{X}'\boldsymbol{X}$ é uma matriz definida positiva).

3.2 Sejam as regressões OLS, $\hat{y} = 2{,}2 + 0{,}8x_1 - 1{,}3x_2$, $\tilde{y} = \tilde{\alpha}\hat{r}$, em que $\tilde{\alpha}$ denota uma estimativa e $\hat{r}$ designa o resíduo da regressão OLS de uma das variáveis explicativas sobre o termo independente e a outra variável explicativa. Que valores pode $\tilde{\alpha}$ assumir? Justifique.

3.3 Considere a regressão linear com termo independente,

$$\boldsymbol{y} = \beta_0\boldsymbol{\iota} + \boldsymbol{X}_1\boldsymbol{\beta}_1 + \boldsymbol{u},$$

em que, além dos restantes termos com o significado usual, $\boldsymbol{\iota}$ denota um vector $n \times 1$ de elementos todos iguais a 1, $\boldsymbol{X}_1$ representa a matriz $n \times k$ dos regressores (sem coluna constante para o termo independente) e $\boldsymbol{\beta}_1$ é um vector $k \times 1$ de parâmetros (coeficientes das variáveis explicativas, sem incluir o termo independente).

a) Considere a regressão $\boldsymbol{y} = \alpha\boldsymbol{\iota} + \textbf{erro}$; mostre que o estimador OLS de α é dado por $\hat{\alpha} = \bar{y}$. Verifique que o vector de resíduos desta regressão se pode escrever na forma $\boldsymbol{y} - \bar{y}\boldsymbol{\iota} = \boldsymbol{M}_\iota\boldsymbol{y}$ ($\bar{y}$: média amostral das n observações de y), em que $\boldsymbol{M}_\iota = \boldsymbol{I}_n - \boldsymbol{\iota}(\boldsymbol{\iota}'\boldsymbol{\iota})^{-1}\boldsymbol{\iota}' = \boldsymbol{I}_n - \boldsymbol{\iota\iota}'/n$.

b) Considere, do mesmo modo, a regressão $\boldsymbol{x}_j^c = \delta\boldsymbol{\iota} + \textbf{erro}$, em que $\boldsymbol{x}_j^c$, $n \times 1$, denota a coluna j de $\boldsymbol{X}_1$, $j = 1, \dots, k$. Mostre que o vector de resíduos desta regressão se pode escrever como $\boldsymbol{x}_j^c - \bar{x}_j\boldsymbol{\iota} = \boldsymbol{M}_\iota\boldsymbol{x}_j^c$ ($\bar{x}_j$: média amostral das n observações da variável x_j). Qual o significado da matriz $\boldsymbol{M}_\iota\boldsymbol{X}_1$?

c) Verifique que o modelo dado equivale a

$$\boldsymbol{M}_\iota \boldsymbol{y} = (\boldsymbol{M}_\iota \boldsymbol{X}_1)\boldsymbol{\beta}_1 + \textbf{erro}.$$

Mostre, atendendo ao Teorema FWL, que o estimador OLS de $\boldsymbol{\beta}_1$ a partir deste modelo coincide com o estimador de $\boldsymbol{\beta}_1$ a partir do modelo dado. Verifique que

$$\widehat{\boldsymbol{\beta}}_1 = (\boldsymbol{X}_1'\boldsymbol{M}_\iota \boldsymbol{X}_1)^{-1}\boldsymbol{X}_1'\boldsymbol{M}_\iota \boldsymbol{y}\,.$$

d) Obtenha a fórmula de $\hat{\beta}_0$ (estimador OLS de β_0) a partir da primeira CPO OLS, isto é, atendendo a que a soma dos resíduos OLS deve ser nula,

$$\boldsymbol{\iota}'\left(\boldsymbol{y} - \hat{\beta}_0\boldsymbol{\iota} - \boldsymbol{X}_1\widehat{\boldsymbol{\beta}}_1\right) = 0.$$

e) Verifique que as fórmulas das alíneas *c*) e *d*) conduzem, respectivamente, às expressões (2.6) e (2.5) no caso da regressão simples ($k = 1$).

3.4 Considere uma regressão linear com termo independente. Seja $R_u^2 = 1 - \sum_{i=1}^n \hat{u}_i^2 / \sum_{i=1}^n y_i^2$ o coeficiente de determinação "não centrado" (y_i: i-ésima observação da variável dependente). Mostre que $R_u^2 \geq R^2$.

3.5 Considere duas regressões lineares estimadas por OLS, cujas variáveis dependentes são, respectivamente, y e $z = y + c$ (c constante dada). Relacione as estimativas OLS do termo independente nas duas regressões; relacione os coeficientes R^2 e R_u^2 para as duas regressões (R_u^2 definido no exercício 3.4).

3.6 Considere o exercício 3.3 e a expressão de $\widehat{\boldsymbol{\beta}}_1$ na alínea *c*). Admita que o erro do modelo é homoscedástico com $\mathrm{V}(u|\boldsymbol{x}) = \sigma^2$. Mostre que

$$\mathrm{V}\left(\widehat{\boldsymbol{\beta}}_1 \middle| \boldsymbol{X}\right) = \sigma^2(\boldsymbol{X}_1'\boldsymbol{M}_\iota \boldsymbol{X}_1)^{-1}.$$

Concretize esta expressão para o caso particular da regressão simples ($k = 1$), obtendo a fórmula (2.7).

3.7 Mostre que se $\mathrm{V}\left(\widehat{\boldsymbol{\beta}} \middle| \boldsymbol{X}\right) < \mathrm{V}\left(\widetilde{\boldsymbol{\beta}} \middle| \boldsymbol{X}\right)$ (no sentido matricial), então qualquer elemento individual de $\widehat{\boldsymbol{\beta}}$ é mais eficiente do que o correspondente elemento de $\widetilde{\boldsymbol{\beta}}$, isto é, $\mathrm{V}(\hat{\beta}_j|\boldsymbol{X}) < \mathrm{V}(\tilde{\beta}_j|\boldsymbol{X})$.

3.8 Seja o modelo de regressão, $y = \boldsymbol{x\beta} + u$. Discuta as consequências para a centricidade do estimador OLS de $\boldsymbol{\beta}$ de cada uma das situações seguintes (em cada alínea suponha que se verificam os restantes pressupostos do modelo de Gauss-Markov).

a) $\exists j$: $\mathrm{COV}(u, x_j) \neq 0$.

b) $\mathrm{E}(u|\boldsymbol{x}) = \mathrm{E}(u) = 0$.

c) $\mathrm{E}(u|\boldsymbol{x}) = \mathrm{E}(u) \neq 0$.

d) $\mathrm{V}(u|\boldsymbol{x}) = h(\boldsymbol{x})$.

3.9 Na população (y, x_1, x_2) é válida a regressão linear $y = \beta_0 + \beta_1 x_1 + \beta_2 x_2 + u$, que verifica todas as hipóteses de Gauss-Markov. Estima-se por OLS a regressão simples $y = \beta_0 + \beta_1 x_1 + v$; sejam $\tilde{\beta}_0$ e $\tilde{\beta}_1$ os correspondentes estimadores OLS de β_0 e β_1. Mostre que

a) $\tilde{\beta}_0 = \beta_0 - (\tilde{\beta}_1 - \beta_1)\bar{x}_1 + \beta_2 \bar{x}_2 + \bar{u}$ ($\bar{z}$: média amostral de z).

b) O enviesamento de $\tilde{\beta}_0$ é dado por $\mathrm{B}(\tilde{\beta}_0|\boldsymbol{X}) = \beta_2 \tilde{\delta}_0$, em que $\tilde{\delta}_0 = \bar{x}_2 - \tilde{\delta}_1 \bar{x}_1$ designa a estimativa OLS do termo independente da regressão $x_{i2} = \delta_0 + \delta_1 x_{i1} + w_i$ (w_i: erro; $\tilde{\delta}_1$: estimativa OLS de δ_1). Em que circunstância(s) a centricidade de $\tilde{\beta}_0$ é imune à omissão da variável x_2 do modelo?

3.10 Considere o modelo de Gauss-Markov $\boldsymbol{y} = \boldsymbol{X\beta} + \boldsymbol{u}$, em que $\mathrm{V}(\boldsymbol{u}|\boldsymbol{X}) = 4\boldsymbol{I}$. Todos os termos têm o significado usual, $\boldsymbol{I}$ denota a matriz identidade e $\boldsymbol{\beta} = (\beta_0, \beta_1, \dots, \beta_k)'$. Considera-se os estimadores de $\boldsymbol{\beta}$,

$$\widehat{\boldsymbol{\beta}} = (\boldsymbol{X}'\boldsymbol{X})^{-1}\boldsymbol{X}'\boldsymbol{y}, \qquad \widetilde{\boldsymbol{\beta}} = (\boldsymbol{Z}'\boldsymbol{X})^{-1}\boldsymbol{Z}'\boldsymbol{y},$$

com $\boldsymbol{Z}$ uma matriz da dimensão de $\boldsymbol{X}$, com elementos constantes ou funções dos elementos de $\boldsymbol{X}$. De uma amostra casual obtém-se

$$(\boldsymbol{X}'\boldsymbol{X})^{-1} = \begin{bmatrix} 0{,}398 & -0{,}056 & 0{,}020 & -0{,}010 \\ & 0{,}010 & -0{,}003 & 0{,}001 \\ & & 0{,}005 & -0{,}005 \\ & & & 0{,}001 \end{bmatrix}.$$

a) Quantas variáveis explicativas tem o modelo? (β_0 denota o termo independente.) Determine $\text{sd}(\hat{\beta}_2|\boldsymbol{X})$ e $\text{COV}(\hat{\beta}_0, \hat{\beta}_1|\boldsymbol{X})$.

b) Por que razão não é necessário estimar as quantidades referidas na alínea *b*)?

c) A desigualdade $\text{V}(\tilde{\beta}_0|\boldsymbol{X}) \geq 0{,}398$ é verdadeira? Justifique.

d) Determine a expressão analítica de $\text{V}(\tilde{\boldsymbol{\beta}}|\boldsymbol{X})$.

e) A seguinte afirmação é verdadeira? Justifique.
"A qualidade de ajustamento (medida pelo coeficiente R^2) proporcionada por $\tilde{\boldsymbol{\beta}}$ é inferior à qualidade de ajustamento OLS".

3.11 Admita que a produtividade de um trabalhador (y) depende do número de horas de formação e treino (x_1) e do salário(x_2), de acordo com a equação (que verifica as hipóteses de Gauss-Markov)

$$y = \beta_0 + \beta_1 x_1 + \beta_2 x_2 + u.$$

a) Qual o sinal provável de $\text{COV}(x_1, x_2)$?

b) Qual o sinal provável do enviesamento do estimador OLS de β_1 na regressão simples de y sobre x_1? Justifique.

3.12 Procura-se explicar a abstenção eleitoral para os municípios de Portugal continental nas eleições autárquicas mediante a regressão

$$abs = \beta_0 + \beta_1 \log(pop) + \beta_2 marg + \beta_3 sprim + \beta_4 ssec + \beta_5 sterc + u,$$

em que abs representa o rácio entre os não votantes e o total da população votante $(0 - 100)$, pop é a população residente, $marg$ é a diferença na percentagem de votos entre o partido mais votado e o seu mais próximo competidor, e $sprim$, $ssec$ e $sterc$ representam a percentagem da população empregada que se encontra a trabalhar no sector primário, secundário e terciário, respectivamente.

a) A interpretação *ceteris paribus* de β_3 faz sentido? Explique com rigor o pressuposto violado por este modelo.

b) Como se pode reformular o modelo, de modo que os seus parâmetros tenham interpretação útil, e o pressuposto referido na alínea anterior seja assegurado?

4 Inferência estatística sob o modelo linear clássico

4.1 Introdução

Um objectivo central da análise de regressão consiste em avaliar a qualidade estatística das estimativas pontuais fornecidas pelo estimador dos parâmetros (até aqui, o estimador OLS). Neste sentido, o presente capítulo expõe, na secção 4.2, o modelo linear clássico (CLM), introduzindo a hipótese de normalidade do erro. Sob as hipóteses CLM obtém-se a distribuição exacta do estimador OLS (sec. 4.3), de que decorrem os procedimentos usuais de inferência estatística – designadamente, testes de hipóteses e intervalos de confiança (IC´s) acerca dos parâmetros e respectivas combinações lineares (sec. 4.4 e 4.5). No âmbito dos testes estatísticos, distingue-se o ensaio de hipóteses individuais, realizados usualmente através de testes t (sec.4.4.1 – 4.4.3) ou F (sec. 4.4.4), do ensaio de hipóteses lineares conjuntas, através do teste F (sec. 4.4.4). Descreve-se a construção de IC's na secção 4.5 e reserva-se a secção 4.6 para o tema relacionado da previsão da variável dependente, dados valores das variáveis explicativas.

4.2 Modelo linear clássico

Sob o modelo de Gauss-Markov, os estimadores OLS são BLUE. Contudo, para realizar inferência acerca dos parâmetros não basta conhecer apenas os dois primeiros momentos (média e variância) da distribuição amostral dos estimadores; é necessário conhecer inteiramente esta distribuição.(7) Para o efeito, adopta-se o pressuposto adicional

---

(7) Para realizar inferência exacta é necessário conhecer a distribuição de $\widehat{\boldsymbol{\beta}}$. Sem especificar completamente a distribuição do erro, pode-se, mesmo assim, sob determinadas condições, realizar inferência com validade assintótica (cap. 5).

(*vi*) O termo de erro, u, é independente das variáveis explicativas, $\boldsymbol{x} = (x_1, \dots, x_k)$, e é normal com média zero e variância σ^2: $u|\boldsymbol{x} \sim \mathcal{N}(0, \sigma^2)$.

O *modelo linear clássico* (CLM: *Classical Linear Model*) é constituído pelas seis hipóteses referidas até aqui (modelo de Gauss-Markov e pressuposto de normalidade dos erros). Sob o modelo CLM, os erros são normais e independentes, entre si e das variáveis explicativas, com média nula e variância constante. Em termos matriciais,

$$\boldsymbol{u}|\boldsymbol{X} \sim \mathcal{N}_n(\boldsymbol{0}, \sigma^2\boldsymbol{I}_n),$$

com $\mathcal{N}_n(\cdot,\cdot)$ a densidade normal multivariada (v. anexo B.5.3). Dado que $\boldsymbol{y} = \boldsymbol{X\beta} + \boldsymbol{u}$, o modelo CLM pode sintetizar-se na forma (v. fig. 4.1)

$$\boldsymbol{y}|\boldsymbol{X} \sim \mathcal{N}_n(\boldsymbol{X\beta}, \sigma^2\boldsymbol{I}_n).$$

Sob o modelo CLM, OLS é não apenas BLUE, mas é o estimador de variância mínima entre todos os estimadores cêntricos (lineares ou não). O resultado deve-se a que, sob o modelo CLM, o estimador OLS coincide com o estimador da máxima verosimilhança (MV). Como referido adiante (sec. 14.3), sob correcta especificação da distribuição do erro o estimador MV de $\boldsymbol{\beta}$ é o estimador mais eficiente.

Figura 4.1

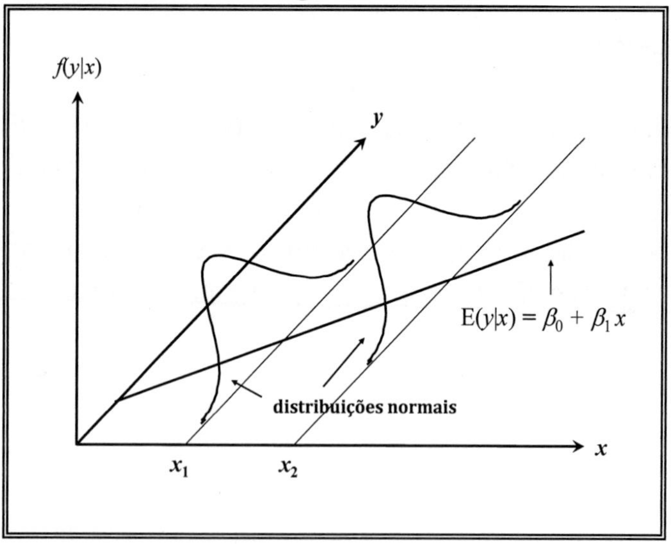

Distribuição normal homoscedástica (regressão simples)

Um argumento a favor da normalidade reside no facto de se poder considerar u como soma de muitos factores não observados, o que permite invocar o Teorema do Limite Central (TLC) e afirmar que u é aproximadamente normal (v. anexo C.2.2). Todavia, este argumento tem limites: se os factores em u têm distribuições muito diferentes e/ou u é função não aditiva destes factores, o TLC dificilmente se aplica. Donde, a hipótese (*vi*) pode ser desadequada. Em todo o caso, com grandes amostras pode-se usualmente prescindir da normalidade para realizar inferência acerca dos parâmetros de interesse (v. cap. 5).

4.3 Distribuição dos estimadores OLS sob o modelo CLM

Expõe-se alguns resultados teóricos necessários para realizar inferência a respeito dos parâmetros de regressão. Refira-se em primeiro lugar a distribuição amostral do estimador OLS. Sob o modelo CLM, condicional em $\boldsymbol{X}$, $\widehat{\boldsymbol{\beta}}$ é normalmente distribuído,

$$\widehat{\boldsymbol{\beta}}\big|\boldsymbol{X} \sim \mathcal{N}_{k+1}[\boldsymbol{\beta}, \sigma^2(\boldsymbol{X}'\boldsymbol{X})^{-1}].$$

Segue-se que qualquer sub-vector de $\widehat{\boldsymbol{\beta}}$ segue uma normal multivariada. Em particular, qualquer elemento de $\widehat{\boldsymbol{\beta}}$ é normal; na forma reduzida,

$$(\hat{\beta}_j - \beta_j)/\mathrm{sd}(\hat{\beta}_j) \sim \mathcal{N}(0,1), \quad j = 0,1,\dots,k$$

("sd": desvio-padrão). E, também, qualquer combinação linear dos elementos de $\widehat{\boldsymbol{\beta}}$ é uma variável normal. Por exemplo, condicional em $\boldsymbol{X}$,

$$[(\hat{\beta}_1 - 2\hat{\beta}_3) - (\beta_1 - 2\beta_3)]/\mathrm{sd}(\hat{\beta}_1 - 2\hat{\beta}_3) \sim \mathcal{N}(0,1),$$

em que (omite-se o condicionamento em $\boldsymbol{X}$)

$$\mathrm{sd}(\hat{\beta}_1 - 2\hat{\beta}_3) = \sqrt{\mathrm{V}(\hat{\beta}_1 - 2\hat{\beta}_3)} = \sqrt{\mathrm{V}(\hat{\beta}_1) + 4\mathrm{V}(\hat{\beta}_3) - 4\mathrm{COV}(\hat{\beta}_1, \hat{\beta}_3)}.$$

Em geral, sob o modelo CLM pode-se obter a distribuição de qualquer sistema de combinações lineares dos estimadores OLS. Um sistema de combinações lineares pode exprimir-se como um vector do tipo $\boldsymbol{C}\widehat{\boldsymbol{\beta}}$, em que $\boldsymbol{C}$ denota uma matriz de constantes de dimensão $j \times (k+1)$: $\boldsymbol{C}\widehat{\boldsymbol{\beta}}$ é um vector de dimensão $(j \times 1)$, cujos elementos são as j combinações lineares dos estimadores.

Exemplo 4.1

Modelo linear com três variáveis explicativas,

$$y = \beta_0 + \beta_1 x_1 + \beta_2 x_2 + \beta_3 x_3 + u = \boldsymbol{x\beta} + u, \quad \boldsymbol{\beta} = [\beta_0 \quad \beta_1 \quad \beta_2 \quad \beta_3]'.$$

- $\hat{\beta}_1 = [0 \quad 1 \quad 0 \quad 0]\widehat{\boldsymbol{\beta}} \Rightarrow \boldsymbol{C} = [0 \quad 1 \quad 0 \quad 0] \quad (j = 1);$
- $\begin{bmatrix} \hat{\beta}_1 + \hat{\beta}_2 \\ \hat{\beta}_3 \end{bmatrix} = \begin{bmatrix} 0 & 1 & 1 & 0 \\ 0 & 0 & 0 & 1 \end{bmatrix} \widehat{\boldsymbol{\beta}} \Rightarrow \boldsymbol{C} = \begin{bmatrix} 0 & 1 & 1 & 0 \\ 0 & 0 & 0 & 1 \end{bmatrix} \quad (j = 2);$
- $\begin{bmatrix} \hat{\beta}_1 \\ \hat{\beta}_2 \\ \hat{\beta}_3 \end{bmatrix} = \begin{bmatrix} 0 & 1 & 0 & 0 \\ 0 & 0 & 1 & 0 \\ 0 & 0 & 0 & 1 \end{bmatrix} \widehat{\boldsymbol{\beta}} \Rightarrow \boldsymbol{C} = \begin{bmatrix} 0 & 1 & 0 & 0 \\ 0 & 0 & 1 & 0 \\ 0 & 0 & 0 & 1 \end{bmatrix} \quad (j = 3);$
- $\hat{\beta}_1 - 2\hat{\beta}_3 = [0 \quad 1 \quad 0 \quad -2]\widehat{\boldsymbol{\beta}} \Rightarrow \boldsymbol{C} = [0 \quad 1 \quad 0 \quad -2] \quad (j = 1);$
- $\begin{bmatrix} \hat{\beta}_0 + 3\hat{\beta}_2 \\ \hat{\beta}_3/2 \end{bmatrix} = \begin{bmatrix} 1 & 0 & 3 & 0 \\ 0 & 0 & 0 & 1/2 \end{bmatrix} \widehat{\boldsymbol{\beta}} \Rightarrow \boldsymbol{C} = \begin{bmatrix} 1 & 0 & 3 & 0 \\ 0 & 0 & 0 & 1/2 \end{bmatrix} \quad (j = 2).$

Dado que $\boldsymbol{C}$ é uma matriz de constantes e $\widehat{\boldsymbol{\beta}}$ é cêntrico, resulta $\mathrm{E}(\boldsymbol{C}\widehat{\boldsymbol{\beta}}) = \boldsymbol{C}\mathrm{E}(\widehat{\boldsymbol{\beta}}) = \boldsymbol{C\beta}$. Em geral, a variância do vector de combinações lineares vem dada por $\mathrm{V}(\boldsymbol{C}\widehat{\boldsymbol{\beta}}) = \boldsymbol{C}\mathrm{V}(\widehat{\boldsymbol{\beta}})\boldsymbol{C}'$. Assim, uma vez que $\boldsymbol{C}\widehat{\boldsymbol{\beta}}$ é linear em $\widehat{\boldsymbol{\beta}}$, sob o modelo CLM tem-se

$$\boldsymbol{C}\widehat{\boldsymbol{\beta}}|\boldsymbol{X} \sim \mathcal{N}_j[\boldsymbol{C\beta}, \boldsymbol{C}\mathrm{V}(\widehat{\boldsymbol{\beta}}|\boldsymbol{X})(\widehat{\boldsymbol{\beta}})\boldsymbol{C}'], \tag{4.1}$$

em que $\mathrm{V}(\widehat{\boldsymbol{\beta}}|\boldsymbol{X}) = \sigma^2(\boldsymbol{X}'\boldsymbol{X})^{-1}$ [v. expressão (3.6)]. Sublinhe-se, de novo, que a matriz de variâncias e covariâncias da distribuição, $\boldsymbol{C}\mathrm{V}(\widehat{\boldsymbol{\beta}}|\boldsymbol{X})\boldsymbol{C}'$, é a variância condicional do sistema de combinações lineares, $\mathrm{V}(\boldsymbol{C}\widehat{\boldsymbol{\beta}}|\boldsymbol{X})$.

Para realizar inferência conjunta acerca de combinações lineares múltiplas dos parâmetros, interessa considerar formas quadráticas no vector $\boldsymbol{C}\widehat{\boldsymbol{\beta}}$. Suponha-se que as j linhas de $\boldsymbol{C}$ são linearmente independentes [o que significa que $\mathrm{car}(\boldsymbol{X}) = j \leq k + 1$]. De (B.2) (anexo B5.3), decorre de imediato que

$$(\boldsymbol{C}\widehat{\boldsymbol{\beta}} - \boldsymbol{C\beta})'[\boldsymbol{C}\mathrm{V}(\widehat{\boldsymbol{\beta}}|\boldsymbol{X})\boldsymbol{C}']^{-1}(\boldsymbol{C}\widehat{\boldsymbol{\beta}} - \boldsymbol{C\beta}) \sim \chi_j^2, \tag{4.2}$$

com χ_j^2 a distribuição qui-quadrado com j graus de liberdade (g.l.).

Os resultados teóricos (4.1) e (4.2) não permitem, por si só, realizar inferência acerca dos parâmetros de regressão, porque não se conhece σ^2. Para o efeito, deve-se estimar este parâmetro; como referido (sec. 3.4.2), o estimador cêntrico vem dado por $\hat{\sigma}^2 = \mathrm{SQR}/(n - k - 1)$.

A partir de (4.2) e da distribuição de SQR sob o modelo CLM, mostra-se que (v. sec. 4.7)

$$F = \left(\boldsymbol{C}\widehat{\boldsymbol{\beta}} - \boldsymbol{C}\boldsymbol{\beta}\right)' \left[\boldsymbol{C}\widehat{\mathbb{V}}\left(\widehat{\boldsymbol{\beta}}\right)\boldsymbol{C}'\right]^{-1} \left(\boldsymbol{C}\widehat{\boldsymbol{\beta}} - \boldsymbol{C}\boldsymbol{\beta}\right)/j \sim F_{j,n-k-1}, \quad (4.3)$$

em que $F_{j,n-k-1}$ denota a distribuição F com j e $n-k-1$ g.l. Se $j = 1$ (uma combinação linear), $\boldsymbol{C}$ é um vector-linha e $\boldsymbol{C}\widehat{\boldsymbol{\beta}}$, $\boldsymbol{C}\boldsymbol{\beta}$ e $\boldsymbol{C}(\boldsymbol{X}'\boldsymbol{X})^{-1}\boldsymbol{C}'$ são escalares. Então, F é um quociente de escalares,

$$F = \left[\boldsymbol{C}\left(\widehat{\boldsymbol{\beta}} - \boldsymbol{\beta}\right)\right]^2 / \left[\boldsymbol{C}\widehat{\mathbb{V}}\left(\widehat{\boldsymbol{\beta}}\right)\boldsymbol{C}'\right] \sim F_{1,n-k-1}.$$

Dada a relação entre as distribuições F e t de Student, resulta

$$t = \sqrt{F} = \boldsymbol{C}\left(\widehat{\boldsymbol{\beta}} - \boldsymbol{\beta}\right) / \sqrt{\boldsymbol{C}\widehat{\mathbb{V}}\left(\widehat{\boldsymbol{\beta}}\right)\boldsymbol{C}'} \sim t_{n-k-1}, \quad (4.4)$$

em que t_{n-k-1} denota a distribuição t de *Student* com $n-k-1$ g.l.

$\boldsymbol{C}\widehat{\mathbb{V}}\left(\widehat{\boldsymbol{\beta}}\right)\boldsymbol{C}'$ é uma combinação linear das variâncias e covariâncias de $\widehat{\boldsymbol{\beta}}$ - a sua expressão concreta depende obviamente da forma de $\boldsymbol{C}$. Por exemplo, no caso de um só estimador, seja $\hat{\beta}_j$, tem-se $\boldsymbol{C} = [0 \ldots 0\ 1\ 0 \ldots 0]$ ("1" na posição j), do que resulta $\boldsymbol{C}\widehat{\mathbb{V}}\left(\widehat{\boldsymbol{\beta}}\right)\boldsymbol{C}' = \widehat{\mathbb{V}}\left(\hat{\beta}_j\right)$; donde,

$$t = \left(\hat{\beta}_j - \beta_j\right)/\mathrm{se}\left(\hat{\beta}_j\right) \sim t_{n-k-1} \quad (4.5)$$

Exemplo 4.2

Retome-se o exemplo 4.1 e determine-se a expressão da variável t nos casos em que $j = 1$ (uma única combinação linear):

- $\hat{\beta}_1 \Rightarrow \boldsymbol{C} = [0 \quad 1 \quad 0 \quad 0]$:

$$t = \boldsymbol{C}\left(\widehat{\boldsymbol{\beta}} - \boldsymbol{\beta}\right)/\sqrt{\boldsymbol{C}\widehat{\mathbb{V}}\left(\widehat{\boldsymbol{\beta}}\right)\boldsymbol{C}'} = \left(\hat{\beta}_1 - \beta_1\right)/\sqrt{\widehat{\mathbb{V}}\left(\widehat{\beta}_1\right)} = \left(\hat{\beta}_1 - \beta_1\right)/\mathrm{se}\left(\widehat{\beta}_1\right);$$

- $\hat{\beta}_1 - 2\hat{\beta}_3 \Rightarrow \boldsymbol{C} = [0 \quad 1 \quad 0 \quad -2]$: $t = \boldsymbol{C}\left(\widehat{\boldsymbol{\beta}} - \boldsymbol{\beta}\right)/\sqrt{\boldsymbol{C}\widehat{\mathbb{V}}\left(\widehat{\boldsymbol{\beta}}\right)\boldsymbol{C}'} =$

$$\left[\left(\hat{\beta}_1 - 2\hat{\beta}_3\right) - \left(\beta_1 - 2\beta_3\right)\right]/\sqrt{\widehat{\mathbb{V}}\left(\hat{\beta}_1\right) + 4\widehat{\mathbb{V}}\left(\hat{\beta}_3\right) - 4\widehat{COV}\left(\widehat{\beta}_1, \widehat{\beta}_3\right)}.$$

4.4 Testes de restrições paramétricas lineares

Parece conveniente, neste ponto, recordar brevemente o procedimento usual de um teste de hipóteses. Uma hipótese estatística é uma conjectura a respeito de um ou mais parâmetros da população – por exemplo, os parâmetros de um modelo de regressão. Tipicamente, para testar uma hipótese de interesse (designada *hipótese nula*, H_0), utiliza-se uma estatística, dita *estatística de teste*, cuja distribuição amostral é completamente conhecida, se H_0 é verdadeira (por outras palavras, "sob H_0"). Recolhida uma amostra e calculado o valor da estatística de teste, se este valor se localiza num intervalo em que é provável que se situe se H_0 é verdadeira, então aceita-se H_0; caso contrário, rejeita-se H_0 – usualmente em favor de uma *hipótese alternativa* explícita, denotada H_1.

Note-se que não se sabe se H_0 é verdadeira ou falsa – mesmo após a realização do teste. Simplesmente se calcula o valor da estatística de teste utilizando os dados da amostra e, a partir deste valor, se decide aceitar ou rejeitar H_0, com base num determinado critério, designado usualmente *critério de rejeição* (de H_0). Esta decisão está naturalmente sujeita a erro, quando não coincide com a realidade (que permanece essencialmente desconhecida). O erro cometido pode ser de dois tipos: *i.* rejeitar H_0 sendo esta verdadeira (erro *de primeira espécie* ou erro *do tipo I*), cuja probabilidade se designa *dimensão* ou *nível de significância* do teste (denotado α); *ii.* aceitar H_0 sendo esta falsa (erro *de segunda espécie* ou erro *do tipo II*). A probabilidade de rejeitar H_0 sendo esta falsa (acontecimento complementar do erro de segunda espécie) designa-se *potência* do teste (denotada β). Uma vez que não é possível minimizar simultaneamente as probabilidades de ambos os tipos de erro (reduzir uma implica aumentar a outra), a prática usual consiste em, uma vez escolhido α (tipicamente um valor reduzido, como 5%, 1% ou outro), adoptar um critério de rejeição tal, que a probabilidade do erro do tipo II seja mínima (ou β seja máximo). Sob o modelo CLM, os procedimentos descritos em seguida concretizam esta orientação geral em testes de hipóteses a respeito de combinações lineares dos parâmetros de regressão, estimados por OLS.

4.4.1 Teste de hipótese a respeito de um parâmetro - teste *t*

Para testar uma hipótese acerca de um parâmetro individual - $\beta_1 = 0$, $\beta_2 = 1$, etc. - pode-se basear o teste nos resultados (4.3) ou (4.4). A prática mais usual utiliza a chamada estatística t, baseada em (4.3) - daí a designação "teste t" e da estatística como "estatística t".

Seja a hipótese $H_0\colon \beta_j = 0$, designada *hipótese de significância* de β_j. Sob esta hipótese, (4.5) conduz à estatística de teste

$$t_{\hat{\beta}_j} = \hat{\beta}_j/\text{se}(\hat{\beta}_j). \tag{4.6}$$

Parece razoável calcular a estimativa fornecida pelo estimador cêntrico, $\hat{\beta}_j$, para concluir acerca do valor de β_j. Em geral, $\hat{\beta}_j$ nunca é exactamente nulo, quer H_0 seja verdadeira ou falsa ($\beta_j \neq 0$). A ideia é avaliar se $\hat{\beta}_j$ é suficientemente diferente de zero para se decidir rejeitar H_0. Dado que há um erro amostral em $\hat{\beta}_j$, pondera-se a estimativa por uma medida deste erro: a estatística (4.6) mede a distância de $\hat{\beta}_j$ a zero, em termos de desvios-padrão estimados (erros-padrão).

A hipótese nula é ensaiada contra H_1, que na maioria dos casos pode ser *unilateral* ($H_1\colon \beta_j < 0$, $H_1\colon \beta_j > 0$) ou *bilateral* ($H_1\colon \beta_j \neq 0$). A regra de rejeição de H_0 para dado nível de significância α depende da forma da hipótese alternativa. Para o teste unilateral, escolhido α, busca-se o quantil de ordem $1-\alpha$ da distribuição t_{n-k-1}, designado *valor crítico* - seja c_α [se o número de g.l. é elevado, a distribuição t_{n-k-1} aproxima-se da normal reduzida, $\mathcal{N}(0,1)$, da qual se pode recolher o valor crítico]. Se a hipótese alternativa é unilateral direita ($H_1\colon \beta_j > 0$), formula-se a regra de rejeição a partir do conhecimento de que

$$\text{Pr}_0\left(t_{\hat{\beta}_j} > c_\alpha\right) = \alpha,$$

rejeitando-se H_0 se $t_{\hat{\beta}_j} > c_\alpha$ (a notação "Pr_0" indica que a probabilidade é calculada sob H_0). Caso contrário, se $t_{\hat{\beta}_j} < c_\alpha$, aceita-se H_0.

Dada a simetria da distribuição t, se a alternativa é unilateral esquerda ($H_1\colon \beta_j < 0$) o valor crítico é $-c_\alpha$. Neste caso, parte-se do conhecimento de que

$$\Pr_0\left(t_{\hat{\beta}_j} < -c_\alpha\right) = \alpha,$$

rejeitando-se H_0, se $t_{\hat{\beta}_j} < -c_\alpha$. De contrário, se $t_{\hat{\beta}_j} > -c_\alpha$, aceita-se H_0.

Figura 4.2

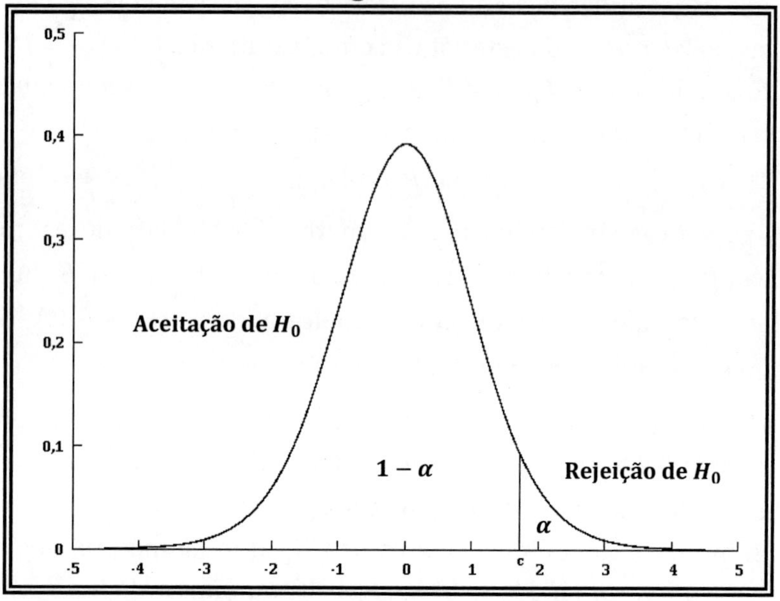

Teste t unilateral, ao nível de significância α; $H_0: \beta_j = 0$ vs. $H_1: \beta_j > 0$.

Para o teste bilateral ($H_1: \beta_j \neq 0$) escolhe-se o valor crítico com base em $\alpha/2$ ($c_{\alpha/2}$ - quantil de ordem $1-\alpha/2$). Dado que

$$\Pr_0\left(\left|t_{\hat{\beta}_j}\right| > c_{\alpha/2}\right) = \alpha,$$

rejeita-se H_0, se $\left|t_{\hat{\beta}_j}\right| > c_\alpha$; se $\left|t_{\hat{\beta}_j}\right| < c_\alpha$, aceita-se H_0. Em geral, se se rejeita a hipótese nula, diz-se que "$\hat{\beta}_j$ é estatisticamente significativo ao nível α" (v. fig. 4.2 e 4.3).

Figura 4.3

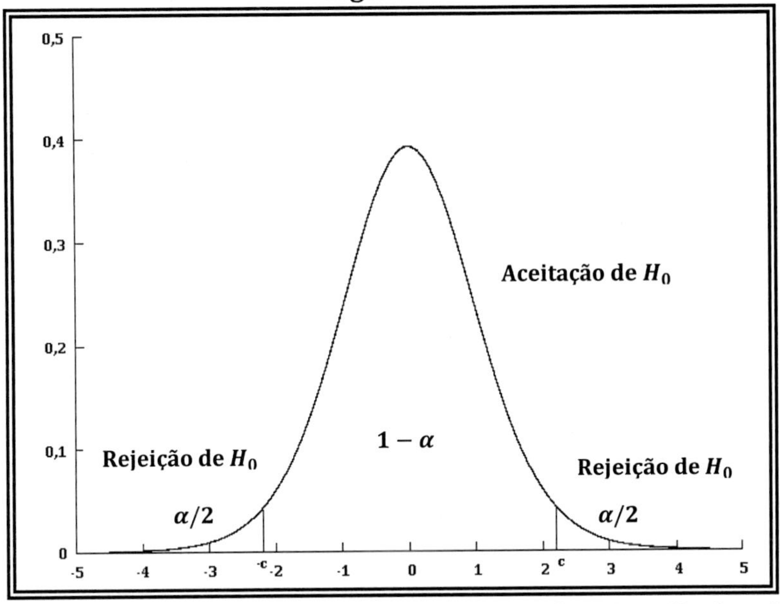

Teste t bilateral, ao nível de significância α; $H_0\colon \beta_j = 0$ vs. $H_1\colon \beta_j \neq 0$.

A hipótese de significância de β_j é um caso particular da hipótese geral $H_0\colon \beta_j = b$. A estatística de teste é agora dada por

$$t_{\hat{\beta}_j} = \left(\hat{\beta}_j - b\right)/\mathrm{se}\left(\hat{\beta}_j\right),$$

adoptando-se, do mesmo modo, a regra de rejeição descrita para a hipótese $H_0\colon \beta_j = 0$. Se se rejeita H_0 a favor da alternativa bilateral $(H_1\colon \beta_j \neq b)$, diz-se que β_j é significativamente (ou estatisticamente) diferente de b ao nível α. Se a alternativa é unilateral - $H_1\colon \beta_j > b$ ou $H_1\colon \beta_j < b$ - diz-se que β_j é significativamente maior ou menor do que b, respectivamente. O *output* dos *softwares* econométricos inclui usualmente os valores observados das estatísticas t, para cada hipótese nula $H_0\colon \beta_j = 0$. Em geral, para testar uma hipótese do tipo $\beta_j = b \neq 0$ deve-se calcular a estatística de teste à parte.

Exemplo 4.3

Regressão OLS (erros-padrão entre parêntesis)

$$\hat{y} = \underset{(0{,}370)}{1{,}58} + \underset{(0{,}091)}{0{,}403}x_1 + \underset{(0{,}013)}{0{,}0017}x_2 - \underset{(0{,}028)}{0{,}085}x_3, \quad n = 132, \quad R^2 = 0{,}347,$$

y: média no curso superior; x_1: média das notas no ensino secundário; x_2: nota no exame de acesso à faculdade; x_3: média mensal do número de faltas às aulas.

Testes bilaterais $H_0: \beta_j = 0, \; H_1: \beta_j \neq 0, \; j = 1,2,3.$

Distribuição t de *Student*, $\text{g.l.} = 132 - 4 = 128 \Rightarrow$ a normal reduzida constitui boa aproximação à t_{128}. Valores críticos da normal reduzida

$\alpha = 1\% \Rightarrow c_{\alpha/2} = \xi_{0,995} = 2{,}58,$ $\quad\alpha = 5\% \Rightarrow c_{\alpha/2} = \xi_{0,975} = 1{,}96.$

Regra de rejeição: rejeita-se H_0 se $\left|\hat{\beta}_j / \text{se}\left(\hat{\beta}_j\right)\right| > c_{\alpha/2}$.

Estatísticas de teste observadas

$t_{\hat{\beta}_1} = 0{,}403/0{,}091 = 4{,}429$: rejeita-se H_0;

$t_{\hat{\beta}_2} = 0{,}0017/0{,}013 = 0{,}131$: aceita-se H_0 (mesmo se $\alpha = 10\%$, $c_{\alpha/2} = \xi_{0,95} = 1{,}645$);

$t_{\hat{\beta}_3} = -0{,}085/0{,}028 = -3{,}036$: rejeita-se H_0 (mesmo se $\alpha = 1\%$, $c_{\alpha/2} = \xi_{0,995} = 2{,}58$).

Teste unilateral $H_0: \beta_1 = 0{,}5, \; H_1: \beta_1 < 0{,}5$

$\alpha = 5\% \Rightarrow c_\alpha = \xi_{0,95} = 1{,}645.$

Regra de rejeição: rejeita-se H_0 se $\left(\hat{\beta}_1 - 0{,}5\right)/\text{se}\left(\hat{\beta}_1\right) < -c_\alpha$.

Estatística de teste observada

$t_{\hat{\beta}_1} = (0{,}403 - 0{,}5)/0{,}091 = -1{,}066; \; -1{,}066 > -1{,}645$: aceita-se H_0.

4.4.2 Valor-*p*

Com frequência, em vez de comparar o valor observado da estatística com o valor crítico, dado o nível de significância escolhido *a priori*, recorre-se à noção de *valor-p* (*p-value*), que se define como o menor nível de significância ao qual se rejeita H_0. De modo equivalente, o valor-p é a probabilidade (sob H_0) de obter um valor da estatística de teste mais desfavorável para a hipótese nula do que o valor observado.

Para obter o valor-p calcula-se o valor da estatística de teste e determina-se o quantil respectivo, supondo H_0 verdadeira: a probabilidade correspondente é o valor-p. Num teste t, com alternativa unilateral direita (esquerda), o valor-p vem dado pela área sob a densidade t_{n-k-1}, para a direita (esquerda) do valor observado da estatística de teste. Com alternativa bilateral, o valor-p é numericamente igual à área sob a densidade t_{n-k-1}, exterior ao valor observado da estatística de teste e do seu simétrico (área sob as "caudas" da densidade). Um valor reduzido (elevado) fornece evidência a favor da rejeição (aceitação) de H_0.

Via de regra, o *output* dos *softwares* econométricos inclui o valor-p associado ao teste de significância de cada parâmetro, contra alternativa bilateral. O valor-p do correspondente teste unilateral é igual ao valor-p bilateral dividido por 2.

A vantagem de se utilizar o valor-p reside no facto de se deixar em aberto o valor da probabilidade a partir do qual se rejeita ou aceita H_0 – a decisão pode diferir consoante o investigador (embora, para valores muito elevados ou reduzidos, a decisão seja usualmente unânime).

Exemplo 4.4

Retome-se o exemplo 4.3 e calcule-se para cada teste o valor-p [pode-se calcular a probabilidade a partir da t_{128} ou da $\mathcal{N}(0,1)$; ao utilizar tabelas estatísticas pode ter que se recolher um valor aproximado].

Testes bilaterais

$H_0{:}\,\beta_1 = 0$ $\quad \Pr_0(|t| > 4{,}429) \approx 0{,}00002$ (rejeição clara de H_0);

$H_0{:}\,\beta_2 = 0$ $\quad \Pr_0(|t| > 0{,}131) \approx 0{,}8960$ (aceitação clara de H_0);

$H_0{:}\,\beta_3 = 0$ $\quad \Pr_0(|t| > 3{,}036) \approx 0{,}0029$.

Teste unilateral

$H_0{:}\,\beta_1 = 0{,}5, H_1{:}\,\beta_1 < 0{,}5$ $\qquad \Pr_0(t < -1{,}066) \approx 0{,}1442$.

4.4.3 Teste de uma combinação linear dos parâmetros

Pode utilizar-se o teste t se a hipótese nula envolve apenas *uma* restrição. Esta pode ser do tipo acima descrito (envolvendo um único parâmetro) ou envolver uma combinação linear com vários parâmetros.

Seja, em geral, a hipótese de interesse $H_0: \boldsymbol{C\beta} = c$, em que $\boldsymbol{C}$ denota um vector-linha de dimensão $1 \times (k+1)$ e c é um escalar dado. Para testar H_0 mediante um teste t baseia-se a estatística de teste em (4.4); sob H_0, pode-se escrever

$$t = (\boldsymbol{C\hat{\beta}} - c)/\sqrt{\boldsymbol{C}\widehat{\mathbb{V}}(\boldsymbol{\hat{\beta}})\boldsymbol{C}'} \sim t_{n-k-1}.$$

Como já referido, a forma de $\boldsymbol{C}\widehat{\mathbb{V}}(\boldsymbol{\hat{\beta}})\boldsymbol{C}'$ depende de H_0, logo, de $\boldsymbol{C}$.

Em geral, a fórmula de t requer estimativas de covariâncias entre coeficientes OLS, não incluídas no *output* dos *softwares* econométricos. Mas é sempre possível reparametrizar o modelo, de modo que H_0 seja equivalente a uma restrição com um único parâmetro, a fim de obter o valor da estatística de teste directamente do *output* do *software*.

Exemplo 4.5

Modelo $\quad y = \beta_0 + \beta_1 x_1 + \beta_2 x_2 + \beta_3 x_3 + u$

$H_0: \beta_1 = 2\beta_3 - 1 \Leftrightarrow \beta_1 - 2\beta_3 = -1 \Rightarrow \boldsymbol{C} = [0 \quad 1 \quad 0 \quad -2]$.

Estatística de teste $\quad t = [\hat{\beta}_1 - 2\hat{\beta}_3 - (-1)]/\sqrt{\boldsymbol{C}\widehat{\mathbb{V}}(\boldsymbol{\hat{\beta}})\boldsymbol{C}'} =$

$$(\hat{\beta}_1 - 2\hat{\beta}_3 + 1)/\sqrt{\widehat{\mathbb{V}}(\hat{\beta}_1) + 4\widehat{\mathbb{V}}(\hat{\beta}_3) - 4\widehat{\mathrm{COV}}(\hat{\beta}_1, \hat{\beta}_3)}.$$

Reparametrização do modelo. Seja $\theta = \beta_1 - 2\beta_3$; resulta $H_0: \theta = -1$. Substituindo um dos parâmetros iniciais no modelo, por exemplo, $\beta_1 = \theta + 2\beta_3$, e reunindo os termos, obtém-se o modelo reparametrizado

$$y = \beta_0 + (\theta + 2\beta_3)x_1 + \beta_2 x_2 + \beta_3 x_3 + u \Leftrightarrow$$
$$y = \beta_0 + \theta x_1 + \beta_2 x_2 + \beta_3 z + u, \qquad z = x_3 + 2x_1.$$

Da regressão OLS de y sobre a constante e as variáveis x_1, x_2 e z, obtém-se $\hat{\theta}$ e $\mathrm{se}(\hat{\theta})$ directamente no *output* da regressão. Com base nestes valores pode-se calcular a estatística de teste,

$$t_{\hat{\theta}} = (\hat{\theta} + 1)/\mathrm{se}(\hat{\theta}).$$

Exemplo 4.6

Estima-se por OLS o modelo do exemplo 4.5, a partir de uma amostra de $n = 34$ observações (erros-padrão entre parêntesis)

$$\hat{y} = \underset{(0,32)}{1{,}27} - \underset{(0,26)}{0{,}97}x_1 + \underset{(1,73)}{4{,}32}x_2 + \underset{(0,61)}{0{,}07}x_3, \qquad \widehat{\mathrm{COV}}(\hat{\beta}_1, \hat{\beta}_3) = 0{,}17.$$

Hipótese nula $H_0: \beta_1 = 2\beta_3 - 1 \Leftrightarrow \beta_1 - 2\beta_3 = -1;$
Hipótese alternativa $H_1: \beta_1 \neq 2\beta_3 - 1 \Leftrightarrow \beta_1 - 2\beta_3 \neq -1.$
Nível de significância $\alpha = 0{,}05 \Rightarrow c_{0,025} = 2{,}0423 \leftarrow t_{30}.$
Sem reparametrização do modelo; estatística de teste observada

$$t = (\hat{\beta}_1 - 2\hat{\beta}_3 + 1)/\sqrt{\widehat{\mathrm{V}}(\hat{\beta}_1) + 4\widehat{\mathrm{V}}(\hat{\beta}_3) - 4\widehat{\mathrm{COV}}(\hat{\beta}_1, \hat{\beta}_3)} \approx -0{,}118;$$

$|-0{,}118| < 2{,}0423 \Rightarrow$ Aceita-se H_0.

Com a reparametrização do exemplo 4.5, $\theta = \beta_1 - 2\beta_3$, obtém-se $\hat{\theta} = -1{,}11$, $\mathrm{se}(\hat{\theta}) = 0{,}94$. Estatística de teste observada

$$t = (\hat{\theta} + 1)/\mathrm{se}(\hat{\theta}) \approx -0{,}118 \quad \text{(conclusão idêntica).}$$

4.4.4 Restrições lineares múltiplas - teste *F*

Até aqui, apenas se considerou o teste de *uma* única restrição linear. Por exemplo, $\beta_3 = 2$, $\beta_1 = 2\beta_2$, etc.. Por vezes, interessa testar simultaneamente várias restrições lineares. Um exemplo frequente é o de "restrições de exclusão", ou nulidade conjunta de vários parâmetros. Neste caso, H_0 é do tipo $H_0: \beta_{k-j+1} = 0, \dots, \beta_k = 0$ (e a hipótese alternativa é a negação de H_0 ou seja, $H_1: \beta_{k-j+1} \neq 0 \vee \dots \vee \beta_k \neq 0$ - um ou mais parâmetros diferentes de zero). Para ensaiar esta hipótese não basta realizar j testes de significância individuais (um para cada parâmetro), porque o que se pretende é averiguar se as j variáveis explicativas são *conjuntamente* significativas no modelo em causa. Pode suceder que, embora nenhuma variável seja individualmente significativa, se rejeite H_0 - caso em que o efeito *marginal* de cada variável, face às demais, não é significativo mas, conjuntamente, as variáveis são relevantes. Note-se o significado de cada parâmetro, como efeito *ceteris paribus*, ou efeito marginal: uma variável explicativa é estatisticamente não significativa em determinado modelo, se, para além do efeito das outras variáveis explicativas, é nulo o seu efeito marginal sobre a variável dependente.

Suponha-se que a hipótese nula de interesse é um sistema de j restrições lineares dos parâmetros, expressa em geral na forma $H_0: \boldsymbol{C\beta} = \boldsymbol{c}$, em que $\boldsymbol{C}$ denota uma matriz $j \times (k+1)$, $j \leq k+1$, e $\boldsymbol{c}$ representa um vector de constantes, dimensão $j \times 1$. As j linhas da matriz

$\boldsymbol{C}$ são linearmente independentes - $\text{car}(\boldsymbol{C}) = j$ - de contrário, haveria restrições redundantes no sistema (com equações que se poderia obter a partir de outras). A abordagem que se segue, baseada essencialmente no resultado (4.3), pode obviamente utilizar-se para testar hipóteses individuais (basta considerar $j = 1$). Mas, como já referido, ela é mais geral do que o teste t (adequado apenas a hipóteses individuais) porque, contrariamente a este, também permite testar hipóteses conjuntas.

Exemplo 4.7

No modelo com três variáveis explicativas $(k + 1 = 4)$

$$y = \beta_0 + \beta_1 x_1 + \beta_2 x_2 + \beta_3 x_3 + u, \quad \boldsymbol{\beta} = [\beta_0 \quad \beta_1 \quad \beta_2 \quad \beta_3]',$$

considere-se as restrições paramétricas lineares

- $\begin{cases} \beta_1 + \beta_2 = 1 \\ \beta_3 = 0 \end{cases} \Leftrightarrow \boldsymbol{C\beta} = \begin{bmatrix} 0 & 1 & 1 & 0 \\ 0 & 0 & 0 & 1 \end{bmatrix} \boldsymbol{\beta} = \begin{bmatrix} 1 \\ 0 \end{bmatrix} = \boldsymbol{c} \qquad (j = 2);$
- $\beta_1 = \beta_2 = \beta_3 = 0 \Leftrightarrow \boldsymbol{C\beta} = \begin{bmatrix} 0 & 1 & 0 & 0 \\ 0 & 0 & 1 & 0 \\ 0 & 0 & 0 & 1 \end{bmatrix} \boldsymbol{\beta} = \begin{bmatrix} 0 \\ 0 \\ 0 \end{bmatrix} = \boldsymbol{c} \qquad (j = 3).$

Considere-se o resultado (4.3); sob $H_0\colon \boldsymbol{C\beta} = \boldsymbol{c}$, pode-se escrever

$$F = \left(\boldsymbol{C\hat{\beta}} - \boldsymbol{c}\right)' \left[\boldsymbol{C}\hat{\mathbb{V}}(\boldsymbol{\hat{\beta}})\boldsymbol{C}'\right]^{-1} \left(\boldsymbol{C\hat{\beta}} - \boldsymbol{c}\right)/j \sim F_{j,n-k-1}, \qquad (4.7)$$

que, por sua vez, fornece uma estatística de teste adequada a ensaiar qualquer sistema de j restrições lineares dos parâmetros de regressão.

Para realizar o teste, calcula-se o valor de F e, escolhido α (nível de significância), obtém-se o quantil de ordem $1 - \alpha$, da distribuição $F_{j,n-k-1}$ (recorrendo a tabelas estatísticas - v. anexo D.4 - ou computador) - seja c_α este valor crítico. O critério de rejeição de H_0 consiste simplesmente em rejeitar (aceitar) H_0 se o valor observado da estatística F excede (não excede) c_α - v. fig. 4.4. Note-se que F é uma forma quadrática não negativa, porque a matriz $\left[\boldsymbol{C}\hat{\mathbb{V}}(\boldsymbol{\hat{\beta}})\boldsymbol{C}'\right]^{-1}$ é definida positiva.

Figura 4.4

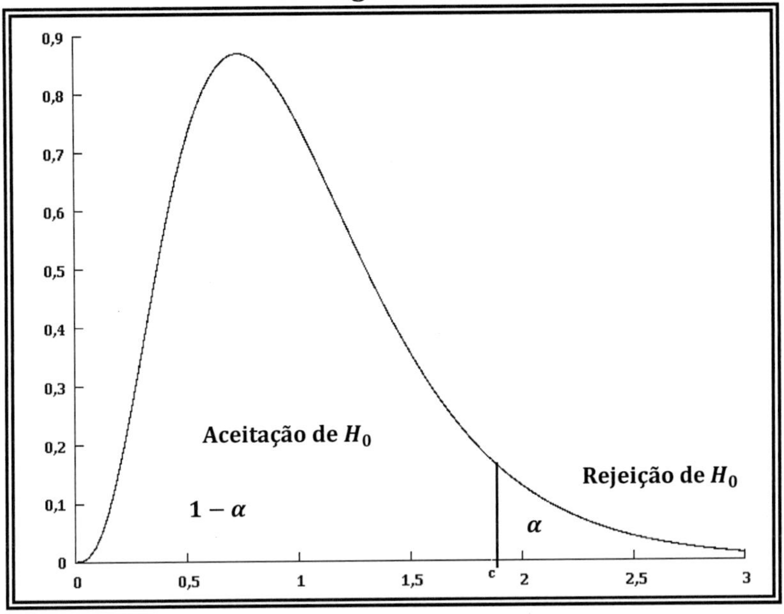

Teste F ao nível de significância α

O teste F pode realizar-se de modo mais cómodo a partir de uma fórmula equivalente a (4.7), mais fácil de calcular. Considere-se o modelo original - modelo sem as restrições de H_0, dito modelo "não restrito" (nr) - e o modelo incorporando as restrições de H_0 - modelo "restrito" (r). Considere-se também as somas dos quadrados dos resíduos da estimação de cada modelo - respectivamente, SQR_{nr} e SQR_r. Mostra-se (v. sec. 4.7) que a mesma estatística F se pode obter como

$$F = [(\text{SQR}_r - \text{SQR}_{nr})/j]/[\text{SQR}_{nr}/(n-k-1)]. \qquad (4.8)$$

De novo, observe-se que a estatística F é não negativa, porque $\text{SQR}_r \geq \text{SQR}_{nr}$ - recorde-se (3.5).

Além de ser mais fácil de obter (embora o uso do computador torne qualquer forma da estatística computacionalmente acessível), a fórmula (4.8) sugere uma interpretação alternativa do teste F. Para realizar o teste nesta forma, estima-se sucessivamente os modelos restrito e não restrito e calcula-se F. Valores "elevados" de F indiciam um acréscimo significativo de SQR (uma redução significativa da qualidade do ajustamento) quando se impõe as restrições de H_0 no modelo - pelo que se rejeita H_0, que se suspeita ser falsa. Por outro lado, valores reduzidos de F são um indício de que SQR não cresce significativamente (a qualidade do ajustamento não se deteriora significativamente) quando se impõe as restrições no modelo - o que sugere aceitação de H_0.

Dada a relação $\text{SQR} = (1 - R^2)\text{SQT}$, a estatística F pode-se escrever como função de R^2 dos dois modelos (se a variável dependente é a mesma - SQT é idêntico - e os dois modelos têm termo independente - de contrário a relação não é válida). Utilizando notação óbvia,

$$F = [(R_{nr}^2 - R_r^2)/j]/[(1 - R_{nr}^2)/(n - k - 1)]. \qquad (4.9)$$

Um caso particular do teste F, já referido, é o teste de uma hipótese individual ($j = 1$), em que $F = t^2$ - recorde-se (4.4). Um outro caso particular, vulgarmente reportado no *output* dos *softwares* econométricos, é o *teste de significância global*, cuja hipótese nula é da forma

$$H_0{:}\,\beta_1 = \cdots = \beta_k = 0 \Leftrightarrow \boldsymbol{C\beta} = [\mathbf{0}_k \;\; \vdots \;\; \boldsymbol{I}_k]\boldsymbol{\beta} = \mathbf{0}_k,$$

em que $\mathbf{0}_k$ denota um vector nulo de dimensão $k \times 1$ e $\boldsymbol{I}_k$ representa a matriz identidade de ordem k. A hipótese nula é a de que as variáveis explicativas do modelo são *conjuntamente* irrelevantes; a hipótese alternativa é a de que o modelo inclui no mínimo uma variável explicativa relevante, podendo formular-se como $H_1{:}\,\beta_1 \neq 0 \vee \ldots \vee \beta_k \neq 0$. Sob H_0, o modelo r é o modelo sem variáveis explicativas - só com termo independente, $y = \beta_0 + u$. Neste modelo, $R_r^2 = 0$, logo a estatística F para o teste de significância global reduz-se a

$$F = (R^2/k)/[(1 - R^2)/(n - k - 1)],$$

em que R^2 denota o coeficiente de determinação do modelo dado (nr).

Para obter SQR_r e realizar o teste, deve-se introduzir as restrições de H_0 no modelo original e estimar o modelo restrito. O exemplo seguinte descreve o modelo restrito em várias situações particulares.

Exemplo 4.8

Modelo nr $\quad y = \beta_0 + \beta_1 x_1 + \beta_2 x_2 + \beta_3 x_3 + \beta_4 x_4 + u.$

- $H_0{:}\,\beta_1 + \beta_2 = 1 \wedge \beta_3 = 0$

  Modelo r: $\quad y = \beta_0 + \beta_1 x_1 + (1 - \beta_1)x_2 + \beta_4 x_4 + u \Leftrightarrow$

$$y - x_2 = \beta_0 + \beta_1(x_1 - x_2) + \beta_4 x_4 + u.$$

- $H_0\colon \beta_1 = 2$
  Modelo r: $y = \beta_0 + 2x_1 + \beta_2 x_2 + \beta_3 x_3 + \beta_4 x_4 + u \Leftrightarrow$
  $y - 2x_1 = \beta_0 + \beta_2 x_2 + \beta_3 x_3 + \beta_4 x_4 + u.$
- $H_0\colon \beta_0 = 0 \wedge \beta_1 + \beta_3 + \beta_4 = 0$
  Modelo r: $y = \beta_1 x_1 + \beta_2 x_2 + \beta_3 x_3 - (\beta_1 + \beta_3)x_4 + u \Leftrightarrow$
  $y = \beta_1(x_1 - x_4) + \beta_2 x_2 + \beta_3(x_3 - x_4) + u.$
- $H_0\colon \beta_1 = \beta_2 = \beta_3 = \beta_4 = 0$
  Modelo r: $y = \beta_0 + u.$

Tal como para a estatística t, pode-se calcular o valor-p associado à estatística F. Geometricamente, o valor-p corresponde à área sob a curva da densidade $F_{j,n-k-1}$ para a direita do valor observado da estatística F - recorde-se a interpretação do valor-p como probabilidade (sob H_0) de obter um valor da estatística de teste mais desfavorável para H_0 do que aquele que se observou.

Exemplo 4.9

Retome-se o modelo do exemplo 4.8 (nr), estimado por OLS a partir de uma amostra com $n = 45$ observações, SQT $= 715{,}17$ (soma dos quadrados totais). Obtém-se $\text{SQR}_{nr} = 237{,}46$.
Teste de cada hipótese H_0 ao nível $\alpha = 0{,}05$ (ou utilizando o valor-p); SQR_r: SQR da estimação OLS de cada modelo restrito.

- $H_0\colon \beta_1 + \beta_2 = 1 \wedge \beta_3 = 0$
  $\text{SQR}_r = 357{,}07$ $\quad c_{0,05} = 3{,}23 \leftarrow F_{2,40}$
  $F = [(317{,}07 - 237{,}46)/2]/[237{,}46/(45 - 5)] = 6{,}71 > 3{,}23$
  Valor-p $\Pr_0(F > 6{,}71) = 0{,}0031$ Rejeita-se H_0.
- $H_0\colon \beta_1 = 2$
  $\text{SQR}_r = 259{,}12$ $\quad c_{0,05} = 4{,}08 \leftarrow F_{1,40}$
  $F = (245{,}12 - 237{,}46)/[237{,}46/(45 - 5)] = 1{,}29 < 4{,}08$
  Valor-p $\Pr_0(F > 1{,}29) = 0{,}26$ Aceita-se H_0.
- $H_0\colon \beta_0 = 0 \wedge \beta_1 + \beta_3 + \beta_4 = 0$
  $\text{SQR}_r = 474{,}03$ $\quad c_{0,05} = 3{,}23 \leftarrow F_{2,40}$
  $F = [(414{,}03 - 237{,}46)/2]/[237{,}46/(45 - 5)] = 14{,}87 > 3{,}23$
  Utilizando R^2: $R^2_{nr} = 1 - 237{,}46/715{,}17$, $R^2_r = 1 - 474{,}03/715{,}17$

$F = [(R_{nr}^2 - R_r^2)/2]/[(1 - R_{nr}^2)/(45 - 5)] = 14{,}87$

Valor-p $\Pr_0(F > 14{,}87) \approx 0$ Rejeita-se H_0.

- Teste de significância global

  $H_0{:}\, \beta_1 = \beta_2 = \beta_3 = \beta_4 = 0$

  $\text{SQR}_r = 715{,}17$ $c_{0,05} = 2{,}61 \leftarrow F_{4,40}$

  $F = [(715{,}17 - 237{,}46)/4]/[237{,}46/(45 - 5)] = 20{,}12 > 2{,}61$

  Utilizando R^2 $R^2 = 1 - 237{,}46/715{,}17$

  $F = (R^2/4)/[(1 - R^2)/(45 - 5)] = 20{,}12$

  Valor-p $\Pr_0(F > 20{,}12) \approx 0$ Rejeita-se H_0.

4.5 Intervalos de confiança

Em alternativa ao teste de hipóteses, pode-se realizar inferência acerca dos parâmetros de regressão mediante a estimação por intervalos, designados intervalos de confiança. Embora se possa construir um intervalo de confiança (IC) conjuntamente para qualquer número de parâmetros ou de combinações paramétricas lineares - designados, em geral, "regiões de confiança" - a presente secção limita-se a IC's para parâmetros individuais ou combinações lineares de parâmetros individualmente consideradas.

Retome-se a distribuição de uma única combinação linear de estimadores OLS sob o modelo CLM, expressa em (4.4). Escolha-se um valor para α ou, de modo equivalente, para $1 - \alpha$, que se designa *grau de confiança* [vulgarmente referido em percentagem, $(1 - \alpha)100\%$]. A partir de (4.4) pode-se escrever

$$\Pr\big(|t| < c_{\alpha/2}\big) = 1 - \alpha,$$

em que t se designa agora *variável fulcral* e $c_{\alpha/2}$ denota o quantil de ordem $1 - \alpha/2$ da distribuição t_{n-k-1} [ou $\mathcal{N}(0,1)$, com aproximação à normal] - por exemplo, se $\alpha = 0{,}1$, o grau de confiança é 90%, seleccionando-se o quantil de ordem 0,95 da distribuição t_{n-k-1}.

A condição probabilística anterior é equivalente a

$$\Pr\left(\boldsymbol{C}\widehat{\boldsymbol{\beta}} - c_{\alpha/2}\sqrt{\boldsymbol{C}\widehat{\mathbb{V}}(\widehat{\boldsymbol{\beta}})\boldsymbol{C}'} < \boldsymbol{C}\boldsymbol{\beta} < \boldsymbol{C}\widehat{\boldsymbol{\beta}} + c_{\alpha/2}\sqrt{\boldsymbol{C}\widehat{\mathbb{V}}(\widehat{\boldsymbol{\beta}})\boldsymbol{C}'}\right) = 1 - \alpha,$$

a qual fornece a expressão teórica dos extremos de um IC para $\boldsymbol{C\beta}$, com grau de confiança $(1-\alpha)100\%$. Para construir um IC a partir de uma amostra particular, estima-se o modelo por OLS e substitui-se $\hat{\boldsymbol{\beta}}$ e $\hat{\mathbb{V}}(\hat{\boldsymbol{\beta}})$ no interior da probabilidade pelos seus valores obtidos. Deve ter-se em atenção que, ao substituir $\hat{\boldsymbol{\beta}}$ e $\hat{\mathbb{V}}(\hat{\boldsymbol{\beta}})$ (que na expressão teórica são aleatórios), deixa de se poder utilizar a expressão probabilística indicada, já que as entidades aleatórias no interior da probabilidade são substituídas pelas respectivas realizações, a partir da amostra observada. Em conclusão, o IC para $\boldsymbol{C\beta}$ a $(1-\alpha)100\%$ de confiança pode-se escrever na forma

$$\left]\boldsymbol{C}\hat{\boldsymbol{\beta}} - c_{\alpha/2}\sqrt{\boldsymbol{C}\hat{\mathbb{V}}(\hat{\boldsymbol{\beta}})\boldsymbol{C}'}\ ;\ \boldsymbol{C}\hat{\boldsymbol{\beta}} + c_{\alpha/2}\sqrt{\boldsymbol{C}\hat{\mathbb{V}}(\hat{\boldsymbol{\beta}})\boldsymbol{C}'}\right[. \tag{4.10}$$

Note-se que o IC está centrado em $\boldsymbol{C}\hat{\boldsymbol{\beta}}$, estimativa OLS de $\boldsymbol{C\beta}$. E, quanto maior o grau de confiança (ou seja, quanto menor α), maior é o valor crítico, $c_{\alpha/2}$ e, portanto, maior a amplitude do IC. O que, intuitivamente, seria de esperar: para se ter mais "confiança" em que o IC inclui o verdadeiro valor de $\boldsymbol{C\beta}$, é necessário um construir IC de maior amplitude (e, portanto, associado a maior ignorância).

O caso particular mais frequente de (4.10) é o de um IC para um só parâmetro de regressão. O IC para o parâmetro β_j consiste em

$$\left]\hat{\beta}_j - c_{\alpha/2}\mathrm{se}(\hat{\beta}_j)\ ;\ \hat{\beta}_j + c_{\alpha/2}\mathrm{se}(\hat{\beta}_j)\right[, \tag{4.11}$$

obviamente centrado na estimativa OLS do parâmetro. Um outro caso de interesse, descrito na secção 4.6, refere-se à construção de intervalos de previsão, no essencial IC's para combinações lineares de parâmetros de regressão, eventualmente afectadas pelo erro do modelo.

Convém ter presente o correcto significado de um IC. Considere-se o caso de um parâmetro individual - expressão (4.11). O IC pode interpretar-se como segue: se se recolhesse repetidas amostras e, para cada uma, se construísse um IC, então, $(1-\alpha)\times 100\%$ de tais intervalos incluiriam o valor de β_j (desconhecido). Não se sabe se um IC particular inclui β_j ou não (apenas se tem alguma expectativa, atendendo ao grau de confiança do IC, de que o intervalo contenha este valor).

Entretanto, dado um IC particular para $\boldsymbol{C\beta}$ a $(1-\alpha)\times 100\%$, pode-se de imediato testar a hipótese $H_0\colon \boldsymbol{C\beta} = c$ contra a hipótese bilateral, $H_1\colon \boldsymbol{C\beta} \neq c$, ao nível α. Basta verificar se $c \in$ IC (não se rejeita H_0) ou $c \notin$ IC (rejeita-se H_0). No caso de um parâmetro individual basta obviamente verificar se o valor em causa pertence ou não a (4.11).

Exemplo 4.10

Retome-se o exemplo 4.6

$$\hat{y} = \underset{(0,32)}{1,27} - \underset{(0,26)}{0,97}x_1 + \underset{(1,73)}{4,32}x_2 + \underset{(0,61)}{0,07}x_3, \qquad \widehat{\mathrm{COV}}(\hat{\beta}_1, \hat{\beta}_3) = 0,17.$$

IC para β_1 a 95%

$$\mathrm{IC} =]-0,97 - 2,0423 \times 0,26\,;\, -0,97 + 2,0423 \times 0,26[\, = \,]-1,50\,;\, -0,44[.$$

A 5% (ou níveis de significância superiores a 5%) rejeita-se $H_0\colon \beta_1 = 0$ contra alternativa bilateral, $H_1\colon \beta_1 \neq 0$.

A 5% (ou níveis de significância inferiores a 5%) aceita-se $H_0\colon \beta_1 = -1$ contra alternativa bilateral, $H_1\colon \beta_1 \neq -1$.

IC para $\beta_1 - 2\beta_3$ a 95%

$$\mathrm{se}(\hat{\beta}_1 - 2\hat{\beta}_3) = \sqrt{\hat{\mathrm{V}}(\hat{\beta}_1) + 4\hat{\mathrm{V}}(\hat{\beta}_3) - 4\widehat{\mathrm{COV}}(\hat{\beta}_1, \hat{\beta}_3)} = 0,94$$

$$\mathrm{IC} =]-0,97 - 2\times 0,07 - 2,0423 \times 0,94\,;\, -0,97 - 2 \times 0,07 + 2,0423 \times 0,94[\, = \,]-3,02\,;\, 0,80[.$$

A 5% (ou níveis de significância inferiores a 5%) aceita-se $H_0\colon \beta_1 = 2\beta_3 - 1$ contra alternativa bilateral, $H_1\colon \beta_1 \neq 2\beta_3 - 1$.

A partir da estimação do modelo reparametrizado, com $\theta = \beta_1 - 2\beta_3$:

$$\mathrm{IC} =]-1,11 - 2,0423 \times 0,94\,;\, -1,11 + 2,0423 \times 0,94[\, = \,]-3,02\,;\, 0,80[.$$

4.6 Previsão sob o modelo CLM

Pode-se utilizar o modelo para prever o valor da variável dependente, dados valores particulares das variáveis explicativas. Nesta medida, para construir IC's ou testar hipóteses acerca deste valor, interessa também avaliar a precisão (variância) da previsão.

Seja o modelo $y = \beta_0 + \beta_1 x_1 + \cdots + \beta_k x_k + u$; vulgarmente considera-se dois tipos de previsão (doravante referidos como caso *i.* ou *ii.*):

i. Previsão do valor *médio* da variável dependente, para dados valores particulares das variáveis explicativas, x_{01}, ..., x_{0k},

$$\mathrm{E}(y|x_1 = x_{01}, \dots, x_k = x_{0k}) = \beta_0 + \beta_1 x_{01} + \cdots + \beta_k x_{0k} = \mathrm{E}(y|\boldsymbol{x} = \boldsymbol{x_0}) = \boldsymbol{x_0}\boldsymbol{\beta} = \eta_0,$$

em que $\boldsymbol{x_0} = (1, x_{01}, \dots, x_{0k})$.

ii. Previsão do valor *individual* da variável dependente, para dados valores das variáveis explicativas,

$$y|_{\boldsymbol{x}=\boldsymbol{x_0}} = \beta_0 + \beta_1 x_{01} + \cdots + \beta_k x_{0k} + u_0 = \boldsymbol{x_0}\boldsymbol{\beta} + u_0 = y_0.$$

Note-se que o objecto de previsão, respectivamente, η_0 ou y_0, é uma combinação linear de parâmetros, adicionada no segundo caso do erro, u_0. Utilizando a notação utilizada na secção 4.3, o vector de coeficientes desta combinação linear corresponde simplesmente a

$$\boldsymbol{C} = \boldsymbol{x_0} = [1 \;\; x_{01} \;\; \dots \;\; x_{0k}].$$

Em ambos os casos, a previsão pontual, ou *previsor*, vem dado por

$$\hat{y}_0 = \hat{\beta}_0 + \hat{\beta}_1 x_{01} + \cdots + \hat{\beta}_k x_{k0} = \boldsymbol{x_0}\widehat{\boldsymbol{\beta}}$$

ou seja, uma combinação linear dos estimadores dos parâmetros. O *erro de previsão* ($\hat{e}_0$) define-se em cada caso como

i. $\hat{e}_0 = \mathrm{E}(y|\boldsymbol{x} = \boldsymbol{x_0}) - \hat{y}_0 = \eta_0 - \hat{y}_0$.

ii. $\hat{e}_0 = \boldsymbol{x_0}\boldsymbol{\beta} + u_0 - \hat{y}_0 = y_0 - \hat{y}_0$.

De $\mathrm{E}(u_0) = 0$ e da centricidade dos estimadores OLS dos parâmetros, resulta $\mathrm{E}(\hat{e}_0) = 0$ em ambos os casos. A variância do erro de previsão vem, respectivamente,

i. $\mathrm{V}(\hat{e}_0) = \mathrm{V}(\eta_0 - \hat{y}_0) = \mathrm{V}(\hat{y}_0)$.

ii. $\mathrm{V}(\hat{e}_0) = \mathrm{V}(y_0 - \hat{y}_0) = \mathrm{V}(\boldsymbol{x_0}\boldsymbol{\beta} + u_0 - \hat{y}_0) = \mathrm{V}(u_0 - \hat{y}_0) =$
$\mathrm{V}(u_0) + \mathrm{V}(\hat{y}_0) - 2\mathrm{COV}(u_0, \hat{y}_0) = \mathrm{V}(u_0) + \mathrm{V}(\hat{y}_0) = \sigma^2 + \mathrm{V}(\hat{y}_0)$,

porque $\mathrm{V}(u_0) = \sigma^2$ e $\mathrm{COV}(u_0, \hat{y}_0) = 0$, visto que u_0 é independente dos erros da amostra - u_1, ..., u_n - que intervêm em $\hat{y}_0$.

Uma vez que, sob o modelo CLM, $\hat{e}_0$ é combinação linear dos estimadores, normalmente distribuídos, e (no caso *ii.*) do erro, também normal, a variável fulcral

$$[\hat{e}_0 - E(\hat{e}_0)]/\mathrm{se}(\hat{e}_0) = \hat{e}_0/\mathrm{se}(\hat{e}_0)$$

segue uma distribuição t_{n-k-1}. Este resultado permite a construção de *intervalos de previsão* (IP), isto é, IC's para o valor médio ou para o valor individual da variável dependente, dados os valores das variáveis explicativas. Respectivamente, com o grau de confiança $(1-\alpha)\times 100\%$ [$c_{\alpha/2}$: quantil de ordem $(1-\alpha/2)$ da distribuição t_{n-k-1}],

i. $\begin{cases} \hat{e}_0 = \eta_0 - \hat{y}_0 \\ \mathrm{V}(\hat{e}_0) = \mathrm{V}(\hat{y}_0) \end{cases} \Rightarrow$

extremos do IP para η_0: $\hat{y}_0 \pm c_{\alpha/2} \times \mathrm{se}(\hat{y}_0)$;

ii. $\begin{cases} \hat{e}_0 = y_0 - \hat{y}_0 \\ \mathrm{V}(\hat{e}_0) = \sigma^2 + \mathrm{V}(\hat{y}_0) \end{cases} \Rightarrow$

extremos do IP para y_0: $\hat{y}_0 \pm c_{\alpha/2} \times \sqrt{[\mathrm{se}(\hat{y}_0)]^2 + \hat{\sigma}^2}$.

Como seria de esperar, dada a maior incerteza envolvida na estimação do valor individual, y_0 (devido à presença do erro, u_0), o IP neste caso tem maior amplitude do que na previsão do valor médio de y.

O erro-padrão, $\mathrm{se}(\hat{y}_0)$, é a expressão do erro-padrão de uma combinação linear dos estimadores OLS. Como referido, o previsor associado a $\boldsymbol{x} = \boldsymbol{x_0}$ é dado por $\hat{y}_0 = \boldsymbol{x_0}\widehat{\boldsymbol{\beta}}$. Logo,

$$\mathrm{V}(\hat{y}_0|\boldsymbol{X}) = \mathrm{V}(\boldsymbol{x_0}\widehat{\boldsymbol{\beta}}|\boldsymbol{X}) = \boldsymbol{x_0}\mathrm{V}(\widehat{\boldsymbol{\beta}}|\boldsymbol{X})\boldsymbol{x_0'} = \sigma^2\boldsymbol{x_0}(\boldsymbol{X'X})^{-1}\boldsymbol{x_0'},$$

uma forma quadrática nos valores $x_j = x_{0j}, j = 1, \dots, k$. Esta forma quadrática pode-se escrever como

$$\boldsymbol{x_0}\mathrm{V}(\widehat{\boldsymbol{\beta}}|\boldsymbol{X})\boldsymbol{x_0'} = \sum_{j=0}^{k}\sum_{l=0}^{k} x_{0j}x_{0l}\mathrm{COV}(\hat{\beta}_j, \hat{\beta}_l|\boldsymbol{X}),$$

(se o modelo tem termo independente, $x_{00} = 1$; caso contrário, os índices dos somatórios iniciam-se em 1), em que $\mathrm{COV}(\hat{\beta}_j, \hat{\beta}_j|\boldsymbol{X}) = \mathrm{V}(\hat{\beta}_j|\boldsymbol{X})$. O erro-padrão, $\mathrm{se}(\hat{y}_0)$, resulta naturalmente de $\sqrt{\widehat{\mathrm{V}}(\hat{y}_0|\boldsymbol{X})}$, que se obtém substituindo σ^2 por $\hat{\sigma}^2$.

Exemplo 4.11

Modelo $y = \beta_0 + \beta_1 x_1 + \beta_2 x_2 + \beta_3 x_3 + u$.

Previsão para $x_1 = 1, x_2 = 0, x_3 = -2 \Leftrightarrow \boldsymbol{x_0} = [1 \quad 1 \quad 0 \quad -2]$.

Tem-se $\hat{y}_0 = \hat{\beta}_0 + \hat{\beta}_1 - 2\hat{\beta}_3$ $\quad \mathrm{se}(\hat{y}_0) = [\widehat{\mathrm{V}}(\hat{\beta}_0) + \widehat{\mathrm{V}}(\hat{\beta}_1) + 4\widehat{\mathrm{V}}(\hat{\beta}_3) + 2\widehat{\mathrm{COV}}(\hat{\beta}_0, \hat{\beta}_1) - 4\widehat{\mathrm{COV}}(\hat{\beta}_0, \hat{\beta}_3) - 4\widehat{\mathrm{COV}}(\hat{\beta}_1, \hat{\beta}_3)]^{1/2}$.

O parâmetro η_0 é uma combinação linear dos parâmetros,

$$\eta_0 = \beta_0 + \beta_1 x_{01} + \cdots + \beta_k x_{0k},$$

logo, pode obter-se o previsor pontual, $\hat{y}_0$, e o respectivo erro-padrão, $\text{se}(\hat{y}_0)$, de modo mais cómodo, a partir da reparametrização do modelo (tal como para os IC's e testes de hipóteses acerca de qualquer combinação linear de parâmetros de regressão). Da expressão de η_0 resulta

$$\beta_0 = \eta_0 - \beta_1 x_{01} - \cdots - \beta_k x_{0k};$$

substituindo β_0 no modelo, obtém-se a reparametrização

$$y = \beta_0 + \beta_1 x_1 + \cdots + \beta_k x_k + u \Leftrightarrow$$
$$y = \eta_0 + \beta_1(x_1 - x_{01}) + \cdots + \beta_k(x_k - x_{0k}) + u. \qquad (4.12)$$

Deste modo, no *output* da regressão OLS de y sobre um termo independente e os regressores $x_j - x_{0j}$, $j = 1, \dots, k$, a estimativa pretendida é a estimativa do termo independente e o seu erro-padrão é o erro-padrão associado: $\hat{y}_0 = \hat{\eta}_0$, $\text{se}(\hat{y}_0) = \text{se}(\hat{\eta}_0)$. O erro-padrão, $\text{se}(\hat{y}_0)$, é tanto menor quanto mais próximos x_{0j} são das médias amostrais dos x_j (a variância do estimador OLS do termo independente é mínima se os regressores têm média amostral nula; veja-se o exemplo do termo independente para a regressão simples – sec. 2.5.2).

Exemplo 4.12

Considere-se o exemplo 4.6 e a previsão para $\boldsymbol{x_0} = [1 \quad 1 \quad 0 \quad -2]$. Da estimação OLS obtém-se $\hat{\sigma}^2 = 0{,}183$.

i. $\eta_0 = \beta_0 + \beta_1 - 2\beta_3$; *ii.* $y_0 = \beta_0 + \beta_1 - 2\beta_3 + u_0$.

Previsor $\hat{y}_0 = \hat{\beta}_0 + \hat{\beta}_1 - 2\hat{\beta}_3 = 1{,}27 - 0{,}97 - 2 \times 0{,}07 = 0{,}16$.

Estimação do modelo reparametrizado – expressão (4.12)

$$\hat{y} = \underset{(0{,}73)}{0{,}16} - 0{,}97(x_1 - 1) + 4{,}32x_2 + 0{,}07(x_3 + 2).$$

Intervalos de previsão (valores arredondados às centésimas)

i. $\text{IP} = \left]\hat{y}_0 - c_{\alpha/2} \times \text{se}(\hat{y}_0)\,;\, \hat{y}_0 + c_{\alpha/2} \times \text{se}(\hat{y}_0)\right[=$
$]0{,}16 - 2{,}0423 \times 0{,}73\,;\, 0{,}16 + 2{,}0423 \times 0{,}73[=]-1{,}34\,;\, 1{,}66[.$

ii. $\text{IP} = \left]\hat{y}_0 - c_{\alpha/2} \times \sqrt{\text{se}(\hat{y}_0)^2 + \hat{\sigma}^2}\,;\, \hat{y}_0 + c_{\alpha/2} \times \sqrt{\text{se}(\hat{y}_0)^2 + \hat{\sigma}^2}\right[=$
$\left]0{,}16 - 2{,}0423 \times \sqrt{0{,}73^2 + 0{,}183}\,;\, 0{,}16 + 2{,}0423 \times \sqrt{0{,}73^2 + 0{,}183}\right[=$
$]-1{,}57\,;\, 1{,}89[.$

4.7 Demonstrações

Normalidade condicional dos estimadores OLS sob o modelo CLM

$$\hat{\boldsymbol{\beta}} = \boldsymbol{\beta} + (\boldsymbol{X}'\boldsymbol{X})^{-1}\boldsymbol{X}'\boldsymbol{u} = \boldsymbol{\beta} + \boldsymbol{A}\boldsymbol{u}, \quad \boldsymbol{A} = (\boldsymbol{X}'\boldsymbol{X})^{-1}\boldsymbol{X}',$$

isto é, cada elemento de $\hat{\boldsymbol{\beta}}$ é função afim dos elementos de $\boldsymbol{u}$, $(u_1, \dots, u_n)$:

$$\hat{\beta}_j = \beta_j + \boldsymbol{a}_j'\boldsymbol{u} = \beta_j + \sum_{i=1}^{n} a_{ji}u_i, \quad j = 0,1, \dots, k,$$

em que $\boldsymbol{a}_j' = [a_{j1} \quad \cdots \quad a_{jn}]$ denota a j-ésima linha da matriz $\boldsymbol{A}$, $(k+1) \times n$. Dado que uma função afim de variáveis normais é uma variável normal, e uma vez que as variáveis u_i são normais, segue-se que, dado $\boldsymbol{X}$, $\hat{\boldsymbol{\beta}}$ é um vector normalmente distribuído, com

$$\mathrm{E}(\hat{\boldsymbol{\beta}}) = \mathrm{E}_{\boldsymbol{X}}[\mathrm{E}(\hat{\boldsymbol{\beta}}|\boldsymbol{X})] = \mathrm{E}_{\boldsymbol{X}}[\boldsymbol{\beta} + (\boldsymbol{X}'\boldsymbol{X})^{-1}\boldsymbol{X}'\mathrm{E}(\boldsymbol{u}|\boldsymbol{X})] = \boldsymbol{\beta},$$
$$\mathrm{V}(\hat{\boldsymbol{\beta}}|\boldsymbol{X}) = (\boldsymbol{X}'\boldsymbol{X})^{-1}\boldsymbol{X}'\mathrm{E}(\boldsymbol{u}\boldsymbol{u}'|\boldsymbol{X})\boldsymbol{X}(\boldsymbol{X}'\boldsymbol{X})^{-1} = \sigma^2(\boldsymbol{X}'\boldsymbol{X})^{-1}. \qquad \#$$

Distribuição da estatística *F* - expressão (4.3)

A estatística F pode escrever-se na forma

$$F = \left[(\boldsymbol{C}\hat{\boldsymbol{\beta}} - \boldsymbol{C}\boldsymbol{\beta})'[\boldsymbol{C}\sigma^2(\boldsymbol{X}'\boldsymbol{X})^{-1}\boldsymbol{C}']^{-1}(\boldsymbol{C}\hat{\boldsymbol{\beta}} - \boldsymbol{C}\boldsymbol{\beta})/j\right]/(\hat{\sigma}^2/\sigma^2) =$$
$$\left[(\boldsymbol{C}\hat{\boldsymbol{\beta}} - \boldsymbol{C}\boldsymbol{\beta})'\left[\boldsymbol{C}\mathrm{V}(\hat{\boldsymbol{\beta}}|\boldsymbol{X})\boldsymbol{C}'\right]^{-1}(\boldsymbol{C}\hat{\boldsymbol{\beta}} - \boldsymbol{C}\boldsymbol{\beta})/j\right]/\{\mathrm{SQR}/[\sigma^2(n-k-1)]\}.$$

De acordo com (4.2)(B. 2), o numerador deste quociente é uma variável χ_j^2 dividida pelo respectivo número de g.l. O denominador pode-se escrever na forma $(\mathrm{SQR}/\sigma^2)/(n-k-1) = (\hat{\boldsymbol{u}}'\hat{\boldsymbol{u}}/\sigma^2)/(n-k-1)$, em que $\hat{\boldsymbol{u}}$ denota o vector dos resíduos OLS. Este vector pode-se escrever como função do vector dos erros, $\boldsymbol{u}$, de acordo com $\hat{\boldsymbol{u}} = \boldsymbol{M}\boldsymbol{u}$, em que $\boldsymbol{M} = \boldsymbol{I}_n - \boldsymbol{X}(\boldsymbol{X}'\boldsymbol{X})^{-1}\boldsymbol{X}'$ é simétrica idempotente, de característica $\mathrm{car}(\boldsymbol{M}) = n-k-1$. Tem-se, $\hat{\boldsymbol{u}}'\hat{\boldsymbol{u}} = \boldsymbol{u}'\boldsymbol{M}'\boldsymbol{M}\boldsymbol{u} = \boldsymbol{u}'\boldsymbol{M}\boldsymbol{u}$ e $\boldsymbol{u}/\sigma \sim \mathcal{N}_n(\boldsymbol{0}, \boldsymbol{I}_n)$, $\sigma = \sqrt{\sigma^2}$. Logo, dado B.3 (anexo B.5.3),

$$\mathrm{SQR}/\sigma^2 = \hat{\boldsymbol{u}}'\hat{\boldsymbol{u}}/\sigma^2 = (\boldsymbol{u}'/\sigma)\boldsymbol{M}(\boldsymbol{u}/\sigma) = \boldsymbol{u}'\boldsymbol{M}\boldsymbol{u}/\sigma^2 \sim \chi^2_{n-k-1}.$$

A estatística F é o quociente de variáveis χ^2 divididas pelo respectivo número de g.l. A estatística é distribuída segundo uma função F se estas variáveis são independentes. Sob o modelo CLM, $\hat{\boldsymbol{u}} = \boldsymbol{M}\boldsymbol{u}$ é uma combinação linear de normais, logo é um vector normal. Condicional em

$\boldsymbol{X}$, $\widehat{\boldsymbol{\beta}}$ é normal com média $\boldsymbol{\beta}$. Para que dois vectores normais sejam independentes, basta que não sejam correlacionados (anexo B.5.3). Neste caso,

$$\mathrm{E}\left[\left(\widehat{\boldsymbol{\beta}}-\boldsymbol{\beta}\right)\widehat{\boldsymbol{u}}'|\boldsymbol{X}\right] = \mathrm{E}[(\boldsymbol{X}'\boldsymbol{X})^{-1}\boldsymbol{X}'\boldsymbol{u}\boldsymbol{u}'\boldsymbol{M}|\boldsymbol{X}] = (\boldsymbol{X}'\boldsymbol{X})^{-1}\boldsymbol{X}'\mathrm{E}(\boldsymbol{u}\boldsymbol{u}'|\boldsymbol{X})\boldsymbol{M} = \sigma^2(\boldsymbol{X}'\boldsymbol{X})^{-1}\boldsymbol{X}'\boldsymbol{M} = \boldsymbol{0}$$

ou seja, $\widehat{\boldsymbol{\beta}}$ e $\widehat{\boldsymbol{u}}$ são não correlacionados - logo, independentes. Donde, o numerador e denominador de F (funções de $\widehat{\boldsymbol{\beta}}$ e $\widehat{\boldsymbol{u}}$, respectivamente) também são independentes.

A estatística F é assim um quociente entre duas variáveis χ^2 independentes, divididas pelos seus g.l. Como é bem sabido (anexo B.4) a estatística segue uma distribuição F: $F \sim F_{j,n-k-1}$. #

Estatística F como variação relativa de SQR - expressão (4.8)
Considere-se a restrição paramétrica, $\boldsymbol{C\beta} = \boldsymbol{c}$ e a estimação do modelo de regressão sob esta restrição (modelo r). O estimador dos parâmetros deste modelo, $\widetilde{\boldsymbol{\beta}}$, minimiza a soma dos quadrados dos resíduos sujeito a esta restrição. Para obter $\widetilde{\boldsymbol{\beta}}$ forme-se a função lagrangeana,

$$\mathcal{L} = \left(\boldsymbol{y}-\boldsymbol{X}\widetilde{\boldsymbol{\beta}}\right)'\left(\boldsymbol{y}-\boldsymbol{X}\widetilde{\boldsymbol{\beta}}\right) + \boldsymbol{\lambda}'\left(\boldsymbol{C}\widetilde{\boldsymbol{\beta}}-\boldsymbol{c}\right),$$

em que $\boldsymbol{\lambda}$ denota o vector de multiplicadores de Lagrange. As CPO podem-se escrever sucessivamente como

$$\begin{cases}\dfrac{\partial\mathcal{L}}{\partial\widetilde{\boldsymbol{\beta}}} = -2\boldsymbol{X}'\left(\boldsymbol{y}-\boldsymbol{X}\widetilde{\boldsymbol{\beta}}\right)+\boldsymbol{C}'\boldsymbol{\lambda} = \boldsymbol{0} \\ \dfrac{\partial\mathcal{L}}{\partial\boldsymbol{\lambda}} = \boldsymbol{C}\widetilde{\boldsymbol{\beta}}-\boldsymbol{c} = \boldsymbol{0}\end{cases} \Leftrightarrow \begin{cases}(\boldsymbol{X}'\boldsymbol{X})\widetilde{\boldsymbol{\beta}} - \boldsymbol{C}'\boldsymbol{\lambda}/2 = \boldsymbol{X}'\boldsymbol{y} \\ \boldsymbol{C}\widetilde{\boldsymbol{\beta}} = \boldsymbol{c}\end{cases} \Leftrightarrow$$

$$\begin{bmatrix}\boldsymbol{X}'\boldsymbol{X} & -\boldsymbol{C}'/2 \\ \boldsymbol{C} & \boldsymbol{0}\end{bmatrix}\begin{bmatrix}\widetilde{\boldsymbol{\beta}} \\ \boldsymbol{\lambda}\end{bmatrix} = \begin{bmatrix}\boldsymbol{X}'\boldsymbol{y} \\ \boldsymbol{c}\end{bmatrix} \Leftrightarrow \begin{bmatrix}\widetilde{\boldsymbol{\beta}} \\ \boldsymbol{\lambda}\end{bmatrix} = \begin{bmatrix}\boldsymbol{X}'\boldsymbol{X} & -\boldsymbol{C}'/2 \\ \boldsymbol{C} & \boldsymbol{0}\end{bmatrix}^{-1}\begin{bmatrix}\boldsymbol{X}'\boldsymbol{y} \\ \boldsymbol{c}\end{bmatrix}.$$

Aplicando a fórmula da matriz inversa por blocos (anexo A.3), obtém-se a expressão de $\widetilde{\boldsymbol{\beta}}$,

$$\widetilde{\boldsymbol{\beta}} = (\boldsymbol{X}'\boldsymbol{X})^{-1}\boldsymbol{X}'\boldsymbol{y} - (\boldsymbol{X}'\boldsymbol{X})^{-1}\boldsymbol{C}'[\boldsymbol{C}(\boldsymbol{X}'\boldsymbol{X})^{-1}\boldsymbol{C}']^{-1}[\boldsymbol{C}(\boldsymbol{X}'\boldsymbol{X})^{-1}\boldsymbol{X}'\boldsymbol{y}-\boldsymbol{c}] = \widehat{\boldsymbol{\beta}} - (\boldsymbol{X}'\boldsymbol{X})^{-1}\boldsymbol{C}'[\boldsymbol{C}(\boldsymbol{X}'\boldsymbol{X})^{-1}\boldsymbol{C}']^{-1}\left(\boldsymbol{C}\widehat{\boldsymbol{\beta}}-\boldsymbol{c}\right),$$

em que $\widehat{\boldsymbol{\beta}}$ denota o estimador OLS do modelo original (nr). De modo equivalente, $\widetilde{\boldsymbol{\beta}} - \widehat{\boldsymbol{\beta}} = (\boldsymbol{X}'\boldsymbol{X})^{-1}\boldsymbol{C}'[\boldsymbol{C}(\boldsymbol{X}'\boldsymbol{X})^{-1}\boldsymbol{C}']^{-1}\left(\boldsymbol{C}\widehat{\boldsymbol{\beta}}-\boldsymbol{c}\right)$.

O vector de resíduos do modelo r vem dado por

$$\tilde{\boldsymbol{u}} = \boldsymbol{y} - \boldsymbol{X}\tilde{\boldsymbol{\beta}} = \boldsymbol{y} - \boldsymbol{X}\hat{\boldsymbol{\beta}} - \boldsymbol{X}(\tilde{\boldsymbol{\beta}} - \hat{\boldsymbol{\beta}}) =$$
$$\hat{\boldsymbol{u}} - \boldsymbol{X}(\boldsymbol{X}'\boldsymbol{X})^{-1}\boldsymbol{C}'[\boldsymbol{C}(\boldsymbol{X}'\boldsymbol{X})^{-1}\boldsymbol{C}']^{-1}(\boldsymbol{C}\hat{\boldsymbol{\beta}} - \boldsymbol{c}),$$

de que resulta, após simplificação e atendendo a que $\boldsymbol{X}'\hat{\boldsymbol{u}} = \boldsymbol{0}$ (CPO OLS do modelo nr),

$$\text{SQR}_r = \tilde{\boldsymbol{u}}'\tilde{\boldsymbol{u}} = \hat{\boldsymbol{u}}'\hat{\boldsymbol{u}} + (\boldsymbol{C}\hat{\boldsymbol{\beta}} - \boldsymbol{c})'[\boldsymbol{C}(\boldsymbol{X}'\boldsymbol{X})^{-1}\boldsymbol{C}']^{-1}(\boldsymbol{C}\hat{\boldsymbol{\beta}} - \boldsymbol{c}) =$$
$$\text{SQR}_{nr} + (\boldsymbol{C}\hat{\boldsymbol{\beta}} - \boldsymbol{c})'[\boldsymbol{C}(\boldsymbol{X}'\boldsymbol{X})^{-1}\boldsymbol{C}']^{-1}(\boldsymbol{C}\hat{\boldsymbol{\beta}} - \boldsymbol{c}) \Leftrightarrow$$
$$\text{SQR}_r - \text{SQR}_{nr} - (\boldsymbol{C}\hat{\boldsymbol{\beta}} - \boldsymbol{c})'[\boldsymbol{C}(\boldsymbol{X}'\boldsymbol{X})^{-1}\boldsymbol{C}']^{-1}(\boldsymbol{C}\hat{\boldsymbol{\beta}} - \boldsymbol{c}).$$

Em consequência, sob $\boldsymbol{C\beta} = \boldsymbol{c}$,

$$F = (\boldsymbol{C}\hat{\boldsymbol{\beta}} - \boldsymbol{C\beta})'\left[\boldsymbol{C}\hat{\mathbb{V}}(\boldsymbol{X}'\boldsymbol{X})^{-1}\boldsymbol{C}'\right]^{-1}(\boldsymbol{C}\hat{\boldsymbol{\beta}} - \boldsymbol{C\beta})/j =$$
$$\left[(\boldsymbol{C}\hat{\boldsymbol{\beta}} - \boldsymbol{c})'[\boldsymbol{C}(\boldsymbol{X}'\boldsymbol{X})^{-1}\boldsymbol{C}']^{-1}(\boldsymbol{C}\hat{\boldsymbol{\beta}} - \boldsymbol{c})/j\right]/\hat{\sigma}^2 =$$
$$[(\text{SQR}_r - \text{SQR}_{nr})/j]/[\text{SQR}_{nr}/(n-k-1)] \qquad \#$$

Exercícios

4.1 Considere o modelo $y = \beta_0 + \beta_1 x_1 + \beta_2 x_2 + u$ e a restrição $\beta_1 + \beta_2 = 1$. Reparametrize o modelo de modo que a restrição se converta em restrição de nulidade de um parâmetro no modelo reparametrizado.

4.2 Considere o modelo habitual, $y = \boldsymbol{x\beta} + u$, e o sistema de j restrições lineares $\boldsymbol{C\beta} = \boldsymbol{c}$, em que $\boldsymbol{C}$ é uma matriz de constantes dadas $j \times (k+1)$ e $\text{car}(\boldsymbol{C}) = j < k+1$, e $\boldsymbol{c}$ é um vector $j \times 1$ de constantes. Reparametrize o modelo de modo que as restrições se convertam em restrições de nulidade de j parâmetros no modelo reparametrizado (siga os passos sugeridas em seguida).
Considere os blocos em $\boldsymbol{x}$, $\boldsymbol{C}$ e $\boldsymbol{\beta}$,

$$\underset{1\times(k+1)}{\boldsymbol{x}} = \left[\underset{1\times j}{\boldsymbol{x}_1} \;\vdots\; \underset{1\times(k+1-j)}{\boldsymbol{x}_2}\right], \qquad \underset{j\times(k+1)}{\boldsymbol{C}} = \left[\underset{j\times j}{\boldsymbol{C}_1} \;\vdots\; \underset{j\times(k+1-j)}{\boldsymbol{C}_2}\right],$$

$$\underset{(k+1)\times 1}{\boldsymbol{\beta}} = \begin{bmatrix} \underset{j\times 1}{\boldsymbol{\beta_1}} \\ \cdots \\ \underset{(k+1-j)\times 1}{\boldsymbol{\beta_2}} \end{bmatrix},$$

em que $\boldsymbol{C_1}$ é invertível. Reescreva o modelo e as restrições como

$$y = \boldsymbol{x_1}\boldsymbol{\beta_1} + \boldsymbol{x_2}\boldsymbol{\beta_2} + u, \qquad \boldsymbol{C_1}\boldsymbol{\beta_1} + \boldsymbol{C_2}\boldsymbol{\beta_2} - \boldsymbol{c} = \underset{j\times 1}{\boldsymbol{0}}.$$

Faça $\boldsymbol{C_1}\boldsymbol{\beta_1} + \boldsymbol{C_2}\boldsymbol{\beta_2} - \boldsymbol{c} = \underset{j\times 1}{\boldsymbol{\gamma}}$ ($\boldsymbol{\gamma}$: vector de novos parâmetros). Resolva esta igualdade em ordem a $\boldsymbol{\beta_1}$, substitua $\boldsymbol{\beta_1}$ no modelo inicial e reorganize as parcelas em termos dos parâmetros $\boldsymbol{\gamma}$ e $\boldsymbol{\beta_2}$. As restrições lineares iniciais correspondem a $\boldsymbol{\gamma} = \boldsymbol{0}$ no modelo reparametrizado.

4.3 Considere o modelo linear $y = \beta_0 + \beta_1 x_1 + \cdots + \beta_5 x_5 + u$. Escreva o modelo restrito em cada caso seguinte. Descreva como realizar o teste de cada hipótese nula.

a) $H_0: \beta_1 = 0 \wedge \beta_4 = \beta_5$.

b) $H_0: \beta_1 = 0 \wedge \beta_3 = 2 \wedge \beta_4 = \beta_5$.

c) $H_0: \beta_0 = 1 \wedge \beta_3 + \beta_4 + \beta_5 = 0$.

4.4 Considere a regressão habitual, $\boldsymbol{y} = \boldsymbol{X\beta} + \boldsymbol{u}$, expressa em termos de n observações das variáveis, e o estimador OLS $\widehat{\boldsymbol{\beta}}$. Suponha que se pretende prever conjuntamente n_0 valores de y (seja o vector $\boldsymbol{y_0}$, $n_0 \times 1$) a partir da matriz $n_0 \times k$ de valores das variáveis explicativas, $\boldsymbol{X_0}$, utilizando $\widehat{\boldsymbol{\beta}}$. Admita que os erros da amostra e os erros correspondentes a $\boldsymbol{y_0}$ ("fora da amostra") são i.i.d. com média nula e variância constante, σ^2. Obtenha a matriz de covariâncias do vector de erros de previsão, $\hat{\boldsymbol{e}}_0 = \boldsymbol{y_0} - \boldsymbol{X_0}\widehat{\boldsymbol{\beta}}$.

4.5 Seja o modelo CLM de regressão múltipla $y = \beta_0 + \beta_1 x_1 + \beta_2 x_2 + \beta_3 x_3 + u$. Pretende-se testar a hipótese $H_0: \beta_1 - 3\beta_2 = 1$.

a) $\hat{\beta}_1$ e $\hat{\beta}_2$ são os estimadores OLS de β_1 e β_2, respectivamente. Escreva as expressões de $\mathrm{V}(\hat{\beta}_1 - 3\hat{\beta}_2)$ e da estatística t utilizada para testar H_0.

b) Seja $\delta = \beta_1 - 3\beta_2 - 1$. Formule H_0 em termos do parâmetro δ. Reparametrize o modelo de modo a obter directamente, do *output* OLS de um programa informático, a estimativa de δ e o seu erro-padrão.

4.6 A partir de uma amostra seccional de observações relativas a 100 alunos universitários, estimou-se por OLS o modelo de regressão CLM de y (média final de curso, $0 - 20$ valores) sobre x_1 (nota na prova de acesso à universidade, $0 - 20$ valores) e x_2 (número médio de horas de estudo por mês),

$$\hat{y} = 3{,}6 + 0{,}4x_1 + 0{,}1x_2, \qquad n = 100,$$

obtendo-se

$$(\boldsymbol{X}'\boldsymbol{X})^{-1} = \begin{bmatrix} 4{,}000 & 0{,}125 & 1{,}210 \\ & 0{,}003 & 0{,}055 \\ & & 0{,}001 \end{bmatrix}, \quad \hat{\boldsymbol{u}}'\hat{\boldsymbol{u}} = 3{,}880, \quad \text{SQT} = 24{,}250.$$

a) Estime os desvios-padrão dos coeficientes estimados de x_1 e x_2.

b) Teste a significância de cada um dos coeficientes referidos em *a*).

c) Avalie a qualidade do ajustamento.

d) Teste a significância global da regressão.

4.7 Seja o modelo econométrico da função de produção *Cobb-Douglas*, $y = \alpha k^{\beta} l^{\delta} e^{u}$, em que y representa o volume de produção, k e l denotam, respectivamente o nível de capital e factor trabalho, u representa o erro, que verifica a condição $E(u|k,l) = 0$, e α, β e δ denotam parâmetros. Estima-se o modelo linearizado por OLS, com base em observações referentes a 20 empresas, obtendo-se (erros-padrão entre parêntesis)

$$\widehat{ln(y)} = \underset{(1{,}85)}{2{,}51} + \underset{(0{,}04)}{0{,}32} \log k + \underset{(0{,}12)}{0{,}73} \log l, \qquad R^2 = 0{,}916.$$

a) Interprete a estimativa de β.

b) Estime a taxa de variação de y em ordem a l, para $l = 15$.

c) Teste a hipótese de elasticidade do produto em relação ao trabalho igual a 1 (alternativa bilateral).

d) Teste a hipótese de rendimentos constantes à escala, sabendo que

$\widehat{\text{COV}}(\hat{\beta}, \hat{\delta}) = 0{,}002322$ (alternativa bilateral). Como se pode realizar o teste sem utilizar explicitamente $\widehat{\text{COV}}(\hat{\beta}, \hat{\delta})$?

4.8 Dada uma amostra casual de 43 observações, estimou-se por OLS a equação (erros-padrão entre parêntesis)

$$\hat{y} = \underset{(0{,}30)}{0{,}7} + \underset{(0{,}54)}{1{,}2}\, x_1 - \underset{(0{,}17)}{0{,}3}\, x_2, \qquad \widehat{\sigma^2} = 0{,}035.$$

a) Construa um IC a 99% para o termo independente. Interprete este IC nos termos de um intervalo de previsão.

b) Construa um intervalo de previsão a 99% para para o valor individual de y, correspondente a $x_1 = x_2 = 0$. Compare com o intervalo da alínea anterior.

c) Suponha que ao nível de significância α se aceita a hipótese H_0:E$(y|x_{01}, x_{02}) = b$. Qual a conclusão do teste $H_0\colon y|_{x_{01},x_{02}} = b$, também ao nível α ($y|_{x_{01},x_{02}}$: valor individual de y para $x_1 = x_{01}$ e $x_2 = x_{02}$)?

5 Método OLS – propriedades assintóticas

5.1 Introdução

O capítulo 4 apresenta o modelo CLM, que permite obter a distribuição exacta do estimador OLS e realizar, também de forma exacta, inferência estatística a respeito dos parâmetros de regressão. Todavia, como já referido, o pressuposto de normalidade não é razoável em muitas situações de interesse prático. Em todo o caso, mesmo nestas situações, pode-se utilizar o método OLS para realizar inferência paramétrica com validade assintótica, usualmente fiável quando se dispõe de amostras de grande dimensão.

As secções 5.2 – 5.4 expõem brevemente as propriedades de consistência, normalidade e eficiência assintóticas do estimador OLS, que permitem realizar inferência estatística válida em grandes amostras. Na secção 5.5 refere-se os procedimentos usuais já referidos no capítulo 4 (IC's e testes t e F) e introduz-se os testes de Wald e de *score*, descrevendo-se a relação entre os dois testes, e destes com as estatísticas F e t. Tal como no capítulo 4, refere-se também a construção de intervalos de previsão (sec. 5.6), formalmente idênticos aos obtidos sob o modelo CLM mas agora com validade assintótica.

5.2 Consistência

Sob a hipótese da média condicional nula do erro do modelo de regressão (3.1), $\mathrm{E}(u|x_1, \dots, x_k) = 0$ [além das hipóteses (*i*) - (*iii*)], o estimador OLS é cêntrico. Em todo o caso, para assegurar a consistência deste estimador basta adoptar a hipótese mais fraca de que as variáveis explicativas são exógenas e o erro tem média incondicional nula. Formalmente,

(*iv*) $\mathrm{E}(u) = 0 = \mathrm{COV}(u, x_j), \;\; j = 1, \dots, k$

[note-se que $\mathrm{E}(u|x_1, \dots, x_k) = 0 \Rightarrow (iv)$, mas a recíproca não é necessariamente verdadeira].

Sob os pressupostos (i) - (iv), o estimador $\widehat{\boldsymbol{\beta}}$ é consistente para $\boldsymbol{\beta}$. Simbolicamente,

$$\text{plim}_{n\to\infty}\,\widehat{\boldsymbol{\beta}} = \boldsymbol{\beta}.$$

A avaliação da inconsistência, ou enviesamento assintótico do estimador OLS por omissão de variáveis é análoga ao estudo do enviesamento em amostras finitas. A diferença reside no facto de que a inconsistência recorre à variância e covariância populacionais, enquanto o enviesamento utiliza a variância e covariância amostrais.

Exemplo 5.1

População: $y = \beta_0 + \beta_1 x_1 + \beta_2 x_2 + u,\ \ \beta_2 \neq 0, \text{COV}(x_j, u) = 0, j = 1{,}2.$

Modelo (mal) especificado, $y = \beta_0 + \beta_1 x_1 + v \Rightarrow v = \beta_2 x_2 + u$, donde,

$$\text{COV}(x_1, v) = \text{COV}[x_1(\beta_2 x_2 + u)] = \beta_2\text{COV}(x_1, x_2) + \text{COV}(x_1, u) =$$
$$\beta_2\text{COV}(x_1, x_2) \neq 0,$$

a não ser que na população $\text{COV}(x_1, x_2) = 0$.

Seja o estimador OLS de β_1 da regressão simples de y sobre x_1,

$$\tilde{\beta}_1 = n^{-1}\sum(x_{i1} - \bar{x}_1)y_i/\left[n^{-1}\sum(x_{i1} - \bar{x}_1)^2\right] =$$
$$n^{-1}\sum(x_{i1} - \bar{x}_1)(\beta_0 + \beta_1 x_{i1} + v_i)/\left[n^{-1}\sum(x_{i1} - \bar{x}_1)^2\right] =$$
$$\beta_1 + n^{-1}\sum(x_{i1} - \bar{x}_1)v_i/\left[n^{-1}\sum(x_{i1} - \bar{x}_1)^2\right],$$

que converge em probabilidade para

$$\text{plim}\left\{\beta_1 + n^{-1}\sum(x_{i1} - \bar{x}_1)v_i/\left[n^{-1}\sum(x_{i1} - \bar{x}_1)^2\right]\right\} =$$
$$\beta_1 + \text{plim}\left[n^{-1}\sum(x_{i1} - \bar{x}_1)v_i\right]/\text{plim}\left[n^{-1}\sum(x_{i1} - \bar{x}_1)^2\right] =$$
$$\beta_1 + \text{COV}(x_1, v)/\text{V}(x_1) = \beta_1 + \beta_2\,\text{COV}(x_1, x_2)/\text{V}(x_1) =$$
$$\beta_1 + \beta_2\delta_{12},\ \ \delta_{12} = \text{COV}(x_1, x_2)/\text{V}(x_1).$$

A inconsistência ou enviesamento assintótico de $\tilde{\beta}_1$ vem dado por

$$\text{plim}\tilde{\beta}_1 - \beta_1 = \beta_2\delta_{12} = \beta_2\,\text{COV}(x_1, x_2)/\text{V}(x_1).$$

5.3 Normalidade assintótica

Suponha-se que o erro do modelo é homoscedástico,

(v) $\quad \text{V}(u|\boldsymbol{x}) = \text{V}(u) = \sigma^2.$

Sob os pressupostos (*i*) – (*v*), demonstra-se que os estimadores OLS são assintoticamente normais ou seja,

$$n^{1/2}(\hat{\boldsymbol{\beta}} - \boldsymbol{\beta}) \xrightarrow{D} \mathcal{N}_{k+1}(\mathbf{0}, \boldsymbol{V}), \quad \boldsymbol{V} = \sigma^2 \text{plim}_{n\to\infty}(n^{-1}\boldsymbol{X}'\boldsymbol{X})^{-1}, \quad (5.1)$$

com $\boldsymbol{V}$ a matriz de covariâncias de $n^{1/2}(\hat{\boldsymbol{\beta}} - \boldsymbol{\beta})$ (no limite, com $n \to \infty$).

Intuitivamente, a afectação de $\hat{\boldsymbol{\beta}}$ pelo factor $n^{1/2}$ compreende-se melhor se se tem presente o facto de que, sem este factor, $\text{V}(\hat{\boldsymbol{\beta}} - \boldsymbol{\beta})$ [ou $\text{V}(\hat{\boldsymbol{\beta}})$] é simplesmente igual a $\sigma^2 \text{plim}_{n\to\infty}(\boldsymbol{X}'\boldsymbol{X})^{-1}$, que é uma matriz nula (visto que, em circunstâncias usuais, as somas de quadrados e produtos cruzados das observações das variáveis em $\boldsymbol{x}$, que compõem $\boldsymbol{X}'\boldsymbol{X}$, divergem para infinito à medida que $n \to \infty$). Donde, para que, no limite, se tenha um vector aleatório não degenerado (isto é, com variância não nula), torna-se necessário "estabilizar" a diferença $\hat{\boldsymbol{\beta}} - \boldsymbol{\beta}$ com um factor apropriado, função de n, que compense o decréscimo de $\text{V}(\hat{\boldsymbol{\beta}})$ à medida que n cresce. Sob condições usuais (designadamente, se as variáveis explicativas do modelo têm variâncias finitas), tal consegue-se multiplicando $\hat{\boldsymbol{\beta}} - \boldsymbol{\beta}$ pelo factor $n^{1/2}$. Com efeito,

$$n^{1/2}(\hat{\boldsymbol{\beta}} - \boldsymbol{\beta}) = (n^{-1}\boldsymbol{X}'\boldsymbol{X})^{-1}(n^{1/2}\boldsymbol{X}'\boldsymbol{u}),$$

tendo-se $\text{plim}_{n\to\infty}(\boldsymbol{X}'\boldsymbol{X})^{-1} = \text{E}(\boldsymbol{x}'\boldsymbol{x})^{-1}$ (matriz finita não nula, se as variáveis explicativas do modelo, $\boldsymbol{x}$, têm variâncias finitas não nulas), em virtude da LLN, e $n^{1/2}\boldsymbol{X}'\boldsymbol{u}$ assintoticamente normal com média nula, em virtude do TLC – v. anexo C.2.2. Em consequência, dado o Teorema de Cramer (anexo C.2.2), a variável $n^{1/2}(\hat{\boldsymbol{\beta}} - \boldsymbol{\beta})$ é assintoticamente normal, com a referida matriz de covariâncias assintóticas.

Dado (5.1) [dividindo por $n^{1/2}$ e somando $\boldsymbol{\beta}$], pode-se escrever

$$\hat{\boldsymbol{\beta}} \dot{\sim} \mathcal{N}_{k+1}[\boldsymbol{\beta}, \sigma^2(\boldsymbol{X}'\boldsymbol{X})^{-1}],$$

em que "$\dot{\sim}$" significa que a distribuição é assintótica (isto é, aproximada para n "grande"). Repare-se que, sob o modelo CLM esta é a distribuição exacta de $\hat{\boldsymbol{\beta}}$, dado $\boldsymbol{X}$, para qualquer n (sec. 4.3). Em todo o caso, dado (5.1), com amostras de grande dimensão não se torna necessário assumir normalidade dos erros para obter a normalidade aproximada dos estimadores. Em consequência, por exemplo,

$$t = (\hat{\beta}_j - \beta_j)/\text{se}(\hat{\beta}_j) \;\dot{\sim}\; \mathcal{N}(0{,}1), \quad j = 0{,}1, \ldots, k.$$

A distribuição t aproxima-se da normal para g.l. elevado, logo, também, $t \;\dot{\sim}\; t_{n-k-1}$. Ambas as expressões permitem, naturalmente, utilizar a variável t como estatística de teste de hipóteses acerca dos parâmetros do modelo (sec. 5.5).

5.4 Eficiência assintótica

Há outros estimadores consistentes, além do estimador OLS. Mostra-se que, sob as hipóteses (*i*) - (*v*), o estimador OLS é *assintoticamente eficiente* na classe de estimadores consistentes para $\boldsymbol{\beta}$ assintoticamente lineares (em $\boldsymbol{y}$). Note-se a analogia entre esta propriedade assintótica e a propriedade BLUE sob os pressupostos de Gauss-Markov.(8)

A propriedade de eficiência assintótica significa que a diferença entre a matriz de covariâncias assintóticas de $n^{1/2}(\hat{\boldsymbol{\beta}} - \boldsymbol{\beta})$ e a matriz de covariâncias assintóticas de outro estimador consistente e assintoticamente normal de $\boldsymbol{\beta}$, apropriadamente normalizado, $n^{1/2}(\boldsymbol{\beta}^* - \boldsymbol{\beta})$ é uma matriz semi-definida negativa. O que implica, por exemplo, que, assintoticamente, $\text{V}[n^{1/2}(\hat{\beta}_j - \beta_j)] \leq \text{V}[n^{1/2}(\beta_j^* - \beta_j)]$.

5.5 Inferência estatística

Sob o modelo CLM, o estimador OLS é exactamente normal, para qualquer n, o que permite obter as distribuições *exactas* das variáveis F e t. Todavia, a hipótese de normalidade dos erros – logo, da variável dependente – não é apropriada; por exemplo, variáveis assimétricas (salário,

(8) V. Davidson e MacKinnon (1993, sec. 5.5) para a definição de estimador assintoticamente linear e a demonstração da eficiência assintótica de OLS.

número de acidentes, poupança, etc.) não podem ser normalmente distribuídas, porque a densidade normal é simétrica.

No que segue, considera-se de novo o teste de j restrições paramétricas lineares, expressas em geral como uma hipótese nula H_0: $\boldsymbol{C\beta} = \boldsymbol{c}$, com $\boldsymbol{C}$ uma matriz de dimensão $j \times (k+1)$, $\text{car}(\boldsymbol{C}) = j$, e $\boldsymbol{c}$ um vector de dimensão $j \times 1$, ambos constantes. Como já referido, o caso mais frequente é o de restrições de exclusão, H_0: $\beta_{k-j+1} = 0, \dots, \beta_k = 0$. Dada a normalidade assintótica do estimador OLS, os testes F ou t ainda se podem utilizar, nomeadamente com grandes amostras, visto que têm validade assintótica. Em concreto, sob H_0, $F \dot{\sim} F_{j,n-k-1}$ e $t \dot{\sim} t_{n-k-1}$, com as estatísticas F e t atrás definidas - v. sec. 4.4.4 (teste F) e sec. 4.4.1 - 4.4.3 (teste t).

Com grandes amostras, pode-se ainda recorrer a outros testes, como o teste de Wald e o teste de *score*. Ambos os testes, embora resultantes da aplicação de diferentes princípios, são estreitamente relacionados entre si e com os testes F e t.

Teste de Wald

No essencial, a ideia básica do teste de Wald é a seguinte: se H_0 é verdadeira, o estimador OLS dos parâmetros do modelo não restrito (nr), $\widehat{\boldsymbol{\beta}}$, é consistente para $\boldsymbol{\beta}$, de modo que $\boldsymbol{C}\widehat{\boldsymbol{\beta}}$ é próximo de $\boldsymbol{c}$ - ou $\boldsymbol{C}\widehat{\boldsymbol{\beta}} - \boldsymbol{c}$ é próximo de $\mathbf{0}$. O teste de Wald avalia a significância estatística do vector $\boldsymbol{C}\widehat{\boldsymbol{\beta}} - \boldsymbol{c}$. Para o efeito, pode-se calcular o valor da estatística

$$W = (\boldsymbol{C}\widehat{\boldsymbol{\beta}} - \boldsymbol{c})'\left[\boldsymbol{C}\widehat{\mathbb{V}}(\widehat{\boldsymbol{\beta}})\boldsymbol{C}'\right]^{-1}(\boldsymbol{C}\widehat{\boldsymbol{\beta}} - \boldsymbol{c}),$$

em que $\widehat{\mathbb{V}}(\widehat{\boldsymbol{\beta}}) = \hat{\sigma}^2(\boldsymbol{X}'\boldsymbol{X})^{-1}$, $\hat{\sigma}^2 = \text{SQR}_{nr}/(n-k-1)$, denota o estimador da matriz de covariâncias de $\widehat{\boldsymbol{\beta}}$. A estatística W é uma forma quadrática no vector $\boldsymbol{C}\widehat{\boldsymbol{\beta}} - \boldsymbol{c}$, assintoticamente distribuída sob H_0 de acordo com uma função χ^2_j (v. anexos B.5.3 e C2.2) - formalmente, $W \dot{\sim} \chi^2_j$. Dado que o teste tem validade assintótica, é indiferente, particularmente com grandes amostras, utilizar n ou $n-k-1$ na fórmula de $\hat{\sigma}^2$. Valores "elevados" de W relativamente a um valor crítico da distribuição χ^2_j, sugerem a rejeição da hipótese nula.

De imediato se verifica que as estatísticas F e W se relacionam através de $W = jF$ – v. (4.2). Em consequência, pode-se afirmar que, sob H_0, a estatística jF é assintoticamente distribuída de acordo com uma função χ_j^2. Se $j = 1$ (uma restrição sob H_0), tem-se $W = F = t^2 \dot{\sim} \chi_1^2$. Em todo o caso, para testar uma só restrição ($\beta_j = b$; $\beta_1 + \beta_2 = 0$; etc.) utiliza-se com frequência a estatística t, como já referido assintoticamente distribuída, sob H_0, segundo uma distribuição $\mathcal{N}(0,1)$ ou t_{n-k-1}.

Teste de *score*

O teste de *score* surgiu originalmente no âmbito do método MV, em que se designa também teste *dos multiplicadores de Lagrange* (teste *LM* – sec. 14.4). A ideia básica do teste de *score* pode expor-se do seguinte modo: se H_0 é verdadeira, as CPO associadas à estimação do modelo nr, quando avaliadas num estimador consistente para os parâmetros do modelo r (seja $\widetilde{\boldsymbol{\beta}}$), devem ser "aproximadamente" válidas. Por outras palavras, o vector das derivadas parciais da função objectivo (ou vector de *score*) deve ser aproximadamente nulo. Se tal é o caso (estatisticamente, isto é, dentro de limites razoáveis de variabilidade amostral), aceita-se H_0. Dado que apenas requer a estimação do modelo restrito, o teste de *score* goza de alguma popularidade, sobretudo em modelos não lineares, em que o modelo restrito pode ser bastante mais fácil de estimar do que o modelo não restrito.

O método OLS só coincide com o método MV se os erros do modelo são normais; mas, mesmo sem normalidade dos erros, pode-se utilizar de modo análogo a ideia do teste de *score* no âmbito dos modelos lineares e da estimação OLS. Neste caso, a função objectivo é a soma dos quadrados dos resíduos, SQR, e as correspondentes CPO são as equações do sistema (3.3),

$$\sum_{i=1}^{n} (y_i - \boldsymbol{x}_i \boldsymbol{b}) x_{ij} = 0, \quad j = 0, \dots, k$$

(em que $x_{i0} = 1$, se o modelo tem termo independente). De acordo com o princípio geral do teste, coloca-se a questão: substituindo $\boldsymbol{b}$ pelo estimador restrito, $\widetilde{\boldsymbol{\beta}}$, os somatórios nestas equações, $\sum_{i=1}^{n}(y_i - \boldsymbol{x}_i\widetilde{\boldsymbol{\beta}})x_{ij}$,

$j = 0, \ldots, k$, são suficientemente próximos de zero para que se possa aceitar H_0? Se a resposta é afirmativa, conclui-se que $\widetilde{\boldsymbol{\beta}}$ verifica estatisticamente estas equações ou seja, aceita-se H_0.

Substituindo $\boldsymbol{b}$ por $\widetilde{\boldsymbol{\beta}}$ nas equações (3.3), os somatórios podem-se escrever na forma matricial como $\boldsymbol{X}'(\boldsymbol{y} - \boldsymbol{X}\widetilde{\boldsymbol{\beta}}) = \boldsymbol{X}'\widetilde{\boldsymbol{u}}$, em que $\widetilde{\boldsymbol{u}}$ denota o vector dos resíduos da estimação OLS do modelo r. Neste sentido, o teste de *score* aplicado ao modelo linear estimado por OLS avalia a significância estatística do vector $\boldsymbol{X}'\widetilde{\boldsymbol{u}}$ ou seja, testa se as variáveis explicativas do modelo nr e o erro do modelo r são ortogonais.

Sob H_0, o vector de resíduos $\widetilde{\boldsymbol{u}}$ converge em probabilidade para o vector dos erros, $\boldsymbol{u}$. Donde, a matriz de covariâncias assintóticas do vector $\boldsymbol{X}'\widetilde{\boldsymbol{u}}$ é dada por $\sigma^2\boldsymbol{X}'\boldsymbol{X}$, que se pode estimar utilizando $\tilde{\sigma}^2\boldsymbol{X}'\boldsymbol{X}$, com

$$\tilde{\sigma}^2 = \widetilde{\boldsymbol{u}}'\widetilde{\boldsymbol{u}}/(n - k - 1 + j) = \mathrm{SQR}_r/(n - k - 1 + j)$$

(note-se que, sob as j restrições de H_0, o número de parâmetros livres do modelo r não é $k + 1$ mas $k + 1 - j$ - recorde-se o caso mais trivial de restrições de exclusão).

Sob H_0 e as hipóteses (*i*) - (*v*) pode-se obter uma estatística de teste - designada estatística LM - a partir de uma forma quadrática em $\boldsymbol{X}'\widetilde{\boldsymbol{u}}$, adoptando como matriz a inversa do estimador da sua matriz de covariâncias, $(\tilde{\sigma}^2\boldsymbol{X}'\boldsymbol{X})^{-\mathbf{1}}$.[9] Esta estatística é distribuída assintoticamente segundo uma função χ^2_j; dado que o teste tem validade assintótica, pode utilizar-se simplesmente n em vez de $n - k - 1 + j$, no estimador de σ^2. Donde,

$$LM = \widetilde{\boldsymbol{u}}'\boldsymbol{X}(\boldsymbol{X}'\boldsymbol{X})^{-\mathbf{1}}\boldsymbol{X}'\widetilde{\boldsymbol{u}}/(\widetilde{\boldsymbol{u}}'\widetilde{\boldsymbol{u}}/n) \mathrel{\dot{\sim}} \chi^2_j.$$

A partir desta expressão constata-se que a estatística LM se pode obter facilmente através de duas regressões OLS (ditas "artificiais"). A estatística é da forma nR^2, motivo pelo qual se designa por vezes "estatística nR^2".

---

(9) A notação "LM" segue a terminologia usual na literatura.

i. Estimação OLS do modelo restrito e obtenção dos respectivos resíduos, $\tilde{u}_i, i = 1, \dots, n$.

ii. Regressão OLS artificial dos resíduos $\tilde{u}_i$ sobre todos os regressores do modelo e cálculo da estatística $LM = nR_u^2$, em que $R_u^2 = \tilde{\boldsymbol{u}}'\boldsymbol{X}(\boldsymbol{X}'\boldsymbol{X})^{-1}\boldsymbol{X}'\tilde{\boldsymbol{u}}/\tilde{\boldsymbol{u}}'\tilde{\boldsymbol{u}}$ denota o coeficiente de determinação *não centrado* (sem considerar as diferenças das variáveis para as respectivas médias) desta regressão.

iii. Sob H_0, $nR_u^2 \overset{\cdot}{\sim} \chi_j^2$, em que j denota o número de restrições de H_0.

Se o modelo restrito tem termo independente, os resíduos da estimação OLS deste modelo têm média nula, $n^{-1}\sum_{i=1}^{n}\tilde{u}_i = 0$, pelo R_u^2 coincide com R^2 usual (reportado no *output* da regressão *ii.*). De contrário, se o modelo r não tem termo independente, deve-se calcular R_u^2 à parte, a fim de obter o valor da estatística LM.

Exemplo 5.2

É interessante notar a forma da estatística LM para o teste da significância global, $H_0\colon \beta_1 = \cdots = \beta_k = 0$ num modelo com termo independente ($\beta_0 \neq 0$). Neste caso a regressão *i.* é a regressão de y_i sobre uma constante, e os resíduos resultantes têm a forma $\tilde{u}_i = y_i - \bar{y}, i = 1, \dots, n$. Donde, o coeficiente R_u^2 em *ii.* coincide com R^2 da estimação do modelo inicial (nr). Em consequência, o teste de *score* de significância global pode-se calcular fazendo uso da estatística nR^2, assintoticamente distribuída, sob H_0, de acordo com a função χ_k^2.

A estatística LM pode ainda calcular-se através da fórmula

$$LM = (\mathrm{SQR}_r - \mathrm{SQR}_{nr})/(\mathrm{SQR}_r/n), \tag{5.2}$$

resultado que evidencia mais uma vez a relação entre os testes de *score*, F e de Wald. Com efeito,

$$W = jF = (\mathrm{SQR}_r - \mathrm{SQR}_{nr})/[\mathrm{SQR}_{nr}/(n-k-1)] =$$
$$LM\,(\mathrm{SQR}_r/n)/[\mathrm{SQR}_{nr}/(n-k-1)].$$

Sob H_0, SQR_r/n e $\mathrm{SQR}_{nr}/(n-k-1)$ convergem em probabilidade para σ^2 ou seja, W, jF e LM são assintoticamente equivalentes.

Intervalos de confiança

As hipóteses (*i*) - (*v*) permitem deduzir as distribuições assintóticas das variáveis F e t (bem como W e LM), que, por esta razão, constituem estatísticas de teste apropriadas para ensaiar as hipóteses paramétricas atrás descritas. Na mesma medida, estas variáveis proporcionam variáveis fulcrais adequadas à construção de IC's assintóticos a respeito dos parâmetros ou combinações lineares paramétricas de interesse.

Em particular, para construir IC's a respeito de um parâmetro ou de combinações lineares individuais, procede-se usualmente como sob o modelo CLM, utilizando a variável t e o IC expresso, respectivamente, em (4.11) ou (4.10). Deve ter-se em conta o facto de que a distribuição da variável fulcral não é exacta - de modo que o valor crítico utilizado, $c_{\alpha/2}$, é apenas aproximado. Naturalmente, dada a proximidade entre as distribuições normal e t de *Student*, (particularmente para n grande), o valor crítico pode obter-se a partir de qualquer destas distribuições.

5.6 Previsão

Quando não se impõe a normalidade dos erros do modelo mas as restantes hipóteses permanecem válidas, pode-se efectuar previsões em moldes praticamente idênticos ao realizado no contexto do modelo CLM (sec. 4.6). A diferença é que, sem normalidade, os resultados anteriores não são exactos em amostras finitas mas têm validade aproximada, tanto maior quanto maior a dimensão amostral.

Em concreto, a variável fulcral

$$[\hat{e}_0 - \mathrm{E}(\hat{e}_0)]/\mathrm{se}(\hat{e}_0) = \hat{e}_0/\mathrm{se}(\hat{e}_0)$$

segue aproximadamente uma distribuição $\mathcal{N}(0,1)$ (ou t_{n-k-1}). A partir deste resultado pode-se construir intervalos de previsão ou testar hipóteses a respeito do valor individual da variável dependente, y_0, ou do seu valor médio, η_0.

5.7 Demonstrações

Consistência do estimador OLS de $\boldsymbol{\beta}$

Regressão simples, $y = \beta_0 + \beta_1 x + u$ - consistência de $\hat{\beta}_1$.

$$\hat{\beta}_1 = \sum(x_i - \bar{x})y_i / \sum(x_i - \bar{x})^2 = \beta_1 + \sum(x_i - \bar{x})u_i / \sum(x_i - \bar{x})^2 =$$
$$\beta_1 + n^{-1}\sum(x_i - \bar{x})u_i / \left[n^{-1}\sum(x_i - \bar{x})^2\right];$$
$$\text{plim}_{n\to\infty}\left[n^{-1}\sum_{i=1}^{n}(x_i - \bar{x})u_i\right] = \text{E}\{[x - \text{E}(x)]u\} = \text{COV}(x, u) = 0,$$
$$\text{plim}_{n\to\infty}\left[n^{-1}\sum_{i=1}^{n}(x_i - \bar{x})^2\right] = E\{[x - E(x)]^2\} = V(x);$$

donde,

$$\text{plim}\hat{\beta}_1 = \text{plim}\left\{\beta_1 + n^{-1}\sum(x_i - \bar{x})u_i / \left[n^{-1}\sum(x_i - \bar{x})^2\right]\right\} =$$
$$\text{plim}\beta_1 + \text{plim}\left[n^{-1}\sum(x_i - \bar{x})u_i\right] / \text{plim}\left[n^{-1}\sum(x_i - \bar{x})^2\right] = \beta_1.$$

Regressão múltipla, $y = \boldsymbol{x\beta} + u$ - consistência de $\widehat{\boldsymbol{\beta}}$.

Escreva-se na forma $\widehat{\boldsymbol{\beta}}$

$$\widehat{\boldsymbol{\beta}} = \boldsymbol{\beta} + (\boldsymbol{X}'\boldsymbol{X})^{-1}\boldsymbol{X}'\boldsymbol{u} = \boldsymbol{\beta} + \left(\sum_{i=1}^{n}\boldsymbol{x}_i'\boldsymbol{x}_i\right)^{-1}\left(\sum_{i=1}^{n}\boldsymbol{x}_i'u_i\right) =$$
$$\boldsymbol{\beta} + \left(n^{-1}\sum_{i=1}^{n}\boldsymbol{x}_i'\boldsymbol{x}_i\right)^{-1}\left(n^{-1}\sum_{i=1}^{n}\boldsymbol{x}_i'u_i\right),$$

em que $\boldsymbol{x}_i$ denota a i-ésima observação de $\boldsymbol{x}$. Dado que $\text{E}(\boldsymbol{x}'u) = \boldsymbol{0}$,

$$\text{plim}\widehat{\boldsymbol{\beta}} = \text{plim}\boldsymbol{\beta} + \left[\text{plim}\left(n^{-1}\sum_{i=1}^{n}\boldsymbol{x}_i'\boldsymbol{x}_i\right)\right]^{-1}\text{plim}\left(n^{-1}\sum_{i=1}^{n}\boldsymbol{x}_i'u_i\right) =$$
$$\boldsymbol{\beta} + [\text{E}(\boldsymbol{x}'\boldsymbol{x})]^{-1}\text{E}(\boldsymbol{x}'u) = \boldsymbol{\beta}. \qquad \#$$

Distribuições assintóticas das estatísticas de teste

Omite-se a dedução das distribuições assintóticas das estatísticas de teste aqui referidas - F, t, W e LM. No essencial, a dedução envolve as hipóteses do modelo e condições, ditas "de regularidade", acerca das suas variáveis - as quais permitem a aplicação de LLN's e TLC's às fórmulas do estimador OLS e das estatísticas de teste. Pode-se consultar estas demonstrações, por exemplo, em Greene (2012, cap. 5).

Estatística LM como função de SQR_r e SQR_{nr} - expressão (5.2)
Pode-se obter (5.2) considerando o cálculo da estatística LM a partir de regressões artificiais (v. sec. 5.5, teste de *score*). Sejam $\widetilde{\boldsymbol{u}}$ e $\widehat{\boldsymbol{u}}$ os vectores de resíduos dos modelos r e nr, respectivamente. Tem-se $\text{SQR}_r = \widetilde{\boldsymbol{u}}'\widetilde{\boldsymbol{u}}$ e $\text{SQR}_{nr} = \widehat{\boldsymbol{u}}'\widehat{\boldsymbol{u}}$. Seja $\widehat{\widetilde{\boldsymbol{u}}}$ o vector que estima $\widetilde{\boldsymbol{u}}$ na regressão mencionada no passo *ii*.. A estatística LM pode escrever-se como $nR_{\tilde{u}}^2 = n(\widehat{\widetilde{\boldsymbol{u}}}'\widehat{\widetilde{\boldsymbol{u}}})/\text{SQR}_r$. Ora, $\widehat{\widetilde{\boldsymbol{u}}} = \boldsymbol{X}(\boldsymbol{X}'\boldsymbol{X})^{-1}\boldsymbol{X}'\widetilde{\boldsymbol{u}}$, pelo que

$$\widehat{\widetilde{\boldsymbol{u}}}'\widehat{\widetilde{\boldsymbol{u}}} = \widetilde{\boldsymbol{u}}'\boldsymbol{X}(\boldsymbol{X}'\boldsymbol{X})^{-1}\boldsymbol{X}'\boldsymbol{X}(\boldsymbol{X}'\boldsymbol{X})^{-1}\boldsymbol{X}'\widetilde{\boldsymbol{u}} = \widetilde{\boldsymbol{u}}'\widetilde{\boldsymbol{u}} - \widetilde{\boldsymbol{u}}'\boldsymbol{M}_X\widetilde{\boldsymbol{u}},$$

em que $\boldsymbol{M}_X = \boldsymbol{I}_n - \boldsymbol{X}(\boldsymbol{X}'\boldsymbol{X})^{-1}\boldsymbol{X}'$. Sejam $\widehat{\boldsymbol{\beta}}$ e $\widetilde{\boldsymbol{\beta}}$ os estimadores dos parâmetros do modelo nr e do modelo r, respectivamente. Tem-se

$$\widehat{\boldsymbol{u}} = \boldsymbol{y} - \boldsymbol{X}\widehat{\boldsymbol{\beta}}, \qquad \widetilde{\boldsymbol{u}} = \boldsymbol{y} - \boldsymbol{X}\widetilde{\boldsymbol{\beta}} = \boldsymbol{X}(\widehat{\boldsymbol{\beta}} - \widetilde{\boldsymbol{\beta}}) + \widehat{\boldsymbol{u}},$$

donde,

$$\boldsymbol{M}_X\widetilde{\boldsymbol{u}} = \boldsymbol{M}_X[\boldsymbol{X}(\widehat{\boldsymbol{\beta}} - \widetilde{\boldsymbol{\beta}}) + \widehat{\boldsymbol{u}}] = \boldsymbol{M}_X\widehat{\boldsymbol{u}} = \widehat{\boldsymbol{u}} - \boldsymbol{X}(\boldsymbol{X}'\boldsymbol{X})^{-1}\boldsymbol{X}'\widehat{\boldsymbol{u}} = \widehat{\boldsymbol{u}},$$

porque $\boldsymbol{M}_X\boldsymbol{X} = \boldsymbol{0}$ (segunda igualdade) e $\boldsymbol{X}'\widehat{\boldsymbol{u}} = \boldsymbol{0}$ (última igualdade, pelas CPO OLS). Donde, dado que $\boldsymbol{M}_X$ é simétrica idempotente, $\widetilde{\boldsymbol{u}}'\boldsymbol{M}_X\widetilde{\boldsymbol{u}} = (\boldsymbol{M}_X\widetilde{\boldsymbol{u}})'\boldsymbol{M}_X\widetilde{\boldsymbol{u}} = \widehat{\boldsymbol{u}}'\widehat{\boldsymbol{u}}$ e finalmente,

$$\widehat{\widetilde{\boldsymbol{u}}}'\widehat{\widetilde{\boldsymbol{u}}} = \widetilde{\boldsymbol{u}}'\widetilde{\boldsymbol{u}} - \widehat{\boldsymbol{u}}'\widehat{\boldsymbol{u}} = \text{SQR}_r - \text{SQR}_{nr} \qquad \#$$

Exercícios

5.1 Seja o modelo de regressão simples, $y = \beta_0 + \beta_1 x + u$, em que $\text{E}(u) = \text{E}(xu) = 0$ e x e y têm variâncias finitas, não nulas. Estima-se os parâmetros do modelo partir de uma amostra casual da população (x, y); mostre que $\hat{\beta}_0$ é consistente para β_0.

5.2 Mostre que $\text{plim}\,\widehat{\boldsymbol{\beta}}$ depende de $\text{plim}\,\boldsymbol{X}'\boldsymbol{X}/n$ e $\text{plim}\,\boldsymbol{X}'\boldsymbol{u}/n$. De forma intuitiva, formule condições a respeito destes limites em probabilidade, que assegurem que $\text{plim}\,\widehat{\boldsymbol{\beta}} = \boldsymbol{\beta}$.

5.3 Considere o modelo de Gauss-Markov, $y = \beta_0 + \beta_1 x_1 + \beta_2 x_2 + u$, em que y denota o rendimento mensal de uma pessoa, x_1 é o seu grau de escolaridade e x_2 denota um indicador da aptidão intelectual. Se $\mathrm{COV}(x_1, x_2) > 0$, qual o sinal da inconsistência do estimador de β_1 a partir da regressão simples de y sobre x_1?

5.4 Considere o modelo $y = \boldsymbol{x_1\beta_1} + \boldsymbol{x_2\beta_2} + u$, $\mathrm{E}(\boldsymbol{x}u) = \boldsymbol{0}$. Suponha que se estima $\boldsymbol{\beta_1}$ a partir da regressão de y sobre $\boldsymbol{x_1}$ (omitindo $\boldsymbol{x_2}$), obtendo-se o estimador $\tilde{\boldsymbol{\beta}}_1$.

a) Determine plim $\tilde{\boldsymbol{\beta}}_1$.

b) Sob que condições é $\tilde{\boldsymbol{\beta}}_1$ consistente?

5.5 Considere o modelo de regressão simples sem termo independente, $y = \beta x + u$, $\mathrm{E}(u|x) = 0$. Verifique se cada um dos estimadores seguintes, calculados a partir de uma amostra casual de (x, y), é consistente para β.

$$\hat{\boldsymbol{\beta}} = \sum_{i=1}^{n} x_i y_i \Big/ \sum_{i=1}^{n} x_i^2, \qquad \tilde{\boldsymbol{\beta}} = \left(\sum_{i=1}^{n} y_i \Big/ \sum_{i=1}^{n} x_i \right).$$

5.6 Determine a distribuição assintótica de $\sqrt{n}(\hat{\sigma}^2 - \sigma^2)$, sabendo que $\mathrm{SQR}/\sigma^2 \stackrel{a}{\sim} \chi^2_n$. [Nota: se $x \sim \chi^2_n$, então $\mathrm{E}(x) = n$ e $\mathrm{V}(x) = 2n$.]

5.7 Estima-se por OLS o modelo referido no exercício 3.12, após correcção. Obtém-se

$$\widehat{abs} = \underset{(4{,}44)}{-24{,}8} + \underset{(0{,}35)}{1{,}2}\log(pop) + \underset{(0{,}02)}{0{,}11}marg + \underset{(0{,}06)}{0{,}19}sprim + \underset{(0{,}03)}{0{,}21}sterc,$$

$$n = 275, \qquad \hat{\sigma}^2 = 30{,}08, \qquad \mathrm{SQT} = 15706{,}80.$$

a) Pode-se admitir que o erro do modelo é normal? Justifique.

b) Teste a significância global dos regressores.

c) Sabendo que $\widehat{\mathrm{COV}}(\hat{\beta}_{sprim}, \hat{\beta}_{sterc}) = 0{,}000416$, teste a hipótese de que os efeitos marginais da percentagem da população nos sectores primário e terciário sobre a abstenção são idênticos.

5.8 Utilizando dados de 2008 para 170 países, estimou-se a equação seguinte, em que a variável dependente, nat, representa a taxa de natalidade (em permilagem) como função do PIB *per capita* (em milhares de dólares), PIB, da percentagem de população urbana, urb e da percentagem de população com mais de 60 anos (0– 100), $pop60$.

$$\widehat{nat} = \underset{(1{,}38)}{39{,}8} - \underset{(0{,}13)}{0{,}35}PIB + \underset{(0{,}002)}{0{,}004}PIB^2 - \underset{(0{,}03)}{0{,}09}urb - \underset{(0{,}10)}{0{,}85}pop60,$$

$$n = 170, \qquad R^2 = 0{,}69.$$

a) Que argumentos podem justificar a introdução de PIB^2 na equação? Interprete e comente o efeito do PIB na taxa de natalidade.

b) Calcule um IC a 95% para o coeficiente de $pop60$. Pode-se admitir que o efeito de $pop60$ sobre taxa de natalidade é igual a -1?

c) Retirando PIB e PIB^2 do modelo, obtém-se

$$\widehat{nat} = \underset{(1{,}25)}{41{,}3} - \underset{(0{,}024)}{0{,}13}\,urb - \underset{(0{,}08)}{1{,}01}pop60, \quad n = 170, \quad R^2 = 0{,}67.$$

A variável PIB é relevante no modelo? Considere um nível de 5%.

d) Pode-se afirmar que os procedimentos das alíneas anteriores são exactos? Justifique.

6 Análise de regressão com variáveis *dummy*

6.1 Introdução

Com frequência, as variáveis (explicativas e/ou dependente) dos modelos de regressão são variáveis binárias, cujo valor exprime a presença de uma característica ou o seu oposto. O presente capítulo expõe vários modelos com variáveis explicativas binárias (reserva-se o capítulo 15 para modelos de escolha discreta binomial, nos quais a variável binária é a variável dependente).

A utilização de variáveis explicativas binárias não traz, para além da interpretação dos respectivos coeficientes, nada de substancialmente novo no que toca à estimação do modelo e realização de inferência estatística. A secção 6.2 introduz o tema através de vários exemplos de modelos, sublinhando os aspectos de interpretação dos coeficientes das variáveis binárias e dos seus termos de interacção com outras variáveis. Na secção 6.3 expõe-se um teste usual de estabilidade dos parâmetros de regressão - no essencial um teste F, que se pode também realizar na forma equivalente do chamado teste de Chow.

6.2 Variáveis *dummy* – definição e exemplos de modelos

Uma variável *dummy*, variável *binária* ou variável *categorial* é uma variável discreta, cujo suporte contém apenas dois valores. Vulgarmente, por comodidade, escolhe-se os valores 0 e 1.

Exemplo 6.1

Variável *dummy* indicativa do sexo da pessoa ($= 1$ se o indivíduo é do sexo masculino, 0, caso contrário); *dummy* indicativa da região de residência ($= 1$ se residência no sul, 0, caso contrário); etc..

Modelo com uma variável *dummy*

Seja um modelo com um regressor usual, x, e uma variável *dummy*, d,

$$y = \beta_0 + \delta_0 d + \beta_1 x + u, \qquad \mathrm{E}(u|x, d) = 0.$$

Pode interpretar-se δ_0 como a variação no termo independente da regressão (fig. 6.1): se $d = 0, y = \beta_0 + \beta_1 x + u$. Se $d = 1, y = (\beta_0 + \delta_0) + \beta_1 x + u$. Neste modelo, $\delta_0 = \mathrm{E}(y|x, d = 1) - \mathrm{E}(y|x, d = 0)$ representa a diferença do valor médio de y, dado x, dos indivíduos com $d = 0$, para os indivíduos com $d = 1$. O grupo de indivíduos para os quais $d = 0$ designa-se *grupo base* ou *categoria omitida*.

Variáveis *dummy* para múltiplas categorias

Pode utilizar-se variáveis *dummy* para controlar uma característica com mais do que duas categorias. Qualquer variável categorial (por exemplo, o nível de escolaridade) se pode converter num conjunto de *dummies*. Se há muitas categorias, pode fazer sentido agrupar algumas delas.

Figura 6.1

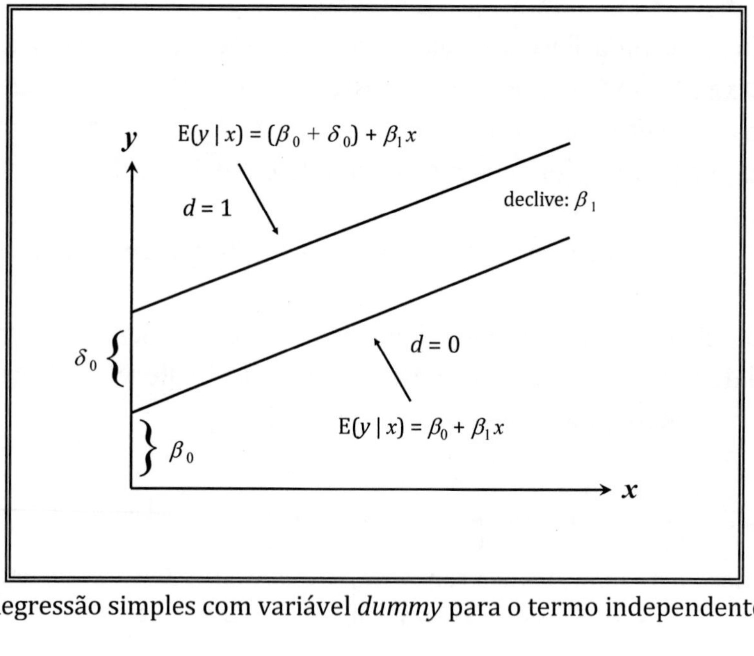

Regressão simples com variável *dummy* para o termo independente

Exemplo 6.2

Admita-se que se observa se um indivíduo abandonou os estudos, se só tem a escolaridade secundária, ou se tem formação superior. Para controlar os três casos inclui-se duas *dummies* no modelo; por exemplo: $sec = 1$, se a pessoa só tem formação secundária, 0, caso contrário; $sup = 1$, se a pessoa tem formação superior, 0, c.c.. O grupo base é o das pessoas sem formação secundária nem superior: $sec = sup = 0$.

O grupo base é representado pelo termo independente logo, se há c categorias, deve-se incluir $c - 1$ variáveis binárias no modelo. Se se incluísse c *dummies*, mantendo o termo independente, ocorreria multicolinearidade, com as colunas de $\boldsymbol{X}$ linearmente dependentes.

Exemplo 6.3

Modelo com uma variável contínua (x), e variáveis binárias relativas à região de residência (três regiões, norte, centro ou sul: $c = 3$). *Dummies*: $norte = 1(0)$, se a pessoa (não) reside na região norte; $centro = 1(0)$, se a pessoa (não) reside na região centro; $sul = 1(0)$, se a pessoa (não) reside na região sul. A matriz dos regressores é do tipo

$$\boldsymbol{X} = \begin{bmatrix} 1 & 0 & 0 & 1 & x_1 \\ 1 & 1 & 0 & 0 & x_2 \\ 1 & 0 & 0 & 1 & x_3 \\ 1 & 0 & 1 & 0 & x_4 \\ \vdots & \vdots & \vdots & \vdots & \vdots \\ 1 & 1 & 0 & 0 & x_n \end{bmatrix},$$

em que a primeira coluna se refere ao termo independente e as três seguintes às *dummies*. As quatro primeiras colunas são linearmente dependentes: $\text{car}(\boldsymbol{X}) < 5$ (multicolinearidade; logo a matriz $\boldsymbol{X}'\boldsymbol{X}$ não é invertível. O modelo com as três *dummies* está mal formulado, logo, deve retirar-se uma das *dummies* (cuja categoria passa a ser a categoria omitida); em alternativa (menos utilizada), pode retirar-se do modelo o termo independente.

Termos de interacção

Considerar termos de interacção entre variáveis categoriais corresponde a subdividir as categorias. O exemplo 6.4 ilustra uma situação deste tipo. O modelo também pode incluir termos de interacção de variáveis *dummy* com outras variáveis (v. exemplo 6.5 e fig. 6.2).

Exemplo 6.4

Modelo com uma variável contínua (x) e as *dummies* $masc = 1(0)$, se o indivíduo é homem (mulher); $sec = 1$, se o indivíduo só completou os estudos secundários (0, caso contrário); $sup = 1$, se o indivíduo completou os estudos superiores (0, caso contrário).

Inclui-se os termos $(masc \times sec)$ e $(masc \times sup)$, num total de cinco variáveis *dummy* ($\Leftarrow$ seis categorias). O grupo base é o das mulheres sem estudos: $masc = sec = sup = 0$.

Pessoas para quem apenas $sec = 1$: mulheres com formação secundária; pessoas com apenas $sup = 1$: mulheres com formação superior.

Os termos de interacção reflectem o ser homem com ensino secundário, ou homem com formação superior. O modelo pode escrever-se

$$y = \beta_0 + \delta_1 masc + \delta_2 sec + \delta_3 sup + \delta_4(masc \times sec) + \delta_5(masc \times sup) + \beta_1 x + u.$$

Por exemplo, se

$masc = sec = sup = 0 \Rightarrow y = \beta_0 + \beta_1 x + u;$

$masc = sup = 0, sec = 1 \Rightarrow y = \beta_0 + \delta_2 + \beta_1 x + u;$

$masc = sup = 1, sec = 0 \Rightarrow y = \beta_0 + \delta_1 + \delta_3 + \delta_5 + \beta_1 x + u.$

Figura 6.2

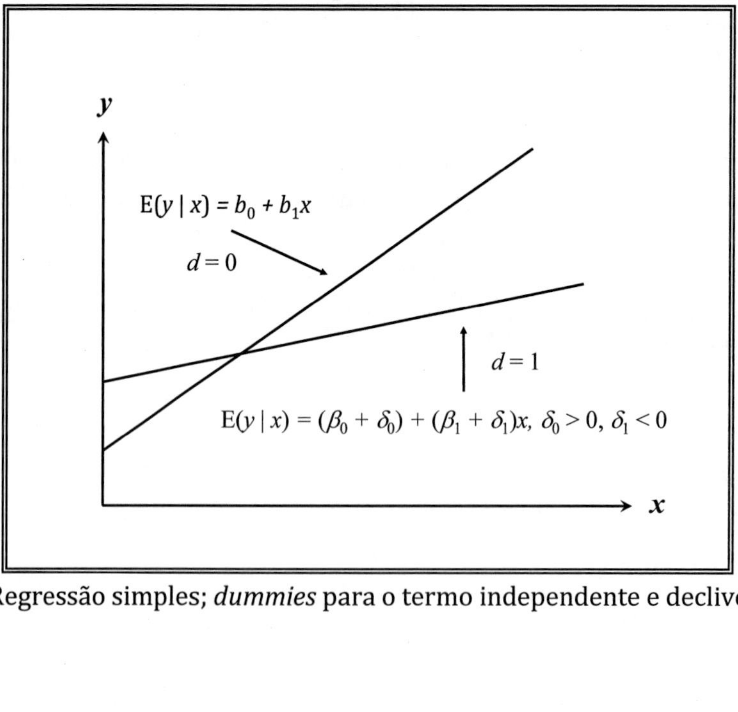

Regressão simples; *dummies* para o termo independente e declive

Exemplo 6.5

Sejam d e x, respectivamente, a variável *dummy* e uma variável explicativa usual; considere-se o modelo $y = \beta_0 + \delta_0 d + \beta_1 x + \delta_1(d \times x) + u$. Se $d = 0 \Rightarrow y = \beta_0 + \beta_1 x + u$. Se $d = 1 \Rightarrow y = (\beta_0 + \delta_0) + (\beta_1 + \delta_1)x + u$. Verifica-se, não só alteração do termo independente mas também alteração do declive.

6.3 Teste de estabilidade dos parâmetros. Teste de Chow.

Considere-se dois grupos de indivíduos (por exemplo, mulheres e homens); pode-se pretender testar se a função de regressão difere significativamente de um grupo para outro. Tal teste pode encarar-se como um teste da significância conjunta da *dummy* e das suas interacções com todas as variáveis não *dummy*. Nesta medida, pode estimar-se sucessivamente o modelo com *dummies*,

$$y = \beta_0 + \delta_0 d + \beta_1 x_1 + \delta_1(d \times x_1) + \cdots + \beta_k x_k + \delta_k(d \times x_k) + u.$$

e o modelo sem *dummies* e termos de interacção (com os coeficientes $\delta_0, \delta_1, \dots, \delta_k$ nulos) e, de seguida, calcular a estatística F,

$$F = [(\text{SQR}_r - \text{SQR}_{nr})/(k+1)]/\{\text{SQR}_{nr}/[n - 2(k+1)]\} \sim F_{k+1, n-2(k+1)}. \quad (6.1)$$

Note-se que há $k + 1$ restrições (cada um dos declives e o termo independente). O modelo não restrito (nr) tem dois termos independentes e dois declives diferentes para cada regressor; de modo que o número de g.l. associado ao modelo nr é $n - 2k - 2 = n - 2(k + 1)$.

Em todo o caso, se o modelo contém muitos termos de interacção, o procedimento anterior pode-se tornar pouco prático. Sucede que se pode calcular a estatística F sem estimar o modelo não restrito (isto é, o modelo com *dummies*). O procedimento denomina-se *teste de Chow* e realiza-se do modo descrito em seguida. Dado que a estatística de teste é uma estatística F, o teste supõe homoscedasticidade – o que significa que, sob H_0, a variância do erro para os dois grupos em consideração deve ser idêntica. Como qualquer teste F, pode-se tornar o teste robusto a heteroscedasticidade. Também se pode prescindir do pressuposto de normalidade, caso em que o teste tem validade assintótica.

i. Estima-se o modelo sem *dummies* para o grupo 1, obtendo-se a respectiva soma dos quadrados dos resíduos, SQR_1.

ii. Estima-se o mesmo modelo para o grupo 2 e obtém-se SQR_2.

iii. Estima-se o mesmo modelo com todas as observações, calculando-se SQR.

iv. A estatística F vem dada por

$$F = \frac{[\mathrm{SQR} - (\mathrm{SQR}_1 + \mathrm{SQR}_2)]/(k+1)}{(\mathrm{SQR}_1 + \mathrm{SQR}_2)/[n - 2(k+1)]} \tag{6.2}$$

v. Sob a hipótese de igualdade dos parâmetros para os dois grupos,

$$F \sim F_{k+1,n-2(k+1)}.$$

vi. Pode suceder que a dimensão de uma sub-amostra não permita a estimação do modelo para o respectivo grupo. Seja $n = n_1 + n_2$, em que n_j designa a dimensão do grupo j, $j = 1,2$; suponha-se, sem perda de generalidade, que $n_2 < k + 1$ ou seja, a dimensão do grupo 2 não permite estimar o modelo referido em *ii.* Neste caso, a estatística F e a sua distribuição sob H_0 vêm dadas por

$$F = [(\mathrm{SQR} - \mathrm{SQR}_1)/n_2]/\{\mathrm{SQR}_1/[n_1 - (k+1)]\} \sim F_{n_2,n_1-(k+1)}.$$

6.4 Demonstrações

Teste de Chow

Em (6.1), SQR_r é idêntico a SQR em (6.2). Donde, para mostrar a igualdade das duas estatísticas, deve verificar-se $\mathrm{SQR}_{nr} = \mathrm{SQR}_1 + \mathrm{SQR}_2$. Considere-se dois blocos nos vectores das observações da variável dependente e do erro, de acordo com os dois grupos,

$$\boldsymbol{y} = \begin{bmatrix} \boldsymbol{y}_1 \\ \boldsymbol{y}_2 \end{bmatrix}, \qquad \boldsymbol{u} = \begin{bmatrix} \boldsymbol{u}_1 \\ \boldsymbol{u}_2 \end{bmatrix},$$

e tome-se a matriz por blocos,

$$\boldsymbol{X}^* = \begin{bmatrix} \boldsymbol{X}_1 & \boldsymbol{0} \\ \boldsymbol{X}_2 & \boldsymbol{X}_2 \end{bmatrix}, \qquad \boldsymbol{\gamma} = \begin{bmatrix} \boldsymbol{\beta} \\ \boldsymbol{\delta} \end{bmatrix},$$

em que $\boldsymbol{X}_j$ denota a matriz de dimensão $n_j \times (k+1)$ das observações das variáveis explicativas para o grupo j, $j = 1,2$, e $\boldsymbol{\delta}$ denota o vector coluna de dimensão $k+1$, de coeficientes das *dummies*. A matriz $\boldsymbol{X}^*$ tem

dimensão $n \times [2(k+1)]$ e $\boldsymbol{\gamma}$ $[2(k+1)] \times 1$.
Assim, o modelo sem restrições (com *dummies*) pode-se escrever

$$\boldsymbol{y} = \boldsymbol{X}^{*}\boldsymbol{\gamma} + \boldsymbol{u} \Leftrightarrow \begin{bmatrix} \boldsymbol{y}_1 \\ \boldsymbol{y}_2 \end{bmatrix} = \begin{bmatrix} \boldsymbol{X}_1\boldsymbol{\beta} \\ \boldsymbol{X}_2\boldsymbol{\eta} \end{bmatrix} + \begin{bmatrix} \boldsymbol{u}_1 \\ \boldsymbol{u}_2 \end{bmatrix},$$

em que $\boldsymbol{\eta} = \boldsymbol{\beta} + \boldsymbol{\delta}$. A soma dos quadrados dos resíduos OLS deste modelo vem

$$\text{SQR}_{nr} = [(\boldsymbol{y}_1 - \boldsymbol{X}_1\boldsymbol{\beta})' \quad (\boldsymbol{y}_2 - \boldsymbol{X}_2\boldsymbol{\eta})'] \begin{bmatrix} \boldsymbol{y}_1 - \boldsymbol{X}_1\boldsymbol{\beta} \\ \boldsymbol{y}_2 - \boldsymbol{X}_2\boldsymbol{\eta} \end{bmatrix} =$$

$$(\boldsymbol{y}_1 - \boldsymbol{X}_1\boldsymbol{\beta})'(\boldsymbol{y}_1 - \boldsymbol{X}_1\boldsymbol{\beta}) + (\boldsymbol{y}_2 - \boldsymbol{X}_2\boldsymbol{\eta})'(\boldsymbol{y}_2 - \boldsymbol{X}_2\boldsymbol{\eta}).$$

Para minimizar esta expressão em ordem a $\boldsymbol{\beta}$ e $\boldsymbol{\eta}$ basta minimizar cada parcela separadamente em ordem ao vector de parâmetros de cada uma (porque cada parcela só envolve um dos dois parâmetros). A minimização da primeira parcela (estimação OLS do modelo para o grupo 1) produz SQR_1; da minimização da segunda parcela (estimação OLS do modelo para o grupo 2) obtém-se SQR_2. Deste modo,

$$\text{SQR}_{nr} = \text{SQR}_1 + \text{SQR}_2.$$

Se ocorre o caso referido em *vi.*, se $n_2 < k + 1$, não se pode estimar a regressão para o segundo grupo; se se corresse esta regressão, obter-se-ia $\text{SQR}_2 = 0$, pelo que $\text{SQR}_1 + \text{SQR}_2 = \text{SQR}_1$. Logo, na estatística do teste de Chow, (6.2), $\text{SQR} - (\text{SQR}_1 + \text{SQR}_2)$ deve substituir-se por $\text{SQR} - \text{SQR}_1$ e $\text{SQR}_1 + \text{SQR}_2$ por SQR_1, como referido em *vi.*. Para o denominador, o número de g.l. é $n_1 - (k+1)$, porque SQR_1 é a soma dos quadrados dos resíduos de uma regressão com n_1 observações e $k+1$ parâmetros. No numerador, SQR tem $n - (k+1)$ g.l. e SQR_1 $n_1 - (k+1)$ g.l.; a diferença é $n - (k+1) - [n_1 - (k+1)] = n_2$. #

Exercícios

6.1 No modelo $y = \beta_0 + \beta_1 d + u$, $d = 1$, se o indivíduo pertence ao grupo 1 (0, caso contrário). O grupo base é o grupo 0. Mostre que os estimadores OLS dos parâmetros do modelo são dados, respectivamente, por

$$\hat{\beta}_0 = \bar{y}_0, \quad \hat{\beta}_1 = \bar{y}_1 - \bar{y}_0,$$

em que $\bar{y}_j$ denota a média de y na sub-amostra dos indivíduos pertencentes ao grupo $j, j = 0,1$.

6.2 Considere o modelo $y = \beta_0 + \beta_1 x + \delta d + u$, em que $\mathrm{E}(u|x,d) = 0$ e d denota uma variável binária, com $\mathrm{E}(d|x) = \mathrm{E}(d) = \theta, 0 < \theta < 1$.

a) Seja $\tilde{\beta}_0$ o estimador OLS de β_0 a partir da regressão simples (sem a variável d); mostre que $\mathrm{E}(\tilde{\beta}_0) = \beta_0 + \delta\theta$. [Sugestão: utilize a L.E.I. para obter $\mathrm{E}(y|x)$.]

b) Sejam, respectivamente, $\hat{\beta}_1$ e $\tilde{\beta}_1$ os estimadores OLS de β_1 a partir da regressão dada, e a partir da regressão simples (sem a variável d). Mostre que $\mathrm{E}(\hat{\beta}_1) = \beta_1 = \mathrm{E}(\tilde{\beta}_1)$.

6.3 Considere o modelo $y = \beta_0 + \beta_1 x + \delta d + u$, em que d denota uma variável *dummy*. A amostra, de dimensão n, contém n_0 observações para indivíduos do grupo 0 e n_1 observações para indivíduos do grupo 1 $(n_0 + n_1 = n)$. Mostre que

$$\mathrm{V}(\hat{\beta}_1|x,d) = \sigma^2 / \left[\sum_{i=1}^{n} (x_i - \bar{x})^2 - n_0 n_1 (\bar{x}_1 - \bar{x}_0)^2 / n\right],$$

em que $\sigma^2 = \mathrm{V}(u|x,d)$ e $\bar{x}_j$ denota a média observada de x para o grupo $j, j = 0,1$. [Atenda à expressão (3.7) e ao exercício 6.1.]

6.4 Utilizando dados de 2007 para 30 países europeus, estimou-se a equação

$$\widehat{\log(pol)} = \underset{(2{,}33)}{-0{,}11} + \underset{(0{,}058)}{0{,}83} \log(pop) - \underset{(0{,}20)}{0{,}38} \log(PIB) + \underset{(0{,}19)}{0{,}20} sul,$$
$$n = 30, \qquad R^2 = 0{,}9.$$

em que pol é a emissão anual de poluentes acidificantes (em toneladas), pop a população residente, PIB o produto interno bruto *per capita* e sul uma *dummy* igual a 1(0) se o país (não) é do sul.

a) *Ceteris paribus*, há evidência de que os países do sul poluem mais?

b) Pode-se incluir simultaneamente as variáveis sul e $nsul(= 1 - sul)$ no modelo? Justifique.

6.5 A equação seguinte, obtida por OLS com uma amostra relativa a 13379 trabalhadores, visa avaliar o impacto da utilização do computador sobre o salário (erros-padrão entre parêntesis):

$$\widehat{\log(y)} = \hat{\beta}_0 + \underset{(0{,}009)}{0{,}177}d_1 + \underset{(0{,}019)}{0{,}070}d_2 + \underset{(0{,}023)}{0{,}017}(d_1 d_2) + etc.$$

Nesta equação, y representa o salário, $d_1 = 1$, se a pessoa usa computador no local de trabalho (0, caso contrário) e $d_2 = 1$, se usa computador em casa (0, caso contrário). O termo "*etc*" representa outras variáveis explicativas, como nível de escolaridade, experiência profissional, etc..

***a*)** Qual é, neste contexto, o grupo base?

***b*)** Qual é, *ceteris paribus*, a estimativa da diferença percentual aproximada entre o salário de uma pessoa que utiliza o computador só no local de trabalho, face a uma pessoa que não usa computador? Esta estimativa é significativa?

***c*)** Estime a diferença percentual aproximada entre o salário de uma pessoa que usa computador no local de trabalho e em casa e o salário de uma pessoa que não utiliza computador, *ceteris paribus*.

***d*)** Estime a diferença percentual aproximada entre o salário de uma pessoa que utiliza o computador só no local de trabalho e o salário de uma pessoa que usa computador só em casa.

6.6 Para estudar a realidade do turismo em Portugal analisa-se os factores explicativos do número de camas disponíveis, utilizando-se dados referentes às 28 regiões NUTS III de Portugal continental, em 2002. Por OLS estimou-se a regressão (erros-padrão entre parêntesis)

$$\widehat{\log y} = \underset{(3{,}065)}{1{,}652} + \underset{(0{,}327)}{0{,}584}\log x_1 + \underset{(0{,}013)}{0{,}024}\, x_2 - \underset{(2.572)}{3{,}277}\, d_1 - \underset{(0{,}350)}{0{,}325}\, d_2,$$

$$n = 28, \qquad R^2 = 0{,}639,$$

em que (por NUTS III): y – número de camas; x_1 – despesas das câmaras municipais em actividades culturais (milhares de euros); x_2 – número de espaços culturais; $d_1 = 1$, se a capital se situa na NUTS III (0, caso contrário); $d_2 = 1$, se a NUTS III se situa no interior (0, se no litoral).

***a*)** Teste a hipótese de que o número médio de camas aumenta 0,5% em resposta a um acréscimo relativo de 1% nos gastos culturais das câmaras, *ceteris paribus*.

b) Teste a hipótese de que o modelo é idêntico para NUTS III do interior e do litoral.

c) Estime a diferença percentual exacta entre o número de camas para NUTS III do interior e do litoral. Compare o valor agora obtido com o coeficiente estimado no modelo.

6.7 Utilizando dados de 2008 para 170 países, estimou-se a equação seguinte, em que a variável dependente, nat, representa a taxa de natalidade (em permilagem) como função do PIB *per capita* (em milhares de dólares), PIB, da percentagem de população urbana, urb, da percentagem de população com mais de 60 anos (0– 100), $pop60$, e em que *América, Ásia, Europa* e *Oceânia* são variáveis binárias identificando os continentes; a área geográfica omitida é *África*.

$$\widehat{nat} = \underset{(1,3)}{42,6} - \underset{(0,04)}{0,1}\, PIB - \underset{(0,03)}{0,12}urb - \underset{(0,13)}{0,57}pop60 -$$

$$\underset{(1,33)}{7,22}América - \underset{(1,33)}{9,35}Ásia - \underset{(2,06)}{8,33}Europa - \underset{(2,02)}{7,32}Oceânia$$

$$n = 170 \qquad R^2 = 0,77$$

a) Interprete o coeficiente estimado para o continente Europeu. O coeficiente é estatisticamente significativo a 1%?

b) Tudo o resto constante, qual a diferença estimada na taxa de natalidade entre países do continente Asiático e Americano? Como testaria a significância estatística dessa diferença?

6.8 Considere o modelo linear, de explicação do consumo mensal de leite (cl: consumo em litros),

$$cl_i = \beta_0 + \delta_0 h_i + \beta_1 pr_i + \delta_1 h_i pr_i + \beta_2 id_i + \delta_2 h_i id_i + u_i,$$

em que $\boldsymbol{x}$ designa o vector dos regressores, e o significado das variáveis é o seguinte: $h = 1(0)$, se o indivíduo é do sexo masculino (feminino), pr – preço por litro de leite, id – idade. Dada uma amostra relativa a 128 indivíduos, estimou-se a regressão OLS

$$\widehat{cl}_i = \underset{(0,891)}{1,211} - \underset{(0,211)}{0,571}h_i - \underset{(0,035)}{0,105}pr_i + \underset{(0,019)}{0,025}h_i pr_i -$$

$$\underset{(0{,}097)}{0{,}205}id_i - \underset{(0{,}056)}{0{,}099}h_i id_i, \qquad R^2 = 0{,}375.$$

a) Interprete as estimativas dos coeficientes das variáveis explicativas.

b) Teste a hipótese de que as regressões para homens e para mulheres são iguais. Somas dos quadrados dos resíduos: SQR = 850,45 (amostra total), $\text{SQR}_h = 196{,}13$ (homens), $\text{SQR}_m =$ 587,55 (mulheres).

6.9 Utilizando dados para as 30 NUTS III de Portugal, estima-se por OLS uma equação que procura explicar o número de processos penais entrados nos tribunais em 2002 (*proc*), em que *pop* representa a população residente, *des* a taxa de desemprego, e *d* é uma *dummy* igual a 1(0) se a NUTS III pertence ao interior (litoral) do país.

$$\log(\widehat{proc}) = \underset{(1{,}05)}{-6{,}90} + \underset{(1{,}28)}{1{,}10}d + \underset{(0{,}08)}{1{,}17}\log(pop) - \underset{(0{,}10)}{0{,}09}\log(pop)\cdot d +$$
$$\underset{(0{,}03)}{0{,}05}des - \underset{(0{,}04)}{0{,}03}des\cdot d, \qquad n = 30, \; R^2 = 0{,}968.$$

Estimou-se o modelo alternativo,

$$\log(\widehat{proc}) = \underset{(0{,}63)}{-6{,}80} + \underset{(0{,}05)}{1{,}16}\log(pop) + \underset{(0{,}02)}{0{,}02}des,$$
$$n = 30, \qquad R^2 = 0{,}957.$$

Teste a hipótese de que a regressão é idêntica para as regiões do litoral e do interior.

7 Heteroscedasticidade

7.1 Introdução

O capítulo presente discute a violação de uma das hipóteses clássicas que, particularmente em modelos para dados seccionais, é muitas vezes pouco realista. Considera-se, em concreto, a quebra do pressuposto de que a variável dependente tem variância condicional constante, dadas as variáveis explicativas do modelo – ou, de modo equivalente, o pressuposto de variância condicional do erro constante. A secção 7.2 expõe a noção de heteroscedasticidade, seguindo-se, na secção 7.3, a descrição das suas consequências para as propriedades estatísticas do estimador OLS. A secção 7.4 descreve alguns testes estatísticos correntes de detecção de heteroscedasticidade, e a secção 7.5 expõe as alternativas disponíveis quanto à estimação dos parâmetros do modelo de regressão, quando em presença de heteroscedasticidade. Conclui-se o capítulo com uma discussão, na secção 7.6, em torno da distinção entre violação da hipótese de homoscedasticidade e especificação incorrecta da forma funcional do modelo.

7.2 Noção de heteroscedasticidade

O pressuposto de homoscedasticidade significa que a variância condicional do erro, dadas as variáveis explicativas, é constante. Se esta hipótese não se verifica (isto é, se a variância condicional de u é função dos valores das variáveis explicativas), diz-se que há heteroscedasticidade, ou que os erros são *heteroscedásticos*. Formalmente,

$$\mathrm{V}(u|\boldsymbol{x}) = \sigma^2\delta(\boldsymbol{x}),$$

em que σ^2 é uma constante positiva e $\delta(\cdot) > 0$.

É importante ter presente que os conceitos de homoscedasticidade e heteroscedasticidade dizem respeito à variância *condicional* do erro – não à variância incondicional (esta, por definição, é constante).

Se $\mathrm{E}(u_i|\boldsymbol{x}_i) = 0$, pode escrever-se $\mathrm{E}(u_i^2|\boldsymbol{x}_i) = \sigma^2\delta(\boldsymbol{x}_i) = \sigma_i^2$; na forma matricial,

$$\boldsymbol{\Omega} = \mathrm{E}(\boldsymbol{uu}'|\boldsymbol{X}) = \mathrm{diag}(\sigma_i^2, i = 1, \dots, n). \tag{7.1}$$

Note-se que, se a variância condicional do erro depende de $\boldsymbol{x}$, o mesmo se pode afirmar da variância condicional da variável dependente, porque $\mathrm{V}(u|\boldsymbol{x}) = \mathrm{V}(\boldsymbol{x\beta} + u|\boldsymbol{x}) = \mathrm{V}(y|\boldsymbol{x})$. Com frequência a reflexão acerca da homoscedasticidade é intuitivamente mais fácil se, em vez do erro, se considera o que ocorre com a variância condicional da variável dependente para diferentes níveis das variáveis explicativas.

Exemplo 7.1

Considere-se a estimação do impacto do rendimento (x) sobre o consumo (y) utilizando uma regressão simples. Parece razoável admitir que a variabilidade do consumo é maior para maiores níveis de rendimento (quem aufere mais rendimento acede a um maior leque de bens de consumo). Ou seja, a variância condicional do consumo varia para diferentes níveis de rendimento: formalmente, $\mathrm{V}(y|x) = \delta(x)$ (em princípio, uma função monótona crescente). Ou seja, ocorre heteroscedasticidade.

7.3 Consequências da heteroscedasticidade

Sem o pressuposto de homoscedasticidade, o estimador OLS permanece cêntrico, porque o último pressuposto de Gauss-Markov não intervém na obtenção do valor esperado de $\widehat{\boldsymbol{\beta}}$. Todavia, sob heteroscedasticidade, os erros-padrão usuais associados aos estimadores OLS – obtidos a partir da fórmula (3.6) – são enviesados. Logo, para realizar inferência estatística não se pode utilizar os testes habituais, visto que as respectivas estatísticas deixam de ter as distribuições convencionais.

Com heteroscedasticidade e observações independentes, resulta a seguinte expressão das variâncias do estimador OLS. De $\widehat{\boldsymbol{\beta}} = \boldsymbol{\beta} + (\boldsymbol{X}'\boldsymbol{X})^{-1}\boldsymbol{X}'\boldsymbol{u}$, resulta

$$\mathrm{V}(\widehat{\boldsymbol{\beta}}|\boldsymbol{X}) = \mathrm{E}\left[(\widehat{\boldsymbol{\beta}} - \boldsymbol{\beta})(\widehat{\boldsymbol{\beta}} - \boldsymbol{\beta})'|\boldsymbol{X}\right] = \mathrm{E}[(\boldsymbol{X}'\boldsymbol{X})^{-1}\boldsymbol{X}'\boldsymbol{uu}'\boldsymbol{X}(\boldsymbol{X}'\boldsymbol{X})^{-1}|\boldsymbol{X}] =$$
$$(\boldsymbol{X}'\boldsymbol{X})^{-1}\boldsymbol{X}'\mathrm{E}(\boldsymbol{uu}'|\boldsymbol{X})\boldsymbol{X}(\boldsymbol{X}'\boldsymbol{X})^{-1} = (\boldsymbol{X}'\boldsymbol{X})^{-1}\boldsymbol{X}'\boldsymbol{\Omega}\boldsymbol{X}(\boldsymbol{X}'\boldsymbol{X})^{-1}. \tag{7.2}$$

Se $\mathrm{V}(\boldsymbol{u}|\boldsymbol{X}) = \sigma^2\boldsymbol{I}$, resulta a expressão usual da variância de $\widehat{\boldsymbol{\beta}}$, sob homoscedasticidade.

7.4 Detecção de heteroscedasticidade

Pode encarar-se a homoscedasticidade como uma hipótese que convém testar estatisticamente para ajuizar da validade da inferência realizada sob homoscedasticidade. A correspondente hipótese nula pode formular-se como $H_0\colon \mathrm{V}(u|\boldsymbol{x}) = \sigma^2$, que equivale a $\mathrm{E}(u^2|\boldsymbol{x}) = \sigma^2 = \mathrm{E}(u^2)$.

7.4.1 Teste de Breusch-Pagan

Admita-se que a heteroscedasticidade, caso exista, é da forma

$$H_1\colon \mathrm{V}(u|\boldsymbol{x}) = \alpha_0 + \alpha_1 x_1 + \cdots + \alpha_k x_k \Leftrightarrow$$
$$u^2 = \alpha_0 + \alpha_1 x_1 + \cdots + a_k x_k + v, \quad \mathrm{E}(v|\boldsymbol{x}) = 0.$$

Neste contexto, testar homoscedasticidade significa testar $H_0\colon \alpha_1 = \cdots = \alpha_k = 0$. O teste de *score* de H_0 designa-se teste de Breusch-Pagan (Breusch e Pagan, 1980); é um teste de significância global do modelo de heteroscedasticidade (designado usualmente modelo *cedástico*).

Não se conhece os erros, u_i; mas pode estimar-se o modelo cedástico e realizar o teste utilizando os resíduos, $\hat{u}_i$ (consistentes para os erros). Ou seja, realiza-se a regressão OLS do quadrado dos resíduos, $\hat{u}_i^2$, sobre o termo independente e $x_{i1}, \ldots, x_{ik}$. De seguida, calcula-se $LM = nR^2$. Sob H_0, LM segue assintoticamente uma função χ_k^2.

7.4.2 Teste de White

O teste de Breusch-Pagan detecta formas lineares de heteroscedasticidade. O teste de White (White, 1980) permite também não-linearidades, mediante a inclusão, no modelo cedástico, dos quadrados e produtos cruzados de todas as variáveis explicativas (além dos termos incluídos no teste de Breusch-Pagan).

O teste de White detecta qualquer forma de heteroscedasticidade que provoca inconsistência da fórmula (3.6) (obtida sob homoscedasticidade), da matriz de covariâncias dos estimadores OLS. Pode realizar-se um teste de significância global ao modelo cedástico (usualmente com um teste de *score*). Todavia, mesmo com um número moderado de variáveis explicativas, pode haver muitas restrições simultâneas em H_0 [com termo independente e k regressores, há $2k + k(k-1)/2$ restrições] - o que pode provocar perda de potência do teste. Donde, pode ser benéfico alterar o teste de White, de modo a reduzir o número de restrições. Uma forma de o realizar, seguindo Wooldridge (2016), passa por substituir os regressores do teste original pelas estimativas OLS da variável dependente, $\hat{y}_i$, e os seus quadrados, $\hat{y}_i^2$. Note-se que os valores ajustados OLS, $\hat{y}_i$, são função de todas as variáveis explicativas, logo, os seus quadrados são função de todos os quadrados, x_{ij}^2, e produtos cruzados, $x_{ij}x_{il}, j, l = 1, \dots, k$. Donde, ao regredir $\hat{u}_i^2$ sobre $\hat{y}_i$ e $\hat{y}_i^2$ e realizar o teste de significância global da regressão, em vez de $2k + k(k-1)/2$ restrições, testa-se apenas duas restrições conjuntas, o que pode beneficiar a potência do teste.(10)

7.5 Estratégias perante heteroscedasticidade

Sob heteroscedasticidade, há várias estratégias possíveis, no que se refere à estimação do modelo e ao modo de realizar inferência a respeito dos parâmetros. Considera-se usualmente as seguintes alternativas:

i. Estima-se o modelo por OLS e realiza-se inferência que seja válida também sob heteroscedasticidade (inferência "*robusta*"). Os estimadores dos parâmetros mantêm-se - apenas se altera as fórmulas dos erros-padrão.

ii. Conhecendo o padrão de heteroscedasticidade, transforma-se o modelo, de modo que o erro do modelo transformado seja homoscedás-

(10) O teste de White pode modificar-se de várias formas. Veja-se, por exemplo, Murteira, *et al.* (2013), para uma proposta alternativa.

tico. De seguida, estima-se o modelo transformado por OLS: este método designa-se *GLS* (*Generalized Least Squares*). Realiza-se inferência nos termos usuais, a partir da estimação GLS.

iii. Se não se conhece o padrão de heteroscedasticidade, pode-se tentar estimá-lo e usar o método GLS com base nesta estimativa. Este método designa-se *FGLS* (*Feasible* GLS).

7.5.1 Estimação OLS e inferência robusta

Retome-se (7.2), a matriz de covariâncias do estimador OLS sob heteroscedasticidade, $\mathrm{E}(\boldsymbol{uu}'|\boldsymbol{X}) = \mathrm{diag}(\sigma_i^2, i = 1, \dots, n) = \boldsymbol{\Omega}$. Seja $\boldsymbol{D} = \mathrm{diag}(\hat{u}_i^2)$; White (1980) mostra que, sob hipóteses usuais, a matriz $n^{-1}\boldsymbol{X}'\boldsymbol{\Omega X} = n^{-1}\sum_{i=1}^{n} \boldsymbol{x}_i'\boldsymbol{x}_i\,\sigma_i^2$ é assintoticamente equivalente a $n^{-1}\boldsymbol{X}'\boldsymbol{DX} = n^{-1}\sum_{i=1}^{n} \boldsymbol{x}_i'\boldsymbol{x}_i\,\hat{u}_i^2$. A partir deste resultado, pode-se estimar $\mathrm{V}(\hat{\boldsymbol{\beta}}|\boldsymbol{X})$ de forma consistente utilizando

$$\hat{\mathrm{V}}(\hat{\boldsymbol{\beta}}) = (\boldsymbol{X}'\boldsymbol{X})^{-1}\boldsymbol{X}'\boldsymbol{DX}(\boldsymbol{X}'\boldsymbol{X})^{-1}.$$

Esta expressão corresponde, para cada parâmetro $\hat{\beta}_j$, à fórmula

$$\hat{\mathrm{V}}(\hat{\beta}_j) = \sum_{i=1}^{n} \hat{r}_{ij}^2\hat{u}_i^2 \Big/ \left(\sum_{i=1}^{n} \hat{r}_{ij}^2\right)^2, \tag{7.3}$$

em que $\hat{r}_{ij}$ é o resíduo da regressão OLS do regressor x_{ij} sobre os outros regressores.[11] Uma vez que se dispõe de estimadores consistentes da variância dos estimadores OLS sob heteroscedasticidade, pode-se usar a respectiva raiz quadrada como erro-padrão para realizar inferência (testes t). Estes erros-padrão designam-se erros-padrão *robustos*. Em todo o caso, note-se que os erros-padrão robustos têm apenas validade assintótica – com amostras reduzidas, a distribuição das estatísticas t pode ser consideravelmente diferente da distribuição t ou da normal, e

(11) No essencial, o resultado assenta na aplicação do Teorema FWL a $\hat{\beta}_j$, calculando-se a respectiva variância sob as hipóteses do modelo heteroscedástico.

as inferências habituais (baseadas nos valores críticos ou valores-*p* a partir destas distribuições) podem levar a conclusões erróneas.

Para testar hipóteses lineares conjuntas, não se pode utilizar um teste do tipo F a partir da diferença entre as SQR dos modelos restrito e não restrito (a estatística não teria a distribuição usual, como sob homoscedasticidade). Para testar $H_0\colon \boldsymbol{C\beta} = \boldsymbol{c}$, pode-se calcular a estatística de teste de Wald robusto,

$$W = \left(\boldsymbol{C}\widehat{\boldsymbol{\beta}} - \boldsymbol{c}\right)'\left[\boldsymbol{C}\widehat{\mathrm{V}}\left(\widehat{\boldsymbol{\beta}}\right)\boldsymbol{C}'\right]^{-1}\left(\boldsymbol{C}\widehat{\boldsymbol{\beta}} - \boldsymbol{c}\right),$$

em que, agora, $\widehat{\mathrm{V}}\left(\widehat{\boldsymbol{\beta}}\right) = (\boldsymbol{X}'\boldsymbol{X})^{-1}\boldsymbol{X}'\boldsymbol{D}\boldsymbol{X}(\boldsymbol{X}'\boldsymbol{X})^{-1}$. Sob H_0, a estatística segue assintoticamente uma distribuição χ^2_j. Outra possibilidade é utilizar um teste de *score* robusto, que se pode realizar através de regressões OLS artificiais – v. Wooldridge (2016, sec. 8.2).

7.5.2 Método GLS/WLS

Embora seja sempre possível estimar erros-padrão robustos, pode obter-se estimadores mais eficientes, caso se conheça algo a respeito da forma específica da heteroscedasticidade. A ideia básica consiste em transformar o modelo, de modo que o modelo transformado tenha erro homoscedástico e, de seguida, aplicar OLS ao novo modelo. Este procedimento designa-se mínimos quadrados generalizados (GLS).

Suponha-se que o modelo se pode escrever como

$$y = \beta_0 + \beta_1 x_1 + \cdots + \beta_k x_k + u, \quad \mathrm{E}(u|\boldsymbol{x}) = 0,$$
$$\mathrm{V}(u|\boldsymbol{x}) = \sigma^2\delta(\boldsymbol{x}), \quad \delta(\cdot) > 0,$$

conhecendo-se a variância condicional do erro a menos do factor de escala σ^2 – ou seja, a forma da função $\delta(\cdot)$. Dividindo por $\sqrt{\delta(\boldsymbol{x})}$,

$$y/\sqrt{\delta(\boldsymbol{x})} = \beta_0/\sqrt{\delta(\boldsymbol{x})} + \beta_1 x_1/\sqrt{\delta(\boldsymbol{x})} + \cdots + \beta_k x_k/\sqrt{\delta(\boldsymbol{x})} + u/\sqrt{\delta(\boldsymbol{x})}\,.$$

Este modelo tem termo de erro $u/\sqrt{\delta(\boldsymbol{x})}$ homoscedástico, porque

$$\mathrm{V}\left[u/\sqrt{\delta(\boldsymbol{x})}\,\middle|\,\boldsymbol{x}\right] = (1/\delta(\boldsymbol{x}))\mathrm{V}(u|\boldsymbol{x}) = (1/\delta(\boldsymbol{x}))\sigma^2\delta(\boldsymbol{x}) = \sigma^2.$$

Ou seja, se o modelo original verifica todas as hipóteses de Gauss-Markov, excepto a de homoscedasticidade, o modelo transformado já verifica *todas* as hipóteses. Note-se que o modelo transformado permanece linear e (além dos outros pressupostos) também

$$\mathrm{E}\left[u/\sqrt{\delta(\boldsymbol{x})}\,\middle|\,\boldsymbol{x}\right] = \left(1/\sqrt{\delta(\boldsymbol{x})}\right)\mathrm{E}(u|\boldsymbol{x}) = 0.$$

Logo, o estimador OLS dos parâmetros deste modelo é BLUE.

O método GLS equivale a estimar o modelo minimizando a soma dos quadrados *ponderados* – daí a designação "estimador WLS" (*Weighted Least Squares*). Com efeito, considere-se o modelo transformado

$$y_i^* = \beta_0 x_{i0}^* + \beta_1 x_{i1}^* + \cdots + \beta_k x_{ik}^* + u_i^*,$$

em que

$$y_i^* = y_i/\sqrt{\delta(\boldsymbol{x}_i)},\quad x_{i0}^* = 1/\sqrt{\delta(\boldsymbol{x}_i)}, \ldots,$$
$$x_{ik}^* = x_{ik}/\sqrt{\delta(\boldsymbol{x}_i)},\quad u_i^* = u_i/\sqrt{\delta(\boldsymbol{x}_i)}.$$

O estimador GLS minimiza a SQR do modelo transformado ou seja,

$$\sum_{i=1}^{n}(y_i^* - b_0 x_{i0}^* - \cdots - b_k x_{ik}^*)^2 =$$
$$\sum_{i=1}^{n}(y_i - b_0 - b_1 x_{i1} - \cdots - b_k x_{ik})^2/\delta(\boldsymbol{x}_i) =$$
$$\sum_{i=1}^{n}\tilde{u}_i^2/\delta(\boldsymbol{x}_i) = \sum_{i=1}^{n}\tilde{u}_i^2 w_i,\quad w_i = 1/\delta(\boldsymbol{x}_i),$$

soma dos quadrados dos resíduos ponderados por w_i.

O método GLS/WLS exige conhecimento da forma de $\mathrm{V}(u|\boldsymbol{x})$. Um exemplo prático ocorre se o modelo se define para cada indivíduo mas apenas se dispõe de dados agregados (por empresa, concelho, etc.). Neste caso, obtém-se o estimador GLS ponderando cada observação (agregada) pela raiz do número de elementos no respectivo agregado.

Exemplo 7.2

Seja o modelo de Gauss-Markov, $y_{ij} = \beta_0 + \beta_1 z_{ij} + u_{ij}$. y_{ij} e z_{ij} denotam características do indivíduo j, que se sabe pertencer ao grupo i (por exemplo, o estudante j da escola i). Contudo, não se dispõe de observações dos valores individuais mas apenas de médias por grupo e respectiva dimensão, n_i; ou seja, observações referentes a n_i, $\bar{y}_i = \sum_{j=1}^{n_i} y_{ij}/n_i$ e $\bar{z}_i = \sum_{j=1}^{n_i} z_{ij}/n_i$. Logo, estima-se o modelo $\bar{y}_i = \beta_0 +$

$\beta_1 \bar{z}_i + w_i$, em que, por construção, $w_i = n_i^{-1} \sum_{j=1}^{n_i} u_{ij}$. De $\mathrm{V}(u_{ij} | \boldsymbol{x}_i) = \sigma^2$ (em que $\boldsymbol{x}_i$ inclui z_{ij} e n_i), resulta

$$\mathrm{V}(w_i | \boldsymbol{x}_i) = \mathrm{V}\left(n_i^{-1} \textstyle\sum_{j=1}^{n_i} u_{ij} \middle| \boldsymbol{x}_i\right) = n_i^{-2} \displaystyle\sum_{j=1}^{n_i} \mathrm{V}(u_{ij} | \boldsymbol{x}_i) = n_i^{-1} \sigma^2$$

– o erro do modelo com médias (modelo usado para estimação) é heteroscedástico, com função cedástica $\delta(\boldsymbol{x}_i) = n_i^{-1}$. Os estimadores GLS são os estimadores do modelo $\sqrt{n_i}\bar{y}_i = \beta_0\sqrt{n_i} + \beta_1\sqrt{n_i}\bar{z}_i + \sqrt{n_i}w_i$, de erro homoscedástico: $\mathrm{V}(\sqrt{n_i}w_i) = n_i \mathrm{V}(w_i) = n_i n_i^{-1}\sigma^2 = \sigma^2$.

Matricialmente, a aplicação do método GLS/WLS pode expor-se como segue. Seja $\mathrm{V}(u_i | \boldsymbol{x}_i) = \sigma_i^2 = \sigma^2 \delta(\boldsymbol{x}_i)$ e escreva-se agora a matriz $\boldsymbol{\Omega}$ definida em (7.1) na forma $\boldsymbol{\Omega} = \sigma^2 \boldsymbol{\Delta} = \sigma^2 \mathrm{diag}[\delta(\boldsymbol{x}_i), i = 1, \dots, n]$, em que $\boldsymbol{\Delta}$ admite a raiz quadrada matricial $\boldsymbol{\Delta}^{1/2} = \mathrm{diag}\left[\sqrt{\delta(\boldsymbol{x}_i)}, i = 1, \dots, n\right]$. Pré-multiplique-se os termos do modelo pela inversa de $\boldsymbol{\Delta}^{1/2}$, $\boldsymbol{\Delta}^{-1/2} = \mathrm{diag}\left[1/\sqrt{\delta(\boldsymbol{x}_i)}, i = 1, \dots, n\right]$; resulta

$$\boldsymbol{y} = \boldsymbol{X\beta} + \boldsymbol{u} \Leftrightarrow \boldsymbol{\Delta}^{-1/2}\boldsymbol{y} = \left(\boldsymbol{\Delta}^{-1/2}\boldsymbol{X}\right)\boldsymbol{\beta} + \boldsymbol{\Delta}^{-1/2}\boldsymbol{u}.$$

O termo de erro do modelo transformado é homoscedástico, porque

$$\mathrm{V}\left(\boldsymbol{\Delta}^{-1/2}\boldsymbol{u} \middle| \boldsymbol{X}\right) = \mathrm{E}\left[\boldsymbol{\Delta}^{-1/2}\boldsymbol{u}\left(\boldsymbol{\Delta}^{-1/2}\boldsymbol{u}\right)' \middle| \boldsymbol{X}\right] =$$
$$\mathrm{E}\left(\boldsymbol{\Delta}^{-1/2}\boldsymbol{uu}'\boldsymbol{\Delta}^{-1/2} \middle| \boldsymbol{X}\right) = \boldsymbol{\Delta}^{-1/2}\boldsymbol{\Omega}\boldsymbol{\Delta}^{-1/2} = \sigma^2 \boldsymbol{I}.$$

A estimação OLS do modelo transformado conduz a

$$\left[\left(\boldsymbol{\Delta}^{-1/2}\boldsymbol{X}\right)'\left(\boldsymbol{\Delta}^{-1/2}\boldsymbol{X}\right)\right]^{-1}\left(\boldsymbol{\Delta}^{-1/2}\boldsymbol{X}\right)'\left(\boldsymbol{\Delta}^{-1/2}\boldsymbol{y}\right) =$$
$$(\boldsymbol{X}'\boldsymbol{\Delta}^{-1}\boldsymbol{X})^{-1}\boldsymbol{X}'\boldsymbol{\Delta}^{-1}\boldsymbol{y} = \widehat{\boldsymbol{\beta}}_{GLS},$$

o estimador GLS de $\boldsymbol{\beta}$. Este estimador minimiza a SQR do modelo transformado, $\left[\boldsymbol{\Delta}^{-1/2}\boldsymbol{y} - \left(\boldsymbol{\Delta}^{-1/2}\boldsymbol{X}\right)\widehat{\boldsymbol{\beta}}\right]'\left[\boldsymbol{\Delta}^{-1/2}\boldsymbol{y} - \left(\boldsymbol{\Delta}^{-1/2}\boldsymbol{X}\right)\widehat{\boldsymbol{\beta}}\right]$, equivalente a

$$\left(\boldsymbol{y} - \boldsymbol{X}\widehat{\boldsymbol{\beta}}\right)'\boldsymbol{\Delta}^{-1}\left(\boldsymbol{y} - \boldsymbol{X}\widehat{\boldsymbol{\beta}}\right),$$

a SQR do modelo original, ponderados por $1/\delta(\boldsymbol{x}_i)$, $i = 1, \dots, n$. Daí, como referido, o estimador se designar também estimador de mínimos quadrados ponderados, denotando-se por $\widehat{\boldsymbol{\beta}}_{WLS}$. Dado que $\widehat{\boldsymbol{\beta}}_{GLS}$ é o estimador OLS do modelo transformado, resulta a matriz de covariâncias,

$$V\left(\widehat{\boldsymbol{\beta}}_{GLS} \middle| \boldsymbol{X}\right) = \sigma^2\left[\left(\boldsymbol{\Delta}^{-1/2}\boldsymbol{X}\right)'\left(\boldsymbol{\Delta}^{-1/2}\boldsymbol{X}\right)\right]^{-1} = \sigma^2(\boldsymbol{X}'\boldsymbol{\Delta}^{-1}\boldsymbol{X})^{-1},$$

estimando-se σ^2 a partir da SQR do modelo transformado,

$$\hat{\sigma}^2 = (n-k-1)^{-1}\left(\boldsymbol{y}-\boldsymbol{X}\widehat{\boldsymbol{\beta}}\right)'\boldsymbol{\Delta}^{-1}\left(\boldsymbol{y}-\boldsymbol{X}\widehat{\boldsymbol{\beta}}\right).$$

7.5.3 Método FGLS

Usualmente não se conhece a forma da heteroscedasticidade. Logo, para utilizar o método GLS/WLS estima-se $\delta(\boldsymbol{x})$. Esta função não pode obviamente ser negativa; usualmente adopta-se uma forma flexível, como

$$\mathrm{V}(u|\boldsymbol{x}) = \sigma^2\delta(\boldsymbol{x}) = \sigma^2\exp(\alpha_0 + \alpha_1 x_1 + \cdots + \alpha_k x_k),$$

estimando-se os α_j. De $\mathrm{E}(u|\boldsymbol{x}) = 0$, vem $\mathrm{V}(u|\boldsymbol{x}) = \mathrm{E}(u^2|\boldsymbol{x})$. Logo, a hipótese implica

$$u^2 = \sigma^2\exp(\alpha_0 + \alpha_1 x_1 + \cdots + \alpha_k x_k) \times v, \quad \mathrm{E}(v|\boldsymbol{x}) = \mathrm{E}(v) = 1.$$

Pode-se escrever também

$$\log(u^2) = \log(\sigma^2) + \alpha_0 + \alpha_1 x_1 + \cdots + \alpha_k x_k + \log v = \gamma_0 + \alpha_1 x_1 + \cdots + \alpha_k x_k + z,$$

em que $z = \log v$ e $\gamma_0 = \log(\sigma^2) + \alpha_0$. Admita-se que v é independente de $\boldsymbol{x}$; segue-se que z também é independente de $\boldsymbol{x}$. Logo, se se observasse u_i, poderia estimar-se esta equação por OLS. Contudo, pode-se utilizar os resíduos, $\hat{u}_i$, que são consistentes para os u_i: estima-se por OLS a regressão de $\log(\hat{u}_i^2)$ sobre x_{i1}, ..., x_{ik}. De seguida, calcula-se os valores estimados a partir desta regressão,

$$\hat{\delta}_i = \widehat{\delta(\boldsymbol{x}_i)} = \exp(\hat{\alpha}_1 x_{i1} + \cdots + \hat{\alpha}_k x_{ik}),$$

e aplica-se GLS/WLS ponderando cada resíduo (ao quadrado) por $1/\hat{\delta}_i$.

Pode-se utilizar erros-padrão robustos também após FGLS. O que de algum modo protege a inferência estatística, face à possibilidade de a função $\delta(\cdot)$ não coincidir com o padrão de heteroscedasticidade.

Ao realizar testes F após FGLS deve ter-se em conta o facto de que há que utilizar pesos idênticos ao estimar os modelos restrito e não restrito. Assim, deve-se formar-se os pesos, $w_i = 1/\widehat{\delta(\boldsymbol{x}_i)}$, a partir dos resíduos da estimação do modelo não restrito, e utilizá-los na estimação de ambos os modelos, calculando-se a estatística F do modo usual.

7.6 Heteroscedasticidade e especificação do modelo

A aparência de heteroscedasticidade pode ser consequência de incorrecta forma funcional. Neste caso, alterando a especificação do modelo de regressão, pode-se obter um novo modelo homoscedástico. Exemplos frequentes são a transformação logarítmica ou a passagem do modelo linear a um modelo quadrático.

Exemplo 7.3

População: $y = \exp(-1 + x + u) \Leftrightarrow \log y = -1 + x + u, u \sim \mathcal{N}(0; 0{,}5)$. Estimação OLS do modelo linear (100 observações) (fig. 7.1): $\hat{y} = -15{,}540 + 9{,}436x$, teste de White 31,941 (valor-$p \approx 0$): rejeita-se homoscedasticidade. Estimação OLS do modelo log-lin (modelo "correcto") (fig. 7.2): $\widehat{\log y} = -0{,}880 + 0{,}958x$, com teste de White igual a 1,627 (valor-$p \approx 0{,}443$): aceita-se homoscedasticidade.

Exemplo 7.4

Relação populacional: $y = 10 - 12x + 3x^2 + u, \quad u \sim \mathcal{N}(0; 3{,}0625)$.
Regressão linear (100 observações) (fig. 7.3): $\hat{y} = -0{,}590 + 2{,}152x$, teste de White 34,372 (valor-$p \approx 0$): rejeita-se homoscedasticidade.
Regressão quadrática (modelo "correcto") (fig. 7.4): $\hat{y} = 10{,}098 - 11{,}659x + 2{,}880x^2$, teste de White 2,455 (valor-$p \approx 0{,}653$): aceita-se homoscedasticidade.

Figura 7.1

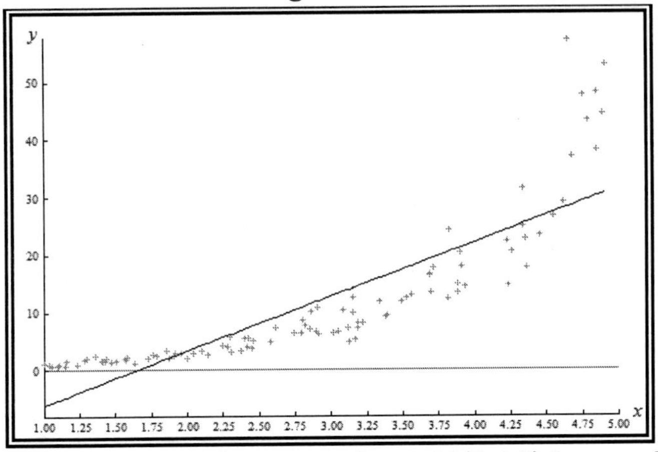

População: $y = \exp(-1 + x + u)\,, u \sim \mathcal{N}(0; 0{,}5)$ (nuvem de pontos). Estimativa OLS: $\hat{y} = -15{,}540 + 9{,}436x$ (recta).

Figura 7.2

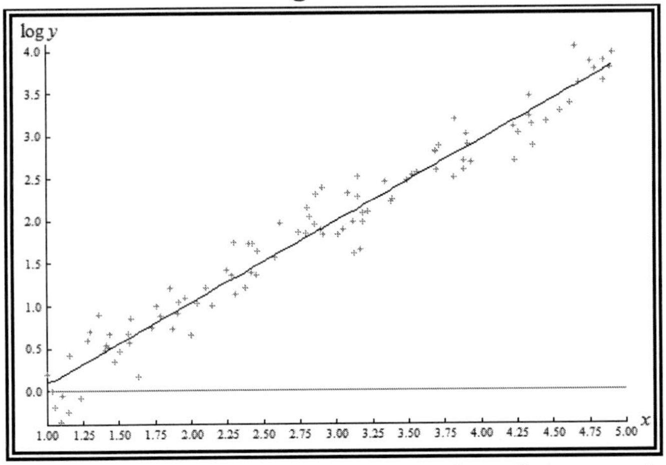

População: $\log y = -1 + x + u, u \sim \mathcal{N}(0; 0{,}5)$ (nuvem de pontos). Estimativa OLS: $\widehat{logy} = -0{,}880 + 0{,}958x$ (recta).

Figura 7.3

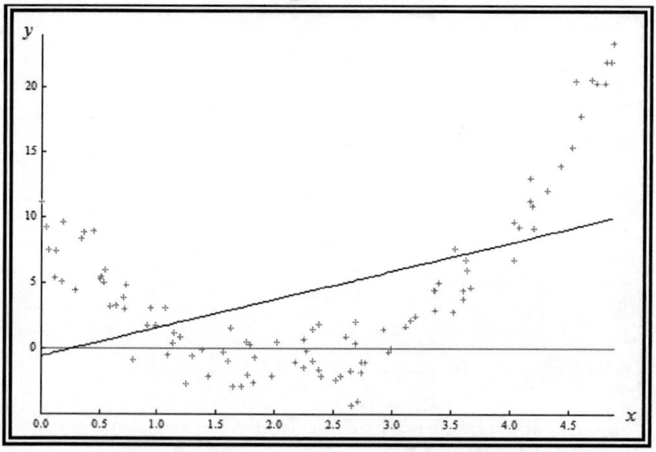

População: $y = 10 - 12x + 3x^2 + u$,
$u \sim \mathcal{N}(0; 3{,}0625)$ (nuvem de pontos).
Estimativa OLS: $\hat{y} = -0{,}590 + 2{,}152x$ (recta).

Figura 7.4

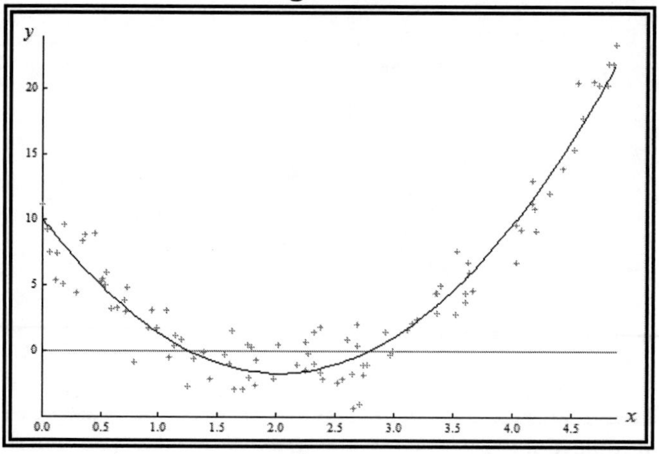

População: $y = 10 - 12x + 3x^2 + u$, $u \sim \mathcal{N}(0; 3{,}0625)$ (nuvem de pontos). Regr. OLS: $\hat{y} = 10{,}098 - 11{,}659x + 2{,}880x^2$ (parábola).

Exercícios

7.1 Qual das seguintes situações pode invalidar os testes usuais, após a estimação OLS?

A Correlação de 0,95 entre duas variáveis explicativas.

B Heteroscedasticidade.

C Omissão de uma variável explicativa relevante.

7.2 Indique a(s) alternativa(s) correcta(s). O estimador GLS

A É sempre mais eficiente do que o estimador OLS.

B É o estimador OLS dos coeficientes de um modelo transformado, cujos erros satisfazem as condições de Gauss-Markov.

C Produz estimativas para os coeficientes idênticas a OLS mas erros-padrão diferentes.

7.3 Considere o modelo $y_i = \beta + u_i$, com u_i independentes, $\mathrm{E}(u_i) = 0$ e $\mathrm{E}(u_i^2) = \sigma_1^2$ para $i = 1, \dots, n_1$, e $\mathrm{E}(u_i^2) = \sigma_2^2$ $(\neq \sigma_1^2)$, $i = n_1 + 1, \dots, n$.

a) Obtenha o estimador OLS de β – seja $\hat{\beta}$.

b) Determine $\mathrm{E}(\hat{\beta})$ e $\mathrm{V}(\hat{\beta})$.

c) Obtenha o estimador GLS de β – seja $\hat{\beta}_G$.

d) Obtenha $\mathrm{E}(\hat{\beta}_G)$, $\mathrm{V}(\hat{\beta}_G)$. Justifique a desigualdade $\mathrm{V}(\hat{\beta}) \geq \mathrm{V}(\hat{\beta}_G)$.

7.4 Considere o modelo $y = \beta_0 + \beta_1 x + u$, sob todas as hipóteses de Gauss-Markov, com excepção de que $\mathrm{V}(u|x) = \delta \exp(x)$, com $\delta > 0$, constante desconhecida.

a) Descreva a aplicação do método GLS a este modelo.

b) Obtenha a expressão da matriz de covariâncias dos estimadores GLS.

7.5 Na regressão $\boldsymbol{y} = \boldsymbol{X\beta} + \beta_j \boldsymbol{x}'_j + \boldsymbol{u}$, $\boldsymbol{X}$ é a matriz de todos os regressores excepto x_j, e $\boldsymbol{x}'_j$ é o vector coluna das observações de x_j.

a) Verifique que a regressão equivale a $\boldsymbol{M_X y} = \beta_j \boldsymbol{M_X x}'_j + \boldsymbol{M_X u}$, em que $\boldsymbol{M_X} = \boldsymbol{I_n} - \boldsymbol{X}(\boldsymbol{X}'\boldsymbol{X})^{-1}\boldsymbol{X}'$. Que significado tem cada um dos vectores $\boldsymbol{M_X y}$ e $\boldsymbol{M_X x_j'}$? E o escalar $\boldsymbol{x_j M_X x_j'}$?

b) Obtenha o estimador OLS, $\hat{\beta}_j$, a partir da alínea *a*) (este procedimento corresponde a aplicar o Teorema FWL para obter $\hat{\beta}_j$).

c) O erro do modelo verifica $\mathrm{E}(\boldsymbol{u}|\boldsymbol{X}) = \mathrm{E}(\boldsymbol{u}) = \boldsymbol{0}$, $\mathrm{E}(\boldsymbol{uu}'|\boldsymbol{X}) = \boldsymbol{\Omega} = \mathrm{diag}(\sigma_i^2, i = 1, \dots, n)$. Mostre que

$$\mathrm{V}(\hat{\beta}_j|\boldsymbol{X}) = \boldsymbol{x_j M_X \Omega M_X x_j'}/(\boldsymbol{x_j M_X x_j'})^2 = \sum_i \hat{r}_{ij}^2 \sigma_i^2 \Big/ \Big(\sum_i \hat{r}_{ij}^2\Big)^2,$$

em que $\hat{r}_{ij}$ tem o significado que lhe é atribuído na expressão (7.3) (i-ésimo resíduo da regressão OLS de $\boldsymbol{x_j'}$ sobre $\boldsymbol{X}$).

7.6 Seja a regressão OLS, a partir de 88 observações de (y, x_1, x_2, x_3),

	$\hat{y} =$	$-21{,}77$	$+\,0{,}00207x_1$	$+\,0{,}123x_2$	$+\,13{,}85x_3$
Erros-padrão não robustos		(29,48)	(0,00064)	(0,013)	(9,01)
Erros-padrão robustos		(36,28)	(0,00122)	(0,017)	(8,28)

A regressão OLS do quadrado dos resíduos desta estimação, $\hat{u}^2$, sobre um termo independente, $\hat{y}$ e $\hat{y}^2$ produziu o valor do coeficiente de determinação de 0,147.

a) Comente as diferenças observadas entre erros-padrão robustos e não robustos.

b) Teste a hipótese de homoscedasticidade dos erros do modelo.

c) Teste a 5% a hipótese de que o coeficiente da variável x_1 é zero (utilize o erro-padrão que considere mais adequado).

7.7 Na figura, a nuvem de pontos representa observações independentes, $(x_i, y_i), i = 1, \dots, 100$, a partir da relação populacional: $y_i = 10 - 12x_i + 3x_i^2 + u_i$, em que os erros, u_i, são independentes de x_i, têm média nula e variância constante. O segmento de recta no gráfico representa a seguinte regressão linear, estimada a partir da mesma amostra:

$$\hat{y} = -0{,}590 + 2{,}152x.$$

A partir dos resíduos da estimação, $\hat{u}_i$, corre-se a regressão OLS de $\hat{u}_i^2$ sobre uma constante, x_i e x_i^2, obtendo-se $R^2 = 0{,}34372$. Que conclusão se retira? Qual é o verdadeiro motivo da conclusão aparente do teste da alínea anterior e como se resolve o problema?

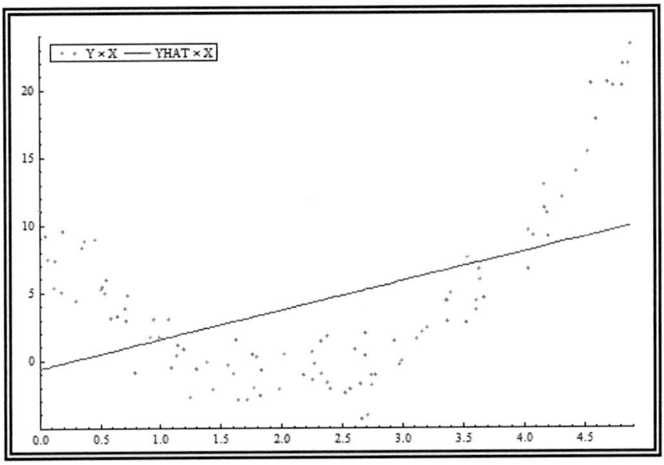

7.8 Considere a estimação

$$\widehat{\log y} = \underset{(3,065)}{1,652} + \underset{(0,327)}{0,584} \log x_1 + \underset{(0,013)}{0,024}\, x_2 - \underset{(2.572)}{3,277}\, d_1 - \underset{(0,350)}{0,325}\, d_2,$$

$$n = 28, \qquad R^2 = 0,639,$$

em que (por NUTS III): y – número de camas; x_1 – despesas das câmaras municipais em actividades culturais (1000 euros); x_2 – número de espaços culturais; $d_1 = 1$, se a capital se situa na NUTS III (0, caso contrário); $d_2 = 1$, se a NUTS III se situa no interior (0, c. c.). Descreva o teste de White, indicando cuidadosamente a regressão artificial a estimar.

7.9 Seja o modelo de determinação dos salários no sector bancário

$$\log y_i = \beta_0 + \beta_1 x_i + \beta_2 h_i + \beta_3 d1_i + \beta_4 d2_i + u_i, \qquad (A)$$

y: salário anual; x: número de anos de escolaridade; u: erro; $h = 1$, se o funcionário é homem (0, caso contrário); $d1 = 1$, se desempenha funções de nível médio/inferior (0, c. c.); $d2 = 1$, se tem funções de gestão (0, c. c.). Quanto ao tipo de função (variáveis $d1$ e $d2$), o grupo base é o dos funcionários com funções auxiliares (manutenção, etc.).

Suspeitando-se que a variância do salário difere para grupos diferentes de funcionários, estima-se a regressão (474 observações) utilizando a variável dependente $\log \hat{u}_i^2$ [$\hat{u}_i$: resíduo OLS de (A)],

$$\widehat{\log \hat{u}_i^2} = -4{,}733 - 0{,}289 d1_i + 0{,}460 d2_i, \qquad R^2 = 0{,}0069. \qquad (B)$$

a) Qual a função cedástica a partir da qual se estimou (B)?

b) Teste homoscedasticidade, no contexto da função descrita em a).

c) Considere as estimativas OLS e FGLS dos parâmetros de (A) (erros-padrão entre parêntesis),

	β_0	β_1	β_2	β_3	β_4
OLS	9,575	0,044	0,178	0,170	0,539
	(0,054)	(0,004)	(0,021)	(0,043)	(0,030)
FGLS	9,596	0,043	0,178	0,167	0,545
	(0,052)	(0,004)	(0,020)	(0,037)	(0,033)

Seria de esperar a proximidade das estimativas? Teste a hipótese de ausência de discriminação salarial em função do sexo.

8 Análise de diagnóstico e de especificação - exemplos

8.1 Introdução

O presente capítulo apresenta alguns exemplos de análise de diagnóstico e de especificação, frequentemente utilizados em modelos de regressão (não apenas linear). No âmbito das medidas de diagnóstico avulta a avaliação da influência de observações individuais das variáveis do modelo sobre as estimativas OLS – tópico tratado de forma sucinta na secção 8.2. Aborda-se sobretudo as consequências algébricas de observações influentes sobre as estimativas OLS; em todo o caso, é também possível realizar uma análise estatística desta influência – como é sugerido no exercício 8.3. As secções seguintes expõem, respectivamente, o teste RESET (sec. 8.3.1) e alguns testes de hipóteses paramétricas não encaixadas, não referidos nos capítulos anteriores (sec. 8.3.2), bem como medidas de selecção de modelos (sec. 8.4), alternativa frequente aos testes estatísticos de modelos não encaixados.

8.2 Observações influentes

Em Econometria considera-se que uma observação é *influente* quando a sua presença no conjunto dos dados tem um impacto sobre os valores das diversas quantidades de interesse (estimativas dos parâmetros, erros-padrão, estatísticas de teste, etc.) consideravelmente mais acentuado do que as restantes observações (veja-se, por exemplo, Belsley, Kuh e Welsch, 1980, sec. 2.1). De entre vários factores que concorrem para a presença de observações influentes, contam-se erros de medida das variáveis, registo incorrecto de dados, especificação insatisfatória do modelo, ou presença de dados que, embora possam ter sido correctamente registados, são atípicos (*outliers*). Com frequência é útil isolar as observações atípicas e avaliar em que medida elas afectam as estimativas de interesse.

Considere-se a figura 8.1, cuja nuvem de pontos representa uma amostra de 50 observações de (x, y). Nesta amostra, 49 observações são geradas de forma independente a partir da relação

$$y_i = 10 - 1{,}5x_i + u_i, \quad x_i \sim \mathcal{U}(4{,}8), \quad u_i \sim \mathcal{N}(0{,}1), \quad i = 1, \ldots, 49,$$

com x_i uniforme ($\mathcal{U}$) e u_i independentes entre si. Estas observações correspondem à nuvem de pontos no lado direito do gráfico. O ponto isolado do gráfico (canto inferior esquerdo) tem coordenadas aproximadas (2,007; - 1,572), produzidas por

$$y + 8 = 10 - 1{,}5(x - 2) + u,$$

com x e u obtidos como para os restantes pontos (x é o mínimo da amostra completa). As duas rectas na figura são ajustadas por OLS: a linha mais espessa resulta da consideração da amostra completa e a linha fina obtém-se a partir da amostra sem o ponto isolado, à esquerda. Pode constatar-se como este ponto (*outlier*) força claramente a deslocação da recta OLS na sua direcção. De facto o declive estimado passa de - 1,39 (próximo do verdadeiro valor, - 1,5), na recta estimada com 49 observações, para - 0,92, na recta relativa à amostra completa. Repare-se que a abcissa do ponto isolado não bastaria, por si só, para deslocar a recta no sentido referido: se a respectiva ordenada fosse mais próxima do valor estimado pela recta fina, esta não seria grandemente afectada pela presença do ponto. Ou seja, o valor da abcissa, distante das restantes 49, confere à observação em causa a possibilidade de ser influente (confere-lhe *leverage*); mas é a ordenada que determina se esta capacidade potencial é efectivamente realizada, resultando num impacto considerável sobre a posição da linha de regressão (isto é, sobre as estimativas dos parâmetros). Por outras palavras, uma observação é considerada uma observação influente se o valor da variável dependente difere substancialmente daquilo que seria de esperar dado o padrão geral das restantes observações.

Considere-se agora, de modo geral, o modelo linear, $\boldsymbol{y} = \boldsymbol{X\beta} + \boldsymbol{u}$. Como quantificar o impacto de uma dada observação sobre as quantidades de interesse? No que se refere ao estimador dos parâmetros, seja $\widehat{\boldsymbol{\beta}}_{(i)}$ o estimador OLS obtido sem a i-ésima observação, e $\widehat{\boldsymbol{\beta}}$ o estimador OLS a partir da amostra completa. Mostra-se que (v. sec. 8.5)

$$\widehat{\boldsymbol{\beta}} - \widehat{\boldsymbol{\beta}}_{(i)} = (1 - h_{ii})^{-1}(\boldsymbol{X}'\boldsymbol{X})^{-1}\boldsymbol{x}_i'\hat{u}_i, \qquad (8.1)$$

em que $h_{ii} = \boldsymbol{x}_i(\boldsymbol{X}'\boldsymbol{X})^{-1}\boldsymbol{x}_i'$ denota o elemento (i, i) da matriz $\boldsymbol{P}_X = \boldsymbol{X}(\boldsymbol{X}'\boldsymbol{X})^{-1}\boldsymbol{X}'$.(12)

Figura 8.1

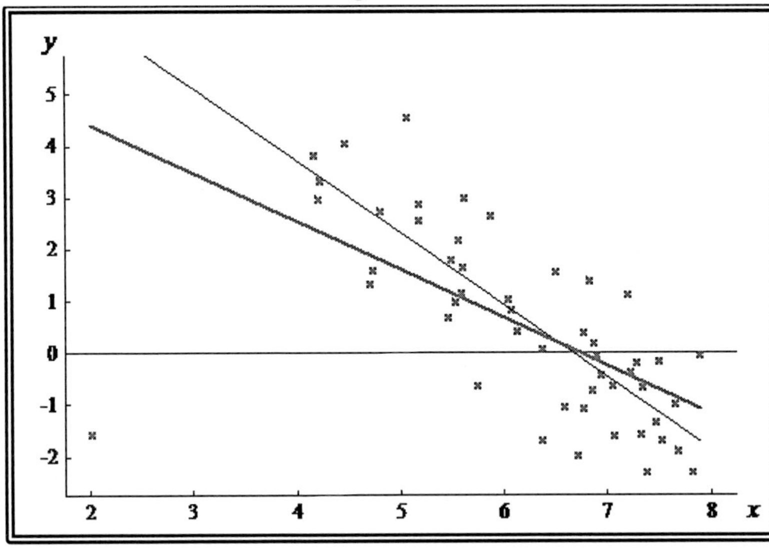

Observação influente

A expressão (8.1) torna evidente que, se $\hat{u}_i$ ou h_{ii}, ou ambos, são elevados, o impacto da i-ésima observação sobre (pelo menos algum elemento de) $\hat{\boldsymbol{\beta}}$ é considerável. Note-se que se h_{ii} é elevado (o que depende das coordenadas da observação i relativas às variáveis explicativas, $\boldsymbol{x}_i$), não se segue necessariamente que a observação seja influente – tal depende também de $\hat{u}_i$ (que envolve directamente a ordenada da i-ésima observação, y_i). Uma observação com elevado h_{ii} é potencial-

(12) A notação "h" resulta de se designar a matriz $\boldsymbol{P}_X$ como matriz "$\boldsymbol{H}$" (*hat*), visto que $\boldsymbol{P}_X\boldsymbol{y} = \boldsymbol{X}\hat{\boldsymbol{\beta}} = \hat{\boldsymbol{y}}$, isto é $\boldsymbol{P}_X$ converte $\boldsymbol{y}$ em "$\boldsymbol{y}$ chapéu".

mente influente e designa-se um ponto de *leverage*; mas esta observação só é de facto influente, se o efeito combinado com $\hat{u}_i$, nos termos referidos, for elevado.

É possível testar estatisticamente se uma dada observação é influente, no sentido de que a sua exclusão da amostra causa uma alteração significativa no estimador OLS de $\boldsymbol{\beta}$ – deixa-se para os exercícios a dedução do correspondente teste (um teste t simples, a partir de uma regressão modificada). Em todo o caso, pode-se de algum modo avaliar a "grandeza" de h_{ii}. Note-se que num modelo com k variáveis explicativas e termo independente se tem

$$\sum_{i=1}^{n} h_{ii} = \sum_{i=1}^{n} \boldsymbol{x}_i(\boldsymbol{X}'\boldsymbol{X})^{-1}\boldsymbol{x}_i' = \mathrm{tr}(\boldsymbol{P}_X) =$$
$$\mathrm{tr}[\boldsymbol{X}(\boldsymbol{X}'\boldsymbol{X})^{-1}\boldsymbol{X}'] = \mathrm{tr}[(\boldsymbol{X}'\boldsymbol{X})^{-1}\boldsymbol{X}'\boldsymbol{X}] = \mathrm{tr}(\boldsymbol{I}_{k+1}) = k + 1,$$

em que tr(·) denota o traço da matriz (v. anexo A.2). Donde, a média amostral dos valores h_{ii} é igual a $(k + 1)/n$. Portanto, observações para as quais h_{ii} é consideravelmente maior do que o valor médio são observações que merecem, em princípio, atenção especial, pois podem ser observações influentes.

Que fazer se uma observação é julgada influente? Antes de mais, deve-se examinar se o dado em causa foi bem registado, já que uma causa frequente de influência tem a ver com erros de registo. Se tal é o caso e não se pode recuperar o valor correcto, o mais usual é eliminar a observação da amostra (em qualquer caso deve-se manter um registo desta "limpeza" dos dados, para eventual revisão futura do trabalho empírico). Também pode suceder que a observação em causa tenha sido medida correctamente. Neste caso, há várias opiniões acerca de como prosseguir: enquanto alguns investigadores procuram alterar a especificação do modelo, de modo a acomodar a observação, outros simplesmente a eliminam da amostra. Em todo o caso, esta segunda opção é frequentemente criticada, por desvirtuar, segundo algumas opiniões, a integridade dos resultados empíricos.

8.3 Testes da forma funcional

Uma parte importante da análise econométrica consiste em avaliar se os modelos de regressão adoptados constituem adequada especificação das relações económicas de interesse para o investigador. Entre os vários pressupostos que constituem um modelo econométrico, a forma da função de regressão populacional, $\mathrm{E}(y|\boldsymbol{x})$, constitui claramente um dos aspectos centrais a considerar. Daí a importância que naturalmente se atribui aos testes da forma funcional. Na presente secção aborda-se dois tipos de testes, no contexto do modelo linear. Para uma exposição mais aprofundada do tema, veja-se, por exemplo, Wooldridge (2001).

8.3.1 Teste RESET

O teste *RESET* (*"regression specification error test"*), originalmente proposto por Ramsey (1969), é um dos testes de especificação mais antigos mas, também, dos mais utilizados. A ideia do teste parte da constatação simples de que, se a função de regressão populacional é linear nas variáveis explicativas,

$$y = \boldsymbol{x\beta} + u, \qquad \mathrm{E}(u|\boldsymbol{x}) = 0,$$

então, qualquer função não linear de $\boldsymbol{x}$ adicionada a este modelo é irrelevante como variável explicativa. Por exemplo, se $g(\boldsymbol{x})$ denota uma função não linear das variáveis explicativas, então, no modelo

$$y = \boldsymbol{x\beta} + \delta g(\boldsymbol{x}) + u,$$

o parâmetro δ é nulo. Deste modo, a ideia do teste consiste em ensaiar a hipótese nula de que o modelo é linear, contra a hipótese alternativa de que a média condicional, $\mathrm{E}(y|\boldsymbol{x})$, é uma função não linear (não especificada) de $\boldsymbol{x}$.

Embora a forma funcional alternativa seja usualmente desconhecida, pode-se aproximar esta de modo razoável, adicionando potências das variáveis explicativas originais, como, por exemplo, no caso em que a verdadeira função de regressão é quadrática ou cúbica. De modo equivalente, pode-se aproximar a forma funcional alternativa adicionando potências de $\boldsymbol{x\beta}$ à regressão linear; dado que não se conhece $\boldsymbol{\beta}$, é assintoticamente equivalente, sob a hipótese nula, adicionar potências de $\hat{y} = \boldsymbol{x}\widehat{\boldsymbol{\beta}}$ e testar a respectiva significância estatística. Em suma, pode-se realizar o teste *RESET* através dos seguintes passos:

i. Estimar por OLS a regressão $\boldsymbol{y} = \boldsymbol{X\beta} + \boldsymbol{u}$, e obter os valores estimados, $\widehat{\boldsymbol{y}}$.

ii. Estimar por OLS a regressão de $\boldsymbol{y}$ sobre $\boldsymbol{X}, \widehat{\boldsymbol{y}}^2, \widehat{\boldsymbol{y}}^3, \dots, \widehat{\boldsymbol{y}}^{J+1}$, com $J \in \boldsymbol{\mathcal{N}}$ previamente seleccionado, e testar a significância conjunta dos termos adicionais, $\widehat{\boldsymbol{y}}^2, \dots, \widehat{\boldsymbol{y}}^{J+1}$.

Note-se que $\widehat{\boldsymbol{y}}$ não se inclui no conjunto dos regressores adicionais – caso contrário introduzir-se-ia multicolinearidade perfeita. O número de potências adicionais, J, tem que ser escolhido pelo investigador – vários estudos apontam no sentido de que, com frequência, o teste se comporta adequadamente com potências até à ordem três ou quatro, em face de várias formas funcionais alternativas.

8.3.2 Testes de hipóteses não encaixadas

Em todos os testes estatísticos descritos até aqui, o modelo que resulta da hipótese nula constitui um caso particular de um modelo mais geral, indicado pela hipótese alternativa (mesmo que, como no caso do teste *RESET*, a hipótese alternativa não especifique o modelo mais geral que enquadra o modelo da hipótese nula). Por outras palavras, todas as hipóteses nulas ensaiadas até aqui se encaixam, ou enquadram, na hipótese alternativa. Por exemplo, a hipótese nula $H_0: \beta_1 = 1$ no modelo $y = \beta_0 + \beta_1 x_1 + \beta_2 x_2 + u$ conduz ao modelo $y - x_1 = \beta_0 + \beta_2 x_2 + u$, caso particular do primeiro.

Por vezes, o modelo da hipótese nula de interesse não constitui um caso particular do modelo alternativo. Neste caso, parece mais adequado considerar os dois modelos como duas hipóteses concorrentes, nenhuma das quais constitui caso particular da outra. Na presente secção aborda-se, de forma sucinta, alguns testes de *hipóteses não encaixadas*, isto é, hipóteses que não constituem um caso particular das respectivas hipóteses alternativas.

Suponha-se que se dispõe de duas teorias económicas que implicam diferentes modelos de regressão linear para y. Pode-se escrever os dois modelos na forma

$$H_1: y = \boldsymbol{x\beta} + u_1, \qquad H_2: y = \boldsymbol{z\gamma} + u_2,$$

em que $\boldsymbol{x}$ tem dimensão $1 \times k_1$ e $\boldsymbol{z}$ dimensão $1 \times k_2$. Para que os modelos H_1 e H_2 não sejam encaixados, o vector $\boldsymbol{x}$ deve conter no mínimo uma variável explicativa não incluída em $\boldsymbol{z}$, e vice-versa. Por simplicidade, assume-se que se uma hipótese $H_j, j = 1,2$, corresponde ao modelo populacional, o respectivo erro, u_j, é homoscedástico e não autocorrelacionado. Deste modo, sob H_j pode-se estimar o respectivo modelo por OLS (e basear a inferência no estimador usual de covariâncias).

Para testar H_1 contra H_2 pode-se enquadrar artificialmente os dois modelos num só,

$$H_3: y = \boldsymbol{x\beta} + \boldsymbol{z}^*\boldsymbol{\gamma}^* + u_3,$$

em que $\boldsymbol{z}^*$ inclui as variáveis de $\boldsymbol{z}$ que não estão em $\boldsymbol{x}$, e testar a hipótese $H_0: \boldsymbol{\gamma}^* = \boldsymbol{0}$ (por exemplo, mediante um teste F). Na realidade, este teste não é um teste de H_1 contra H_2 mas contra H_3. Davidson e MacKinnon (1981) sugerem a construção do modelo artificial

$$y = (1-\alpha)\boldsymbol{x\beta} + \alpha\boldsymbol{z\gamma} + u.$$

Se $\alpha = 0$, resulta o modelo H_1; se $\alpha = 1$, o modelo coincide com H_2. Donde, testar H_1 corresponde a testar $H_0: \alpha = 0$. O problema que se coloca para o efeito é o de que não se pode estimar α (nem, frequentemente, outros parâmetros) - por outras palavras, α não é identificado. A razão prende-se com o facto de que o modelo tem $k_1 + k_2 + 1$ parâmetros e, no máximo, $k_1 + k_2$ variáveis explicativas (ou possivelmente menos, porque frequentemente os dois modelos podem ter variáveis em comum). Por esta razão, substitui-se $\boldsymbol{\gamma}$ pelo seu estimador OLS, $\hat{\boldsymbol{\gamma}} = (\boldsymbol{Z}'\boldsymbol{Z})^{-1}\boldsymbol{Z}'\boldsymbol{y}$. Ou seja, testa-se $H_0: \alpha = 0$ na regressão

$$\boldsymbol{y} = \boldsymbol{X\beta} + \alpha\boldsymbol{Z}\hat{\boldsymbol{\gamma}} + \boldsymbol{u}$$

($\boldsymbol{X}$ e $\boldsymbol{Z}$ com o significado habitual) - na literatura, este teste designa-se teste J. Sob H_0, a correspondente estatística t é assintoticamente distribuída segundo uma função $\mathcal{N}(0,1)$.

Embora assintoticamente válido, o teste J comporta-se sofrivelmente em pequenas amostras (com tendência a rejeitar a hipótese nula com bastante mais frequência do que o nível de significância nominal do teste). Nesta medida, atendendo a que, sob H_1,

$$\text{plim}\,\hat{\boldsymbol{\gamma}} = \text{plim}(n^{-1}\boldsymbol{Z}'\boldsymbol{Z})^{-1}\text{plim}(n^{-1}\boldsymbol{Z}'\boldsymbol{y}) =$$
$$\text{plim}(n^{-1}\boldsymbol{Z}'\boldsymbol{Z})^{-1}\text{plim}[n^{-1}\boldsymbol{Z}'(\boldsymbol{X\beta} + \boldsymbol{u_1})] =$$
$$\text{plim}(n^{-1}\boldsymbol{Z}'\boldsymbol{Z})^{-1}\text{plim}(n^{-1}\boldsymbol{Z}'\boldsymbol{X})\boldsymbol{\beta},$$

uma ideia plausível consiste em substituir $\hat{\boldsymbol{\gamma}}$ no modelo artificial, considerando, em sua vez,

$$\tilde{\boldsymbol{\gamma}} = [(\boldsymbol{Z}'\boldsymbol{Z})^{-1}\boldsymbol{Z}'\boldsymbol{X}]\hat{\boldsymbol{\beta}} = [(\boldsymbol{Z}'\boldsymbol{Z})^{-1}\boldsymbol{Z}'\boldsymbol{X}][(\boldsymbol{X}'\boldsymbol{X})^{-1}\boldsymbol{X}'\boldsymbol{y}],$$

(note-se que $\hat{\boldsymbol{\beta}}$ é o estimador OLS de $\boldsymbol{\beta}$, dado pela expressão no segundo parêntesis recto). Ou seja, testa-se $H_0: \alpha = 0$ na regressão

$$\boldsymbol{y} = \boldsymbol{X\beta} + \alpha\boldsymbol{Z}\tilde{\boldsymbol{\gamma}} + \boldsymbol{u}.$$

O teste correspondente, proposto por Fisher e McAleer (1981) e designado teste J_A, comporta-se bastante melhor em amostras finitas do que o teste J. Assintoticamente, os testes J e J_A são equivalentes.

Os testes de hipóteses não encaixadas têm algumas características problemáticas, que os distinguem dos testes usuais (de hipóteses encaixadas). Note-se a assimetria entre o modelo H_1 e o modelo H_2 – qualquer destes modelos se pode testar (como hipótese "nula") contra o outro (hipótese "alternativa"), o que origina dois testes distintos. Neste sentido, pode-se chegar a uma das seguintes conclusões:

i. Nenhum modelo é rejeitado. O que significa que os dados não são suficientemente informativos para se discriminar entre os dois modelos. Na prática, sem uma amostra mais rica parece indiferente utilizar qualquer modelo (para escolher entre eles, pode-se recorrer a critérios de selecção, como *SC* e *AIC* – v. sec. 8.4).

ii. Ambos os modelos são rejeitados. Neste caso há que prosseguir a busca de um modelo adequado, já que nenhum modelo parece explicar capazmente a variação de y.

iii. Só um dos modelos é rejeitado. A rejeição de um modelo não significa necessariamente a adopção do outro; opta-se apenas pela recusa do modelo que se toma para hipótese nula. Entretanto, o modelo não rejeitado (contra a alternativa em causa) pode ser rejeitado contra outras especificações. O que se pode concluir é que, *entre ambos*, se escolhe o modelo não rejeitado.

8.4 R^2 ajustado. Selecção de modelos.

Nenhuma das hipóteses do modelo exige que R^2 tenha um valor elevado; este é apenas uma estimativa da percentagem da variação de y que, na população, é explicada pelas variáveis explicativas. Um valor reduzido de R^2 pode significar que a variância do erro é provavelmente elevada relativamente à variância de y, acarretando baixa precisão dos estimadores e, na mesma medida, fraco ajustamento da regressão estimada à nuvem de pontos observados. Por conseguinte, não se pode concluir que um modelo está mal especificado pelo facto de se obter um baixo valor de R^2 - note-se que o pressuposto $\mathrm{E}(u|\boldsymbol{x}) = 0$ é compatível com uma variância elevada do erro.

Como já referido, R^2 não decresce quando se adiciona variáveis explicativas ao modelo, pelo que este coeficiente não constitui uma medida adequada de comparação de modelos. Pode-se modificar R^2 de modo que a introdução de mais regressores não implique necessariamente um acréscimo do valor do coeficiente. Seja a expressão

$$R^2 = 1 - \mathrm{SQR}/\mathrm{SQT} = 1 - (\mathrm{SQR}/n)/(\mathrm{SQT}/n).$$

Ora, $\mathrm{E}(\mathrm{SQT}) = (n-1)\mathrm{V}(y)/n$ e, sob o modelo de Gauss-Markov, $\mathrm{E}(\mathrm{SQR}) = (n-k-1)\sigma^2/n$, de modo que se pode encarar R^2 como quociente entre estimadores enviesados das variâncias do erro e da variável dependente. Substituindo estimadores enviesados por estimadores cêntricos, obtém-se o *coeficiente de determinação ajustado*,

$$\bar{R}^2 = 1 - [\mathrm{SQR}/(n-k-1)]/[\mathrm{SQT}/(n-1)] = 1 - \hat{\sigma}^2/[\mathrm{SQT}/(n-1)].$$

Contrariamente a R^2, o coeficiente de determinação ajustado depende do número de variáveis explicativas (k). Se se introduz novas variáveis no modelo, SQR decresce mas k aumenta; de modo que $\bar{R}^2$ pode não aumentar. Demonstra-se que $\bar{R}^2$ aumenta se e só se a estatística F para testar a significância destas novas variáveis é superior a 1 (de modo equivalente, o valor absoluto da estatística t, no caso de apenas uma variável adicional).

Pode-se comparar o ajustamento de dois modelos diferentes (com a mesma variável dependente) com base em R^2 ou $\bar{R}^2$. Todavia, não se deve utilizar nenhum dos coeficientes para comparar o grau de explicação de uma mesma variável dependente (seja y) proporcionado por regressões com variáveis dependentes diferentes (modelos ditos *não encaixados*) - por exemplo, y e $\log y$. A variação total para cada variável difere, logo, comparar coeficientes de determinação para tais modelos não fornece indicação sobre o modelo que proporciona melhor ajustamento aos valores observados de uma das variáveis dependentes.

A literatura refere vários critérios frequentemente utilizados para seleccionar uma entre diversas especificações alternativas, envolvendo diferentes variáveis dependentes e/ou diferentes regressores. Entre outros, refira-se o *critério de Schwarz*,

$$SC = \log(\mathrm{SQR}/n) + [(k+1)/n]\log(n),$$

e o *critério de informação de Akaike*,

$$AIC = \log(\mathrm{SQR}/n) + 2k/n.$$

Com base em qualquer destes critérios, escolhe-se o modelo que produz o valor menor. Busca-se a especificação que reduz SQR mas, simultaneamente, qualquer dos critérios inclui uma penalização que aumenta com o número de regressores.

8.5 Demonstrações

Observações influentes - expressão (8.1)

[Nota: o exercício 8.2 propõe uma demonstração alternativa de (8.1).]
Considere-se a amostra sem a i-ésima observação e as respectivas matrizes dos regressores, $\boldsymbol{X}_{(i)}$, e da variável dependente, $\boldsymbol{y}_{(i)}$. Então,

$$\hat{\boldsymbol{\beta}}_{(i)} = \left(\boldsymbol{X}'_{(i)}\boldsymbol{X}_{(i)}\right)^{-1}\boldsymbol{X}'_{(i)}\boldsymbol{y}_{(i)}.$$

Repare-se que $\boldsymbol{X}'_{(i)}\boldsymbol{X}_{(i)} = \boldsymbol{X}'\boldsymbol{X} - \boldsymbol{x}'_i\boldsymbol{x}_i$ e $\boldsymbol{X}'_{(i)}\boldsymbol{y}_{(i)} = \boldsymbol{X}'\boldsymbol{y} - \boldsymbol{x}'_i y_i$.

Para demonstrar a igualdade (8.1) pode-se utilizar a fórmula matricial

$(\boldsymbol{A}-\boldsymbol{x}'\boldsymbol{x})^{-1}=\boldsymbol{A}^{-1}+(1-\boldsymbol{x}\boldsymbol{A}^{-1}\boldsymbol{x}')^{-1}\boldsymbol{A}^{-1}\boldsymbol{x}'\boldsymbol{x}\boldsymbol{A}^{-1}$, com $\boldsymbol{A}$ matriz quadrada e $\boldsymbol{x}$ um vector linha) - v., por exemplo, Press, *et al.* (2007, sec. 2.7.1). Tome-se $\boldsymbol{A}=\boldsymbol{X}'\boldsymbol{X}$ e $\boldsymbol{x}=\boldsymbol{x}_i$; vem

$$\left(\boldsymbol{X}'_{(i)}\boldsymbol{X}_{(i)}\right)^{-1}=(\boldsymbol{X}'\boldsymbol{X}-\boldsymbol{x}'_i\boldsymbol{x}_i)^{-1}=$$
$$(\boldsymbol{X}'\boldsymbol{X})^{-1}+[1-\boldsymbol{x}'_i(\boldsymbol{X}'\boldsymbol{X})^{-1}\boldsymbol{x}_i]^{-1}(\boldsymbol{X}'\boldsymbol{X})^{-1}\boldsymbol{x}'_i\boldsymbol{x}_i(\boldsymbol{X}'\boldsymbol{X})^{-1}=$$
$$(\boldsymbol{X}'\boldsymbol{X})^{-1}+(1-h_{ii})^{-1}(\boldsymbol{X}'\boldsymbol{X})^{-1}\boldsymbol{x}'_i\boldsymbol{x}_i(\boldsymbol{X}'\boldsymbol{X})^{-1},$$

donde, recordando que $\widehat{\boldsymbol{\beta}}=(\boldsymbol{X}'\boldsymbol{X})^{-1}\boldsymbol{X}'\boldsymbol{y}$,

$$\widehat{\boldsymbol{\beta}}_{(i)}=[(\boldsymbol{X}'\boldsymbol{X})^{-1}+(1-h_{ii})^{-1}(\boldsymbol{X}'\boldsymbol{X})^{-1}\boldsymbol{x}'_i\boldsymbol{x}_i(\boldsymbol{X}'\boldsymbol{X})^{-1}](\boldsymbol{X}'\boldsymbol{y}-\boldsymbol{x}'_iy_i)=$$
$$\widehat{\boldsymbol{\beta}}-(\boldsymbol{X}'\boldsymbol{X})^{-1}\boldsymbol{x}'_iy_i+(1-h_{ii})^{-1}(\boldsymbol{X}'\boldsymbol{X})^{-1}\boldsymbol{x}'_i\left(\boldsymbol{x}_i\widehat{\boldsymbol{\beta}}-h_{ii}y_i\right)=$$
$$\widehat{\boldsymbol{\beta}}-(1-h_{ii})^{-1}(\boldsymbol{X}'\boldsymbol{X})^{-1}\boldsymbol{x}'_i\left[(1-h_{ii})y_i-\boldsymbol{x}_i\widehat{\boldsymbol{\beta}}-h_{ii}y_i\right]=$$
$$\widehat{\boldsymbol{\beta}}-(1-h_{ii})^{-1}(\boldsymbol{X}'\boldsymbol{X})^{-1}\boldsymbol{x}'_i\left(y_i-\boldsymbol{x}_i\widehat{\boldsymbol{\beta}}\right)=\widehat{\boldsymbol{\beta}}-(1-h_{ii})^{-1}(\boldsymbol{X}'\boldsymbol{X})^{-1}\boldsymbol{x}'_i\hat{u}_i.\ \#$$

Exercícios

8.1 A lista seguinte contém os valores de $h_{ii}=\boldsymbol{x}_i(\boldsymbol{X}'\boldsymbol{X})^{-1}\boldsymbol{x}'_i$, $\boldsymbol{x}_i=(1,x_i)$, a partir da amostra $(x_i, i=1,\dots,50)$ referida na secção 8.2.

i	h_{ii}	i	h_{ii}	i	h_{ii}	i	h_{ii}	i	h_{ii}
1	0,260000	11	0,034031	21	0,020285	31	0,025698	41	0,037939
2	0,075859	12	0,027345	22	0,020192	32	0,026151	42	0,038326
3	0,073985	13	0,026681	23	0,020043	33	0,026373	43	0,039826
4	0,073013	14	0,025816	24	0,020439	34	0,027029	44	0,042603
5	0,060969	15	0,025475	25	0,020439	35	0,027806	45	0,043419
6	0,050315	16	0,024894	26	0,021302	36	0,030513	46	0,044415
7	0,048876	17	0,024725	27	0,022161	37	0,030680	47	0,049530
8	0,046109	18	0,024427	28	0,023752	38	0,033966	48	0,050831
9	0,037234	19	0,022735	29	0,024596	39	0,035006	49	0,057058
10	0,034147	20	0,021288	30	0,024633	40	0,036697	50	0,060373

***a*)** Qual o valor da média aritmética dos h_{ii} (o modelo estimado é o modelo linear simples, com termo independente)? Confirme este valor calculando a média dos valores apresentados.

b) Há alguma observação que pareça poder exercer influência desproporcionada sobre os resultados de estimação do modelo $y_i = \beta_0 + \beta_1 x_i + u_i$, quando comparada com as demais observações?

8.2 Mostre que, na regressão simples, $y = \beta_0 + \beta_1 x + u$, se tem

$$h_{ii} = n^{-1} + (x_i - \bar{x})^2 / \sum_{i=1}^{n} (x_i - \bar{x})^2.$$

Calcule a média amostral dos h_{ii}, $i = 1, \dots, n$.

8.3 Considere a regressão $\boldsymbol{y} = \boldsymbol{X\beta} + \gamma \boldsymbol{e}_i + \boldsymbol{u}$, em que $\boldsymbol{e}_i$ denota um vector $n \times 1$ com o i-ésimo elemento igual a 1 e os restantes elementos nulos (os restantes termos da equação têm o significado usual).

a) Considere a regressão $\boldsymbol{y} = \delta \boldsymbol{e}_i + \textbf{erro}$. Mostre que o vector de resíduos desta regressão se pode escrever como $\boldsymbol{y} - \hat{\delta} \boldsymbol{e}_i = \boldsymbol{M}_{\boldsymbol{e}_i} \boldsymbol{y}$, em que $\boldsymbol{M}_{\boldsymbol{e}_i} = \boldsymbol{I}_n - \boldsymbol{e}_i(\boldsymbol{e}_i'\boldsymbol{e}_i)^{-1}\boldsymbol{e}_i' = \boldsymbol{I}_n - \boldsymbol{e}_i\boldsymbol{e}_i'$ (matriz $n \times n$). Verifique que $\boldsymbol{M}_{\boldsymbol{e}_i} \boldsymbol{y}$ reproduz o vector $\boldsymbol{y}$, com excepção do i-ésimo elemento que é substituído por 0.

b) Considere, do mesmo modo, a regressão $\boldsymbol{x}_l^c = \eta \boldsymbol{e}_i + \textbf{erro}$, em que $\boldsymbol{x}_l^c$, $n \times 1$, denota a coluna l de $\boldsymbol{X}$, $l = 1, \dots, k$. Mostre que o vector de resíduos desta regressão se pode escrever como $\boldsymbol{x}_l^c - \hat{\eta} \boldsymbol{e}_i = \boldsymbol{M}_{\boldsymbol{e}_i} \boldsymbol{x}_l^c$. Qual o significado da matriz $\boldsymbol{M}_{\boldsymbol{e}_i} \boldsymbol{X}$?

c) Mostre, atendendo ao Teorema FWL, que o estimador OLS de $\boldsymbol{\beta}$ a partir da regressão inicial é o estimador $\widehat{\boldsymbol{\beta}}_{(i)}$ referido na expressão (8.1). Verifique que

$$\widehat{\boldsymbol{\beta}}_{(i)} = \left(\boldsymbol{X}' \boldsymbol{M}_{\boldsymbol{e}_i} \boldsymbol{X}\right)^{-1} \boldsymbol{X}' \boldsymbol{M}_{\boldsymbol{e}_i} \boldsymbol{y}.$$

d) Admita que na população $\gamma = 0$. Que significa esta situação em termos da influência da i-ésima observação das variáveis sobre o estimador de $\boldsymbol{\beta}$? Como se pode testar a hipótese $H_0: \gamma = 0$?

e) A amostra referida na secção 8.2 conduziu às regressões OLS

$$\hat{y}_i = \underset{(1{,}051)}{6{,}257} - \underset{(0{,}167)}{0{,}928} x_i \qquad i = 1, \dots, 50,$$

$$A \quad \hat{y}_i = \underset{(0,877)}{9,283} - \underset{(0,138)}{1,392}x_i, \qquad i = 2, \dots, 50,$$

$$B \quad \hat{y}_i = \underset{(1,072)}{6,394} - \underset{(0,171)}{0,954}x_i, \qquad i = 1, \dots, 49,$$

$$C \quad \hat{y}_i = \underset{(0,877)}{9,283} - \underset{(0,138)}{1,392}x_i - \underset{(1,187)}{8,061}e_{1_i}, \qquad i = 1, \dots, 50,$$

$$D \quad \hat{y}_i = \underset{(1,072)}{6,394} - \underset{(0,171)}{0,954}x_i - \underset{(1,474)}{1,096}e_{50_i}, \qquad i = 1, \dots, 50,$$

em que e_{1_i} (e_{50_i}) denota a i-ésima observação do vector $\boldsymbol{e_1} = [1, 0, \dots, 0]'$ ($\boldsymbol{e_{50}} = [0, \dots, 0,1]'$).

i. Compare as estimativas nas regressões A e B com as correspondentes estimativas na regressão inicial (de y sobre x, com a amostra completa).

ii. Comente as igualdades das estimativas dos parâmetros correspondentes: entre as regressões A e C; e entre as regressões B e D.

iii. Teste a hipótese de que a primeira observação da amostra ($i = 1$) é influente. Repita o teste para a última observação ($i = 50$).

8.4 Utilizando dados de 2001 para as freguesias de Portugal, relativos à taxa de desemprego (des), percentagem de população com curso superior (sup), número de mulheres residentes na freguesia ($mulh$), densidade populacional ($dpop$) e uma *dummy* para freguesias rurais ($rural$), estimou-se a regressão OLS

$$\widehat{des} = \underset{(0,58)}{7,08} + \underset{(0,02)}{0,03}sup - \underset{(0,087)}{0,195}\log(mulh) + \underset{(0,00004)}{0,0002}dpop + \underset{(0,19)}{1,8}\,rural, \qquad n = 4036, \quad R^2 = 0,0416.$$

Estimou-se ainda a equação seguinte, em que $\hat{y}$ é a estimativa de des a partir do modelo anterior,

$$\widehat{des} = \underset{(40,6)}{13,047} + \underset{(0,025)}{0,07}\,sup - \underset{(01769)}{0,617}\log(mulh) + \underset{(0,001)}{0,0006}\,dpop + \underset{(16,31)}{5,38}\,rural - \underset{(1,13)}{0,06}\hat{y}^2 - \underset{(0,04)}{0,07}\hat{y}^3,$$

$$n = 4036, \qquad R^2 = 0,0425.$$

Realize o teste *RESET*. Que se conclui?

8.5 Para estudar os factores sociodemográficos da abstenção eleitoral, *abs*, nos municípios de Portugal continental nas eleições autárquicas de 2009, estima-se a equação ($n = 275$)

$$\widehat{abs} = \underset{(8,9)}{-24{,}32} + \underset{(2,46)}{2{,}88}\log(p65) + \underset{(2,05)}{10{,}85}\log(sterc) -$$
$$\underset{(1,52)}{1{,}82}\log(analf) + \underset{(0,52)}{3{,}83}\log(pop),$$

com $p65$ a percentagem da população com mais de sessenta e cinco anos, $sterc$ a percentagem da população empregada que trabalha no sector terciário, $analf$ a taxa de analfabetismo e pop a população residente em milhares (valores fraccionários expressos em percentagem).

a) Interprete as estimativas dos coeficientes de $analf$ e pop.

b) Considere agora a regressão ($\hat{y}$ representa as estimativas de abs produzidas pela regressão anterior)

$$\widehat{abs} = \underset{(5,4)}{-10{,}63} - \underset{(0,10)}{0{,}12}p65 + \underset{(0,04)}{0{,}06}sterc +$$
$$\underset{(0,14)}{0{,}14}analf - \underset{(0,01)}{0{,}04}pop + \underset{(0,17)}{1{,}47}\hat{y}.$$

Realize o teste J. Que se conclui?

c) Enuncie possíveis inconvenientes do teste J.

8.6 Pretende-se estimar, mediante uma regressão simples, um modelo de explicação da taxa de natalidade (nat). Considere dois modelos alternativos: o primeiro considera a variável explicativa PIB *per capita* (PIB, milhares de dólares); o segundo considera a percentagem de população urbana (urb, pontos percentuais).

$$nat = \beta_0 + \beta_1 PIB + u \qquad\qquad nat = \gamma_0 + \gamma_1 urb + v$$

Com dados de 2008 para 170 países, estima-se as equações auxiliares

(1) $\widehat{natest}1 = \underset{(0,97)}{33{,}9} - \underset{(0,01)}{0{,}19}urb$

(2) $\widehat{nat} = \underset{(4,86)}{5{,}1} - \underset{(0,06)}{0{,}27}PIB + \underset{(0,188)}{0{,}928}\widehat{natest}2$

em que $\widehat{natest}1$ denota os valores estimados da equação $nat = \beta_0 + \beta_1 PIB + u$ e $\widehat{natest}2$ representa as estimativas de (1). Realize o teste J_A.

8.7 Recorrendo à base de dados natal.xlsx, utilizada no exercício anterior, realize o teste J_A confrontando agora os modelos

$$nat = \beta_0 + \beta_1 PIB + u, \qquad nat = \gamma_0 + \gamma_1 \, log(PIB) + v.$$

8.8 Mostre que, quando se introduz uma nova variável num modelo de regressão, o coeficiente de determinação ajustado, $\bar{R}^2$, aumenta se e só se a estatística F para testar a significância desta nova variável é superior a 1 (de modo equivalente, $|t|$ é superior a 1).

II Modelos para dados temporais

9 Séries temporais – noções básicas

9.1 Introdução

O presente capítulo introduz alguns conceitos básicos que caracterizam vulgarmente as séries temporais. Esta introdução geral precede a apresentação, no capítulo 10, de conceitos análogos no contexto da análise de regressão. Neste âmbito destaca-se, como tema de particular importância, a descrição das condições que permitem a utilização do método OLS com dados temporais. O capítulo 16 expõe temas mais avançados, tais como a séries não estacionárias e cointegração.

9.2 Processo estocástico

Na sua acepção mais simples, um processo estocástico define-se como uma sequência de variáveis aleatórias. Se as variáveis são temporalmente indexadas, o processo estocástico designa-se *série temporal* ou *série cronológica*.

Considere-se a série temporal, $(y_1, y_2, \ldots) = (y_t, t = 1,2, \ldots)$ (utiliza-se o índice "t" em vez de "i"). No presente âmbito, esta série constitui a população. A sua realização traduz-se na concretização das variáveis y_t para um conjunto finito de valores de t (usualmente consecutivos). Quando se recolhe um conjunto de dados temporais, observa-se apenas *uma* realização parcial da série temporal, porque, como é óbvio, não se pode recuar no tempo e observar uma nova realização. Por exemplo, a série de 50 observações da taxa anual de inflação, em Portugal, de 1960 a 2009, é uma única realização do processo estocástico da taxa de inflação. A dimensão de uma amostra de dados temporais, relativos a uma ou mais variáveis, é o número de períodos em que se observa as variáveis.

9.3 Amostragem não casual

Quando se analisa dados económicos temporais, deve-se considerar características específicas do processo gerador de dados – uma série temporal – que se traduzem em esquemas observacionais diversos da amostragem casual. As diferenças podem dever-se a dois motivos básicos: as variáveis da série temporal que constitui a população não são independentes e/ou não são identicamente distribuídas.

Tipicamente, as variáveis temporalmente indexadas, y_t, que constituem a população não são independentes; logo, usualmente não é razoável supor que as componentes da amostra são independentes. Mesmo quando as componentes da amostra são identicamente distribuídas (caso em que se fala de um processo estacionário), a amostra não é casual.

Considere-se um processo estocástico $(e_t, t = 1,2, \ldots)$ cujas variáveis são i.i.d.. Uma realização deste processo pode representar-se como na figura 9.1: os vértices da linha quebrada representam 100 observações independentes e_t da distribuição $\mathcal{N}(0,1)$. A aleatoriedade das observações traduz-se, por exemplo, no reduzido grau de previsibilidade de cada observação, dadas as anteriores.

Com frequência, uma série económica temporal exibe uma evolução mais ou menos sugestiva ao longo do tempo, consideravelmente diferente do comportamento errático de uma série puramente aleatória. A figura 9.2 representa a realização de uma série temporal de 100 variáveis aleatórias, idêntica mas não independentemente distribuídas. As observações da amostra obtêm-se a partir de

$$u_t = 0{,}9u_{t-1} + e_t\sqrt{0{,}19}, \qquad t = 1, \ldots, 100,$$

com $e_t \sim \mathcal{N}(0,1)$, $t = 1, \ldots, 100$, independentes, $u_0 = e_0$ e e_t independente de u_{t-1}. Pode verificar-se que $u_t \sim \mathcal{N}(0,1), \forall t$ (u_t identicamente distribuídos) mas, por exemplo, $\mathrm{COV}(u_t, u_{t-1}) = 0{,}9$ (u_t dependentes). Também $\mathrm{E}(u_t | u_{t-1}) = 0{,}9u_{t-1}$, pelo que se compreende o grau de previsibilidade de cada observação, dada a anterior.

Figura 9.1

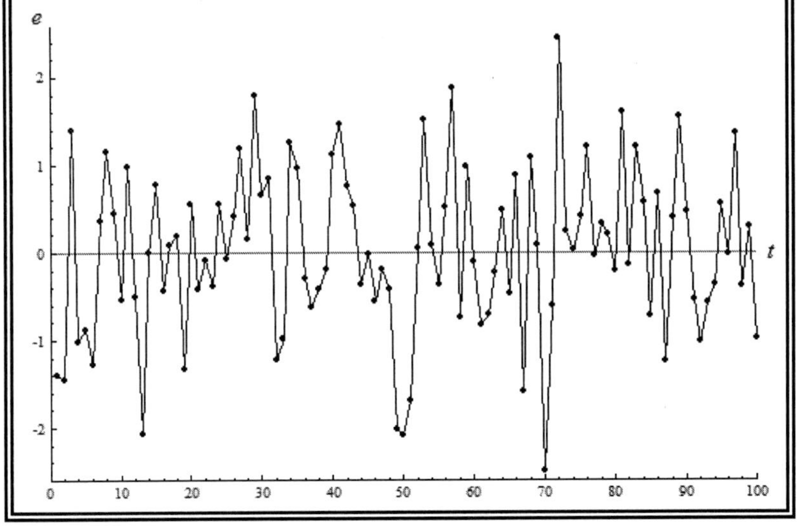

Amostra casual: $e_t \sim \mathcal{NID}(0,1), \quad t = 1,\ldots,100.$

Figura 9.2

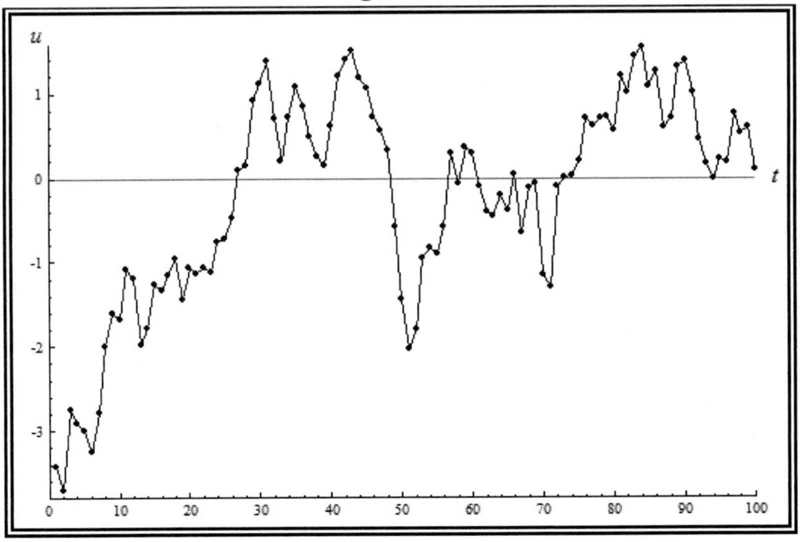

Observações identicamente distribuídas mas dependentes:

$u_0 \sim \mathcal{N}(0,1), \quad u_t = 0{,}9u_{t-1} + e_t\sqrt{0{,}19}, \quad e_t \sim \mathcal{NID}(0,1), \quad t = 1,\ldots,100.$

Já as observações representadas na figura 9.3 correspondem, diversamente da situação anterior, a realizações de variáveis independentes mas não identicamente distribuídas. Neste caso, o processo estocástico é definido por

$$u_t \sim \mathcal{N}(\mu_t; 3{,}5^{-2}), \quad \mu_t = \sin(-\pi t/30), \quad t = 1, \ldots, 100.$$

Os u_t não são identicamente distribuídos, porque têm uma média variável, dependente de t. É o carácter cíclico da média – não a hipotética natureza auto-regressiva do processo – que faz com que a série de observações exiba um padrão com alguma regularidade.

Como ilustrado nas figuras 9.2 e 9.3, a regularidade observada pode resultar da dependência entre variáveis ou de alterações temporais de características das distribuições destas variáveis. Perante uma amostra particular, nem sempre é fácil discernir o tipo de fenómeno que subjaz à natureza não casual da amostra, já que situações diversas (como as descritas) podem ser observacionalmente equivalentes.

Figura 9.3

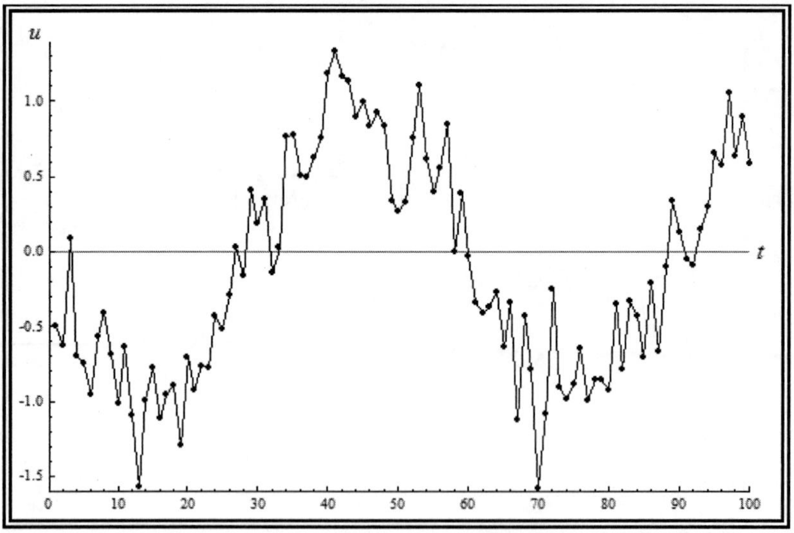

Observações independentes mas não identicamente distribuídas:
$u_t \sim NID(\mu_t, 3.5^{-2}), \quad \mu_t = \sin(-\pi t/30), \quad t = 1, \ldots, 100.$

9.4 Tendência e sazonalidade

Tendência

A tendência pode encarar-se como orientação de longo-prazo da série. Diferentes séries económicas exibem formas diversas de tendência (linear, polinomial, exponencial, logística, etc.). Pode-se especificar a tendência de acordo com um modelo temporal adequado, frequentemente sugerido por uma análise exploratória de natureza gráfica.

Supondo uma composição aditiva, seja a série temporal

$$y_t = \mu_t + e_t, \quad e_t \text{ i. i. d. } (0, \sigma_e^2) \quad \Rightarrow \quad \mathrm{E}(y_t) = \mu_t,$$

em que μ_t denota a tendência e e_t (no caso mais simples) o termo aleatória. Pode modelizar-se a tendência de várias formas, como função do tempo, t. Por exemplo,

$\mu_t = \tau_0 + \tau_1 t$: tendência linear,

$\mu_t = \tau_0 + \tau_1 t + \tau_2 t^2$: tendência quadrática,

$\mu_t = \tau_0 / \{1 + \exp[-(\tau_1 + \tau_2 t)]\}$: tendência logística,

A série da figura 9.3 sugere uma modelização do tipo sinusoidal. Uma tendência logística, por exemplo, pode ser adequada a uma série relativa à evolução do volume de vendas de um novo produto, que, numa primeira fase cresce rapidamente e gradualmente vai estabilizando, aproximando-se de um dado limiar.

Sazonalidade

Muitas séries temporais de frequência infra-anual exibem um padrão regular de variação sazonal ao longo do ano. Esta sazonalidade pode dever-se, por exemplo, a ocorrência de períodos de férias legalmente estabelecidos, variações climáticas sazonais, etc..

Muitas séries de periodicidade trimestral, mensal, etc., exibem algum tipo de sazonalidade, que deve ter-se em conta para evitar inferências incorrectas, particularmente em modelos dinâmicos. O capítulo 10 descreve formas comuns de tratamento de dados temporais afectados por sazonalidade, no contexto de regressão.

9.5 Estacionaridade

Um processo estocástico diz-se *estacionário* se as variáveis aleatórias que o compõem verificam a seguinte propriedade: se se desloca um grupo de variáveis da sequência h posições (períodos, no caso de uma série temporal) a distribuição conjunta destas variáveis aleatórias permanece inalterada. Formalmente, $(u_t, t = 1,2, \dots)$ é um processo estacionário, se, para qualquer conjunto de s índices temporais $\{t_1 < t_2 < \dots < t_s\}$, a distribuição conjunta de $(u_{t_1}, u_{t_2}, \dots, u_{t_s})$ é idêntica à distribuição de $(u_{t_1+h}, u_{t_2+h}, \dots, u_{t_s+h})$, $\forall h \in \mathcal{N}$.

Exemplo 9.1

$s = 1, t_1 = 1$: $u_t, t = 2,3, \dots$ têm mesma distribuição marginal que u_1.
$s = 2$, $t_1 = 1$, $t_2 = 5$: os pares $(u_t, u_{t+4}), t = 2,3, \dots$ têm a mesma distribuição conjunta que (u_1, u_5).
$s = 3$, $t_1 = 1$, $t_2 = 2$, $t_3 = 4$: os ternos ordenados $(u_t, u_{t+1}, u_{t+3}), t = 2,3, \dots$ têm a mesma distribuição conjunta que (u_1, u_2, u_4).

Tal como definida, a estacionaridade (também designada *estacionaridade estrita*) é uma característica muito exigente, porque significa a identidade de distribuições marginais para qualquer par de sub-vectores do processo, desde que tenham ambos o mesmo número de elementos, com idênticos desfasamentos. A estacionaridade de $(y_t, t = 1,2, \dots)$ implica, por exemplo, que os y_t são identicamente distribuídos e que a correlação entre diferentes termos do processo (logo, também entre termos consecutivos) é a mesma para diferentes períodos, se igualmente desfasados.

A estacionaridade é uma característica do processo em si mesmo – não da sua realização: perante dados concretos, pode ser difícil determinar se o processo gerador subjacente é estacionário ou não. Todavia, em certos casos é fácil verificar que os dados não são estacionários.

Muitas séries temporais agregadas (como o PIB) não são estacionárias, porque exibem uma tendência temporal. Um exemplo menos óbvio é o da taxa de câmbio, que pode não ser estacionário por ter variância variável ao longo do tempo. Em todo o caso, muitas séries se podem transformar em processos estacionários. Por exemplo, um processo diz-se *estacionário em tendência*, se se torna estacionário por subtracção da tendência.

Exemplo 9.2

$y_t = \gamma t + u_t$, $u_t \sim NID(0, \sigma^2)$: processo com tendência temporal.
O processo não é estacionário, porque $\mathrm{E}(y_s) = \gamma s \neq \mathrm{E}(y_t) = \gamma t, s \neq t$.
O processo $z_t = y_t - \gamma t = u_t \sim NID(0, \sigma^2)$ já é estacionário. Donde, $(y_t, t = 1, \dots)$ é um processo estacionário em tendência.

Uma forma de estacionaridade menos exigente do que a estacionaridade estrita, designada *estacionaridade em covariância*, define-se como segue. Um processo estocástico $(u_t, t = 1, \dots)$ com segundo momento finito, $\mathrm{E}(u_t^2) < \infty$, é estacionário em covariância (ou fracamente estacionário), se

i. $\mathrm{E}(u_t)$ constante, $\forall t$;
ii. $\mathrm{V}(u_t)$ constante, $\forall t$;
iii. $\mathrm{COV}(u_t, u_{t+h})$ não depende de t – só depende de $h, \forall t, h$.

As condições *ii.* e *iii.* implicam que também a correlação entre termos distintos da sequência só depende do desfasamento temporal, h, entre estes – não da localização de t:

$$\mathrm{CORR}(u_t, u_{t+h}) = \mathrm{COV}(u_t, u_{t+h}) / \sqrt{\mathrm{V}(u_t)\mathrm{V}(u_{t+h})};$$

$\mathrm{COV}(u_t, u_{t+h})$ só depende de h (por *iii.*) e $\mathrm{V}(u_t) = \mathrm{V}(u_{t+h})$ constante (por *ii.*). Logo, $\mathrm{CORR}(u_t, u_{t+h})$ só depende de h. Por exemplo, $\mathrm{CORR}(u_2, u_4) = \mathrm{CORR}(u_7, u_9)$.

Estas definições significam que um processo estacionário com segundo momento finito é estacionário em covariância. O contrário não é necessariamente verdadeiro: estacionaridade em covariância não implica estacionaridade (estrita).

9.6 Dependência fraca

A noção de estacionaridade refere-se à distribuição conjunta dos termos da série temporal à medida que se deslocam no tempo. Um outro aspecto importante refere-se ao grau de dependência entre termos diferentes da série. A noção de *dependência fraca* coloca limitações acerca da dependência entre termos diferentes da série, à medida que o desfasamento mútuo aumenta.

Pode considerar-se várias formas de dependência fraca, nenhuma suficientemente abrangente de todos os casos de interesse. Em geral, um processo estacionário $(u_t, t = 1, \dots)$ diz-se fracamente dependente, se u_t e u_{t+h} se tornam progressivamente menos dependentes à medida que o desfasamento, h, aumenta. Por exemplo, uma série de termos independentes goza obviamente de dependência fraca. Uma forma particular de dependência fraca é a seguinte: uma série $(u_t, t = 1, \dots)$ estacionária em covariância diz-se *assintoticamente não correlacionada*, se

$$\lim_{h \to \infty} \mathrm{CORR}(u_t, u_{t+h}) = 0.$$

9.7 Exemplos de séries temporais

9.7.1 Processo i.i.d.

Um processo i.i.d., ou *ruído branco*, define-se como um processo $(e_t, t = 1, \dots)$, cujos termos são i.i.d. com média e variância $\mathrm{E}(e_t) = \mu_e$ (usualmente $\mu_e = 0$), $\mathrm{V}(e_t) = \sigma_e^2, \forall t$: e_t i. i. d. $(0, \sigma_e^2)$. A figura 9.1 ilustra a realização de um processo deste tipo, em que cada termo é normalmente distribuído. Um ruído branco constitui um processo estacionário. A sua importância advém do facto de este processo intervir frequentemente na definição de outros processos estocásticos.

9.7.2 Processo auto-regressivo

Processo auto-regressivo de 1ª ordem

Um processo estocástico $(u_t, t = 1, \ldots)$ diz-se *auto-regressivo de primeira ordem* [denota-se AR(1)], se os seus termos verificam a equação

$$u_t = \rho_1 u_{t-1} + e_t, \quad \rho_1 \in \mathcal{R}, \quad e_t \text{ i. i. d.} (0, \sigma_e^2),$$

com e_t independente de $u_s, \forall s < t$. A figura 9.2 ilustra a realização de um processo AR(1) com $\rho_1 = 0{,}9$. O valor de u_t resulta da soma de uma fracção (trocando o sinal, se $\rho_1 < 0$) do valor no período anterior, u_{t-1}, e de uma *inovação*, e_t (com média condicional nula, dado u_{t-1}, isto é, o valor de u_{t-1} em nada contribui para o valor médio de e_t).

Considere-se $|\rho_1| < 1$. Esta desigualdade designa-se *condição de estabilidade* e constitui uma condição suficiente para que o processo AR(1) seja estritamente estacionário e fracamente dependente. Se a série é estacionária, os momentos não dependem de t. Suponha-se que, embora se comece a observar a série quando $t = 1$, esta já existe há uma infinidade de períodos. Substituindo sucessivamente, vem

$$u_t = e_t + \rho_1 u_{t-1} = e_t + \rho_1(e_{t-1} + \rho_1 u_{t-2}) = e_t + \rho_1 e_{t-1} + \rho_1^2 u_{t-2} =$$
$$e_t + \rho_1 e_{t-1} + \rho_1^2(e_{t-2} + \rho_1 u_{t-3}) = e_t + \rho_1 e_{t-1} + \rho_1^2 e_{t-2} + \rho_1^3 u_{t-3} = \cdots$$
$$e_t + \rho_1 e_{t-1} + \rho_1^2 e_{t-2} + \rho_1^3 e_{t-3} + \cdots,$$

de que resulta

$$\mathrm{E}(u_t) = \mathrm{E}(e_t) + \rho_1 \mathrm{E}(e_{t-1}) + \rho_1^2 \mathrm{E}(e_{t-2}) + \rho_1^3 \mathrm{E}(e_{t-3}) + \cdots = 0$$

e, dado que $|\rho_1| < 1$ e os e_t são independentes,

$$\mathrm{V}(u_t) = \sigma_u^2 = \mathrm{V}(e_t) + \rho_1 \mathrm{V}(e_{t-1}) + \rho_1^2 \mathrm{V}(e_{t-2}) + \rho_1^3 \mathrm{V}(e_{t-3}) + \cdots =$$
$$\sigma_e^2(1 + \rho_1^2 + \rho_1^4 + \rho_1^6 + \cdots) = \sigma_e^2/(1 - \rho_1^2).$$

Note-se que para efeito do cálculo da média e da variância, o pressuposto de que a série existe desde há uma infinidade de períodos equivale aos pressupostos $\mathrm{E}(u_1) = 0$, $\mathrm{V}(u_1) = \sigma_e^2/(1 - \rho_1^2)$. De imediato,

$$\mathrm{E}(u_2) = \rho_1 \mathrm{E}(u_1) + \mathrm{E}(e_1) = 0,$$
$$\mathrm{V}(u_2) = \rho_1^2 \mathrm{V}(u_1) + \mathrm{V}(e_1) = \sigma_e^2 \rho_1^2/(1 - \rho_1^2) + \sigma_e^2 =$$
$$\sigma_e^2/(1 - \rho_1^2) = \mathrm{V}(u_1).$$

Por recorrência, obtém-se as expressões obtidas para a esperança e a variância de $u_t, \forall t$.

No que se refere à covariância e correlação, de $\mathrm{E}(u_t) = 0$ resulta

$$\mathrm{COV}(u_t, u_{t-1}) = \mathrm{E}(u_t u_{t-1}) = \mathrm{E}[(\rho_1 u_{t-1} + e_t)u_{t-1}] =$$
$$\rho_1 \mathrm{E}(u_{t-1}^2) = \rho_1 \mathrm{V}(u_{t-1}) = \rho_1 \sigma_u^2 \Rightarrow \mathrm{CORR}(u_t, u_{t-1}) = \rho_1.$$

Novamente por recorrência, pode escrever-se

$$u_t = \rho_1^h u_{t-h} + e_t + \rho_1 e_{t-1} + \cdots + \rho_1^{h-1} e_{t-h+1},$$

donde,

$$\mathrm{COV}(u_t, u_{t-h}) = \mathrm{E}[(\rho_1^h u_{t-h} + e_t + \rho_1 e_{t-1} + \cdots + \rho_1^{h-1} e_{t-h+1})u_{t-h}] =$$
$$\rho_1^h \mathrm{E}(u_{t-h}^2) = \rho_1^h \sigma_u^2 \Rightarrow$$
$$\mathrm{CORR}(u_t, u_{t-h}) = \rho_1^h.$$

Conclui-se que um processo AR(1) com $|\rho_1| < 1$ é assintoticamente não correlacionado: $\lim_{h\to\infty}\mathrm{CORR}(u_t, u_{t-h}) = \lim_{h\to\infty} \rho_1^h = 0$. Reunindo os resultados para as expressões da variância e covariâncias, pode escrever-se a matriz das variâncias e covariâncias do vector $\boldsymbol{u} = (u_1, \dots, u_T)'$

$$\mathrm{V}(\boldsymbol{u}) = \boldsymbol{\Omega} = \sigma_e^2/(1-\rho_1^2)\begin{bmatrix} 1 & \rho_1 & \rho_1^2 & \cdots & \rho_1^{T-1} \\ \rho_1 & 1 & \rho_1 & \cdots & \rho_1^{T-2} \\ \vdots & \vdots & \vdots & & \vdots \\ \rho_1^{T-1} & \rho_1^{T-2} & \rho_1^{T-3} & \cdots & 1 \end{bmatrix}.$$

Processo auto-regressivo de ordem superior

O processo AR(1) constitui um caso particular do processo *auto-regressivo de ordem p* [AR(p)], $p \in \boldsymbol{\mathcal{N}}$,

$$u_t = \rho_1 u_{t-1} + \rho_2 u_{t-2} + \cdots + \rho_p u_{t-p} + e_t,$$
$$\rho_j \in \mathcal{R}, j = 1, \dots, p, \quad e_t \text{ i.i.d.} (0, \sigma_e^2).$$

A condição de estabilidade consiste agora na condição de que todas as raízes (reais ou complexas) da equação algébrica

$$1 - \rho_1 z - \rho_2 z^2 - \cdots - \rho_p z^p = 0$$

são, em valor absoluto, superiores à unidade. Como é óbvio, a inequação $|\rho_1| < 1$ no processo AR(1) constitui um caso particular desta condição.

Na prática, os processos auto-regressivos mais utilizados são AR(1), AR(2) e, também, AR(4). Este último, em particular, pode mostrar-se adequado para modelizar dados trimestrais, uma vez que a ocorrência de sazonalidade pode induzir correlação entre variáveis desfasadas quatro períodos.

9.7.3 Processo médias móveis

Processo médias móveis de 1ª ordem

O processo $(u_t, t = 1, \ldots)$ designa-se *médias móveis de 1ª ordem* [MA(1)], se verifica

$$u_t = e_t + \alpha_1 e_{t-1}, \quad e_t \text{ i.i.d.}(0, \sigma_e^2).$$

O valor de cada termo da série resulta assim de uma média ponderada de duas inovações sucessivas, e_{t-1} e e_t. Dado que e_t é i.i.d., o processo $(u_t, t = 1, \ldots)$ é estacionário.

Da definição do processo MA(1) resulta

$$\mathrm{E}(u_t) = \mathrm{E}(e_t) + \alpha_1 \mathrm{E}(e_{t-1}) = 0,$$

$$\mathrm{V}(u_t) = \mathrm{V}(e_t) + \alpha_1^2 \mathrm{V}(e_{t-1}) = \sigma_e^2(1 + \alpha_1^2),$$

$$\mathrm{COV}(u_t, u_{t-1}) = \mathrm{E}[(e_t + \alpha_1 e_{t-1})(e_{t-1} + \alpha_1 e_{t-2})] = \alpha_1 \mathrm{E}(e_{t-1}^2) = \alpha_1 \sigma_e^2$$

e, para $h \geq 2$,

$$\mathrm{COV}(u_t, u_{t-h}) = \mathrm{E}[(e_t + \alpha_1 e_{t-1})(e_{t-h} + \alpha_1 e_{t-h+1})] = 0.$$

Segue-se que

$$\mathrm{CORR}(u_t, u_{t-1}) = \alpha_1/(1 + \alpha_1^2), \quad \mathrm{CORR}(u_t, u_{t-h}) = 0, h \geq 2.$$

Dado que $\mathrm{CORR}(x_t, x_{t-h}) = 0$, $h \geq 2$, o processo é fracamente dependente. Os resultados relativos às variâncias e covariâncias podem sintetizar-se na matriz

$$\mathrm{V}(\boldsymbol{u}) = \boldsymbol{\Omega} = \sigma_e^2 \begin{bmatrix} 1 + \alpha_1^2 & \alpha_1 & 0 & \cdots & 0 & 0 \\ \alpha_1 & 1 + \alpha_1^2 & \alpha_1 & \cdots & 0 & 0 \\ \vdots & \vdots & \vdots & & \vdots & \vdots \\ 0 & 0 & 0 & \cdots & \alpha_1 & 1 + \alpha_1^2 \end{bmatrix}.$$

Verifica-se que $|\mathrm{CORR}(u_t, u_{t-1})| \leq 0{,}5$ e $\mathrm{CORR}(u_t, u_{t-h}) = 0$ para $h \geq 2$ - diversamente do que ocorre em processos AR(1), em que a correlação decai exponencialmente à medida que o desfasamento aumenta.[13] Estes resultados podem servir para avaliar a adequação de

---

[13] A função $\alpha_1/(1 + \alpha_1^2)$ tem extremos $\pm 1/2$ em $\alpha_1 = \pm 1$, respectivamente.

um modelo MA(1) para os dados observados: se há correlação significativa entre termos não consecutivos ou se a correlação entre termos adjacentes é significativamente superior a 0,5 (em módulo), então o processo MA(1) não é apropriado.

Processo médias móveis de ordem superior

Um processo $(u_t, t = 1, \dots)$ designa-se um processo de *médias móveis de ordem q* [MA(q)], se

$$u_t = e_t + \alpha_1 e_{t-1} + \alpha_2 e_{t-2} + \cdots + \alpha_q e_{t-q}, \quad e_t \text{ i. i. d.} (0, \sigma_e^2).$$

Um processo MA(q) é sempre estacionário (porque e_t é i.i.d.) e fracamente dependente [porque $\text{CORR}(u_t, u_{t-h}) = 0$, para $h \geq q + 1$].

Exercícios

9.1 Identifique as séries temporais.

a) $u_t = e_t + \alpha_1 e_{t-1}, \quad \alpha_1 \in \mathcal{R}, \quad e_t \text{ i. i. d.} (0, \sigma_e^2)$.

b) $u_t = e_t + \alpha_1 e_{t-1} + \alpha_2 e_{t-2}, \quad \alpha_j \in \mathcal{R}, j = 1{,}2, \quad e_t \text{ i. i. d.} (0, \sigma_e^2)$.

c) $u_t = \rho_1 u_{t-1} + e_t, \quad \rho_1 \in \mathcal{R}, \quad e_t \text{ i. i. d.} (0, \sigma_e^2)$.

d) $u_t = \rho_1 u_{t-1} + \rho_2 u_{t-2} + e_t, \quad \rho_j \in \mathcal{R}, j = 1{,}2, \quad e_t \text{ i. i. d.} (0, \sigma^2)$.

9.2 Seja a variável $y_t = x + e_t, \ t = 1{,}2, \dots$, em que (e_t) é i.i.d. com média zero e variância σ_e^2. A variável x (temporalmente invariante) tem média nula, variância finita e não é correlacionada com e_t, $\forall t$.

a) Determine $\text{E}(y_t)$, $\text{V}(y_t)$ e $\text{COV}(y_t, y_{t+h})$, $h = 1{,}2, \dots$

b) (y_t) é estacionário em covariância? É assintoticamente não correlacionado?

9.3 O processo $u_t = \rho u_{t-1} + e_t$, $t = 1{,}2, \dots$, e_ti. i. d. $(0, \sigma_e^2)$, não correlacionado com $u_s, \forall s, t$, $|\rho| < 1$, é estacionário.

a) Determine $\text{E}(u_t)$ e $\text{V}(u_t)$.

b) Calcule $\text{COV}(u_t, u_{t-1})$.

c) Dado que $\text{COV}(u_t, u_{t+h}) = \rho^h \sigma_e^2/(1 - \rho^2)$, que condição deve verificar ρ para que (u_t) seja assintoticamente não correlacionado?

9.4 Seja $(e_t: t = 1,2, \dots)$ um processo estocástico i.i.d., com média nula e variância unitária. Considere o processo estocástico definido por $x_t = e_t + ae_{t-1} + be_{t-2}, t = 1,2, \dots$

a) Calcule $\text{E}(x_t)$ e $\text{V}(x_t)$.

b) Calcule $\text{CORR}(x_t, x_{t+1})$ e $\text{CORR}(x_t, x_{t+2})$.

c) O processo (x_t) é assintoticamente não correlacionado?

10 Modelos de regressão para dados temporais

10.1 Introdução

Inicia-se este capítulo com a apresentação de vários modelos econométricos simples para dados temporais (sec. 10.2). Tal como no caso de dados seccionais, uma questão nuclear nestes modelos, relevante para a dedução das propriedades estatísticas do estimador OLS, é a da relação entre o erro e as variáveis explicativas - e, na mesma medida, a questão da especificação da média condicional, $\mathrm{E}(y_t|\boldsymbol{x}_t)$. Nestes modelos, as variáveis dependente e explicativas são termos de séries temporais, usualmente exibindo dependência ao longo do tempo. Uma vez que não se pode já admitir amostragem casual da população de interesse, torna-se necessário esclarecer como se caracteriza esta relação, não apenas entre variáveis contemporâneas mas, de modo mais geral, em termos da relação entre erro e variáveis explicativas para períodos diferentes. Por este motivo, a secção 10.3 discute a noção de exogeneidade das variáveis explicativas em modelos para dados temporais, distinguindo os dois tipos básicos de exogeneidade.

Após a exposição do conceito de modelo dinamicamente completo (sec. 10.4) e das formas alternativas de controle da tendência e sazonalidade (sec. 10.5), as secções 10.6 e 10.7 ocupam-se das propriedades estatísticas do método OLS, decorrentes dos diferentes pressupostos adoptados em várias situações de interesse. Em todos os casos considerados no presente capítulo se supõe que o termo de erro é um processo i.i.d. com média nula e variância finita – situações alternativas, como autocorrelação, são objecto do capítulo 11.

10.2 Exemplos de modelos para dados temporais

10.2.1 Modelo estático

O *modelo estático* constitui um exemplo trivial de modelos de regressão para dados temporais. O modelo relaciona valores contemporâneos das variáveis dependente e explicativas; em geral, pode escrever-se como

$$y_t = \boldsymbol{x}_t\boldsymbol{\beta} + u_t.$$

De acordo com um modelo estático, o efeito da variação de uma variável explicativa sobre a variável dependente esgota-se no próprio período em que ocorre esta variação. Os modelos dinâmicos, expostos em seguida, visam ultrapassar esta limitação do modelo estático.

10.2.2 Modelos dinâmicos

Modelo de desfasamentos distribuídos

Um *modelo de desfasamentos distribuídos* (FDL: *finite distributed lag*) é um modelo que relaciona uma variável dependente com valores contemporâneos e desfasados de outras variáveis (não incluindo valores desfasados da variável dependente).

Formalmente, considerando apenas uma variável explicativa, x_t, e os seus desfasamentos, um modelo FDL de ordem q, FDL(q), pode escrever-se como

$$y_t = \alpha + \sum\nolimits_{j=0}^{q} \beta_j x_{t-j} + u_t.$$

Neste tipo de modelo, para uma variação de uma variável explicativa, distingue-se entre o *efeito de curto-prazo* e o *efeito de longo-prazo.* Respectivamente,

Efeito de curto-prazo: $\beta_0 = \partial y_t / \partial x_t$.

Efeito de longo-prazo: $\sum_{j=0}^{q} \beta_j = \sum_{j=0}^{q} \partial y_t / \partial x_{t-j}$.

O exemplo seguinte ilustra estes efeitos num modelo FDL(2).

Exemplo 10.1

$y_t = \alpha + \beta_0 x_t + \beta_1 x_{t-1} + \beta_2 x_{t-2} + u_t$: modelo FDL(2).

Tome-se sem perda de generalidade $u_t = 0, \forall t$. Até ao período $t-1$, inclusive, tem-se

$$y_{t-1} = \alpha + \beta_0 x + \beta_1 x + \beta_2 x.$$

Impacto de um acréscimo unitário momentâneo (não sustentado) da variável explicativa no período corrente,

$$\ldots = x_{t-1} = x_{t+1} = x_{t+2} = \ldots = x, \qquad x_t = x + 1.$$

Vem $y_t = \alpha + \beta_0(x+1) + \beta_1 x + \beta_2 x,$
$y_{t+1} = \alpha + \beta_0 x + \beta_1(x+1) + \beta_2 x,$
$y_{t+2} = \alpha + \beta_0 x + \beta_1 x + \beta_2(x+1),$
$y_{t+h} = y_{t-1}, \forall h \geq 3,$

donde,

$y_t - y_{t-1} = \beta_0$: efeito no próprio período da alteração (efeito de curto-prazo),

$y_{t+1} - y_{t-1} = \beta_1$: efeito no período seguinte à alteração,

$y_{t+2} - y_{t-1} = \beta_2$: efeito dois períodos após a alteração,

$y_{t+h} - y_{t-1} = 0, h \geq 3$: efeito nulo a partir do terceiro período.

Impacto de um acréscimo unitário permanente da variável explicativa a partir do período corrente,

$$\ldots = x_{t-2} = x_{t-1} = x, \qquad x_t = x_{t+1} = \ldots = x+1:$$

Vem $y_t = \alpha + \beta_0(x+1) + \beta_1 x + \beta_2 x,$
$y_{t+1} = \alpha + \beta_0(x+1) + \beta_1(x+1) + \beta_2 x,$
$y_{t+h} = \alpha + \beta_0(x+1) + \beta_1(x+1) + \beta_2(x+1), \forall h \geq 2,$

donde,

$y_t - y_{t-1} = \beta_0$: efeito de curto-prazo,

$y_{t+1} - y_{t-1} = \beta_0 + \beta_1$: efeito no período seguinte à alteração,

$y_{t+h} - y_{t-1} = \beta_0 + \beta_1 + \beta_2, h \geq 2$: efeito de longo-prazo.

Em modelos de desfasamentos distribuídos, as estimativas do coeficiente de cada desfasamento podem ser relativamente imprecisas devido a correlação elevada entre valores das variáveis explicativas em períodos consecutivos. Uma forma de atenuar o problema consiste em adoptar um determinado padrão algébrico para os parâmetros β_j. Quando se adopta um padrão polinomial, o modelo designa-se modelo de desfasamentos polinomiais (PDL: *polynomial distributed lag*).

Exemplo 10.2

$y_t = \alpha + \beta_0 x_t + \beta_1 x_{t-1} + \beta_2 x_{t-2} + \beta_3 x_{t-3} + \beta_4 x_{t-4} + \beta_5 x_{t-5} + u_t$: modelo FDL(5).

Adopte-se a fórmula $\beta_l = \delta_0 + \delta_1 l + \delta_2 l^2$; introduzindo no modelo, vem

$$y_t = \alpha + \delta_0 x_t + (\delta_0 + \delta_1 + \delta_2)x_{t-1} + (\delta_0 + 2\delta_1 + 4\delta_2)x_{t-2} +$$
$$(\delta_0 + 3\delta_1 + 9\delta_2)x_{t-3} + (\delta_0 + 4\delta_1 + 16\delta_2)x_{t-4} +$$

$$(\delta_0 + 5\delta_1 + 25\delta_2)x_{t-5} + u_t \Leftrightarrow y_t = \alpha + \delta_0 z_{1t} + \delta_1 z_{2t} + \delta_2 z_{3t} + u_t,$$

em que
$$z_{1t} = x_t + x_{t-1} + x_{t-2} + x_{t-3} + x_{t-4} + x_{t-5},$$
$$z_{2t} = x_{t-1} + 2x_{t-2} + 3x_{t-3} + 4x_{t-4} + 5x_{t-5},$$
$$z_{3t} = x_{t-1} + 4x_{t-2} + 9x_{t-3} + 16x_{t-4} + 25x_{t-5}.$$

Modelo auto-regressivo

Um *modelo auto-regressivo* inclui desfasamentos da variável dependente como variáveis explicativas. Se o modelo também contém variáveis independentes desfasadas, pode designar-se modelo auto-regressivo com desfasamentos distribuídos (ADL: *autoregressive distributed lag*). Um modelo ADL(p, q) [designado "de ordem (p, q)"] pode-se escrever na forma (considera-se apenas uma variável independente)

$$y_t = \alpha + \sum_{j=0}^{q} \beta_j x_{t-j} + \sum_{j=1}^{p} \gamma_j y_{t-j} + u_t.$$

Esta expressão geral acolhe várias situações particulares. Por exemplo, se $\beta_j = \gamma_j = 0, j \geq 1$, resulta um modelo estático; se $\gamma_j = 0, j \geq 1$, tem-se um modelo FDL(q); se $\beta_j = 0, j \geq 0$, e o erro é ruído branco, resulta um processo AR(p). Outro exemplo ainda vem dado pelo modelo de ajustamento parcial, exposto em seguida.

Modelo de ajustamento parcial

O *modelo de ajustamento parcial* pode descrever-se como segue. Seja y_t^d o nível *desejado* de uma variável de interesse no período t e suponha-se que este nível é uma função de variáveis independentes, do tipo

$$y_t^d = \boldsymbol{x}_t \boldsymbol{\beta}^d + v_t,$$

em que $\boldsymbol{\beta}^d$ denota um vector de parâmetros e v_t um termo de erro. Admite-se que, por várias razões (custo, etc.), o valor *observado* da variável, y_t, não coincide com o nível desejado mas vai-se aproximando deste segundo um processo do tipo

$$y_t - y_{t-1} = (1 - \gamma_1)(y_t^d - y_{t-1}) + w_t, \quad 0 \leq \gamma_1 < 1,$$

em que w_t representa o erro e γ_1 denota o coeficiente de ajustamento: quanto mais próximo este coeficiente de 0, tanto mais rápido o ajustamento. Introduzindo a expressão de y_t^d na última equação e resolvendo em ordem a y_t, vem

$$y_t = \gamma_1 y_{t-1} + \boldsymbol{x}_t \boldsymbol{\beta} + u_t,$$

em que $\boldsymbol{\beta} = (1 - \gamma_1)\boldsymbol{\beta}^d$ e $u_t = (1 - \gamma_1)v_t + w_t$. O modelo de ajustamento parcial constitui, pois, um modelo ADL, com $p = 1$.

10.3 Exogeneidade em modelos para dados temporais

Considere-se o modelo de regressão

$$y_t = \boldsymbol{x}_t \boldsymbol{\beta} + u_t, \quad t = 1,2, \dots .$$

Em modelos para dados temporais - diversamente de dados seccionais, em que as componentes da amostra são usualmente independentes - convém distinguir entre duas formas de exogeneidade das variáveis explicativas: *exogeneidade estrita* e *exogeneidade contemporânea.*

A primeira forma de exogeneidade é mais forte e implica a segunda. Como adiante exposto, as propriedades estatísticas do estimador OLS de $\boldsymbol{\beta}$ dependem do tipo de exogeneidade das variáveis explicativas.

10.3.1 Exogeneidade estrita

Suponha-se que o erro do modelo para o período t tem média condicional nula, dados os valores das variáveis explicativas para qualquer período s (igual ou diferente de t). Formalmente,

$$\mathrm{E}(u_t | \boldsymbol{x}_s) = 0, \forall s, t$$

o que implica $\mathrm{E}(u_t | \boldsymbol{X}) = 0, \forall t = 1, \dots, T$, ou ainda $\mathrm{E}(\boldsymbol{u} | \boldsymbol{X}) = \boldsymbol{0}$. Desta condição decorre que o erro do período t, u_t, é não correlacionado com cada variável explicativa de qualquer período, x_{sj}. Formalmente,

$$\mathrm{COV}(u_t, x_{sj}) = 0, \quad \forall s, t, \quad j = 1, \dots, k,$$

dizendo-se que as variáveis explicativas do modelo são *estritamente exógenas.*

Se a amostra é aleatória simples, vulgarmente o caso com dados seccionais, a exogeneidade estrita decorre dos pressupostos usuais a respeito da população e do processo de amostragem. Com efeito, das hipóteses de amostragem casual e de média condicional nula do erro, $\mathrm{E}(u|\boldsymbol{x}) = 0$, segue-se necessariamente que $\mathrm{E}(u_i|\boldsymbol{x}_j) = 0, \forall i, j$, pelo que o erro para qualquer indivíduo é não correlacionado com as variáveis explicativas de qualquer indivíduo – o mesmo ou outro. Todavia, dado que o pressuposto de amostragem i.i.d. é desadequado em modelos para dados temporais, nestes modelos há que especificar se as variáveis explicativas são estritamente exógenas ou apenas contemporaneamente exógenas (noção exposta na secção seguinte).

A exogeneidade estrita exclui a possibilidade de *feedback* do valor da variável dependente, y_t, sobre valores futuros da variáveis explicativas, $x_{t+1}, \dots$. O exemplo seguinte ilustra esta situação.

Exemplo 10.3

Modelo: $y_t = \alpha + \beta x_t + u_t$, em que y e x denotam, respectivamente, a taxa de inflação trimestral e a taxa de variação trimestral da oferta de moeda, e u_t não é correlacionado com x_t.

Suponha-se que, em cada trimestre t, a autoridade monetária fixa o valor de x (x_t) em função do valor da taxa de inflação do trimestre anterior, y_{t-1}, de acordo com o modelo

$$x_t = \gamma_0 + \gamma_1 y_{t-1} + v_t,$$

em que $\gamma_1 < 0$ e v_t denota um termo de erro não correlacionado com quaisquer valores passados de x e de u. Resulta

$$\mathrm{COV}(u_t, x_{t+1}) = \mathrm{COV}(u_t, \gamma_0 + \gamma_1 y_t + v_{t+1}) = \mathrm{COV}(u_t, \gamma_1 y_t) =$$
$$\gamma_1 \mathrm{COV}(u_t, \alpha + \beta x_t + u_t) = \gamma_1 \mathrm{V}(u_t) < 0,$$

o que significa que a variável explicativa do modelo de determinação da taxa de inflação, x_t, não é estritamente exógena neste modelo.

10.3.2 Exogeneidade contemporânea

Suponha-se agora que se verifica a condição, menos exigente,

$$\mathrm{E}(u_t|\boldsymbol{x}_t) = 0, \forall t.$$

Segue-se que

$$\mathrm{COV}(u_t, x_{tj}) = 0, \forall t, \quad j = 1, \dots, k,$$

dizendo-se, neste caso, que as variáveis explicativas do modelo são *contemporaneamente exógenas*. Esta forma de exogeneidade significa que o erro de um dado período não é correlacionado com as variáveis explicativas do mesmo período. Trata-se de uma forma de exogeneidade mais fraca do que a exogeneidade estrita, que impõe restrições sobre a relação de u_t com as variáveis explicativas de todos os períodos.

Exemplo 10.4

Relação populacional [modelo FDL(1)]:

$$y_t = \alpha + \beta_0 x_t + \beta_1 x_{t-1} + u_t, \ \mathrm{E}(u_t | \boldsymbol{X}) = 0$$

em que $\boldsymbol{X}$ contém todas as observações de x, incluindo x_{t-1}.

Modelo especificado (modelo estático), $y_t = \alpha + \beta_0 x_t + v_t$, em que $\mathrm{E}(v_t | x_t) = 0$ (implica exogeneidade contemporânea de x_t neste modelo). Deste modo, o termo de erro do modelo especificado vem $v_t = \beta_1 x_{t-1} + u_t$, donde

$$\mathrm{COV}(x_{t-1}, v_t) = \mathrm{COV}(x_{t-1}, \beta_1 x_{t-1} + u_t) = \beta_1 \mathrm{V}(x_{t-1}) \neq 0:$$

x_t não é estritamente exógeno no modelo estático. A exogeneidade estrita neste modelo implica que x não pode ter efeito desfasado sobre y. De contrário, ocorre, quando muito, exogeneidade contemporânea.

Exemplo 10.5

Relação populacional [modelo AR(1)]: $y_t = \alpha + \gamma_1 y_{t-1} + u_t$, $\mathrm{E}(u_t | y_{t-1}, y_{t-2}, \dots) = 0$ (o erro de cada período tem correlação nula com os valores anteriores da variável dependente).

De imediato se verifica que há exogeneidade contemporânea: a variável explicativa do modelo é y_{t-1} e $\mathrm{E}(u_t | y_{t-1}) = 0$. Todavia, não há exogeneidade estrita: as variáveis explicativas para todos os períodos é $\{y_0, y_1, \dots, y_{T-1}\}$ mas u_t é correlacionado por exemplo com y_t,

$$\mathrm{COV}(u_t, y_t) = \mathrm{COV}(u_t, \alpha + \gamma_1 y_{t-1} + u_t) = V(u_t) \neq 0,$$

em que a segunda igualdade decorre de $\mathrm{COV}(u_t, y_{t-1}) = 0$. Em suma, num modelo com variável dependente desfasada não se verifica exogeneidade estrita. Poderá, quando muito, ocorrer exogeneidade contemporânea (aqui o caso).

10.4 Modelo dinamicamente completo

O modelo

$$y_t = \boldsymbol{z}_t\boldsymbol{\beta} + u_t,$$

em que $\boldsymbol{z}_t$ pode incluir a variável dependente desfasada um ou mais períodos, $y_{t-1}, y_{t-2}, \dots$ e outras variáveis, $\boldsymbol{x}_t$ (com ou sem desfasamentos), diz-se *dinamicamente completo*, se o termo de erro verifica a condição

$$\mathrm{E}(u_t|\boldsymbol{x}_t, \boldsymbol{x}_{t-1}, \dots, y_{t-1}, y_{t-2}, \dots) = 0.$$

De modo equivalente,

$$\mathrm{E}(y_t|\boldsymbol{x}_t, \boldsymbol{x}_{t-1}, \dots, y_{t-1}, y_{t-2}, \dots) =$$
$$\mathrm{E}(\boldsymbol{z}_t\boldsymbol{\beta} + u_t|\boldsymbol{x}_t, \boldsymbol{x}_{t-1}, \dots, y_{t-1}, y_{t-2}, \dots) =$$
$$\boldsymbol{z}_t\boldsymbol{\beta} + \mathrm{E}(u_t|\boldsymbol{x}_t, \boldsymbol{x}_{t-1}, \dots, y_{t-1}, y_{t-2}, \dots) = \boldsymbol{z}_t\boldsymbol{\beta} = \mathrm{E}(y_t|\boldsymbol{z}_t) \Leftrightarrow$$
$$\mathrm{E}(y_t|\boldsymbol{x}_t, \boldsymbol{x}_{t-1}, \dots, y_{t-1}, y_{t-2}, \dots) = \mathrm{E}(y_t|\boldsymbol{z}_t).$$

Isto é, um modelo é dinamicamente completo, se nenhum desfasamento adicional da variável dependente ou explicativas contribui para explicar a média condicional da variável dependente do modelo. O modelo AR(1) (ex. 10.5) com a condição $\mathrm{E}(u_t|y_{t-1}, y_{t-2}, \dots) = 0$, é dinamicamente completo. Neste modelo, $\boldsymbol{z}_t = y_{t-1}$, e

$$\mathrm{E}(y_t|\boldsymbol{x}_t, \boldsymbol{x}_{t-1}, \dots, y_{t-1}, y_{t-2}, \dots) = \alpha + \gamma_1 y_{t-1} = \mathrm{E}(y_t|y_{t-1}) = \mathrm{E}(y_t|\boldsymbol{z}_t).$$

Mostra-se (v. sec. 10.8) que o erro de um modelo dinamicamente completo é não autocorrelacionado. Em consequência, se os erros de um modelo são autocorrelacionados, tal significa que o modelo não é dinamicamente completo ou seja, deve-se incluir mais desfasamentos das variáveis explicativas no modelo da média condicional de y_t.

10.5 Tendência e sazonalidade em modelos de regressão

10.5.1 Tendência

Sendo um objectivo central da análise de regressão a medida de efeitos de causalidade, importa discernir estes efeitos de possíveis variações concomitantes das variáveis dependente e explicativas no tempo, devidas a factores não observados que evoluem, eles próprios, ao longo do tempo. Se tais factores influenciam a variável dependente e, simultaneamente, são correlacionados com as variáveis explicativas, então, ao negligenciar esta realidade, pode-se obter uma *relação espúria* entre a variável dependente e uma ou mais variáveis explicativas. Por outras palavras, corre-se o risco de confundir reais efeitos *ceteris paribus* com movimentos temporais concorrentes.

Em termos observacionais, a presença de tais factores reflecte-se frequentemente no facto de as séries temporais exibirem uma tendência temporal. Dado o objectivo da análise de regressão, torna-se necessário controlar a tendência, explicitando-a na equação de regressão ou utilizando séries temporais expurgadas da tendência temporal.

Considere-se o modelo

$$y_t = \boldsymbol{x}_t\boldsymbol{\beta} + u_t,$$

cujas variáveis são, supostamente, afectadas por tendência temporal. Descreve-se duas formas alternativas de controle da tendência.

i. Incluir no modelo o termo de tendência. Caso se adopte uma tendência linear, o modelo pode escrever-se $y_t = \boldsymbol{x}_t\boldsymbol{\beta} + \tau t + v_t$, em que τ designa um parâmetro. A inclusão da tendência no modelo significa reconhecer que a variável dependente pode evoluir no tempo devido a outros factores, que não $\boldsymbol{x}_t$. Se o modelo com termo de tendência é correcto, no sentido de que $\mathrm{E}(v_t|\boldsymbol{X}) = 0$, então o modelo sem tendência omite uma variável relevante (t), o que é particularmente nocivo se os factores não observados, que causam a tendência, são correlacionados com as variáveis explicativas – o estimador OLS é enviesado.

ii. Substituir cada variável do modelo pelos resíduos da respectiva regressão OLS sobre a tendência (t, no caso linear). Em concreto,

$$r_t^{(y)} = \boldsymbol{r}_t^{(x)}\boldsymbol{\gamma} + w_t,$$

em que $r_t^{(y)}$ e $\boldsymbol{r}_t^{(x)}$ designam os resíduos das regressões OLS de, respectivamente, y_t e $\boldsymbol{x}_t$ sobre a tendência. Deste modo, mantém-se no modelo apenas a parte de cada variável que é ortogonal à variável t. Como verificado na secção 3.3.2, o procedimento pode, de modo equivalente, aplicar-se apenas às variáveis explicativas, utilizando-se o próprio y_t como variável dependente da regressão.

De acordo com o Teorema FWL, as duas alternativas são equivalentes do ponto de vista das estimativas OLS dos coeficientes das variáveis $\boldsymbol{x}_t$. Formalmente, considerando os estimadores OLS destes coeficientes, o Teorema FWL garante que $\hat{\boldsymbol{\beta}} = \hat{\boldsymbol{\gamma}}$.

10.5.2 Sazonalidade

Muitas séries económicas temporais, baseadas, por exemplo, em dados mensais ou trimestrais, exibem um padrão de variação sazonal. Os exemplos incluem, entre muitos outros, o volume trimestral de vendas a retalho (mais elevado na época do Natal) ou a procura de liquidez por parte das famílias (acentuada em épocas de férias). Ao modelizar o comportamento de variáveis sujeitas a padrões sazonais mediante modelos de regressão, deve-se controlar a sazonalidade. Tal como no caso da tendência, expõe-se dois procedimentos alternativos para este fim.

i. Incluir no modelo de regressão indicadores da sazonalidade (variáveis *dummy*). Por exemplo, para dados trimestrais, no modelo linear com termo independente e variáveis explicativas $\boldsymbol{x}$, pode-se escrever a equação de regressão

$$y_t = \alpha + \boldsymbol{x}_t\boldsymbol{\beta} + \delta_2 d_{t2} + \delta_3 d_{t3} + \delta_4 d_{t4} + u_t,$$

em que $d_{tj} = 1(0)$, se a t-ésima observação (não) se refere ao trimestre $j, j = 2,3,4$ (o grupo base é o primeiro trimestre). Se, por exemplo, os dados são mensais, então deve-se incluir variáveis *dummies* mensais.

ii. Substituir cada variável do modelo pelos resíduos da respectiva regressão OLS sobre as variáveis *dummy* sazonais. Mais uma vez como referido na secção 3.3.2, pode-se utilizar o próprio y_t como variável dependente desta regressão.

Note-se que, uma vez que o objectivo é captar o efeito da parte de cada variável ortogonal às *dummies* sazonais, os resíduos referidos resultam da regressão OLS de cada variável sobre todas as *dummies* (ou sobre um termo independente e todas as *dummies* excepto uma). Dado este objectivo, o importante é que, dos regressores incluídos em cada uma destas regressões prévias, se possa obter, por combinação linear, todas as *dummies* sazonais. Por exemplo, com dados trimestrais, para cada variável do modelo original a regressão prévia pode incluir, quer as quatro *dummies* trimestrais, quer uma constante e três *dummies*, quer ainda qualquer outro conjunto de quatro variáveis que, combinadas linearmente, gere cada uma das colunas que corresponde a cada *dummy* trimestral, tal como é observada na amostra.

De acordo com o Teorema FWL, os procedimentos *i.* e *ii.* conduzem a idênticas estimativas dos coeficientes das variáveis explicativas do modelo. Se há variáveis afectadas por sazonalidade, as estimativas obtidas deste modo são obviamente mais fiáveis do que as que se obtêm sem controlo da sazonalidade.

10.6 OLS – propriedades estatísticas em amostras finitas

10.6.1 Valor esperado dos estimadores OLS

Pressupostos do modelo

Formula-se como segue o conjunto de hipóteses que garante a centricidade dos estimadores OLS. Estes pressupostos diferem ligeiramente das hipóteses adoptadas para amostras seccionais, designadamente no que se refere à hipótese de amostragem não casual.

(*i*) O processo estocástico

$$[(x_{t1},\dots,x_{tk},y_t),t=1,2,\dots]=[(\boldsymbol{x}_t,y_t),t=1,2,\dots]$$

segue o modelo linear

$$y_t=\beta_0+\beta_1x_{t1}+\cdots+\beta_kx_{tk}+u_t=\boldsymbol{x}_t\boldsymbol{\beta}+u_t,$$

em que $(u_t,t=1,2,\dots)$ designa a sequência dos termos de erro.

Por exemplo, num modelo FDL, as variáveis explicativas do modelo podem representar $x_{t1}=z_t, x_{t2}=z_{t-1}$, etc.. A matriz $\boldsymbol{X}$ é a matriz das variáveis explicativas para todos os períodos observados; cada linha corresponde a cada período $t, t=1,\dots,T$.

(*ii*) O erro de qualquer período tem média condicional nula, dadas as variáveis explicativas de qualquer período. Formalmente,

$$\mathrm{E}(u_t|x_{sj})=0,\ \ \forall s,t,\ \ j=1,\dots,k.$$

A condição implica

$$\mathrm{E}(u_t|\boldsymbol{x}_s) = 0, \forall s,t = 1,2,\dots,T \Leftrightarrow \mathrm{E}(u_t|\boldsymbol{X}) = 0 \Rightarrow \mathrm{E}(\boldsymbol{u}|\boldsymbol{X}) = \boldsymbol{0}.$$

A condição significa que, condicional em $\boldsymbol{X}$, a parte determinística do modelo coincide com a média condicional da variável dependente,

$$\mathrm{E}(u_t|\boldsymbol{X}) = 0 \Leftrightarrow \mathrm{E}(y_t|\boldsymbol{X}) = \boldsymbol{x}_t\boldsymbol{\beta}.$$

O pressuposto (*ii*) pode não ser realista mas é seguramente mais apropriado do que qualquer das hipóteses de amostragem casual (inadequada com séries temporais) ou de que as variáveis explicativas não são aleatórias ou são fixas em amostras repetidas.

(*iii*) Ausência de multicolinearidade.

Como usualmente, a hipótese significa que as colunas de $\boldsymbol{X}$ não são linearmente dependentes. De contrário deve-se reformular o modelo, retirando eventuais variáveis explicativas redundantes.

Centricidade

Sob os pressupostos (*i*) – (*iii*), o estimador OLS de $\boldsymbol{\beta}$ é cêntrico,

$$\mathrm{E}(\widehat{\boldsymbol{\beta}}|\boldsymbol{X}) = \mathrm{E}(\widehat{\boldsymbol{\beta}}) = \boldsymbol{\beta}.$$

(demonstração idêntica ao caso de amostras seccionais - sec. 3.5).

De imediato se conclui que em modelos auto-regressivos, por exemplo, o estimador OLS é enviesado, porque nestes modelos não há exogeneidade estrita das variáveis explicativas. Ocorre uma situação semelhante se há *feedback* do valor da variável dependente sobre valores futuros das variáveis explicativas (v. ex. 10.3 – 10.5).

10.6.2 Variâncias dos estimadores OLS

Pressupostos adicionais

Tal como no caso dos dados seccionais, a obtenção das variâncias e covariâncias dos estimadores OLS requer a especificação das variâncias e covariâncias dos erros. Para dados temporais adopta-se os pressupostos adicionais seguintes.

(*iv*) Homoscedasticidade: condicional em $\boldsymbol{X}$, a variância de u_t é constante para todo o t. Formalmente,

$$V(u_t|\boldsymbol{X}) = V(u_t) = \sigma^2, \forall t.$$

Dada a hipótese (*ii*), o pressuposto (*iv*) pode escrever-se na forma

$$E(u_t^2|\boldsymbol{X}) = E(u_t^2) = \sigma^2.$$

(*v*) Ausência de autocorrelação: condicional em $\boldsymbol{X}$, os erros de dois períodos diferentes são não correlacionados.

$$COV(u_t, u_s|\boldsymbol{X}) = 0, \forall t \neq s.$$

Dado (*ii*), o pressuposto (*v*) pode escrever-se $E(u_t u_s|\boldsymbol{X}) = 0$. Se o pressuposto não se verifica $[COV(u_t, u_s|\boldsymbol{X}) \neq 0]$, diz-se que há *autocorrelação* dos erros, ou que os erros são *autocorrelacionados*. Por exemplo, se, em média, a um erro negativo, $u_{t-1} < 0$, se segue um erro negativo, $u_t < 0$, então, $CORR(u_{t-1}, u_t) > 0$, e os erros são autocorrelacionados. Com dados seccionais não se refere explicitamente a hipótese (*v*), porque a ausência de autocorrelação decorre imediatamente do pressuposto de amostra i.i.d., raramente adequada para dados temporais.

Matricialmente, pode escrever-se (*iv*) e (*v*) na forma

$$V(\boldsymbol{u}|\boldsymbol{X}) = V(\boldsymbol{u}) = \sigma^2 \boldsymbol{I}_T.$$

Dado (*ii*), pode ainda escrever-se $E(\boldsymbol{uu}'|\boldsymbol{X}) = E(\boldsymbol{uu}') = \sigma^2 \boldsymbol{I}_T$.

Variâncias dos estimadores OLS

Os pressupostos (*i*) – (*v*) constituem os pressupostos de Gauss-Markov usualmente adequados à análise de regressão com dados temporais. Sob (*i*) – (*v*) resulta a matriz usual de covariâncias do estimador OLS,

$$V(\hat{\boldsymbol{\beta}}|\boldsymbol{X}) = \sigma^2 (\boldsymbol{X}'\boldsymbol{X})^{-1}.$$

(demonstração idêntica ao caso de amostras seccionais – sec. 3.5).

Sob (*i*) – (*v*), um estimador cêntrico de σ^2 vem dado por $\hat{\sigma}^2 = SQR/(T - k - 1)$. De acordo com o Teorema de Gauss-Markov, sob (*i*) – (*v*) os estimadores OLS são BLUE.

10.7 OLS – propriedades assintóticas

10.7.1 Consistência dos estimadores OLS

Pressupostos do modelo

A consistência dos estimadores OLS requer um conjunto de hipóteses menos exigentes do que os pressupostos ditos de Gauss-Markov, expostos no número anterior. Como seria de esperar, há que garantir, se não na forma estrita, algum grau de exogeneidade das variáveis explicativas, sob pena de o estimador OLS ser inconsistente.

Além disso, para que se possa aplicar LLN's e TLC's às médias envolvidas nos estimadores OLS, os processos estocásticos do modelo de regressão devem ser estacionários e não exibir demasiada dependência entre os seus termos. Estas condições permitem a realização de inferência estatística com validade assintótica, nos moldes habituais.

Expõe-se como segue, de modo adequado a regressões com dados temporais, hipóteses que garantem a consistência do método OLS.

(*i*) Linearidade [idêntico ao pressuposto (*i*), na secção 10.6.1].

(*ii*) Estacionaridade e dependência fraca: o processo estocástico

$$[(\boldsymbol{x}_t, y_t), t = 1,2,\dots,T]$$

é estacionário e fracamente dependente.

(*iii*) As variáveis explicativas são contemporaneamente exógenas e o erro tem média incondicional nula. Formalmente,

$$\mathrm{COV}(u_t, x_{tj}) = 0 = \mathrm{E}(u_t), \quad \forall t, \quad j = 1,\dots,k.$$

Esta condição é muito menos exigente do que a da exogeneidade estrita. Mas ela exclui, mesmo assim, a possibilidade de omissão de variáveis correlacionadas contemporaneamente com as variáveis explicativas do modelo (causando correlação entre estas e o erro).

(*iv*) Ausência de multicolinearidade: as colunas da matriz $\boldsymbol{X}$ são linearmente independentes.

Consistência

Sob as hipóteses (*i*) – (*iv*), o estimador OLS é consistente. Formalmente,

$$\text{plim}_{T\to\infty}\hat{\beta}_j = \beta_j,\ \ j = 0,1,\dots,k.$$

Exemplo 10.6

Relação populacional [modelo AR(1)]:

$$y_t = \alpha + \gamma_1 y_{t-1} + u_t,\quad \text{E}(u_t|y_{t-1}, y_{t-2}, \dots) = 0.$$

y_{t-1} é contemporaneamente (não estritamente) exógeno neste modelo: $\text{COV}(u_t, y_{t-1}) = 0$. Com a condição de estabilidade $|\gamma_1| < 1$, que garante dependência fraca do processo $(y_t, t = 1, \dots, T)$, OLS é consistente.

10.7.2 Normalidade assintótica. Inferência estatística.

Adopta-se os pressupostos adicionais de homoscedasticidade e ausência de autocorrelação, agora formulados como segue.

(*v*) Homoscedasticidade: condicional nas variáveis explicativas do mesmo período, os erros tem variância constante. Formalmente,

$$\text{V}(u_t|\boldsymbol{x}_t) = \sigma^2,\quad \forall t.$$

(*vi*) Ausência de autocorrelação:

$$\text{COV}(\boldsymbol{u}_s, \boldsymbol{u}_t|\boldsymbol{x}_s, \boldsymbol{x}_t) = 0,\quad \forall s \neq t.$$

Dada a hipótese (*iii*), os pressupostos (*v*) e (*vi*) podem-se escrever

$$\text{E}(u_t^2|\boldsymbol{x}_t) = \sigma^2, \forall t,\qquad \text{E}(\boldsymbol{u}_s\boldsymbol{u}_t|\boldsymbol{x}_s, \boldsymbol{x}_t) = 0, \forall s \neq t.$$

Sob (*i*) - (*vi*), os estimadores OLS são assintoticamente normais,

$$\sqrt{T}(\widehat{\boldsymbol{\beta}} - \boldsymbol{\beta}) \xrightarrow{D} \mathcal{N}(\boldsymbol{0}, \boldsymbol{V}),$$

em que, tal como para dados seccionais, $\boldsymbol{V} = \sigma^2\text{plim}_{T\to\infty}(T^{-1}\boldsymbol{X}'\boldsymbol{X})^{-1}$. Deste resultado decorre que as expressões usuais dos erros-padrão, bem como as estatísticas t, F, W e LM são válidas assintoticamente. Pode obter-se um estimador consistente de σ^2 na forma usual, como $\hat{\sigma}^2 = \text{SQR}/(T - k - 1)$ ou, simplesmente, SQR/T.

Exemplo 10.7

Modelo: $y_t = \alpha + \gamma_1 y_{t-1} + u_t, E(u_t|y_{t-1}, y_{t-2}, \dots) = 0$.

Os erros não são autocorrelacionados: sem perda de generalidade, seja $s < t$; vem

$$\mathrm{E}(u_s u_t|\boldsymbol{x}_s,\boldsymbol{x}_t) = \mathrm{E}(u_s u_t|y_{s-1},y_{t-1}) = \mathrm{E}[\mathrm{E}(u_s u_t|y_{s-1},y_{t-1},u_s)] =$$
$$\mathrm{E}[u_s\mathrm{E}(u_t|u_s,y_{s-1},y_{t-1})] = \mathrm{E}[u_s\mathrm{E}(u_t|y_s,y_{s-1},y_{t-1})] = \mathrm{E}(u_s \times 0) = 0,$$

porque condicionar em u_s e y_{s-1} significa condicionar em y_s e y_{s-1} (porque $y_s = \alpha + \gamma_1 y_{s-1} + u_s$) e $\mathrm{E}(u_t|y_s,y_{s-1},y_{t-1}) = 0$ (porque $s < t$). A variável y_{t-1} é contemporaneamente exógena neste modelo. Donde, sob as restantes hipóteses apropriadas, os estimadores OLS dos parâmetros são consistentes, assintoticamente normais, com a variância assintótica $\sigma^2\mathrm{plim}_{T\to\infty}(T^{-1}\boldsymbol{X}'\boldsymbol{X})^{-1}$.

10.8 Demonstrações

Ausência de autocorrelação em modelos dinamicamente completos

Note-se a equivalência

$$\mathrm{E}(u_t|\boldsymbol{x}_t,\boldsymbol{x}_{t-1},\dots,y_{t-1},y_{t-2},\dots) = 0 \Leftrightarrow$$
$$\mathrm{E}(u_t|\boldsymbol{x}_t,\boldsymbol{x}_{t-1},\dots,u_{t-1},u_{t-2},\dots) = 0. \qquad (A)$$

Sem perda de generalidade, seja $s < t$. Por aplicação da L.E.I.,

$$\mathrm{E}(u_t u_s|\boldsymbol{z}_t,\boldsymbol{z}_s) = \mathrm{E}[\mathrm{E}(u_s u_t|u_s,\boldsymbol{z}_t,\boldsymbol{z}_s)|\boldsymbol{z}_t,\boldsymbol{z}_s] =$$
$$\mathrm{E}[u_s\mathrm{E}(u_t|u_s,\boldsymbol{z}_t,\boldsymbol{z}_s)|\boldsymbol{z}_t,\boldsymbol{z}_s];$$

dado que $s < t$, $(u_s,\boldsymbol{z}_t,\boldsymbol{z}_s)$ é um subconjunto do conjunto no qual se condiciona u_t em (A). Logo,

$$\mathrm{E}(u_t|\boldsymbol{x}_t,u_{t-1},\boldsymbol{x}_{t-1},u_{t-2},\dots) = 0 \Rightarrow \mathrm{E}(u_t|u_s,\boldsymbol{z}_t,\boldsymbol{z}_s) = 0,$$

donde

$$\mathrm{E}(u_t u_s|\boldsymbol{z}_t,\boldsymbol{z}_s) = \mathrm{E}[u_s E(u_t|u_s,\boldsymbol{z}_t,\boldsymbol{z}_s)|\boldsymbol{z}_t,\boldsymbol{z}_s] = \mathrm{E}(u_s \times 0|\boldsymbol{z}_t,\boldsymbol{z}_s) = 0. \quad \#$$

Controlo da sazonalidade em modelos de regressão

(Considera-se apenas o caso de dados trimestrais.) Sejam a matriz das *dummies* trimestrais e o vector das observações de x_k,

$$\boldsymbol{D} = \begin{bmatrix} d_{11} & d_{12} & d_{13} & d_{14} \\ d_{21} & d_{22} & d_{23} & d_{24} \\ \vdots & \vdots & \vdots & \vdots \\ d_{T1} & d_{T2} & d_{T3} & d_{T4} \end{bmatrix}, \qquad \boldsymbol{x}'_k = \begin{bmatrix} x_{1k} \\ x_{2k} \\ \vdots \\ x_{Tk} \end{bmatrix}.$$

Vector de resíduos da regressão OLS de x_{tk} sobre as variáveis *dummy*:

$$\boldsymbol{r}^{(x_k)} = \boldsymbol{x}'_k - \boldsymbol{D}(\boldsymbol{D}'\boldsymbol{D})^{-1}\boldsymbol{D}'\boldsymbol{x}'_k = \boldsymbol{M}_D\boldsymbol{x}'_k,$$

com $\boldsymbol{M_D} = \boldsymbol{I_T} - \boldsymbol{D}(\boldsymbol{D}'\boldsymbol{D})^{-1}\boldsymbol{D}'$. Considerar, não as quatro *dummies* mas quatro regressores linearmente independentes obtidos por combinações lineares das colunas de $\boldsymbol{D}$, equivale a tomar, não $\boldsymbol{D}$ mas $\boldsymbol{DA}$, em que $\boldsymbol{A}$ é uma matriz 4×4 regular. O vector dos resíduos da regressão de x_{tk} sobre estes novos regressores vem dado por

$$\boldsymbol{x}'_k - \boldsymbol{DA}[(\boldsymbol{DA})'\boldsymbol{DA}]^{-1}(\boldsymbol{DA})'\boldsymbol{x}'_k =$$
$$[\boldsymbol{I_T} - \boldsymbol{DAA}^{-1}(\boldsymbol{D}'\boldsymbol{D})^{-1}(\boldsymbol{A}')^{-1}\boldsymbol{A}'\boldsymbol{D}']\boldsymbol{x}'_k = \boldsymbol{M_D}\boldsymbol{x}'_k,$$

idêntico ao vector de resíduos $\boldsymbol{r}^{(x_k)}$. #

Exercícios

10.1 Seja o modelo FDL(2), $y_t = \alpha + \delta_0 x_t + \delta_1 x_{t-1} + \delta_2 x_{t-2} + u_t$, e o seguinte padrão polinomial para $\delta_j, j = 0,1,2$: $\delta_j = \gamma_0 + j\gamma_1$.

a) Substitua cada δ_j no modelo FDL e escreva o modelo reparametrizado (modelo de "desfasamentos distribuídos polinomiais", PDL).

b) Quantas restrições se impõe ao passar do modelo FDL para o PDL? Como testar a hipótese nula PDL, contra alternativa FDL?

10.2 Indique se cada uma das afirmações seguintes é verdadeira ou falsa ($y_t = \boldsymbol{x}_t\boldsymbol{\beta} + u_t$, $\widehat{\boldsymbol{\beta}}$: estimador OLS).

A Se $\widehat{\boldsymbol{\beta}}$ é cêntrico então as variáveis explicativas são estritamente exógenas.

B Se as variáveis explicativas são estritamente exógenas então $\widehat{\boldsymbol{\beta}}$ é cêntrico.

C Se $\widehat{\boldsymbol{\beta}}$ é consistente então as variáveis explicativas são contemporaneamente exógenas.

D Se as variáveis explicativas são contemporaneamente exógenas então $\widehat{\boldsymbol{\beta}}$ é consistente.

10.3 Seja $y_t = \alpha + \beta y_{t-1} + u_t$ (todos os termos com o significado usual) e $\hat{\beta}$, estimador OLS. Se $\mathrm{E}(u_t|y_{t-1}) = 0$, $\hat{\beta}$ é cêntrico? Justifique.

10.4 Seja o modelo simplificado de função de produção agrícola, $y_t = \alpha + \beta x_t + u_t$, em que, no ano t, o significado das variáveis é o seguinte: y_t - valor da produção de determinado bem (ou cabaz de produtos) agrícola(s); x_t – índice representativo do valor dos factores de produção; u_t – termo de erro. Admita que em cada ano t o agricultor ajusta o volume dos factores de produção utilizados em função do valor da produção do ano anterior, y_{t-1}, verificando-se

$$x_t = \gamma_0 + \gamma_1 y_{t-1} + v_t, \quad \gamma_1 \neq 0,$$

em que v_t é um termo de erro não correlacionado com quaisquer valores passados de x e de y.

a) A variável x_t é correlacionada com u_{t-1}?

b) Sob este mecanismo, o estimador OLS de β é cêntrico?

10.5 Suponha a regressão $\boldsymbol{y} = \boldsymbol{X\beta} + \boldsymbol{D\gamma} + \boldsymbol{u}$, para dados mensais. Nesta equação, $\boldsymbol{X}$ denota a matriz de regressores (sem termo independente) e $\boldsymbol{D}$ é uma matriz de dimensão $T \times 12$ cujas colunas correspondem ao termo independente e às observações das *dummies* mensais (onze *dummies*). Suponha que, em vez da matriz $\boldsymbol{D}$, se inclui no modelo a matriz $\boldsymbol{DA}$, em que $\boldsymbol{A}$ é uma matriz de constantes 12×12 regular.

a) Que significa substituir no modelo $\boldsymbol{D}$ por $\boldsymbol{DA}$?

b) Mostre que a expressão do estimador OLS de $\boldsymbol{\beta}$ não depende do conteúdo da matriz regular $\boldsymbol{A}$.

10.6 Considere o modelo

$$y_t = \boldsymbol{x}_t\boldsymbol{\beta} + \delta t + u_t,$$

em que $\boldsymbol{x}_t$ denota um vector de variáveis explicativas e t designa a tendência. Mostre, recorrendo ao Teorema FWL, que o estimador OLS de $\boldsymbol{\beta}$ é dado por

$$\widehat{\boldsymbol{\beta}} = (\boldsymbol{X}'\boldsymbol{M}_t\boldsymbol{X})^{-1}\boldsymbol{X}'\boldsymbol{M}_t\boldsymbol{y},$$

em que $\boldsymbol{M}_t = \boldsymbol{I}_T - \boldsymbol{t}(\boldsymbol{t}'\boldsymbol{t})^{-1}\boldsymbol{t}'$ e $\boldsymbol{t}$ denota o vector dos valores da tendência ($t = 1, \dots, T$). A partir da expressão de $\widehat{\boldsymbol{\beta}}$ descreva uma forma alternativa de estimar $\boldsymbol{\beta}$ controlando a tendência.

10.7 Considere o modelo

$$y_t = \boldsymbol{x}_t\boldsymbol{\beta} + \delta_1 Q1_t + \delta_2 Q2_t + \delta_3 Q3_t + \delta_4 Q4_t + u_t,$$

em que $\boldsymbol{x}_t$ denota um vector de variáveis explicativas (sem termo independente) e Qj_t designa uma *dummy* trimestral, igual a 1 se t se refere a uma observação no trimestre j, $j = 1, \dots, 4$ (0, caso contrário). Mostre, recorrendo ao Teorema FWL, que o estimador OLS de $\boldsymbol{\beta}$ é dado por

$$\widehat{\boldsymbol{\beta}} = \left(\boldsymbol{X}'\boldsymbol{M}_Q\boldsymbol{X}\right)^{-1}\boldsymbol{X}'\boldsymbol{M}_Q\boldsymbol{y},$$

em que $\boldsymbol{M}_Q = \boldsymbol{I}_T - \boldsymbol{Q}(\boldsymbol{Q}'\boldsymbol{Q})^{-1}\boldsymbol{Q}'$ e $\boldsymbol{Q}$ denota a matriz das observações das variáveis *dummy*. A partir da expressão de $\widehat{\boldsymbol{\beta}}$ descreva uma forma alternativa de estimar $\boldsymbol{\beta}$ controlando os efeitos da sazonalidade.

10.8 No modelo $y_t = \boldsymbol{x}_t\boldsymbol{\beta} + u_t$, $\boldsymbol{x}_t$ designa um vector de variáveis explicativas estritamente exógenas e $u_t = \alpha e_t + e_{t-1}$, com $\alpha \neq 0$ e $(e_t, t = 1, \dots)$ um ruído branco de média nula e variância σ_e^2. O modelo é dinamicamente completo? Justifique.

10.9 Considere a estimação OLS do modelo FDL

$$\hat{y}_t = 1{,}6 + 0{,}41x_t - 0{,}15x_{t-1} + 0{,}32x_{t-2},$$

em que y_t e x_t representam, respectivamente, uma taxa de juro e a taxa de inflação, para o período t.

a) Quais as estimativas dos efeitos de curto- e de longo-prazo (LRP)?

b) Seja o modelo subjacente à estimação anterior, $y_t = \beta_0 + \beta_1 x_t + \beta_2 x_{t-1} + \beta_3 x_{t-2} + u_t$. Dado $LRP = \theta = \beta_1 + \beta_2 + \beta_3$ descreva uma reparametrização do modelo que permita obter directamente a estimativa de θ e o seu erro-padrão.

10.10 A seguinte regressão relaciona a taxa de fertilidade anual (número de nascimentos por mil mulheres com idades entre os quinze e quarenta e cinco anos) em Portugal, com o logaritmo do PIB a preços constantes, PIB_t, uma *dummy* igual a 1(0) a partir de 1974 (antes de 1974), $pos74$, e o primeiro desfasamento de $\log(fert_t)$; inclui-se também um termo de tendência para o período 1961 - 2012.

$$\log(fert)_t = \underset{(0{,}222)}{0{,}39} - \underset{(0{,}012)}{0{,}02}\log(PIB_t) + \underset{(0{,}005)}{0{,}0001}t - \underset{(0{,}008)}{0{,}031}pos74 +$$
$$\underset{(0{,}055)}{0{,}88}\log(fert_{t-1}), \qquad R^2 = 0{,}98, \quad T = 51.$$

Interprete a estimativa do coeficiente associado a $pos74$. O efeito é estatisticamente significativo?

10.11 Um investimento considera-se imune à inflação se o seu preço, ou retorno, acompanha, no mínimo, a inflação. Para testar esta hipótese, dispõe-se de dados trimestrais (1998: 1 – 2008: 2) para o preço do ouro (dólares/onça), $pgold$, e para o índice de preços do consumidor, CPI, relativo aos países do G20, estimando-se a equação

$$\log(pgold_t) = \beta_0 + \beta_1 \log(CPI_t) + u_t.$$

a) Se a hipótese referida é válida, qual o valor de β_1?

b) Interprete os resultados da estimação

$$\log(\widehat{pgold_t}) = \underset{(1{,}056)}{-7{,}17} + \underset{(0{,}242)}{3{,}01}\log(CPI_t), \quad T = 42, \quad R^2 = 0{,}794.$$

Estimou-se ainda o modelo ($Q1_t$, $Q2_t$ e $Q3_t$, denotam *dummies* com o valor 1 no primeiro, segundo e terceiro trimestres, respectivamente),

$$\log(\widehat{pgold_t}) = \underset{(1{,}09)}{-7{,}19} - \underset{(0{,}251)}{3{,}02}\log(CPI_t) + \underset{(0{,}251)}{0{,}025}Q1_t -$$
$$\underset{(0{,}078)}{0{,}005}Q2_t - \underset{(0{,}08)}{0{,}003}Q3_t, \qquad T = 42, \quad R^2 = 0{,}797.$$

c) Que motivo poderá estar na origem da introdução das *dummies*? Teste a hipótese de ausência de efeitos sazonais.

10.12 Considere o modelo

$$y_t = \beta_0 + \beta_1 x_{t1} + \beta_2 x_{t2} + \delta_1 Q1_t + \delta_2 Q2_t + \delta_3 Q3_t + u_t,$$

em que y_t é a taxa de crescimento trimestral do consumo privado, x_{t1} a taxa de crescimento trimestral do PIB, x_{t2} a taxa de crescimento trimestral dos gastos do governo e Qj_t é uma *dummy* trimestral, igual a 1 no trimestre j, $j = 1,2,3$ (0, caso contrário). Estimou-se por OLS o modelo (80 observações, 1991: 1 – 2010: 4), obtendo-se $R^2 = 0{,}786$. Sem *dummies* obteve-se $R^2 = 0{,}729$. Teste a presença de efeitos sazonais.

11 Autocorrelação

11.1 Introdução

Aborda-se agora o tema da autocorrelação dos erros no modelo linear. Embora a autocorrelação possa ocorrer em modelos para dados seccionais (usualmente designada correlação espacial), o problema é mais frequente em modelos para dados temporais. Com dados temporais também pode naturalmente ocorrer heteroscedasticidade. Contudo, por si só – sob as demais hipóteses de Gauss-Markov – a ocorrência de heteroscedasticidade não traz nada de conceptualmente muito diferente do exposto para dados seccionais.

O capítulo encontra-se organizado de modo semelhante ao capítulo 7 (heteroscedasticidade). A secção 11.2 introduz o conceito de autocorrelação, expondo-se na secção 11.3 as suas consequências para o estimador OLS. De particular importância, neste âmbito, é a correcta compreensão das consequências da autocorrelação dos erros em modelos auto-regressivos. A secção 11.4 descreve testes usuais de autocorrelação e a secção 11.5 expõe estratégias alternativas de estimação e inferência, quando em presença de autocorrelação. A secção 11.6 discute as possíveis implicações da incorrecta forma funcional, em termos da aparente autocorrelação do erro do modelo.

11.2 Noção de autocorrelação

Diz-se que há autocorrelação se os erros do modelo são correlacionados. Formalmente,

$$\exists s \neq t\text{: } \mathrm{COV}(u_s, u_t | \boldsymbol{x}_s, \boldsymbol{x}_t) \neq 0.$$

Dada média condicional nula dos erros, resulta $\mathrm{E}(u_s u_t | \boldsymbol{x}_s, \boldsymbol{x}_t) \neq 0$.

Matricialmente a autocorrelação traduz-se numa matriz não diagonal de covariâncias dos erros. Por exemplo, com um processo AR(1),

$$u_t = \rho_1 u_{t-1} + e_t, \quad |\rho_1| < 1, \quad e_t \text{ i. i. d.} (0, \sigma_e^2),$$

vem

$$\boldsymbol{\Omega} = \mathrm{V}(\boldsymbol{u}|\boldsymbol{X}) = \sigma_e^2/(1-\rho_1^2)\begin{bmatrix} 1 & \rho_1 & \rho_1^2 & \cdots & \rho_1^{T-1} \\ \rho_1 & 1 & \rho_1 & \cdots & \rho_1^{T-2} \\ \vdots & \vdots & \vdots & & \vdots \\ \rho_1^{T-1} & \rho_1^{T-2} & \rho_1^{T-3} & \cdots & 1 \end{bmatrix}.$$

11.3 Consequências da autocorrelação

11.3.1 Autocorrelação com variáveis explicativas exógenas

Com ou sem autocorrelação dos erros, OLS permanece cêntrico e consistente, se $\mathrm{E}(\boldsymbol{u}|\boldsymbol{X}) = \boldsymbol{0}$, ou consistente, se as variáveis explicativas são apenas contemporaneamente exógenas. Já as fórmulas usuais da variância e, portanto, a eficiência dos estimadores OLS exigem ausência de autocorrelação dos erros (pelo Teorema de Gauss-Markov). Se os erros são autocorrelacionados, os estimadores OLS deixam de ser BLUE. Além disso, as fórmulas anteriores de $\mathrm{V}(\widehat{\boldsymbol{\beta}}|\boldsymbol{X})$ são incorrectas, logo as habituais estatísticas de teste deixam de seguir (mesmo assintoticamente) as distribuições usuais.

Sob a condição $\mathrm{E}(\boldsymbol{uu}'|\boldsymbol{X}) = \boldsymbol{\Omega}$, resulta a seguinte expressão da matriz de covariâncias dos estimadores OLS: escrevendo o estimador OLS na forma

$$\widehat{\boldsymbol{\beta}} = \boldsymbol{\beta} + (\boldsymbol{X}'\boldsymbol{X})^{-1}\boldsymbol{X}'\boldsymbol{u},$$

vem

$$V(\widehat{\boldsymbol{\beta}}|\boldsymbol{X}) = \mathrm{E}[(\widehat{\boldsymbol{\beta}}-\boldsymbol{\beta})(\widehat{\boldsymbol{\beta}}-\boldsymbol{\beta})'|\boldsymbol{X}] = \mathrm{E}[(\boldsymbol{X}'\boldsymbol{X})^{-1}\boldsymbol{X}'\boldsymbol{uu}'\boldsymbol{X}(\boldsymbol{X}'\boldsymbol{X})^{-1}|\boldsymbol{X}] =$$
$$(\boldsymbol{X}'\boldsymbol{X})^{-1}\boldsymbol{X}'\mathrm{E}(\boldsymbol{uu}'|\boldsymbol{X})\boldsymbol{X}(\boldsymbol{X}'\boldsymbol{X})^{-1} = (\boldsymbol{X}'\boldsymbol{X})^{-1}\boldsymbol{X}'\boldsymbol{\Omega}\boldsymbol{X}(\boldsymbol{X}'\boldsymbol{X})^{-1}.$$

Por exemplo, no modelo de regressão simples com erros AR(1),

$$y_t = \beta_0 + \beta_1 x_t + u_t,\ \ u_t = \rho_1 u_{t-1} + e_t,$$
$$0 < |\rho_1| < 1,\ \ e_t \text{ i. i. d.} (0, \sigma_e^2),\ \ \mathrm{E}(\boldsymbol{u}|\boldsymbol{X}) = \boldsymbol{0},$$

a variância condicional de $\hat{\beta}_1$ vem dada por

$$\mathrm{V}(\hat{\beta}_1|\boldsymbol{X}) = \mathrm{V}\left[\beta_1 + \sum\nolimits_t (x_t - \bar{x})u_t/s_x^2 \middle| \boldsymbol{X}\right] =$$
$$\mathrm{V}\left[\sum\nolimits_t (x_t - \bar{x})u_t \middle| \boldsymbol{X}\right]/(s_x^2)^2 = \left[\sum\nolimits_t (x_t - \bar{x})^2 \mathrm{V}(u_t|\boldsymbol{X}) + \right.$$

$$\sum_t \sum_{s \neq t} (x_s - \bar{x})(x_t - \bar{x}) \mathrm{E}(u_s u_t | \boldsymbol{X}) \Big] / (s_x^2)^2 =$$

$$\sigma_u^2 / s_x^2 + \sigma_u^2 \sum_t \sum_{s \neq t} (x_s - \bar{x})(x_t - \bar{x}) \rho_1^{|t-s|} / (s_x^2)^2,$$

com $s_x^2 = \sum_t (x_t - \bar{x})^2$, $\sigma_u^2 = \mathrm{V}(u_t | \boldsymbol{X})$ e $\mathrm{E}(u_s u_t | \boldsymbol{X}) = \mathrm{COV}(u_s, u_t | \boldsymbol{X}) = \rho_1^{|t-s|} \sigma_u^2$ - sec. 9.7.2.

Se $\rho_1 = 0$ (ausência de autocorrelação) $\mathrm{V}(\hat{\beta}_1 | \boldsymbol{X})$ reduz-se à primeira parcela. Se $\rho_1 \neq 0$ (autocorrelação), a segunda parcela não é nula e o estimador usual de $\mathrm{V}(\hat{\beta}_1 | \boldsymbol{X})$ (obtido sem autocorrelação) é inválido.

Com dados económicos é frequente ocorrer autocorrelação positiva das variáveis explicativas e também dos erros ($\rho_1 > 0$). Neste caso, o estimador usual da variância de $\hat{\beta}_1$ tem tendência a subestimar a variância do estimador OLS.

11.3.2 Autocorrelação em modelos auto-regressivos

Em modelos auto-regressivos, a presença de autocorrelação pode significar que a variável dependente desfasada (uma variável explicativa do modelo) não é exógena - nem sequer contemporaneamente. Se tal é o caso, o estimador OLS é inconsistente.

Suponha-se o modelo com erros autocorrelacionados

$$y_t = \alpha + \gamma_1 y_{t-1} + u_t, \quad \mathrm{E}(u_t) = 0, \quad \mathrm{E}(u_t u_{t-1}) \neq 0;$$

segue-se que

$$\mathrm{COV}(u_t, y_{t-1}) = \mathrm{E}(u_t y_{t-1}) = \mathrm{E}[u_t(\alpha + \gamma_1 y_{t-2} + u_{t-1})] =$$

$$\alpha \mathrm{E}(u_t) + \gamma_1 \mathrm{E}(u_t y_{t-2}) + \mathrm{E}(u_t u_{t-1}) = \gamma_1 \mathrm{E}(u_t y_{t-2}) + \mathrm{E}(u_t u_{t-1}) \neq 0,$$

porque $\mathrm{E}(u_t u_{t-1}) \neq 0$. A variável explicativa, y_{t-1}, não é contemporaneamente exógena neste modelo, porque é correlacionada com o erro, u_t. Logo, OLS é inconsistente.

Exemplo 11.1

Modelo [processo AR(1) estacionário]

$$y_t = \alpha + \gamma_1 y_{t-1} + u_t, \qquad u_t = \rho_1 u_{t-1} + e_t,$$

$$0 < |\rho_1| < 1, \ \mathrm{E}(e_t | u_{t-1}, u_{t-2}, \dots) = 0.$$

De $u_t = y_t - \alpha - \gamma_1 y_{t-1}$ decorre

$$E(e_t|u_{t-1}, u_{t-2}, \dots) = E(e_t|y_{t-1}, y_{t-2}, \dots);$$

segue-se que

$$E(e_t|y_{t-1}, y_{t-2}, \dots) = 0 \Rightarrow E(e_t|y_{t-1}) = 0 \Rightarrow E(e_t y_{t-1}) = 0,$$

ou seja, e_t não é correlacionado com y_{t-1}.

Se os erros do modelo seguem um processo AR(1) estacionário, então $E(u_t u_{t-1}) = \rho_1 V(u_t)$. Donde,

$$COV(u_t, y_{t-1}) = E[u_t(\alpha + \gamma_1 y_{t-2} + u_{t-1})] =$$
$$\gamma_1 E(u_t y_{t-2}) + E(u_t u_{t-1}) = \gamma_1 COV(u_t, y_{t-2}) + \rho_1 V(u_t) \neq 0.$$

A situação do exemplo 11.1 pode encarar-se, de modo equivalente, como um problema de variável omitida. O modelo está sub-especificado, porque omite um desfasamento da variável dependente – nos termos da secção 10.4, o modelo não é dinamicamente completo. Com efeito, da definição do modelo pode escrever-se $u_{t-1} = y_{t-1} - \alpha - \gamma_1 y_{t-2}$. Introduzindo no modelo, vem

$$y_t = \alpha + \gamma_1 y_{t-1} + u_t = \alpha + \gamma_1 y_{t-1} + \rho u_{t-1} + e_t =$$
$$\alpha + \gamma_1 y_{t-1} + \rho(y_{t-1} - \alpha - \gamma_1 y_{t-2}) + e_t =$$
$$\alpha(1-\rho) + (\gamma_1 + \rho) y_{t-1} + (-\rho\gamma_1) y_{t-2} + e_t \Leftrightarrow$$
$$y_t = \delta_0 + \delta_1 y_{t-1} + \delta_2 y_{t-2} + e_t,$$
$$\delta_0 = \alpha(1-\rho), \quad \delta_1 = \gamma_1 + \rho, \quad \delta_2 = -\rho\gamma_1.$$

Dado que $E(e_t|y_{t-1}, y_{t-2}, \dots) = 0$, resulta

$$E(y_t|y_{t-1}, y_{t-2}, \dots) = \alpha_0 + \alpha_1 y_{t-1} + \alpha_2 y_{t-2} + E(e_t|y_{t-1}, y_{t-2}, \dots) =$$
$$\alpha_0 + \alpha_1 y_{t-1} + \alpha_2 y_{t-2} = E(y_t|y_{t-1}, y_{t-2})$$

ou seja, o modelo dinamicamente completo é o modelo com variáveis explicativas y_{t-1} e y_{t-2} (e não o modelo apenas com y_{t-1}). Note-se que, confirmando um resultado já referido (sec. 10.4), os erros deste modelo (e_t) são não autocorrelacionados.

Exemplo 11.2

Modelo $\quad y_t = \alpha + \gamma_1 y_{t-1} + u_t, \quad E(u_t|y_{t-1}) = 0.$

Por construção, a variável explicativa do modelo, y_{t-1}, é contemporaneamente exógena. Sob os pressupostos adequados (nomeadamente estabilidade e dependência fraca), o estimador OLS é consistente. Em todo o caso, os erros podem exibir autocorrelação:

$$\begin{aligned}\mathrm{COV}(u_t, u_{t-1}) &= \mathrm{E}(u_t u_{t-1}) = \mathrm{E}[u_t(y_{t-1} - \alpha - \gamma_1 y_{t-2})] = \\ &\mathrm{E}(u_t y_{t-1}) - \alpha \underbrace{\mathrm{E}(u_t)}_{=0} - \gamma_1 \mathrm{E}(u_t y_{t-2}) = \\ &\mathrm{E}[y_{t-1} \underbrace{\mathrm{E}(u_t | y_{t-1})}_{=0}] - \gamma_1 \mathrm{E}(u_t y_{t-2}) = -\gamma_1 \mathrm{E}(u_t y_{t-2}) \\ &= -\gamma_1 \mathrm{COV}(u_t, y_{t-2}),\end{aligned}$$

que não é necessariamente nulo.

11.4 Testes de ausência de autocorrelação

Testes contra alternativa AR(1)

Considere-se o modelo

$$y_t = \beta_0 + \beta_1 x_{t1} + \cdots + \beta_k x_{tk} + u_t = \boldsymbol{x}_t \boldsymbol{\beta} + u_t,$$
$$u_t = \rho_1 u_{t-1} + e_t, \quad |\rho_1| < 1 \quad e_t \text{ i. i. d.} (0, \sigma_e^2).$$

No âmbito deste modelo, a ausência de autocorrelação corresponde à condição $\rho = 0$. Assim, considera-se o teste de ausência de autocorrelação como o ensaio da hipótese $H_0: \rho_1 = 0$ contra a alternativa $H_1: \rho_1 \neq 0$. Pode obviamente ocorrer autocorrelação sob outras formas mas o caso de erros AR(1) estacionários constitui a alternativa mais usual.

Se se observasse o processo $(u_t, t = 1, \dots)$, o modo de testar H_0 seria óbvio: bastaria testar a significância do coeficiente de u_{t-1} na regressão de u_t sobre u_{t-1}. A não observabilidade dos erros do modelo sugere, em alternativa, a utilização dos resíduos da estimação OLS do modelo, $\hat{u}_t$. Aparentemente, por conseguinte, basta testar a significância do coeficiente de $\hat{u}_{t-1}$ na regressão artificial

$$\hat{u}_t = \rho \hat{u}_{t-1} + \text{erro}, \quad t = 2, \dots, T.$$

Em todo o caso, torna-se necessário garantir que esta regressão produz um estimador consistente de ρ_1. Demonstra-se que tal é o caso, se o vector dos erros é gerado por um processo AR(1) estacionário e as variáveis explicativas do modelo são estritamente exógenas (o que exclui, por exemplo, a inclusão de desfasamentos da variável dependente). Nesta situação, um teste válido de ausência de autocorrelação corresponde ao teste da significância do coeficiente de $\hat{u}_{t-1}$ na regressão referida, através da estatística

$$t = \hat{\rho}/\text{se}(\hat{\rho}),$$

assintoticamente distribuída segundo uma densidade $\mathcal{N}(0,1)$.

Se os regressores do modelo não são estritamente exógenos, mostra-se que um estimador consistente de ρ_1 corresponde ao coeficiente de $\hat{u}_{t-1}$ na regressão artificial

$$\hat{u}_t = \boldsymbol{x_t\beta} + \rho\hat{u}_{t-1} + \text{erro}, \quad t = 2, \dots, T.$$

Testa-se autocorrelação testando a significância individual deste coeficiente. O teste t designa-se *teste de Durbin* (Durbin, 1970). Dado o Teorema FWL, é indiferente tomar os resíduos ou y_t no lado esquerdo da equação. O teste é válido com regressores estritamente exógenos ou não, pelo que só se deve excluir da regressão artificial os regressores do modelo se há certeza de que estes são estritamente exógenos.

Exemplo 11.3

Modelo $\quad y_t = \boldsymbol{x_t\beta} + \gamma y_{t-1} + u_t, \quad \text{E}(u_t|\boldsymbol{x_t}, y_{t-1}) = 0.$

Por construção do modelo, não há exogeneidade estrita das variáveis explicativas (que incluem a variável dependente desfasada). Logo, deve realizar-se o teste de Durbin.

Um teste de autocorrelação AR(1), omnipresente na literatura até recentemente, bem como nos *softwares* econométricos, é o teste de Durbin-Watson. Embora este teste venha progressivamente caindo em desuso, a sua ampla divulgação justifica a menção no presente texto. A estatística de teste é dada por

$$DW = \sum_{t=2}^{T} (\hat{u}_t - \hat{u}_{t-1})^2 \Big/ \sum_{t=1}^{T} \hat{u}_t^2.$$

Da regressão artificial para o teste de autocorrelação AR(1), obtém-se

$$\hat{\rho} = \sum_{t=2}^{T} \hat{u}_t\hat{u}_{t-1} \Big/ \sum_{t=2}^{T} \hat{u}_{t-1}^2,$$

donde, $DW \approx 2(1 - \hat{\rho})$. Em consequência, um valor $DW \approx 2$ corresponde, aproximadamente, a ausência de autocorrelação dos resíduos, enquanto $DW < (>)2$ correspondem a $\hat{\rho} > (<)0$.

Sob o modelo CLM, a distribuição condicional exacta de DW depende dos valores dos regressores ($\boldsymbol{X}$). Na prática, utiliza-se o facto de que os valores críticos para a estatística DW se situam entre dois valores-limite, d_L (inferior) e d_U (superior), que dependem da dimensão da amostra, do número de variáveis explicativas e da inclusão ou não do termo independente. As tabelas usuais contêm valores d_L e d_U para o teste de Durbin-Watson da hipótese $H_0: \rho_1 \leq 0$ contra a alternativa unilateral $H_1: \rho > 0$. Se $DW < d_L$, rejeita-se H_0 e se $DW > d_u$ não se rejeita H_0. Em consequência, o teste pode ser inconclusivo (se $d_L < DW < d_u$), o que constitui uma evidente desvantagem.

A única vantagem do teste DW sobre o teste t parece residir no facto de a sua distribuição exacta estar tabelada. Mas a exigência de todos os pressupostos CLM (incluindo exogeneidade estrita e normalidade dos erros), bem como a existência de uma região inconclusiva (que pode ser ampla), tornam o teste pouco atractivo, designadamente quando comparado com o teste t, que é de fácil utilização e não exige erros normais nem exogeneidade estrita das variáveis explicativas.

Testes contra outras alternativas auto-regressivas

O procedimento descrito constitui um caso particular do teste de ausência de autocorrelação contra a alternativa de erros AR(q). A hipótese nula define-se como

$$H_0: \rho_1 = \cdots = \rho_q = 0,$$

em que, sob a hipótese alternativa, os erros seguem um processo AR(q),

$$u_t = \rho_1 u_{t-1} + \cdots + \rho_q u_{t-q} + e_t, \qquad e_t \text{ i. i. d. } (0, \sigma_e^2).$$

O teste realiza-se como segue:

i. Estimar o modelo original e obter os resíduos OLS, $\hat{u}_t$, $t = 1, \dots, T$.

ii. Correr a regressão OLS de $\hat{u}_t$ sobre os seus desfasamentos $\hat{u}_{t-1}, \dots, \hat{u}_{t-q}$ (sob exogeneidade estrita das variáveis explicativas) e $\boldsymbol{x}_t, \hat{u}_{t-1}, \dots, \hat{u}_{t-q}$ (em geral, com ou sem exogeneidade estrita), $t = q + 1, \dots, T$.

iii. Teste da significância conjunta dos coeficientes de $\hat{u}_{t-1}, \dots, \hat{u}_{t-q}$, mediante um teste de F ou de *score* (assintoticamente válidos). O teste de *score* designa-se teste de Breusch-Godfrey (Breusch, 1978; Godfrey, 1978).

Uma característica importante deste tipo de testes reside no facto de terem potência contra outros padrões de autocorrelação dos erros, não apenas do tipo auto-regressivo (por exemplo, autocorrelação MA). No caso de alternativa AR(1), por exemplo, $\rho_1 = \text{CORR}(u_t, u_{t-1})$; ora, se na população há autocorrelação – $\text{CORR}(u_t, u_{t-1}) \neq 0$ – é de esperar que um teste baseado na estimativa consistente para ρ detecte a presença desta correlação, rejeitando a hipótese nula $H_0: \rho_1 = 0$.

Naturalmente, pode-se utilizar o mesmo tipo de teste em diversas situações. O exemplo seguinte ilustra um caso possível. Os testes referidos – t, F ou de *score* – são válidos sob homoscedasticidade dos erros. Pode-se também realizar testes robustas a heteroscedasticidade.

Exemplo 11.4

Dispõe-se de dados trimestrais não ajustados a sazonalidade; pretende testar-se $H_0: \rho_4 = 0$, em que, sob autocorrelação, os erros seguem o processo

$$u_t = \rho_4 u_{t-4} + e_t, \quad e_t \text{i. i. d.} (0, \sigma_e^2).$$

Pode-se testar H_0 com a regressão OLS de $\hat{u}_t$ sobre $\hat{u}_{t-4}$ sem (com) inclusão dos regressores, se estes (não) são estritamente exógenos.

11.5 Estratégias perante autocorrelação

11.5.1 Estimação OLS e inferência robusta

Salvo os casos em que a autocorrelação dos erros implica endogeneidade de variáveis explicativas do modelo (como em certos modelos com variável dependente desfasada – v. sec. 11.3.2), pode-se sempre estimar o modelo linear por OLS, que permanece consistente (e cêntrico, sob exogeneidade estrita). Esta estratégia é particularmente útil quando não se conhece o padrão de autocorrelação. Recorde-se que os testes descritos na secção 11.4 têm potência contra várias formas de correlação (não apenas formas auto-regressivas), logo, a possível rejeição da hipótese nula não fornece uma indicação clara acerca do padrão de autocorrelação. Por conseguinte, convém assegurar a consistência dos erros-padrão dos coeficientes OLS. Sob hipóteses não muito fortes, os erros-padrão descritos em seguida são consistentes sob formas relativamente arbitrárias de autocorrelação e heteroscedasticidade (daí a sigla "HAC": *heteroskedasticity- and autocorrelation-consistent*).

Considere-se o modelo linear, com erros possivelmente heteroscedásticos e autocorrelacionados,

$$\boldsymbol{y} = \boldsymbol{x\beta} + \boldsymbol{u}, \qquad \mathrm{E}(\boldsymbol{uu}'|\boldsymbol{X}) = \boldsymbol{\Omega},$$

e a expressão da matriz de covariâncias do estimador OLS,

$$\mathrm{V}\big(\widehat{\boldsymbol{\beta}}|\boldsymbol{X}\big) = (\boldsymbol{X}'\boldsymbol{X})^{-1}\boldsymbol{X}'\boldsymbol{\Omega}\boldsymbol{X}(\boldsymbol{X}'\boldsymbol{X})^{-1}.$$

Tal como no caso de heteroscedasticidade (apenas), as fórmulas robustas dos erros-padrão dos estimadores OLS envolvem a estimação consistente do limite em probabilidade da matriz $T^{-1}\boldsymbol{X}'\boldsymbol{\Omega}\boldsymbol{X}$, que, no presente caso, se pode escrever na forma

$$T^{-1}\sum\nolimits_{t=1}^{T}\sum\nolimits_{s=1}^{T}\boldsymbol{x}_t'\boldsymbol{x}_s\omega_{ts},$$

com $\omega_{ts} = \mathrm{COV}(u_t, u_s|\boldsymbol{X})$. Em todo o caso, não se pode proceder exactamente como com o estimador de White, para o caso puramente heteroscedástico [$\omega_{ts} = 0$ para $t \neq s$, $\omega_{tt} = \mathrm{V}(u_t|\boldsymbol{X})$], substituindo ω_{ts} por produtos de resíduos OLS, $\hat{u}_t\hat{u}_s$. Com efeito, das CPO resulta

$$T^{-1}\sum\nolimits_{t=1}^{T}\sum\nolimits_{s=1}^{T}\boldsymbol{x}_t'\boldsymbol{x}_s\hat{u}_t\hat{u}_s = T^{-1}(\boldsymbol{X}'\widehat{\boldsymbol{u}})(\widehat{\boldsymbol{u}}'\boldsymbol{X}) = \boldsymbol{0},$$

de modo que se torna necessário limitar o número de parcelas deste duplo somatório (aumentando este número à medida que T cresce). Além disso, para se poder aplicar uma LLN a um estimador baseado numa média deste tipo, as covariâncias, ω_{ts}, devem exibir um padrão tal, que $\omega_{ts} \to 0$ de modo suficientemente rápido à medida que o desfasamento, $|t-s|$, cresce (evitando que a soma de todas as parcelas do duplo somatório superem o factor T^{-1}, com um crescimento sem limite à medida que $T \to \infty$). Nestes termos, Newey e West (1987) propõem o estimador de $T^{-1}\boldsymbol{X}'\boldsymbol{\Omega}\boldsymbol{X}$,

$$T^{-1}\sum_{t=1,|t-s|\leq p}^{T}\sum_{s=1,|t-s|\leq p}^{T}[1-|t-s|/(p+1)]\boldsymbol{x}_t'\boldsymbol{x}_s\hat{u}_t\hat{u}_s.$$

A constante p representa o desfasamento máximo, $|t-s|$, para o qual se considera valores não nulos de ω_{ts} no somatório – ou seja, o valor de p serve para controlar a maior ordem de autocorrelação que se considera na estimação das variâncias e covariâncias. Note-se que se $p=0$, resulta $T^{-1}\sum_{t=1}^{T}\boldsymbol{x}_t'\boldsymbol{x}_t\hat{u}_t^2$, que é utilizado na fórmula do estimador robusto de White, de $\mathrm{V}(\widehat{\boldsymbol{\beta}}|\boldsymbol{X})$ – v. sec. 7.5.1.

Na prática, como escolher o valor de p? O estimador de Newey e West é válido para formas consideravelmente arbitrárias de autocorrelação, desde que p cresça com a dimensão da amostra (com amostras de dimensão razoável pode-se considerar autocorrelações entre termos progressivamente mais desfasados). De acordo com estudos recentes, se os dados são anuais, parece poder escolher-se $p=1$ ou $p=2$; para dados trimestrais, $p=4$ ou $p=8$; para dados mensais, $p=12$ ou $p=24$, caso a dimensão da amostra o permita.

Refira-se, em todo o caso, que os erros-padrão robustos podem ter um comportamento sofrível em amostras reduzidas. Em conjunto com o facto de que o estimador OLS pode ser bastante ineficiente sob autocorrelação, este resultado contribui para a sua menor utilização (nomeadamente em comparação com os erros-padrão robustos a heteroscedasticidade, de uso frequente). Os erros-padrão HAC são particularmente úteis quando, suspeitando-se de autocorrelação, o modelo inclui regressores não estritamente exógenos (por exemplo desfasamentos da variável dependente). Como referido adiante, se há variáveis explicativas que não são estritamente exógenas, os métodos usuais de correcção do modelo (visando obter estimadores mais eficientes) não propiciam estimadores válidos. Por conseguinte, nestes casos deve-se estimar o modelo por OLS e realizar inferência robusta (os programas econométricos incluem usualmente a opção erros-padrão HAC).

11.5.2 Correcção de autocorrelação

Se o modelo de regressão verifica todas as hipóteses de Gauss-Markov (incluindo exogeneidade estrita) excepto ausência de autocorrelação, sob determinados padrões conhecidos de autocorrelação pode-se transformar as variáveis do modelo de modo a obter estimadores mais eficientes do que o estimador OLS. Considere-se o modelo

$$y_t = \beta_0 + \beta_1 x_{t1} + \cdots + \beta_k x_{tk} + u_t,$$

cujos erros seguem um processo AR(1) estável,

$$u_t = \rho_1 u_{t-1} + e_t, \quad e_t \text{ i. i. d.} (0, \sigma_e^2), \quad |\rho_1| < 1,$$

de que resulta $\mathrm{V}(u_t) = \sigma_e^2/(1-\rho_1^2)$, $\forall t$. Pretende-se transformar o modelo, de modo que o novo modelo não tenha erros correlacionados. Pode escrever-se

$$y_{t-1} = \beta_0 + \beta_1 x_{t-1,1} + \cdots + \beta_k x_{t-1,k} + u_{t-1},$$

donde

$$\begin{aligned} y_t - \rho_1 y_{t-1} = \beta_0 + \beta_1 x_{t1} + \cdots + \beta_k x_{tk} + u_t - \\ \rho_1\big(\beta_0 + \beta_1 x_{t-1,1} + \cdots + \beta_k x_{t-1,k} + u_{t-1}\big) = \\ \beta_0(1-\rho_1) + \beta_1\big(x_{t1} - \rho_1 x_{t-1,1}\big) + \cdots + \\ \beta_k\big(x_{tk} - \rho_1 x_{t-1,k}\big) + u_t - \rho_1 u_{t-1}, \qquad t = 2, \dots, T. \end{aligned} \tag{11.1}$$

O novo erro é $u_t - \rho_1 u_{t-1} = e_t$ i. i. d. $(0, \sigma_e^2)$ - sem autocorrelação.

Suponha-se que se conhece ρ_1. Neste caso pode-se estimar os parâmetros do modelo transformado mediante a regressão OLS de (11.1) (com ou sem termo independente, se o modelo original o inclui ou não). Dado que o procedimento usa $T-1$ observações (perde-se uma observação ao tomar diferenças), não corresponde exactamente a GLS.

Para a primeira observação ($t = 1$), o erro, u_1, tem variância $\sigma_e^2/(1-\rho_1^2)$; nas observações seguintes ($t = 2, \dots, T$) de (11.1) o erro, e_t, tem variância σ_e^2. Ou seja, se se utiliza (11.1) com T observações ocorre heteroscedasticidade. O método GLS, designado método de Prais-Winsten, consiste em aplicar OLS ao modelo (com erros homoscedásticos e não autocorrelacionados)

$$y_t^* = \beta_0 x_{t0}^* + \beta_1 x_{t1}^* + \cdots + \beta_k x_{tk}^* + u_1^*, \quad t = 1, \dots, T,$$

em que $y_1^* = y_1\sqrt{1-\rho_1^2}$, $x_{10}^* = \sqrt{1-\rho_1^2}$, $x_{11}^* = x_{11}\sqrt{1-\rho_1^2}$, ..., $x_{1k}^* = x_{1k}\sqrt{1-\rho_1^2}$ e, para $t = 2, \dots, T$,

$$y_t^* = y_t - \rho_1 y_{t-1}, \quad x_{t0}^* = 1-\rho_1, x_{t1}^* = x_{t1} - \rho_1 x_{t-1,1}, \quad \dots, \quad x_{tk}^* = x_{tk} - \rho_1 x_{t-1,k}. \tag{11.2}$$

A expressão matricial do estimador GLS pode-se obter a partir da transformação conjunta das observações das variáveis do modelo,

$$\boldsymbol{y}^* = \boldsymbol{\Delta}'\boldsymbol{y}, \qquad \boldsymbol{X}^* = \boldsymbol{\Delta}'\boldsymbol{X},$$

em que $\boldsymbol{y}^*$ e $\boldsymbol{X}^*$ denotam, respectivamente, as observações transformadas da variável dependente e das variáveis explicativas, e

$$\boldsymbol{\Delta} = \begin{bmatrix} \sqrt{1-\rho^2} & -\rho & 0 & \dots & 0 & 0 \\ 0 & 1 & -\rho & & 0 & 0 \\ \vdots & \vdots & & & \vdots & \\ 0 & 0 & 0 & \dots & 1 & -\rho \\ 0 & 0 & 0 & & 0 & 1 \end{bmatrix}.$$

Por cálculo directo, pode verificar-se a igualdade

$$\boldsymbol{\Delta\Delta}' = \begin{bmatrix} 1 & -\rho & 0 & \dots & 0 & 0 \\ -\rho & 1+\rho^2 & -\rho & & 0 & 0 \\ \vdots & \vdots & & & \vdots & \\ 0 & 0 & 0 & \dots & 1+\rho^2 & -\rho \\ 0 & 0 & 0 & & -\rho & 1 \end{bmatrix},$$

matriz que é proporcional à inversa da matriz de covariâncias dos erros,

$$V(\boldsymbol{u}|\boldsymbol{X}) = \boldsymbol{\Omega} =$$

$$\sigma_e^2/(1-\rho_1^2)\begin{bmatrix} 1 & \rho_1 & \rho_1^2 & \cdots & \rho_1^{T-1} \\ \rho_1 & 1 & \rho_1 & \cdots & \rho_1^{T-2} \\ \vdots & \vdots & \vdots & & \vdots \\ \rho_1^{T-1} & \rho_1^{T-2} & \rho_1^{T-3} & \cdots & 1 \end{bmatrix} = \sigma_e^2/(1-\rho_1^2)\,\boldsymbol{P}$$

($\boldsymbol{P}$ – leia-se "ró" – designa a matriz das correlações). O estimador que resulta da regressão OLS de $\boldsymbol{y}^*$ sobre $\boldsymbol{X}^*$ pode escrever-se

$$\widehat{\boldsymbol{\beta}}_{GLS} = (\boldsymbol{X}^{*\prime}\boldsymbol{X}^*)^{-1}\boldsymbol{X}^{*\prime}\boldsymbol{y}^* = (\boldsymbol{X}'\boldsymbol{\Delta\Delta}'\boldsymbol{X})^{-1}\boldsymbol{X}'\boldsymbol{\Delta\Delta}'\boldsymbol{y} = (\boldsymbol{X}'\boldsymbol{P}^{-1}\boldsymbol{X})^{-1}\boldsymbol{X}'\boldsymbol{P}^{-1}\boldsymbol{y}.$$

A matriz de covariâncias deste estimador vem

$$\mathrm{V}(\widehat{\boldsymbol{\beta}}_{GLS}|\boldsymbol{X}) = \sigma_e^2(\boldsymbol{X}^{*\prime}\boldsymbol{X}^*)^{-1} = \sigma_e^2(\boldsymbol{X}'\boldsymbol{P}^{-1}\boldsymbol{X})^{-1},$$

podendo estimar-se σ_e^2 a partir da soma dos quadrados dos resíduos OLS de (11.2) ou seja,

$$\hat{\sigma}^2 = (T-k-1)^{-1}(\boldsymbol{y}^* - \boldsymbol{X}^*\hat{\boldsymbol{\beta}})'(\boldsymbol{y}^* - \boldsymbol{X}^*\hat{\boldsymbol{\beta}}) =$$
$$(T-k-1)^{-1}(\boldsymbol{y} - \boldsymbol{X}\hat{\boldsymbol{\beta}})'\boldsymbol{P}^{-1}(\boldsymbol{y} - \boldsymbol{X}\hat{\boldsymbol{\beta}}).$$

Na prática não se conhece ρ_1, de modo que se deve utilizar uma estimativa preliminar nos procedimentos anteriores, transformando as variáveis do modo descrito e estimando a regressão resultante por OLS. Note-se que, se não se utiliza a primeira observação, os coeficientes das variáveis x_{t1}^*, ..., x_{tk}^* são, respectivamente, β_1, ..., β_k, mas o termo independente é $\beta_0(1-\hat{\rho}_1)$. Assim, após estimar a regressão de y_t^* sobre x_{t1}^*, ..., x_{tk}^*, $t = 2, \dots, T$, deve ajustar-se o termo independente para obter estimativas dos parâmetros da equação original (note-se que, se se utiliza o procedimento de Prais-Winsten, o modelo estimado por OLS não tem termo independente: a estimativa de β_0 é o coeficiente de x_{t0}^*).

A estimativa de ρ_1 pode obter-se, entre outros, mediante um dos seguintes procedimentos: o método de Cochrane-Orcutt utiliza

$$\hat{\rho}_1 = \sum\nolimits_{t=2}^{T} \hat{u}_t \hat{u}_{t-1} \Big/ \sum\nolimits_{t=1}^{T-1} \hat{u}_t^2,$$

o coeficiente de $\hat{u}_{t-1}$ na regressão de $\hat{u}_t$ sobre $\hat{u}_{t-1}$, resíduos OLS do modelo original. Um outro procedimento, designado método de Durbin, consiste em estimar a equação de regressão de y_t sobre y_{t-1}, x_{tj} e $x_{t-1,j}$, $j = 1, \dots, k$, e tomar para estimativa de ρ_1 o coeficiente de y_{t-1}. O método resulta, porque o modelo transformado se pode escrever na forma

$$y_t = \beta_0(1-\rho_1) + \rho_1 y_{t-1} + \beta_1 x_{t1} + (-\rho_1\beta_1)x_{t-1,1} + \cdots$$
$$+\beta_1 x_{tk} + (-\rho_1\beta_1)x_{t-1,k} + e_t.$$

Em todo o caso, o método de Durbin envolve o dobro de variáveis explicativas, além de y_{t-1}, donde, parece melhor utilizar o método de Cochrane-Orcutt. Na prática, nomeadamente se T não é grande, pode-se utilizar todas as observações, recorrendo ao método de Prais-Winsten com uma estimativa preliminar de ρ_1. Num modelo com exogeneidade estrita e erros AR(1), esta via corresponde ao método FGLS.

Pode utilizar-se estes métodos de modo iterativo: após obtenção da estimativa preliminar de ρ_1, estima-se a regressão transformada (de y_t^* sobre x_{tj}^*, $j = 1, \dots, k$), cujos resíduos geram nova estimativa de ρ_1;

desta obtém-se novos regressores y_t^* e x_{tj}^*, utilizados numa nova regressão, que gera novos resíduos e nova estimativa de ρ_1. A iteração prossegue até obter estimativas consecutivas de ρ_1 aproximadamente iguais.

Também se pode corrigir autocorrelação de ordem superior adoptando um procedimento do tipo FGLS [por exemplo, se os erros são AR(2)]. Todavia, raramente há necessidade de transformar directamente as variáveis, já que os *softwares* econométricos estimam modelos com erros auto-regressivos de qualquer ordem dada.

11.6 Autocorrelação e especificação do modelo

Por vezes, a aparente autocorrelação resulta de especificação incorrecta do modelo. Neste caso, alterando o modelo, os resíduos podem deixar de indicar autocorrelação dos erros. Por exemplo, se a função de regressão populacional não é linear em determinada variável explicativa mas o modelo adoptado é linear, os resíduos podem indiciar autocorrelação. Para tal, basta que a variável explicativa em causa seja autocorrelacionada. A evidência de autocorrelação deve, pois, suscitar uma reflexão sobre a especificação do modelo (por exemplo, pode-se acrescentar variáveis explicativas ou incluir potências e produtos cruzados, e/ou desfasamentos das variáveis explicativas).

Exemplo 11.5

Relação populacional: $y_t = 4 + 20x_t - 2x_t^2 + u_t$;

$u_t \sim \mathcal{NID}(0; 20{,}25)$, u_t independente de $x_s, \forall s$;

(observações $x_t \sim \mathcal{U}(0{,}5)$ ordenadas por ordem crescente).

Estimação OLS linear ($T = 100$) (fig. 11.1): $\hat{y}_t = 11{,}223 + 10{,}497x_t$, resultando a regressão OLS $\widehat{(\hat{u}_t)} = \underset{(0,086)}{0{,}498}\hat{u}_{t-1}$; estatística t do coeficiente de $\hat{u}_{t-1}$: 5,762 (valor-$p \approx 0$); rejeita-se a hipótese de ausência de autocorrelação AR(1).

Estimação OLS do modelo quadrático (modelo "correcto") (fig. 11.2): $\hat{y}_t = 2{,}375 + 21{,}932x_t - 2{,}384x_t^2$, obtendo-se a regressão, $\widehat{(\hat{u}_t)} = \underset{(0,102)}{-0{,}019}\hat{u}_{t-1}$; estatística t do coeficiente de $\hat{u}_{t-1}$: $-0{,}186$ (valor-$p \approx$

0,853): aceita-se a hipótese de ausência de autocorrelação AR(1). Na sua maioria, os resíduos da regressão linear são negativos para os valores inferiores e superiores de x, e são quase todos positivos para valores intermédios de x. Em consequência, estes resíduos sugerem autocorrelação positiva. Já os resíduos do modelo quadrático não fornecem - correctamente - indicação de autocorrelação.

Exemplo 11.6

Relação populacional: $y_t = x_t + 0{,}3y_{t-1} + u_t$; $u_t \sim \mathcal{NID}(0; 20{,}25)$, u_t independente de y_{t-1} e $x_s, \forall s$ (observações $x_t \sim \mathcal{U}(0{,}5)$ ordenadas por ordem crescente).

Estimação do modelo linear ($T = 100$): $\hat{y}_t = -0{,}232 + 1{,}517x_t$; resulta $\widehat{(\hat{u}_t)} = \underset{(0{,}096)}{0{,}317}\hat{u}_{t-1}$; estatística t do coeficiente de $\hat{u}_{t-1}$: 3,300 (valor-$p \approx 0{,}001$): rejeita-se a hipótese de ausência de autocorrelação AR(1).

Estimação do modelo AR(1) (modelo "correcto"): $\hat{y}_t = -0{,}108 + 1{,}034x_t + 0{,}318y_{t-1}$; resulta a regressão $\widehat{(\hat{u}_t)} = -\underset{(0{,}322)}{0{,}086}\hat{u}_{t-1} - 0{,}111x_t + 0{,}078y_{t-1}$; estatística t: - 0,267 (valor-$p \approx 0{,}790$); aceita-se ausência de autocorrelação AR(1).

Figura 11.1

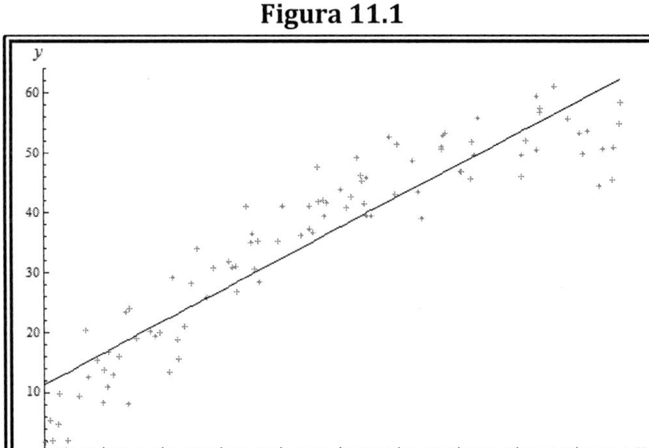

População: $y = 4 + 20x - 2x^2 + u$, $u \sim \mathcal{N}(0; 20{,}25)$ (nuvem de pontos). Estimativa OLS: $\hat{y} = 11{,}224 + 10{,}497x$, (recta).

Figura 11.2

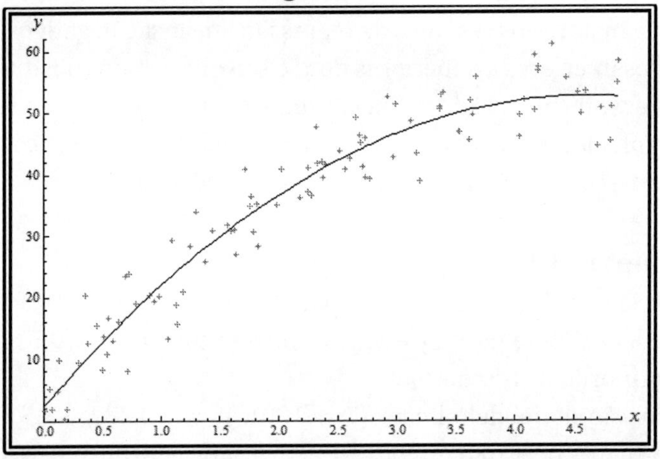

População: $y = 4 + 20x - 2x^2 + u,\ \ u \sim \mathcal{N}(0; 20{,}25)$ (nuvem de pontos). Estimativa OLS: $\hat{y} = 2{,}375 + 21{,}932x - 2{,}384x^2$, (segmento de parábola).

Exercícios

11.1 Indique se cada uma das alternativas é verdadeira ou falsa. No modelo $y_t = \beta_0 + \beta_1 y_{t-1} + u_t, u_t = \rho u_{t-1} + e_t, |\rho| < 1, e_t \text{i.i.d.}(0, \sigma_e^2)$,

A Se $\rho \neq 0$, o estimador OLS de β_1 é inconsistente.

B $\rho = \text{CORR}(u_t, u_{t-1})$.

C O modelo satisfaz a hipótese de exogeneidade contemporânea, $\forall \rho$.

D Os erros do modelo, u_t, não são autocorrelacionados.

11.2 Considere o modelo

$$y_t = \alpha + \gamma_1 y_{t-1} + u_t,$$

$$u_t = \rho_1 u_{t-1} + e_t, \quad 0 < |\rho_1| < 1, \quad \text{E}(e_t | u_{t-1}, u_{t-2}, \dots) = 0,$$

em que e_t é um ruído branco. Mostre que o modelo não é dinamicamente completo, omitindo uma variável explicativa relevante. Obtenha o correspondente modelo dinamicamente completo.

11.3 Seja o modelo (todos os termos com o significado usual)

$$y_t = \alpha + \beta x_t + u_t,$$

em que $\mathrm{E}(u_t|x_t) = 0, \forall t$. Em cada período t o valor de x_t é determinado de acordo com $x_t = \theta_0 + \theta_1 y_{t-1} + v_t$,em que θ_1 designa uma constante não nula e v_t denota um erro aleatório, não correlacionado com quaisquer desfasamentos de x_t e u_t.

a) O estimador OLS dos parâmetros é cêntrico? Porquê?

Considere agora as regressões auxiliares ($\hat{u}_t$: resíduo OLS),

$$\hat{u}_t = \rho\hat{u}_{t-1} + erro \quad (R1) \qquad \hat{u}_t = \rho\hat{u}_{t-1} + \delta x_t + erro \quad (R2)$$

b) Qual das regressões se deve estimar para ensaiar a hipótese de ausência de autocorrelação? Justifique.

c) Suponha-se agora que os erros do modelo são autocorrelacionados segundo um processo AR(1). Qual dos métodos seguintes é adequado para estimar e realizar inferência a respeito dos parâmetros deste modelo? Justifique.

i. OLS e erros-padrão robustos a autocorrelação.

ii. Cochrane-Orcutt ou Prais-Winsten.

iii. Nenhum dos anteriores.

11.4 Considere o modelo $y_t = \alpha + \beta x_t + u_t$ [modelo (A)].

Em cada alínea indique o motivo pelo qual o estimador OLS é enviesado.

a) y_t e x_t denotam, respectivamente, o volume de vendas e a despesa em publicidade no período t de uma dada empresa. Em cada período t a empresa ajusta o valor de x_t em função do valor das vendas de períodos passados, $y_{t-1}, y_{t-2}, \dots$.

b) Na população, x tem um efeito desfasado sobre y:

$$y_t = \alpha + \beta x_t + \delta x_{t-1} + v_t,$$

em que $\mathrm{E}(v_t|x_s) = 0, \forall s, t$.

c) O modelo (A) é um modelo auto-regressivo; ou seja, a variável x_t denota a variável dependente desfasada ($x_t = y_{t-1}$).

d) Qual a condição que se deve verificar no modelo (A) para que os estimadores OLS possam ser consistentes?

11.5 Na equação $y_t = \beta_0 + \beta_1 y_{t-1} + u_t$, y_t denota uma variável aleatória temporalmente indexada e o erro, u_t, não é correlacionado com y_{t-1}.

a) Seja $\hat{u}_t$ o resíduo OLS. Qual das regressões OLS auxiliares seguintes se deve utilizar para testar a hipótese de ausência de autocorrelação AR(1) dos erros do modelo? Justifique.

$$(A)\ \hat{u}_t = \rho\hat{u}_{t-1} + erro \qquad (B)\ \hat{u}_t = \rho\hat{u}_{t-1} + \alpha y_{t-1} + erro.$$

b) Caso os erros sejam autocorrelacionados (ou se receie que tal possa ocorrer), em qual dos seguintes métodos se deve basear a inferência a respeito dos parâmetros do modelo? Justifique.

i. Método OLS e erros-padrão robustos (HAC).

ii. Método de Cochrane-Orcutt.

11.6 Considere as variáveis para o trimestre t, y_t – taxa de juro a três meses; Δp_t – variação percentual trimestral do índice de preços do consumidor; des_t – taxa de desemprego. A partir de uma amostra de observações trimestrais para determinado país, de 1990 a 2007, estimou-se as regressões OLS ($\hat{u}_t$: resíduo da primeira regressão)

$$\hat{y}_t = \underset{(0{,}38)}{1{,}08} + \underset{(0{,}072)}{0{,}58}\,\Delta p_t - \underset{(0{,}063)}{0{,}16}\,des_t + \underset{(0{,}037)}{0{,}90}\,y_{t-1},$$

$$T = 71\ (1990{:}2 - 2007{:}4), \quad R^2 = 0{,}94$$

$$\widehat{(\hat{u}_t)} = \underset{(0{,}29)}{0{,}064} - \underset{(0{,}054)}{0{,}023}\Delta p_t + \underset{(0{,}047)}{0{,}24}\,des_t - \underset{(0{,}028)}{0{,}031}y_{t-1} + \underset{(0{,}097)}{0{,}7}\ \hat{u}_{t-1},$$

$$T = 70, \quad R^2 = 0{,}44.$$

Teste a hipótese de ausência de autocorrelação AR(1) dos erros.

11.7 Para estudar o impacto do ordenado mínimo (om) sobre a taxa de desemprego (des), especifica-se o modelo

$$\log(des_t) = \beta_0 + \beta_1 \log(om_t) + \beta_2 \log(pnb_t) + u_t,$$

em que pnb é o produto nacional bruto (em dada unidade monetária).

a) Da análise exploratória dos dados admite-se que $\log(pnb)$ tem tendência linear. Altere o modelo para que OLS seja fiável.

b) Seja $\hat{u}_t$ o resíduo OLS. A regressão de $\hat{u}_t$ sobre $\hat{u}_{t-1}$, $\log(om_t)$, $\log(pnb_t)$ e t produz uma estimativa do coeficiente de $\hat{u}_{t-1}$ igual a 0,481 (erro-padrão: 0,166). Que se pode concluir ($T = 37$)?

III Tópicos adicionais

12 Endogeneidade em modelos uni-equacionais. Variáveis instrumentais.

12.1 Introdução

O presente capítulo aborda a violação da hipótese de que as variáveis explicativas do modelo de regressão são todas exógenas. Na secção seguinte apresenta-se o conceito de variável explicativa endógena, descrevendo-se alguns exemplos simples de situações reais que motivam este problema.

Uma vez que o método OLS deixa de ser consistente para os parâmetros da média condicional, torna-se necessário, mediante a colocação de condições de identificação adequadas, encontrar um método de estimação e inferência alternativo. Neste sentido, a secção 12.3 descreve o método das variáveis instrumentais (num contexto de amostragem casual). Nesta secção expõe-se também as propriedades assintóticas do método, bem como os correspondentes procedimentos de inferência a respeito dos parâmetros do modelo de interesse. Na secção 12.4 discute-se o comportamento do estimador sob heteroscedasticidade, bem como as possíveis estratégias de estimação para lidar com este problema. A secção 12.5 descreve procedimentos estatísticos utilizados para testar, respectivamente, a hipótese de exogeneidade das variáveis explicativas, e a validade dos instrumentos utilizados (quando há mais variáveis instrumentais do que variáveis endógenas). O capítulo termina com uma breve discussão em torno de alguns aspectos importantes a ter em consideração em modelos para dados temporais com variáveis explicativas endógenas.

12.2 Endogeneidade

12.2.1 Noção de endogeneidade

A consistência do estimador OLS assenta, de modo crucial, no pressuposto de ausência de correlação entre as variáveis explicativas e o erro do modelo, também designado exogeneidade das variáveis explicativas. Como atrás referido, sem este pressuposto o estimador OLS é enviesado e inconsistente.

As variáveis explicativas correlacionadas com o erro dizem-se *endógenas*. Formalmente, diz-se que há endogeneidade no modelo linear, $y_i = \boldsymbol{x}_i \boldsymbol{\beta} + u_i$, se $\mathrm{COV}(x_{ij}, u_i) \neq 0$, para alguma variável explicativa x_{ij} em $\boldsymbol{x}_i$. Esta definição é suficientemente geral para abarcar, quer o caso de amostragem casual, usualmente apropriada para dados seccionais, quer o caso de dados temporais. No primeiro caso, a definição de endogeneidade pode escrever-se simplesmente $\mathrm{COV}(x_j, u) \neq 0$. Com dados temporais, a definição significa que a variável x_{tj} não é, sequer, contemporaneamente exógena, pois $\mathrm{COV}(x_{tj}, u_t) \neq 0$.

Se há endogeneidade no modelo, então $\mathrm{E}(u_i | \boldsymbol{x}_i) \neq 0$ ou, de modo equivalente, $\mathrm{E}(y_i | \boldsymbol{x}_i) \neq \boldsymbol{x}_i \boldsymbol{\beta}$. Ou seja, o parâmetro de interesse, $\boldsymbol{\beta}$, não é uma característica da média condicional mas requer, antes, uma interpretação estrutural, diversa do significado que se lhe atribui no contexto da média condicional.

A consistência do método OLS exclui, pois, variáveis explicativas endógenas no modelo de regressão. Note-se que a presença de alguma variável explicativa endógena torna inconsistentes os estimadores de *todos* os parâmetros de regressão – não apenas dos coeficientes das variáveis endógenas. A secção seguinte descreve dois exemplos frequentes de ocorrência de endogeneidade em modelos de regressão uniequacionais. Estes exemplos servem de motivação para a exposição subsequente, sobre os métodos de estimação em modelos com variáveis explicativas endógenas.

12.2.2 Exemplos

Omissão de variáveis

Em várias secções e exemplos ilustrativos anteriores (sec. 3.4.1, 5.2; ex. 1.1, 2.1, 2.9, 3.7, 5.1, 11.1) abordou-se já as consequências da omissão de variáveis para as propriedades estatísticas do estimador OLS. Retoma-se agora o tema, sublinhando a consequência da sub-especificação do modelo linear para a exogeneidade das variáveis explicativas.

Seja uma população $(\boldsymbol{x}, y)$ em que é válida a equação de regressão $y = \boldsymbol{x\beta} + u = \boldsymbol{x}_1\boldsymbol{\beta}_1 + \boldsymbol{x}_2\boldsymbol{\beta}_2 + u,\ \ \mathrm{E}(u) = 0, \mathrm{COV}(\boldsymbol{x}', u) = \mathrm{E}(\boldsymbol{x}'u) = \boldsymbol{0}$, em que $\boldsymbol{x}$ e $\boldsymbol{\beta}$ se decompõem em dois sub-vectores conformáveis de variáveis explicativas e parâmetros, $\boldsymbol{x} = (\boldsymbol{x}_1, \boldsymbol{x}_2)$ e $\boldsymbol{\beta} = (\boldsymbol{\beta}_1', \boldsymbol{\beta}_2')'$. Admita-se que pelo menos uma das variáveis em $\boldsymbol{x}_2$ é relevante ou seja, $\boldsymbol{\beta}_2 \neq \boldsymbol{0}$. Dado que $\mathrm{COV}(\boldsymbol{x}, u) = \boldsymbol{0}$, as variáveis explicativas do modelo são todas exógenas. Admita-se que se omite $\boldsymbol{x}_2$: em vez da relação populacional (o "modelo correcto"), adopta-se o modelo $y = \boldsymbol{x}_1\boldsymbol{\beta}_1 + v$. Em consequência, $v = \boldsymbol{x}_2\boldsymbol{\beta}_2 + u$, pelo que, para qualquer variável x_j de $\boldsymbol{x}_1$,

$$\mathrm{COV}(x_j, v) = \mathrm{COV}(x_j, \boldsymbol{x}_2\boldsymbol{\beta}_2 + u) =$$
$$\mathrm{COV}(x_j, \boldsymbol{x}_2\boldsymbol{\beta}_2) + \mathrm{COV}(x_j, u) = \mathrm{COV}(x_j, \boldsymbol{x}_2)\boldsymbol{\beta}_2,$$

visto que $\mathrm{COV}(x_j, u) = 0$. Torna-se evidente que, no modelo adoptado, uma ou mais variáveis em $\boldsymbol{x}_1$ são endógenas - a não ser na situação (rara) em que, na população, nenhuma das variáveis omitidas (que compõem $\boldsymbol{x}_2$) é correlacionada com qualquer das variáveis em $\boldsymbol{x}_1$ - de modo que $\mathrm{COV}(x_j, \boldsymbol{x}_2)$ é nulo.

Em suma, a omissão de variáveis relevantes induz, na maior parte dos casos, endogeneidade das variáveis explicativas do modelo. Em consequência, o estimador OLS torna-se enviesado e inconsistente. No caso de um modelo com duas variáveis explicativas, $\boldsymbol{x} = (x_1, x_2)$, e omissão de uma variável (seja x_2), torna-se relativamente fácil saber qual o sinal provável do enviesamento do estimador OLS, se se conhece os sinais do parâmetro omitido (β_2) e da correlação entre x_1 e x_2 - v.

sec. 3.4.1 e 5.2. Todavia, como já referido também, este tipo de conclusão torna-se mais difícil no âmbito da regressão múltipla e/ou omissão de mais do que uma variável explicativa.

Exemplo 12.1

Retome-se o exemplo 1.1. Admita-se que a aptidão (x_2) é a única variável explicativa omitida no modelo simples com a variável escolaridade (x_1). Se se aplica OLS a este modelo, a estimativa de β_1 tenderá a sobreestimar o valor real do parâmetro, já que, presumivelmente, a escolaridade é positivamente correlacionada com a aptidão (em princípio, pessoas mais aptas estudam durante mais anos), variável esta que também afecta positivamente o rendimento $(\beta_2 > 0)$. Em consequência (recorde-se o quadro 3.1), o estimador OLS de β_1 a partir da regressão simples é positivamente enviesado e inconsistente.

Erros de medida das variáveis

Com frequência, as variáveis económicas são medidas com erro. Quando assim é, os valores observados das variáveis diferem inevitavelmente dos seus valores reais, que, supostamente, condicionam o comportamento dos agentes económicos. Se, por um lado, erros de medida na variável dependente não têm usualmente consequências de maior, erros de medida nos regressores induzem correlação entre as variáveis explicativas e o erro do modelo.

Considere-se, por comodidade, o modelo populacional de regressão simples,

$$y^* = \beta_0 + \beta_1 x^* + u^*, \quad \mathrm{E}(u^*|x^*) = 0, \quad \mathrm{V}(u^*|x^*) = \sigma^2.$$

Suponha-se que não se observa as variáveis y^* e x^* mas, em sua vez, se dispõe de uma amostra casual de observações a respeito das variáveis $x = x^* + v_1$ e $y = y^* + v_2$, em que v_1 e v_2 denotam erros de medida. Admita-se que os erros de medida têm média nula e variâncias σ_1^2 e σ_2^2, respectivamente, e são independentes entre si e de x^* e y^*. Substituindo estas relações na regressão obtém-se a expressão do modelo efectivamente utilizado,

$$y = \beta_0 + \beta_1(x - v_1) + u^* + v_2 = \beta_0 + \beta_1 x + u,$$

em que $u = u^* + v_2 - \beta_1 v_1$.

Se há erros de medida em x e/ou y - respectivamente, $\sigma_1^2 > 0$ e/ou $\sigma_2^2 > 0$ - então, sob as hipóteses adoptadas, $\mathrm{V}(u|x) = \sigma^2 + \sigma_2^2 + \beta_1^2\sigma_1^2 > \sigma^2 = \mathrm{V}(u^*|x^*)$. Isto é, a variância do erro do modelo utilizado, u, é superior à variância do erro do modelo populacional, u^*.

Se apenas a variável dependente é medida com erro - $\sigma_1^2 = 0$, $\sigma_2^2 > 0$ - então, em princípio, o erro de medida só afecta negativamente a precisão do estimador OLS [a variância é maior - v. (2.7)]. Se a variável explicativa é medida com erro - $\sigma_1^2 > 0$ - então, não só a variância do erro é maior mas, mais grave, a variável explicativa e o erro do modelo efectivamente utilizado são correlacionados, logo OLS é inconsistente. Ou seja, aplicar OLS aos dados disponíveis (relativos a x e y) produz estimadores enviesados e inconsistentes dos parâmetros da relação entre x^* e y^* (supostamente a relação de interesse).

Se a variável explicativa é medida com erro, sob as hipóteses adoptadas,

$$\mathrm{COV}(u,x) = \mathrm{E}(ux) =$$
$$\mathrm{E}[(u^* + v_2 - \beta_1 v_1)(x^* + v_1)] = -\beta_1 \mathrm{E}(v_1^2) = -\beta_1\sigma_1^2,$$

porque as covariâncias entre os restantes termos são nulas. Em suma, se $\beta_1 \neq 0$, a variável x é endógena no modelo utilizado. O estimador OLS de β_1 a partir dos dados observados é inconsistente, porque

$$\hat{\beta}_1 = \beta_1 + \sum\nolimits_i (x_i - \bar{x})u_i/s_x^2 = \beta_1 + n^{-1}\sum\nolimits_i (x_i - \bar{x})u_i/(n^{-1}s_x^2) \overset{P}{\to}$$
$$\beta_1 + \mathrm{COV}(u,x)/\mathrm{V}(x) = \beta_1\{1 - \sigma_1^2/[\sigma_1^2 + \mathrm{V}(x^*)]\} =$$
$$\beta_1 \mathrm{V}(x^*)/[\sigma_1^2 + \mathrm{V}(x^*)], \qquad s_x^2 = \sum\nolimits_i (x_i - \bar{x})^2.$$

O quociente é menor (maior) do que β_1, se $\beta_1 > 0$ (< 0). Em qualquer caso, $|\mathrm{plim}\hat{\beta}_1| < |\beta_1|$, isto é, o erro de medida induz provavelmente uma atenuação, em valor absoluto, do impacto estimado de x^* sobre y^* (atenuação que não desaparece com o aumento da dimensão da amostra).

Exemplo 12.2

Um problema frequente, quando se pretende estimar funções consumo, prende-se com a medição da variável rendimento. Várias teorias económicas sugerem que o consumo mensal do agregado familiar depende, não tanto do rendimento mensal mas, mais propriamente, da riqueza ou rendimento "permanente". Frequentemente, contudo, os levantamentos estatísticos apenas conseguem aceder a estimativas pouco rigorosas do rendimento mensal. Seja x^* o rendimento permanente e x a estimativa do rendimento mensal (admita-se que o consumo é medido sem erro, $y = y^*$). Dado que $\beta_1 > 0$ (propensão marginal ao consumo positiva), a estimativa OLS deste parâmetro será provavelmente menor do que o seu valor real - porque $\text{plim}\hat{\beta}_1 < \beta_1$.

No modelo de regressão múltipla, $y = \boldsymbol{x\beta} + u$, um argumento semelhante ao utilizado na regressão simples permite concluir que, se há variáveis explicativas medidas com erro, existe correlação entre u e $\boldsymbol{x}$. Em consequência, o estimador OLS de $\boldsymbol{\beta}$ é enviesado e inconsistente.

12.3 Método das variáveis instrumentais sob amostragem casual

12.3.1 Definição de variável instrumental. Estimação.

O método das *variáveis instrumentais* (IV) é um método de estimação que permite estimar consistentemente os parâmetros de um modelo linear em que uma ou mais variáveis explicativas são endógenas. Uma *variável instrumental*, ou *instrumento*, para uma variável endógena é uma variável que preenche dois requisitos básicos: *i.* é exógena no modelo, isto é, não correlacionada com o erro; *ii.* é correlacionada (em certo sentido a precisar adiante) com a variável explicativa endógena. Por outras palavras, uma variável instrumental é uma variável que só pode afectar a variável dependente através da variável explicativa endógena - não por via de uma eventual relação com o erro do modelo.

Exemplo 12.3

Uma questão de interesse em Microeconomia reside na medição do efeito de mais um ano de escolaridade sobre o rendimento esperado (v. exemplo 1.1). Por motivo da omissão de variáveis como a aptidão, incluídas no erro do modelo, a variável escolaridade é, muito provavelmente, endógena no modelo de regressão simples do rendimento sobre a escolaridade. Vários candidatos a instrumentos para a escolaridade têm sido sugeridos na literatura. Card (1995) propõe uma medida da proximidade da área de residência a uma universidade: obviamente, por um lado, uma tal variável não é correlacionada com a aptidão (exogeneidade); por outro lado, é de esperar que uma maior distância da área de residência à universidade reduza a probabilidade de frequência universitária, contribuindo para uma redução do número médio de anos de escolaridade (relevância). Por seu turno, Angrist e Krueger (1991) sugerem a variável mês de nascimento: claramente, a variável não tem qualquer relação com o rendimento (exogeneidade); por outro lado, o mês de nascimento parece ter alguma relação com a escolaridade, já que determina a idade da entrada no ensino (relevância).

Considere-se então o modelo

$$y = \boldsymbol{x\beta} + u, \qquad \mathrm{E}(u) = 0,$$

em que $\boldsymbol{x} = (1, x_1, \dots, x_k)$ e $\boldsymbol{\beta} = (\beta_0, \beta_1, \dots, \beta_k)'$. Admita-se que uma ou mais das variáveis explicativas são endógenas ou seja, são correlacionadas com o erro. Pode-se escrever

$$\mathrm{E}(\boldsymbol{x}'u) \neq \boldsymbol{0},$$

para tal bastando que uma das variáveis explicativas seja correlacionada com o erro. O modelo designa-se *modelo estrutural*, no sentido em que traduz uma relação causal entre $\boldsymbol{x}$ e y [e não uma relação entre $\boldsymbol{x}$ e y através da média condicional, $\mathrm{E}(y|\boldsymbol{x})$ – como no caso em que todas as variáveis em $\boldsymbol{x}$ são exógenas].

Seja também um vector de dimensão l, $\boldsymbol{z} = (1, z_1, \dots, z_l)$, de variáveis exógenas no modelo estrutural, que, como tal, verifica a condição

$$\mathrm{E}(\boldsymbol{z}'u) = \boldsymbol{0},$$

designada usualmente *condição de exogeneidade*. O vector $\boldsymbol{z}$ contém, além das variáveis exógenas incluídas em $\boldsymbol{x}$, variáveis exógenas excluídas do modelo estrutural, candidatos a instrumentos das variáveis endógenas. Admita-se que as variáveis de $\boldsymbol{z}$ são correlacionadas com as variáveis de $\boldsymbol{x}$ (mais adiante precisa-se o sentido desta correlação). Esta condição designa-se por vezes *condição de relevância*.

Sob estas duas condições (exogeneidade e relevância), as variáveis $\boldsymbol{z}$ constituem instrumentos das variáveis $\boldsymbol{x}$ (como referido, as variáveis exógenas de $\boldsymbol{x}$ são replicadas em $\boldsymbol{z}$, isto é, são os seus próprios instrumentos). Como descrito adiante, sob amostragem casual de observações de y, $\boldsymbol{x}$ e $\boldsymbol{z}$, as duas condições permitem que se possa estimar consistentemente o vector de parâmetros do modelo estrutural, $\boldsymbol{\beta}$. Diz-se então que $\boldsymbol{\beta}$ é *identificado* (ou que o modelo é identificado). Se $l = k$ (igual número de instrumentos e variáveis explicativas), o modelo diz-se *exactamente identificado*; se $l > k$ (mais instrumentos do que variáveis explicativas), o modelo diz-se *sobre-identificado*.

Considere-se de novo a equação estrutural; pré-multiplicando os termos por $\boldsymbol{z}'$, vem

$$\boldsymbol{z}'y = (\boldsymbol{z}'\boldsymbol{x})\boldsymbol{\beta} + \boldsymbol{z}'u.$$

Admita-se que se dispõe de uma amostra aleatória simples a respeito de y, $\boldsymbol{x}$ e $\boldsymbol{z}$, e defina-se as matrizes usuais,

$$\boldsymbol{y} = \begin{bmatrix} y_1 \\ \cdots \\ y_n \end{bmatrix}, \quad \boldsymbol{X} = \begin{bmatrix} \boldsymbol{x}_1 \\ \cdots \\ \boldsymbol{x}_n \end{bmatrix}, \quad \boldsymbol{Z} = \begin{bmatrix} \boldsymbol{z}_1 \\ \cdots \\ \boldsymbol{z}_n \end{bmatrix}, \quad \boldsymbol{u} = \begin{bmatrix} u_1 \\ \cdots \\ u_n \end{bmatrix},$$

em que $\boldsymbol{x}_i = (1, x_{i1}, x_{i2}, \dots, x_{ik})$ e $\boldsymbol{z}_i = (1, z_{i1}, z_{i2}, \dots, z_{ik})$, $i = 1, \dots, n$. Resulta a versão amostral da igualdade anterior,

$$\boldsymbol{Z}'\boldsymbol{y} = \boldsymbol{Z}'\boldsymbol{X}\boldsymbol{\beta} + \boldsymbol{Z}'\boldsymbol{u}.$$

Sob homoscedasticidade condicional de u dados os instrumentos, $\mathrm{E}(u^2|\boldsymbol{z}) = \sigma^2$, nesta equação ocorre heteroscedasticidade da forma

$$\mathrm{E}(\boldsymbol{Z}'\boldsymbol{u}\boldsymbol{u}'\boldsymbol{Z}|\boldsymbol{Z}) = \sigma^2\boldsymbol{Z}'\boldsymbol{Z},$$

o que sugere a utilização do estimador GLS,

$$\widehat{\boldsymbol{\beta}} = [(\boldsymbol{Z}'\boldsymbol{X})'(\boldsymbol{Z}'\boldsymbol{Z})^{-1}\boldsymbol{Z}'\boldsymbol{X}]^{-1}(\boldsymbol{Z}'\boldsymbol{X})'(\boldsymbol{Z}'\boldsymbol{Z})^{-1}\boldsymbol{Z}'\boldsymbol{Y} =$$
$$[\boldsymbol{X}'\boldsymbol{Z}(\boldsymbol{Z}'\boldsymbol{Z})^{-1}\boldsymbol{Z}'\boldsymbol{X}]^{-1}\boldsymbol{X}'\boldsymbol{Z}(\boldsymbol{Z}'\boldsymbol{Z})^{-1}\boldsymbol{Z}'\boldsymbol{Y}.$$

Verifica-se que esta fórmula se pode obter a partir de duas regressões OLS sucessivas – razão por que se utiliza a designação estimador de *mínimos quadrados bi-etápico* (*two-stage least squares, 2SLS*). Defina-se a matriz $\boldsymbol{P_Z} = \boldsymbol{Z}(\boldsymbol{Z}'\boldsymbol{Z})^{-1}\boldsymbol{Z}'$, simétrica e idempotente (respectivamente, $\boldsymbol{P}'_Z = \boldsymbol{P}_Z$ e $\boldsymbol{P}_Z^2 = \boldsymbol{P}_Z$). Pode-se escrever

$$\widehat{\boldsymbol{\beta}} = (\boldsymbol{X}'\boldsymbol{P}_Z\boldsymbol{X})^{-1}\boldsymbol{X}'\boldsymbol{P}_Z\boldsymbol{y} = [(\boldsymbol{X}'\boldsymbol{P}_Z)(\boldsymbol{P}_Z\boldsymbol{X})]^{-1}\boldsymbol{X}'\boldsymbol{P}_Z\boldsymbol{y} = [(\boldsymbol{P}_Z\boldsymbol{X})'(\boldsymbol{P}_Z\boldsymbol{X})]^{-1}(\boldsymbol{P}_Z\boldsymbol{X})'\boldsymbol{y},$$

ou seja, o estimador resulta da regressão de $\boldsymbol{y}$ sobre a matriz $\boldsymbol{P}_Z\boldsymbol{X}$. Mas

$$\boldsymbol{P}_Z\boldsymbol{X} = \boldsymbol{Z}(\boldsymbol{Z}'\boldsymbol{Z})^{-1}\boldsymbol{Z}'\boldsymbol{X} = \widehat{\boldsymbol{X}},$$

uma matriz $n \times (k+1)$ em que cada coluna corresponde ao vector de valores estimados pela regressão OLS da coluna correspondente de $\boldsymbol{X}$ sobre a matriz $\boldsymbol{Z}$. As colunas de $\boldsymbol{X}$ que correspondem a variáveis exógenas são também colunas de $\boldsymbol{Z}$, isto é, são replicadas exactamente em $\widehat{\boldsymbol{X}}$. Segue-se, portanto, que o estimador se pode obter mediante duas regressões OLS sucessivas: *i.* regressão das colunas de $\boldsymbol{X}$ sobre $\boldsymbol{Z}$, para obter $\widehat{\boldsymbol{X}}$; *ii.* regressão de $\boldsymbol{y}$ sobre $\widehat{\boldsymbol{X}}$.

A secção seguinte sistematiza um conjunto de pressupostos, que garantem propriedades estatísticas desejáveis deste estimador e, em consequência, a realização de inferência nos moldes habituais. Entretanto, vários casos particulares revestem interesse.

- Se $\boldsymbol{x}$ é exógeno, então $\boldsymbol{x} = \boldsymbol{z}$, logo $\boldsymbol{X} = \boldsymbol{Z}$; resulta o estimador OLS,
$$\widehat{\boldsymbol{\beta}} = [\boldsymbol{X}'\boldsymbol{X}(\boldsymbol{X}'\boldsymbol{X})^{-1}\boldsymbol{X}'\boldsymbol{X}]^{-1}\boldsymbol{X}'\boldsymbol{X}(\boldsymbol{X}'\boldsymbol{X})^{-1}\boldsymbol{X}'\boldsymbol{Y} = (\boldsymbol{X}'\boldsymbol{X})^{-1}\boldsymbol{X}'\boldsymbol{Y}.$$
- O modelo é exactamente identificado, $l = k$. Neste caso, $\boldsymbol{Z}'\boldsymbol{X}$ é uma matriz quadrada de ordem $k+1$. Admitindo que $\boldsymbol{Z}'\boldsymbol{X}$ é invertível, resulta o estimador
$$\widehat{\boldsymbol{\beta}} = (\boldsymbol{Z}'\boldsymbol{X})^{-1}\boldsymbol{Z}'\boldsymbol{Z}(\boldsymbol{X}'\boldsymbol{Z})^{-1}\boldsymbol{X}'\boldsymbol{Z}(\boldsymbol{Z}'\boldsymbol{Z})^{-1}\boldsymbol{Z}'\boldsymbol{Y} = (\boldsymbol{Z}'\boldsymbol{X})^{-1}\boldsymbol{Z}'\boldsymbol{Y}.$$
Com frequência, designa-se propriamente este estimador de "estimador IV", reservando-se a designação "2SLS" para o caso em que o modelo é sobre-identificado.
É fácil verificar, procedendo de modo semelhante ao do estimador OLS, que a fórmula do estimador IV constitui a solução do sistema de $k+1$ equações [nas $k+1$ incógnitas, $\widehat{\boldsymbol{\beta}} = (\hat{\beta}_0, \dots, \hat{\beta}_k)'$],
$$n^{-1}\boldsymbol{Z}'(\boldsymbol{y} - \boldsymbol{X}\widehat{\boldsymbol{\beta}}) = n^{-1}\sum_{i=1}^{n} \boldsymbol{z}'_i\hat{u}_i = \boldsymbol{0}, \qquad (12.1)$$

análogo amostral do sistema de $k+1$ condições de momentos populacionais, $\mathrm{E}(\boldsymbol{z}'\boldsymbol{u}) = \mathbf{0}$. Por outras palavras, o estimador IV é um estimador de momentos.

- O modelo estrutural é um modelo de regressão simples exactamente identificado:

$$y = \beta_0 + \beta_1 x + u, \quad \mathrm{E}(u) = 0, \quad \mathrm{E}(xu) \neq 0,$$

com z instrumento para x. O sistema (12.1) tem duas equações,

$$\begin{cases} n^{-1}\sum_{i=1}^{n} \hat{u}_i = 0 \\ n^{-1}\sum_{i=1}^{n} z_i \hat{u}_i = 0 \end{cases} \Leftrightarrow \begin{cases} n^{-1}\sum_{i=1}^{n} (y_i - \hat{\beta}_0 + \hat{\beta}_1 x_i) = 0 \\ n^{-1}\sum_{i=1}^{n} z_i(y_i - \hat{\beta}_0 + \hat{\beta}_1 x_i) = 0 \end{cases},$$

de que resultam os estimadores

$$\begin{cases} \hat{\beta}_1 = \sum_{i=1}^{n} (z_i - \bar{z})(y_i - \bar{y}) \Big/ \sum_{i=1}^{n} (z_i - \bar{z})(x_i - \bar{x}) \\ \hat{\beta}_0 = \bar{y} - \hat{\beta}_1 \bar{x} \end{cases},$$

formalmente análogos aos estimadores OLS na regressão simples.

Refira-se, a finalizar, que o estimador 2SLS se pode interpretar como o estimador IV que utiliza a matriz de instrumentos $\widehat{\boldsymbol{X}} = \boldsymbol{P_Z X}$. Basta notar que o estimador 2SLS se pode escrever como

$$[(\boldsymbol{P_Z X})'\boldsymbol{X}]^{-1}(\boldsymbol{P_Z X})'\boldsymbol{y} = \left(\widehat{\boldsymbol{X}}'\boldsymbol{X}\right)^{-1}\widehat{\boldsymbol{X}}'\boldsymbol{y}.$$

12.3.2 Propriedades assintóticas. Inferência.

Pressupostos do modelo

Apresenta-se um conjunto de pressupostos adequados à obtenção das propriedades estatísticas do estimador 2SLS com amostras i.i.d. (na secção 12.6 refere-se brevemente o caso de amostras temporais). Considere-se os seguintes pressupostos:

(*i*) Modelo linear: a relação entre a variável dependente e as variáveis explicativas é linear nos parâmetros,

$$y = \beta_0 + \beta_1 x_1 + \cdots + \beta_k x_k + u = \boldsymbol{x\beta} + u,$$

em que $\boldsymbol{x} = (1, x_1, \ldots, x_k)$ e $\boldsymbol{\beta} = (\beta_0, \beta_1, \ldots, \beta_k)'$ denota o vector de parâmetros de interesse. Dispõe-se ainda de um conjunto de variáveis instrumentais, $z_1, \ldots, z_l$.

(*ii*) Amostra casual: dispõe-se de amostra i.i.d. de dimensão n, a respeito de $y, x_1, \ldots, x_k$, e $z_1, \ldots, z_l$. Pode-se escrever

$$y_i = \boldsymbol{x}_i\boldsymbol{\beta} + u_i, \quad i = 1, \ldots, n.$$

(*iii*) Exogeneidade de $\mathbf{z}$: as variáveis $z_1, \ldots, z_l$ são exógenas, isto é

$$\mathrm{E}(z_j u) = 0, \quad j = 1, \ldots, l.$$

De modo equivalente, definindo-se $\mathbf{z} = (1, z_1, \ldots, z_l)$, $\mathrm{E}(\mathbf{z}'u) = \mathbf{0}$. Recorde-se que as variáveis explicativas exógenas são também elementos de $\mathbf{z}$ (sendo os seus próprios instrumentos).

(*iv*) *i.* As variáveis $z_1, \ldots, z_l$ são linearmente independentes,

$$\mathrm{car}[\mathrm{E}(\mathbf{z}'\mathbf{z})] = l + 1.$$

Este pressuposto impede multicolinearidade das colunas de $\boldsymbol{Z}$.

ii. A matriz $\mathrm{E}(\mathbf{z}'\boldsymbol{x})$ [de dimensão $(l + 1) \times (k + 1)$] é uma matriz finita com característica

$$\mathrm{car}[\mathrm{E}(\mathbf{z}'\boldsymbol{x})] = k + 1,$$

a dimensão dos vectores $\boldsymbol{x}$ e $\boldsymbol{\beta}$. Uma condição necessária deste pressuposto é a de que a dimensão do vector $\mathbf{z}$ deve ser maior ou igual à dimensão do vector $\boldsymbol{x}$: $l \geq k$ (usualmente designa-se de condição de *ordem*).

(*v*) Homoscedasticidade: o erro do modelo tem variância condicional constante, dadas as variáveis exógenas. Formalmente, dado o pressuposto de média nula do erro,

$$\mathrm{V}(u|\mathbf{z}) = \mathrm{E}(u^2|\mathbf{z}) = \sigma^2.$$

Casos particulares

Quando só uma das variáveis explicativas do modelo é endógena, a condição (*iv*) equivale a uma condição que se pode verificar empiricamente, através de um teste estatístico simples. Note-se que, pelo contrário, o pressuposto (*iii*) – exogeneidade de $\mathbf{z}$ – envolve o erro não observado, logo a sua adopção deve basear-se em considerandos de ordem económica, razoabilidade, etc..

Seja x_1 a única variável explicativa endógena, de modo que as outras variáveis explicativas do modelo são exógenas, logo instrumentos de si próprias (instrumentos incluídos no modelo estrutural). Seja um vector $\boldsymbol{z}_e$, de variáveis exógenas excluídas do modelo, candidatas a instrumentos de x_1. Seja a equação, designada *equação reduzida*,

$$x_1 = \gamma_0 + \boldsymbol{z}_e\boldsymbol{\gamma}_e + \gamma_2 x_2 + \cdots + \gamma_k x_k + v, \qquad (12.2)$$
$$\mathrm{E}(v) = 0, \qquad \mathrm{E}(\boldsymbol{z}'u) = \boldsymbol{0},$$

em que $\boldsymbol{z} = (1, \boldsymbol{z}_e, x_2, \dots, x_k)$ e $\boldsymbol{\gamma}_e$ denota um vector de parâmetros conformável com $\boldsymbol{z}_e$. Demonstra-se que a condição (*iv*) equivale à condição $\boldsymbol{\gamma}_e \neq \boldsymbol{0}$ na equação reduzida. Esta condição significa que, para que as variáveis exógenas excluídas do modelo estrutural possam ser instrumentos de x_1, tem que haver algum grau de correlação entre estes instrumentos e a parte de x_1 não correlacionada com as restantes variáveis explicativas do modelo estrutural. Se esta correlação fosse nula, nenhuma informação amostral sobre $\boldsymbol{z}_e$ permitiria estimar o efeito *marginal* de x_1 sobre y. Assim, antes de utilizar as variáveis em causa como instrumentos para x_1, deve-se testar a hipótese $H_0\colon \boldsymbol{\gamma}_e = \boldsymbol{0}$, por exemplo através de um teste F usual, realizado após a regressão OLS de (12.2) (se $\boldsymbol{z}_e$ só inclui uma variável, $\boldsymbol{\gamma}_e$ é escalar e pode-se realizar um teste t).

Se a equação estrutural é um modelo de regressão simples,

$$y = \beta_0 + \beta_1 x + u, \qquad \mathrm{E}(u) = 0,$$

com x endógeno – $\mathrm{COV}(x,u) = \mathrm{E}(xu) \neq 0$ – e apenas se dispõe de um candidato a instrumento de x ($\boldsymbol{z}_e = z$, escalar), o pressuposto (*iv*) equivale à condição $\mathrm{COV}(z,x) \neq 0$ (equivalente à condição $\gamma_e \neq 0$ na equação reduzida).

Propriedades assintóticas. Inferência estatística.

Sob os pressupostos (*i*) – (*iv*) o estimador 2SLS de $\boldsymbol{\beta}$ é consistente. Sob estes pressupostos demonstra-se também que o estimador 2SLS segue assintoticamente uma distribuição normal,

$$\sqrt{n}\left(\widehat{\boldsymbol{\beta}} - \boldsymbol{\beta}\right) \xrightarrow{D} \mathcal{N}(\boldsymbol{0}, \boldsymbol{V}),$$

em que $\boldsymbol{V}$ denota a matriz de covariâncias assintóticas. [A normalidade do estimador obtém-se escrevendo $\sqrt{n}\left(\widehat{\boldsymbol{\beta}} - \boldsymbol{\beta}\right)$ na forma $\sqrt{n}\left(\widehat{\boldsymbol{\beta}} - \boldsymbol{\beta}\right) =$

$(n^{-1}\boldsymbol{X}'\boldsymbol{P}_Z\boldsymbol{X})^{-1}(n^{-1/2}\boldsymbol{X}'\boldsymbol{P}_Z\boldsymbol{u})$, e aplicando um TLC ao segundo termo do lado direito.] Sob homoscedasticidade, a matriz $\boldsymbol{V}$ é dada por

$$\boldsymbol{V} = \sigma^2[\mathrm{E}(\boldsymbol{x}'\boldsymbol{z})\mathrm{E}(\boldsymbol{z}'\boldsymbol{z})^{-1}\mathrm{E}(\boldsymbol{z}'\boldsymbol{x})]^{-1}.$$

Um estimador consistente da matriz de covariâncias de $\widehat{\boldsymbol{\beta}}$ vem dado por qualquer das seguintes expressões equivalentes

$$\widehat{\mathrm{V}}(\widehat{\boldsymbol{\beta}}) = \hat{\sigma}^2[\boldsymbol{X}'\boldsymbol{Z}(\boldsymbol{Z}'\boldsymbol{Z})^{-1}\boldsymbol{Z}'\boldsymbol{X}]^{-1} = \hat{\sigma}^2(\boldsymbol{X}'\boldsymbol{P}_Z\boldsymbol{X})^{-1} = \hat{\sigma}^2\left(\widehat{\boldsymbol{X}}'\widehat{\boldsymbol{X}}\right)^{-1},$$

em que $\widehat{\boldsymbol{X}} = \boldsymbol{P}_Z\boldsymbol{X}$, $\hat{\sigma}^2 = n^{-1}\sum_{i=1}^n \hat{u}_i^2$, e $\hat{u}_i$ denota o resíduo 2SLS. Note-se que a expressão corresponde à matriz de covariâncias do estimador GLS, aplicado aos termos do modelo estrutural modificado, $\boldsymbol{Z}'\boldsymbol{y} = \boldsymbol{Z}'\boldsymbol{X}\boldsymbol{\beta} + \boldsymbol{Z}'\boldsymbol{u}$.

Para cada $\hat{\beta}_j$ individual, a fórmula matricial do estimador das covariâncias assintóticas de $\widehat{\boldsymbol{\beta}}$ corresponde a

$$\widehat{\mathrm{V}}(\hat{\beta}_j) = \hat{\sigma}^2 \Big/ \sum_{i=1}^{n} \hat{r}_{ij}^2\,, \tag{12.3}$$

em que $\hat{r}_{ij}$ denota o i-ésimo resíduo da regressão OLS de $\hat{x}_{ij}$ (valor estimado da regressão OLS de x_{ij} sobre todas as variáveis exógenas) sobre os outros $\hat{x}_{il}$.[14] O erro-padrão assintótico de cada estimador individual, $\hat{\beta}_j$, é a raiz positiva do respectivo elemento da diagonal principal da matriz de covariâncias. A partir desta pode-se realizar testes t e construir IC's com validade assintótica, como habitualmente.

O teste F a partir da estimação com variáveis instrumentais utiliza uma estatística que difere da habitual (sob estimação OLS), uma vez que não utiliza, como se poderia supor, SQR dos modelos restrito e não restrito, estimados por 2SLS. Recorde-se que o estimador 2SLS se obtém mediante a regressão OLS de $\boldsymbol{y}$ sobre $\widehat{\boldsymbol{X}}$, logo são os resíduos *desta* regressão, $\boldsymbol{y} - \widehat{\boldsymbol{X}}\widehat{\boldsymbol{\beta}}$, que se comportam como habitualmente (e não o vector $\boldsymbol{y} - \boldsymbol{X}\widehat{\boldsymbol{\beta}}$). Para realizar o teste (rotineiramente calculado em vários

---

(14) Apresenta-se a demonstração de (12.3) na secção 12.7.

programas econométricos), deve proceder-se como segue (para a demonstração, veja-se, por exemplo, Wooldridge, 2010, cap. 5.).

i. Regredir $\boldsymbol{y}$ sobre $\widehat{\boldsymbol{X}} = \boldsymbol{P_Z X}$, sem as restrições da hipótese nula (suponha-se j restrições lineares). Obter o vector de resíduos,

$$\widehat{\boldsymbol{u}}_{nr} = \boldsymbol{y} - \widehat{\boldsymbol{X}}\widehat{\boldsymbol{\beta}}_{nr},$$

e o vector

$$\widehat{\boldsymbol{u}} = \boldsymbol{y} - \boldsymbol{X}\widehat{\boldsymbol{\beta}}_{nr},$$

em que $\widehat{\boldsymbol{\beta}}_{nr}$ denota o estimador dos parâmetros do modelo sem restrições.

ii. Regredir $\boldsymbol{y}$ sobre $\widehat{\boldsymbol{X}}$, com as restrições da hipótese nula e obter o vector de resíduos,

$$\widetilde{\boldsymbol{u}} = \boldsymbol{y} - \widehat{\boldsymbol{X}}\widetilde{\boldsymbol{\beta}},$$

em que $\widetilde{\boldsymbol{\beta}}$ denota o estimador dos parâmetros do modelo com restrições.

iii. Calcular a estatística de teste

$$F = [(\widetilde{\boldsymbol{u}}'\widetilde{\boldsymbol{u}} - \widehat{\boldsymbol{u}}_{nr}'\widehat{\boldsymbol{u}}_{nr})/j]/[\widehat{\boldsymbol{u}}'\widehat{\boldsymbol{u}}/(n-k-1)],$$

distribuída assintoticamente, sob H_0, de acordo com uma função $F_{j,n-k-1}$.

Instrumentos fracos

Por definição, uma variável instrumental deve cumprir dois requisitos: por um lado, não deve ser correlacionada com o erro da equação estrutural – condição de exogeneidade – e, por outro lado, deve ser correlacionada com a variável explicativa endógena de que é instrumento (em rigor, com a parte desta que não é correlacionada com as restantes variáveis explicativas do modelo estrutural) – condição de relevância. Contudo, estes dois requisitos são de algum modo contraditórios, pois, quanto menor a correlação do erro do modelo com o instrumento, maior o risco de este ser irrelevante ou, no mínimo, fracamente correlacionado com a variável explicativa endógena. Neste caso, o instrumento em causa denomina-se usualmente um instrumento *fraco*.

Qual a consequência de se utilizar um instrumento fraco? Considere-se por comodidade a regressão simples. Seja o modelo estrutural

$$y = \beta_0 + \beta_1 x + u, \quad E(u) = 0, \quad \mathrm{E}(xu) \neq 0,$$

e suponha-se que z é instrumento para x. Sob a homoscedasticidade do erro, $\mathrm{V}(u|z) = \sigma^2 = \mathrm{V}(u)$, de (12.3) decorre que a variância assintótica de $\hat{\beta}_1$ vem dada por

$$\sigma^2/\{n\mathrm{V}(x)[\mathrm{CORR}(z,x)]^2\}.$$

Se x é exógeno ($z = x$), $\mathrm{CORR}(z,x) = 1$ e a expressão reduz-se a $\sigma^2/[n\mathrm{V}(x)]$, a variância assintótica do estimador OLS. Em geral, se x é endógeno, $|\mathrm{CORR}(z,x)| < 1$ pelo que, assintoticamente, a variância do estimador IV é superior à variância do estimador OLS. Se o grau de correlação entre z e a variável endógena é reduzido (z é um instrumento fraco), o estimador IV pode ter uma variância consideravelmente superior à variância OLS.

Se z e u são correlacionados, mesmo que em grau reduzido, e z é fracamente correlacionado com x, a utilização de z como instrumento pode ter consequências particularmente nefastas. Não se trata apenas de uma de perda de eficiência mas de acentuada inconsistência do estimador. Por exemplo, para o estimador IV do declive,

$$\mathrm{plim}_{n\to\infty}\hat{\beta}_1 =$$

$$\mathrm{plim}_{n\to\infty}\left[n^{-1}\sum_{i=1}^{n}(z_i - \bar{z})(y_i - \bar{y})\Big/n^{-1}\sum_{i=1}^{n}(z_i - \bar{z})(x_i - \bar{x})\right] =$$

$$\mathrm{COV}(z,y)/\mathrm{COV}(z,x) = \mathrm{COV}(z,\beta_0 + \beta_1 x + u)/\mathrm{COV}(z,x) =$$

$$[\beta_1\mathrm{COV}(z,x) + \mathrm{COV}(z,u)]/\mathrm{COV}(z,x) = \beta_1 + \mathrm{COV}(z,u)/\mathrm{COV}(z,x) =$$

$$\beta_1 + [\sigma/\mathrm{sd}(x)]\,\mathrm{CORR}(z,u)/\mathrm{CORR}(z,x) \neq \beta_1\,,$$

em que σ e $\mathrm{sd}(x)$ denotam, respectivamente, o desvio-padrão de u e x. Mesmo que $\mathrm{CORR}(z,u)$ seja reduzido, o grau de inconsistência do estimador pode ser elevado, se $\mathrm{CORR}(z,x)$ é reduzido. A inconsistência do estimador IV pode inclusivamente ser superior à do estimador OLS – se, por exemplo, $\mathrm{CORR}(z,x) < \mathrm{CORR}(z,u)/\mathrm{CORR}(x,u)$. Dado que raramente se conhece a dimensão relativa destas correlações, pode não se saber qual é o estimador preferível – a não ser que se assuma correlação nula entre z e u, caso em que IV consistente, independentemente do grau de correlação (não nula) com x. Entretanto, no que se refere ao sinal do enviesamento assintótico, os dois estimadores podem inclusivamente ser enviesados em sentidos opostos – dependendo dos sinais e magnitudes relativas das correlações envolvidas.

Como decidir se um instrumento é, ou não, fraco? No caso de uma única variável explicativa endógena, uma regra consiste em considerar como fracos um conjunto de instrumentos tais, que, na regressão do regressor endógeno sobre estes instrumentos, se obtenha $F < 10$ (ou, com um só instrumento, $|t| < \sqrt{10}$). Em todo o caso, a regra é meramente indicativa; para uma discussão mais aprofundada de testes de instrumentos fracos, veja-se, por exemplo, Stock e Yogo (2005).

12.4 Heteroscedasticidade

Os resultados anteriores são obtidos sob a hipótese (v), homoscedasticidade, a qual, por esta razão, deve ser testada. Uma ideia viável consiste em utilizar um teste análogo ao teste de Breusch-Pagan para modelos sem endogeneidade (sec. 7.4.1). Após obtenção dos resíduos 2SLS, $\hat{u}_i$, testa-se a significância global da regressão artificial de $\hat{u}_i^2$ sobre todas as variáveis exógenas (mediante um teste F ou de *score*, assintoticamente válidos). Na presença de heteroscedasticidade, e em analogia com o que ocorre em modelos sem regressores endógenos, pode-se adoptar uma de duas estratégias básicas para estimar os parâmetros do modelo estrutural: *i.* estimar o modelo por 2SLS e utilizar um estimador das variâncias e covariâncias de $\widehat{\boldsymbol{\beta}}$ robusto a heteroscedasticidade; *ii.* se o padrão de heteroscedasticidade é conhecido, estimar o modelo por 2SLS ponderado. Em todo o caso, deve ter-se presente que as duas alternativas se baseiam em teoria assintótica, que pode ser pouco informativa acerca do respectivo comportamento em amostras finitas.

No que se refere à primeira alternativa, demonstra-se que um estimador da matriz de covariâncias assintóticas de $\widehat{\boldsymbol{\beta}}$, robusto a heteroscedasticidade, é dado por

$$\widehat{\mathrm{V}}(\widehat{\boldsymbol{\beta}}) = (\boldsymbol{X}'\boldsymbol{P_Z X})^{-1}\boldsymbol{X}'\boldsymbol{P_Z D P_Z X}(\boldsymbol{X}'\boldsymbol{P_Z X})^{-1},$$

em que $\boldsymbol{D} = \text{diag}(\hat{u}_i^2, i = 1, \ldots, n)$, e $\hat{u}_i$ denota o resíduo 2SLS. Este estimador tem a mesma forma que o estimador robusto da matriz de covariâncias no caso OLS (sec. 7.5.1) – a única diferença reside na utilização da matriz $\boldsymbol{P_Z X}$, em substituição de $\boldsymbol{X}$. Para cada estimador $\hat{\beta}_j$, esta fórmula matricial corresponde a

$$\hat{\text{V}}(\hat{\beta}_j) = \sum_{i=1}^{n} \hat{r}_{ij}^2 \hat{u}_i^2 \Big/ \left(\sum_{i=1}^{n} \hat{r}_{ij}^2\right)^2$$

com $\hat{u}_i$ o resíduo 2SLS, $\hat{r}_{ij}$ denota o i-ésimo resíduo da regressão OLS de $\hat{x}_{ij}$ (valor estimado da regressão OLS de x_{ij} sobre todas as variáveis exógenas) sobre os outros $\hat{x}_{il}$.(15)

A partir dos estimadores das variâncias obtém-se os erros-padrão dos estimadores 2SLS. Estes erros-padrão utilizam-se para realizar testes t ou construir IC's robustos, através do processo usual.

Se se conhece, ou pode estimar, o padrão de heteroscedasticidade – por exemplo, $\text{V}(u|\boldsymbol{z}) = \sigma^2 \delta(\boldsymbol{z}), \delta(\cdot) > 0$ – então pode-se optar pela segunda alternativa, isto é, estimar o modelo estrutural por 2SLS ponderado. O método consiste em: *i.* estimar $\delta(\boldsymbol{z}_i)$ – seja $\hat{\delta}_i$ a estimativa; *ii.* ponderar todas as variáveis do modelo estrutural (termo independente incluído) e todas as variáveis exógenas, dividindo-as por $\hat{\delta}_i^{1/2}$; *iii.* aplicar 2SLS com os regressores ponderados.

12.5 Teste de exogeneidade. Teste de sobre-identificação.

Há duas características fundamentais do modelo estrutural que merecem uma verificação empírica, antes de poderem ser adoptadas como

---

(15) No essencial, o resultado é obtido de modo análogo ao do correspondente estimador sob homoscedasticidade – expressão (12.3) – hipótese agora substituída pela de heteroscedasticidade, no cálculo da variância de $\hat{\beta}_j$.

hipóteses populacionais. Um primeiro aspecto prende-se com a possível endogeneidade das variáveis explicativas, $\mathrm{COV}(x_j, u) \neq 0$. O estimador IV/2SLS é consistente, quer haja elementos de $\boldsymbol{x}$ endógenos quer não; mas, se nenhum destes é correlacionado com o erro estrutural o estimador OLS é preferível, em princípio, ao estimador IV/2SLS, visto que é assintoticamente mais eficiente do que este.

A segunda característica básica diz respeito à possível exogeneidade das variáveis utilizadas como instrumentos, $\mathrm{E}(\boldsymbol{z}'u) = \boldsymbol{0}$. Quando o modelo é exactamente identificado, esta hipótese não é susceptível de verificação empírica, uma vez que o momento amostral, $\sum_{i=1}^{n} \boldsymbol{z}_i'\hat{u}_i = \boldsymbol{0}$, é utilizado na própria dedução do estimador (e um teste desta hipótese seria baseado no modelo estimado) – recorde-se (12.1). Porém, se há mais candidatos a instrumentos do que variáveis endógenas, tal não é o caso e pode-se testar se os instrumentos em excesso são efectivamente exógenos no modelo estrutural.

12.5.1 Teste de exogeneidade

Se todas as variáveis explicativas são exógenas, ambos os estimadores, OLS e IV/2SLS, são consistentes para $\boldsymbol{\beta}$. Donde, parece razoável basear um teste indirecto de exogeneidade na diferença entre estes dois estimadores: se a diferença é "grande" (de acordo com a distribuição da respectiva estatística de teste), então há razões para suspeitar de endogeneidade no modelo. Esta é, basicamente, a estratégia proposta por Hausman (1978), que, todavia, conduz a uma estatística de teste que pode envolver alguma dificuldade computacional. Por este motivo, torna-se, em princípio, mais cómodo realizar o teste de exogeneidade a partir de uma regressão artificial. Um tal procedimento, proposto por Wu (1973), consiste num teste de significância de variáveis adicionais no modelo estrutural.

Suponha-se que o modelo estrutural tem k^* variáveis explicativas ausentes do vector de variáveis exógenas, $\boldsymbol{z}$ (variáveis explicativas que se suspeita endógenas), e seja $\boldsymbol{X}^*$ a matriz $n \times k^*$ dos correspondentes regressores. O teste realiza-se através dos seguintes passos:

i. Obter a matriz $\widehat{\boldsymbol{X}}^* = \boldsymbol{P}_Z \boldsymbol{X}^*$ (cujas colunas são os valores estimados das colunas de $\boldsymbol{X}^*$ mediante a respectiva regressão sobre $\boldsymbol{Z}$).

ii. Correr a regressão OLS

$$\boldsymbol{y} = \boldsymbol{X\beta} + \widehat{\boldsymbol{X}}^* \boldsymbol{\delta} + \boldsymbol{v},$$

em que $\boldsymbol{\delta}$ denota um vector de k^* parâmetros e $\boldsymbol{v}$ o vector de erros desta regressão.

iii. A hipótese de exogeneidade dos regressores em $\boldsymbol{X}^*$ corresponde a $H_0 \colon \boldsymbol{\delta} = \boldsymbol{0}$ neste modelo. A respectiva estatística F é assintoticamente distribuída de acordo com uma função F com k^* e $n - k - 1 - k^*$ g.l. Também se pode realizar um teste de *score*. Se conveniente, pode utilizar-se o teste robusto a heteroscedasticidade.

12.5.2 Teste de sobre-identificação

Se o modelo é exactamente identificado, não se pode testar empiricamente a exogeneidade de $\boldsymbol{z}$, $\mathrm{E}(\boldsymbol{z}'u) = \boldsymbol{0}$, já que, como referido, a correspondente condição amostral é utilizada para obter o estimador IV. Quando, por outro lado, se dispõe de mais instrumentos do que variáveis explicativas ($l > k$), o sistema de equações $n^{-1} \sum_{i=1}^{n} \boldsymbol{z}_i' \hat{u}_i = \boldsymbol{0}$ não tem solução única, seleccionando-se o estimador 2SLS por uma questão de estratégia (o estimador assintoticamente eficiente, sob determinados pressupostos). Dado que o estimador IV é consistente sob as hipóteses apropriadas, designadamente exogeneidade de um número mínimo de instrumentos, pode-se, com base nos resíduos IV, testar a exogeneidade das restantes variáveis incluídas em $\boldsymbol{z}$.

O procedimento descrito é conhecido como teste de Sargan. Trata-se de um teste de *score*, realizado através dos seguintes passos:

i. Estimar o modelo estrutural por IV; obter o vector de resíduos, $\widehat{\boldsymbol{u}}$.

ii. Correr a regressão OLS

$$\widehat{\boldsymbol{u}} = \boldsymbol{Z\delta} + \boldsymbol{w},$$

em que $\boldsymbol{\delta}$ designa um vector de parâmetros e $\boldsymbol{w}$ o vector dos erros desta regressão; calcular o coeficiente R^2 desta regressão.

iii. Sob a hipótese nula de que $\mathbf{z}$ é exógeno,

$$LM = nR^2 \overset{\cdot}{\sim} \chi^2_{l-k},$$

em que $l-k$ denota o número de variáveis de $\mathbf{z}$ excluídas do modelo estrutural.

Rejeita-se a validade dos instrumentos se LM é "elevada". Note-se que só se pode realizar o teste se $l > k$, isto é, número de candidatos a instrumentos superior ao número de variáveis explicativas.

12.6 Método 2SLS para dados temporais – algumas observações

Tal como sucede com OLS, a utilização do estimador IV/2SLS com dados temporais requer estacionaridade e dependência fraca das séries intervenientes – incluindo, naturalmente, os processos estocásticos das variáveis exógenas, $(\mathbf{z}_t, t = 1,2, \ldots)$. Por exemplo, se alguma série é afectada por tendência temporal ou sazonalidade, é aconselhável incluir a tendência ou *dummies* sazonais no modelo. Ou, se há séries com raízes unitárias (v. cap. 16), deve-se utilizar a primeira diferença do modelo estrutural, em vez da equação original.

Sem as propriedades de estacionaridade e dependência fraca, não se pode aplicar LLN's e TLC's, que, sob as restantes hipóteses do modelo, garantem a consistência e normalidade assintótica do estimador IV/2SLS. Com excepção das condições de identificação, a adoptar no caso presente, as restantes hipóteses são análogas às hipóteses adoptados para OLS com dados temporais (sec. 10.7.1, 10.7.2), substituindo as variáveis explicativas pelas variáveis exógenas incluídas e excluídas, que se supõe, no mínimo, contemporaneamente exógenas.

Tal como em modelos sem endogeneidade, os erros do modelo estrutural podem ser autocorrelacionados e, por esta razão, deve-se testar a hipótese de ausência de autocorrelação (veja-se Wooldridge, 2016, sec. 15.7, para um teste de autocorrelação em modelos estimados por IV/2SLS). Se há suspeita de autocorrelação do tipo auto-regressivo [por exemplo, AR(1)], pode-se corrigir o modelo, de modo a eliminar a autocorrelação, analogamente ao procedimento adoptado em modelos sem endogeneidade (sec. 11.5.2). Todavia, tal como neste caso, a estratégia só é válida em presença de instrumentos estritamente exógenos, isto é, se $\text{COV}(z_{tj}, u_s) = 0, \forall s, t, j = 1, \ldots, l$.

Em todo o caso, quando o erro do modelo é autocorrelacionado, convém verificar com cuidado a validade das condições de exogeneidade dos instrumentos seleccionados. Em particular, deve-se examinar o modo como as situações geradoras de endogeneidade das variáveis explicativas (como erros de medida ou omissão de variáveis) e a origem da autocorrelação dos erros (como a adopção de um modelo dinamicamente incompleto, sem especificação completa de aspectos dinâmicos) afectam, quer o padrão de autocorrelação do erro quer a correlação entre variáveis explicativas e o erro, para diferentes transformações do modelo estrutural (os exemplos seguintes ilustram alguns problemas que esta transformação pode envolver). Na ausência de instrumentos adequados pode ser mais seguro utilizar 2SLS e erros-padrão robustos em face de diferentes formas de autocorrelação. Naturalmente, do ponto de vista prático, convém dispor neste caso de um *software* que produza erros-padrão robustos do estimador 2SLS.

Exemplo 12.4

Modelo com erro de medida na variável explicativa e erro autocorrelacionado AR(1)

$$y_t = \beta x_t^* + u_t, \;\; u_t = \rho u_{t-1} + e_t, \;\; |\rho| < 1, \;\; x_t = x_t^* + v_t,$$

em que e_t é uma inovação ruído branco, não correlacionada com qualquer desfasamento de u_t, x_t é a variável efectivamente observada e v_t é o erro de medida, não correlacionado com $x_s^*, \forall s$. Substituindo x_t^* por $x_t - v_t$, e u_t por $\rho u_{t-1} + e_t$ (e sucessivamente, para os respectivos desfasamentos), o modelo pode-se escrever

$$y_t = \beta x_t - \beta v_t + \rho u_{t-1} + e_t =$$
$$\beta x_t - \beta v_t + \rho u_{t-1} + e_t + \rho e_{t-1} + \rho^2 e_{t-2} + \cdots.$$

Desfasando os termos, multiplicando por ρ e subtraindo, obtém-se

$$y_t = \rho y_{t-1} + \beta x_t - \rho\beta x_{t-1} + (e_t - \beta v_t + \rho\beta v_{t-1}).$$

Esta transformação elimina a autocorrelação do erro estrutural mas introduz no modelo transformado um processo MA dos erros de medida. Só no caso improvável em que os erros de medida $(v_t, t = 1, \ldots)$ constituem um processo AR(1) com correlação idêntica à do processo (u_t) é que a autocorrelação é eliminada pela quase-diferenciação. Dado que o erro deste novo modelo é correlacionado com as variáveis explicativas, OLS é inconsistente – de modo que é necessário encontrar instrumentos para estimar o modelo transformado. Se x_t^* é autocorrelacionado e o erro de medida não, então $x_{t-1}, x_{t-2}, \ldots$ são potenciais instrumentos para x_t. Por outro lado, se os erros de medida são autocorrelacionados é necessário encontrar instrumentos de fora do modelo.

O exemplo seguinte é formalmente análogo ao exemplo anterior. Agora a endogeneidade resulta da omissão de variáveis.

Exemplo 12.5

Modelo com omissão de variáveis: $y_t = \beta x_t + v_t$.

O termo v_t inclui não só o erro do modelo "correcto" (seja u_t) possivelmente autocorrelacionado, mas também as variáveis omitidas. Se estas variáveis são, elas próprias, autocorrelacionadas, então induzem autocorrelação em u_t (além de possível autocorrelação de v_t). Transformando o modelo consegue-se, em princípio, remover a autocorrelação mas a endogeneidade mantém-se. Coloca-se então a questão de encontrar instrumentos apropriados. Se x_t é, ele próprio, autocorrelacionado e v_t é AR(1), então a quase-diferença

$$y_t = \rho y_{t-1} + \beta x_t - \rho\beta x_{t-1} + v_t - \rho v_{t-1}$$

admite os potenciais instrumentos $y_{t-1}, x_{t-1}, x_{t-2}, \ldots$, que são exógenos neste modelo. Em qualquer caso, para que a transformação resulte, a especificação AR(1) deve ser correcta.

Os exemplos precedentes ilustram alguns aspectos relevantes acerca da utilização de variáveis instrumentais em modelos para dados temporais com erros autocorrelacionados. Em primeiro lugar, pode haver alguma relação entre a origem da endogeneidade das variáveis explicativas e o tipo de autocorrelação no modelo estrutural. Em segundo lugar, o tipo de processo estocástico de cada variável explicativa determina quais as variáveis explicativas endógenas e quais as contemporaneamente exógenas, bem como os potenciais instrumentos. Finalmente, a escolha de instrumentos pode complicar-se por questões como a redução da dimensão da amostra, potencialmente grave dado o comportamento tantas vezes sofrível do estimador IV/2SLS em amostras reduzidas. Por exemplo, a utilização de desfasamentos como instrumentos agrava o problema da redução da dimensão, à medida que o número de instrumentos aumenta. Estas observações sugerem, em geral, que a utilização de variáveis instrumentais com séries temporais se deve sujeitar a uma cuidadosa análise prévia das causas da endogeneidade e, no caso, do tipo de autocorrelação presente no erro estrutural.

12.7 Demonstrações

Consistência do estimador 2SLS

O estimador 2SLS pode-se escrever sucessivamente como

$$\widehat{\boldsymbol{\beta}} = [\boldsymbol{X}'\boldsymbol{Z}(\boldsymbol{Z}'\boldsymbol{Z})^{-1}\boldsymbol{Z}'\boldsymbol{X}]^{-1}\boldsymbol{X}'\boldsymbol{Z}(\boldsymbol{Z}'\boldsymbol{Z})^{-1}\boldsymbol{Z}'(\boldsymbol{X}\boldsymbol{\beta} + \boldsymbol{u}) =$$
$$\boldsymbol{\beta} + [\boldsymbol{X}'\boldsymbol{Z}(\boldsymbol{Z}'\boldsymbol{Z})^{-1}\boldsymbol{Z}'\boldsymbol{X}]^{-1}\boldsymbol{X}'\boldsymbol{Z}(\boldsymbol{Z}'\boldsymbol{Z})^{-1}\boldsymbol{Z}'\boldsymbol{u} =$$
$$\boldsymbol{\beta} + [(n^{-1}\boldsymbol{X}'\boldsymbol{Z})(n^{-1}\boldsymbol{Z}'\boldsymbol{Z})^{-1}(n^{-1}\boldsymbol{Z}'\boldsymbol{X})]^{-1}(n^{-1}\boldsymbol{X}'\boldsymbol{Z})(n^{-1}\boldsymbol{Z}'\boldsymbol{Z})^{-1}(n^{-1}\boldsymbol{Z}'\boldsymbol{u}).$$

O limite em probabilidade desta expressão obtém-se por aplicação de LLN's às médias envolvidas nos produtos matriciais, em conjunto com o Teorema de Slutsky (anexo C.2.2). Resulta plim $\widehat{\boldsymbol{\beta}} = \boldsymbol{\beta}$, porque, sob os pressupostos adoptados – designadamente (*iii*) – o limite em probabilidade da segunda parcela da última expressão de $\widehat{\boldsymbol{\beta}}$ é dado por

$$[\mathrm{E}(\boldsymbol{x}'\boldsymbol{z})\mathrm{E}(\boldsymbol{z}'\boldsymbol{z})^{-1}\mathrm{E}(\boldsymbol{z}'\boldsymbol{x})]^{-1}\mathrm{E}(\boldsymbol{x}'\boldsymbol{z})\mathrm{E}(\boldsymbol{z}'\boldsymbol{z})^{-1}\mathrm{E}(\boldsymbol{z}'\boldsymbol{u}) = \boldsymbol{0}.$$ #

Variâncias dos estimadores 2SLS de parâmetros individuais – expressão (12.3)

O estimador 2SLS é o estimador OLS de $\boldsymbol{\beta}$ a partir da regressão

$$\boldsymbol{y} = \widehat{\boldsymbol{X}}\boldsymbol{\beta} + \boldsymbol{v},$$

($\boldsymbol{v}$: vector de erros). Sejam $\hat{\boldsymbol{x}}'_j$ a coluna j de $\hat{\boldsymbol{X}}$ (contendo os valores estimados da variável x_j na regressão sobre $\boldsymbol{Z}$) e $\hat{\boldsymbol{X}}_{(j)}$ a sub-matriz de $\hat{\boldsymbol{X}}$ obtida por exclusão da coluna $\hat{\boldsymbol{x}}'_j$. De acordo com o Teorema FWL, o estimador de β_j (coeficiente de $\hat{\boldsymbol{x}}_j$) vem dado por

$$\hat{\beta}_j = \left[\hat{\boldsymbol{x}}_j \boldsymbol{M}_{(j)} \hat{\boldsymbol{x}}'_j\right]^{-1} \hat{\boldsymbol{x}}_j \boldsymbol{M}_{(j)} \boldsymbol{y}, \qquad \boldsymbol{M}_{(j)} = \boldsymbol{I}_n - \hat{\boldsymbol{X}}_{(j)}\left[\hat{\boldsymbol{X}}'_{(j)} \hat{\boldsymbol{X}}_{(j)}\right]^{-1} \hat{\boldsymbol{X}}'_{(j)}.$$

Note-se que (como indicado pelo Teorema FWL) $\hat{\boldsymbol{x}}_j \boldsymbol{M}_{(j)} \hat{\boldsymbol{x}}'_j$ é a SQR da regressão OLS de $\hat{\boldsymbol{x}}'_j$ sobre $\hat{\boldsymbol{X}}_{(j)}$ ou seja,

$$\hat{\boldsymbol{x}}_j \boldsymbol{M}_{(j)} \hat{\boldsymbol{x}}'_j = \sum_{i=1}^{n} \hat{r}_{ij}^2,$$

em que $\hat{r}_{ij}$ denota o resíduo desta regressão. Sob os pressupostos (i) – (v) (sec. 12.3.2), a variância condicional de $\hat{\beta}_j$ vem dada por

$$\mathrm{V}(\hat{\beta}_j | \boldsymbol{Z}) = \sigma^2 \left[\hat{\boldsymbol{x}}_j \boldsymbol{M}_{(j)} \hat{\boldsymbol{x}}'_j\right]^{-1} = \sigma^2 \Big/ \sum_{i=1}^{n} \hat{r}_{ij}^2.$$

O estimador (12.3) obtém-se substituindo σ^2 por um seu estimador consistente. #

Exercícios

12.1 Suponha que a matriz dos instrumentos, $\boldsymbol{Z}$, tem a mesma dimensão que a matriz das variáveis explicativas do modelo estrutural, $\boldsymbol{X}$ (ambas $n \times k$). Mostre que, neste caso, o estimador 2SLS coincide com o estimador IV.

12.2 Seja o modelo de regressão simples

$$\log c = \beta_0 + \beta_1 r^* + u^*, \quad \mathrm{E}(u^* | r^*) = 0, \quad \mathrm{V}(u | r^*) = \sigma^2,$$

em que c denota o consumo do agregado familiar, e r^* o seu rendimento permanente, que não é observável. Em vez do rendimento permanente, observa-se o rendimento temporário, ou corrente,

$$r = r^* + v,$$

em que v denota um termo de perturbação, de média nula e variância constante, σ_v^2, não correlacionado com r^* e u. Por este motivo, utiliza-se a regressão

$$\log c = \beta_0 + \beta_1 r + u,$$

em que u denota o termo de erro do modelo efectivamente utilizado.

a) Dado o sinal que parece razoável admitir para β_1, que se pode dizer a respeito de $\mathrm{COV}(r, u)$?

b) Qual o sinal do enviesamento assintótico do estimador OLS, $\hat{\beta}_1$?

12.3 Considere o modelo de desfasamentos distribuídos de Koyck,

$$y_t = \alpha + \beta \sum_{j=0}^{\infty} \rho^j z_{t-j} + u_t,$$

em que $|\rho| < 1$ e u_t é i.i.d. com $\mathrm{E}(u_t) = 0, \mathrm{V}(u_t) = \sigma^2, \forall t$.

a) Mostre que o modelo se pode escrever na forma

$$y_t = \alpha^* + \rho y_{t-1} + \beta z_t + v_t, \quad \alpha^* = \alpha(1-\rho), \quad v_t = u_t - \rho u_{t-1}.$$

b) O estimador OLS é consistente? Justifique.

c) Suponha que z_t é estritamente exógeno no modelo de Koyck. Mostre que z_{t-1} é um candidato a instrumento para y_{t-1}.

12.4 A seguinte equação procura explicar o efeito da taxa de analfabetismo ($analf$) na abstenção eleitoral (abs) para os municípios de Portugal continental nas eleições autárquicas de 2009:

$$abs = \beta_0 + \beta_1 analf + u.$$

Admite-se que a taxa de analfabetismo é endógena neste modelo e pretende-se estimar o modelo por 2SLS, utilizando como instrumentos duas *dummies*, iguais a 1, se, respectivamente, o concelho é do litoral (lit), ou se a capital de distrito está sediada no município (cap).

a) Da estimação da primeira etapa do método 2SLS obteve-se

$$\widehat{analf}_i = \underset{(0{,}31)}{14{,}6} - \underset{(0{,}963)}{4{,}62}\, cap_i - \underset{(0{,}476)}{5{,}30}\, lit_i, \qquad n = 275, \quad R^2 = 0{,}35.$$

Pode-se considerar os instrumentos como instrumentos fracos?

b) Estimou-se a seguinte regressão auxiliar, em que $\hat{u}_i$ denota os resíduos da regressão anterior,

$$\widehat{abs}_i = \underset{(1{,}70)}{46{,}85} - \underset{(0{,}141)}{0{,}90}\, analf_i + \underset{(0{,}17)}{0{,}31}\hat{u}_i, \qquad n = 275, \quad R^2 = 0{,}21.$$

Teste a 10% a hipótese de exogeneidade da taxa de analfabetismo.

c) Seja $\hat{v}_i$ o resíduo da estimação do modelo original por 2SLS utilizando os instrumentos propostos; por OLS obteve-se

$$\hat{v}_i = \underset{(0,59)}{0,08} + \underset{(1,67)}{1,93}cap_i - \underset{(0,827)}{0,41}\, lit_i, \quad n = 275, \quad R^2 = 0,0058.$$

Teste a validade dos instrumentos, recorrendo ao teste de Sargan.

13 Análise de regressão de dados em painel

13.1 Introdução

O presente capítulo aborda a formulação e estimação de modelos para dados longitudinais ou de painel. Os dados podem referir-se, por exemplo, a um conjunto de países, um grupo de empresas ou de agregados familiares, observados ao longo de vários períodos.

O acompanhamento de grupos de indivíduos ao longo de vários períodos de tempo proporciona uma informação mais rica do que os dados meramente seccionais ou temporais, permitindo obter estimadores mais eficientes dos parâmetros de regressão. Uma outra vantagem dos dados de painel consiste na possibilidade que estes conferem, de controlo da heterogeneidade individual. Se se negligencia eventuais efeitos individuais não observados, corre-se o risco de utilizar estimadores enviesados e inconsistentes. Os dados de painel permitem identificar e estimar efeitos não detectáveis por séries meramente temporais ou seccionais.

A secção seguinte descreve o modelo de regressão com efeitos individuais e expõe as abordagens de efeitos fixos e de efeitos aleatórios, bem como os respectivos métodos de estimação. A secção 13.3 considera a análise de especificação de modelos para painéis, descrevendo alguns testes estatísticos comuns na literatura. A secção 13.4 aborda sucintamente modelos dinâmicos para dados de painel.

13.2 Modelo de regressão com efeitos individuais

Considere-se o modelo populacional

$$y_t = \beta_0 + \beta_1 x_{t1} + \cdots + \beta_k x_{tk} + \alpha + u_t, \qquad t = 1,2,\ldots \qquad (13.1)$$

designado *modelo de efeitos individuais*. Neste modelo, (y_t), (x_{tj}), $j = 1, \ldots, k$, e (u_t) denotam processos estocásticos. Algumas das variáveis explicativas podem ser constantes no tempo (tendo-se $x_{tj} = x_j, \forall t$, para alguns j). O termo u_t denota o erro não observado do modelo e β_j, $j = 0, \ldots, k$, representam os parâmetros que se pretende estimar.

O escalar α representa uma variável aleatória não observável, denominada *efeito individual*, ou *heterogeneidade individual, não observável* – note-se a diferença entre α e as variáveis explicativas x_{tj}, as quais se podem considerar como heterogeneidade *observável* (a justificação do adjectivo "individual" para α refere-se pouco adiante). Admite-se que esta variável aleatória é invariante ao longo do tempo – α não depende de t – e tem variância finita, $\mathrm{V}(\alpha) = \sigma_\alpha^2$.

Supõe-se que o erro tem média condicional nula, dadas as variáveis explicativas de qualquer período, x_{sj}, e o efeito individual, α,

$$\mathrm{E}\left(u_t \middle| x_{sj}, \alpha\right) = 0, \quad j = 1, \dots, k, \quad \forall s, t.$$

Deste pressuposto decorre a nulidade da média incondicional do erro, $\mathrm{E}(u_t) = 0, \forall t$. Resultam ainda as seguintes condições relevantes:

- O erro e o efeito individual são não correlacionados,
$$\mathrm{COV}(\alpha, u_t) = \mathrm{E}(\alpha u_t) = 0, \forall t.$$
- As variáveis explicativas são estritamente exógenas. Em primeiro lugar, dado o efeito individual,
$$\mathrm{COV}\left(x_{sj}, u_t \middle| \alpha\right) = \mathrm{E}\left(x_{sj} u_t \middle| \alpha\right) = 0, j = 1, \dots, k, \forall s, t$$
e (por aplicação da L.E.I.) marginalmente a este efeito,
$$\mathrm{COV}\left(x_{sj}, u_t\right) = \mathrm{E}\left(x_{sj} u_t\right) = 0, j = 1, \dots, k, \forall s, t.$$
- A exogeneidade estrita exclui, por exemplo, desfasamentos da variável dependente como variáveis explicativas, e fenómenos de *feedback* da variável dependente sobre valores futuros das variáveis explicativas.
- A média condicional de y_t, dados o efeito individual e as variáveis explicativas *para todos os períodos*, $(x_{s1}, \dots x_{sk}), \forall s$, é igual à média condicional, dados o efeito individual e as variáveis explicativas *para o período t*,
$$\mathrm{E}(y_t | x_{t1}, \dots, x_{tk}, \alpha) = \beta_0 + \beta_1 x_{t1} + \cdots + \beta_k x_{tk} + \alpha.$$

Admite-se ainda homoscedasticidade condicional do erro, $\mathrm{V}\left(u_t \middle| x_{tj}, \alpha\right) = \mathrm{E}\left(u_t^2 \middle| x_{tj}, \alpha\right) = \sigma^2, \forall t, j$, e ausência de autocorrelação condicional, $\mathrm{COV}\left(u_s, u_t \middle| x_{sj}, x_{tl}, \alpha\right) = \mathrm{E}\left(u_s u_t \middle| x_{sj}, x_{tl}, \alpha\right) = 0, \forall s, t, j, l$. Do que resulta (aplicando a L.E.I.) $\mathrm{V}\left(u_t \middle| x_{tj}\right) = \sigma^2$ e

$\text{COV}(u_s, u_t | x_{sj}, x_{tl}) = \text{E}(u_s u_t | x_{sj}, x_{tl}) = 0, \forall s, t, j, l.$

Tal como o erro do modelo, u_t, o efeito individual, α, é não observado. Por este motivo, encara-se frequentemente o termo de perturbação do modelo como soma das duas variáveis não observáveis, designando-se usualmente *erro composto*. Denote-se este termo por w_i $(= \alpha + u_t)$.

Considere-se agora n réplicas independentes da população acima descrita, em que cada réplica consiste num numero finito de termos consecutivos das séries temporais das variáveis observáveis. Neste sentido, a amostra de painel pode representar-se como

$$[(y_{it}, x_{it1}, \dots, x_{itk}), \quad t = 1, \dots, T_i, \quad i = 1, \dots, n],$$

em que, para além do índice temporal, cada variável é indexada por i, índice seccional. Este índice seccional refere-se naturalmente a unidades estatísticas, ou indivíduos: por exemplo, x_{it2} representa a realização da variável x_2 para o indivíduo i no período t. Note-se que, em geral, para cada indivíduo i, a realização da população abarca T_i períodos, número este que pode diferir de indivíduo para indivíduo. Nestes termos, pode-se então escrever uma relação análoga a (13.1), dada por

$$y_{it} = \beta_0 + \beta_1 x_{it1} + \cdots + \beta_k x_{itk} + \alpha_i + u_{it}, \quad t = 1,2, \dots, T_i, \quad i = 1, \dots, n.$$

Na amostra de painel considera-se, como referido, independência na vertente individual (independência seccional); pelo contrário, para cada indivíduo é mais razoável admitir dependência entre termos da correspondente sequência temporal. Entretanto, e sem grande perda de generalidade, aborda-se aqui apenas a situação em que $T_i = T$ para todos os indivíduos – caso em que o painel se diz *equilibrado* e, em consequência, a dimensão da amostra é dada por nT. Com dados microeconómicos, n é frequentemente elevado, relativamente a T; com dados macroeconómicos, as amostras podem conter um menor número de indivíduos e mais períodos de tempo.

Sob este tipo de amostragem, as hipóteses do modelo populacional são válidas, quando referidas à versão amostral (nos pressupostos adoptados, basta acrescentar índices individuais aos termos envolvidos). Por exemplo, a heterogeneidade não observada para a i-ésima unidade seccional, α_i, é específica do indivíduo (empresa, trabalhador, agregado familiar, etc.) – daí a designação "efeito individual". Com frequência, este efeito supõe-se invariante ao longo do tempo: $\alpha_{it} = \alpha_i, \forall t$. Este termo pode representar, por exemplo, a capacidade de gestão numa função de produção ou a aptidão individual num modelo de determinação do rendimento. Sob as hipóteses referidas, os efeitos α_i são variáveis i.i.d. com variância $\sigma_\alpha^2 < \infty$, não correlacionadas com $u_{it}, \forall i, t$.

Para cada indivíduo i, no período t, pode escrever-se

$$y_{it} = \boldsymbol{x_{it}\beta} + \alpha_i + u_{it} = \boldsymbol{x_{it}\beta} + w_{it}, \quad t = 1, \ldots, T, \quad i = 1, \ldots, n,$$

em que $\boldsymbol{x_{it}} = (1, x_{it1}, \ldots, x_{itk})$ denota o vector-linha de $k+1$ variáveis explicativas para o indivíduo i/período t, $\boldsymbol{\beta} = (\beta_0, \ldots, \beta_k)'$ denota o vector de parâmetros e w_{it} o erro composto. De modo equivalente, para as T observações respeitantes ao indivíduo i,

$$\boldsymbol{y_i} = \boldsymbol{X_i\beta} + \alpha_i \boldsymbol{\iota_T} + \boldsymbol{u_i} = \boldsymbol{X_i\beta} + \boldsymbol{\alpha_i} + \boldsymbol{u_i} = \boldsymbol{X_i\beta} + \boldsymbol{w_i}, \quad i = 1, \ldots, n,$$

em que

$$\underset{T\times 1}{\boldsymbol{y_i}} = \begin{bmatrix} y_{i1} \\ \vdots \\ y_{iT} \end{bmatrix}, \quad \underset{T\times(k+1)}{\boldsymbol{X_i}} = \begin{bmatrix} \boldsymbol{x_{i1}} \\ \vdots \\ \boldsymbol{x_{iT}} \end{bmatrix}, \quad \boldsymbol{\alpha_i} = \alpha_i \boldsymbol{\iota_T},$$

$$\underset{T\times 1}{\boldsymbol{\iota_T}} = \begin{bmatrix} 1 \\ \vdots \\ 1 \end{bmatrix}, \quad \underset{T\times 1}{\boldsymbol{u_i}} = \begin{bmatrix} u_{i1} \\ \vdots \\ u_{iT} \end{bmatrix}, \quad \boldsymbol{w_i} = \boldsymbol{\alpha_i} + \boldsymbol{u_i}.$$

Reunindo ("empilhando" verticalmente) as expressões para todos os indivíduos, tem-se

$$\boldsymbol{y} = \boldsymbol{X\beta} + \boldsymbol{\alpha} + \boldsymbol{u} = \boldsymbol{X\beta} + \boldsymbol{w},$$

em que

$$\underset{nT\times 1}{\boldsymbol{y}} = \begin{bmatrix} \boldsymbol{y_1} \\ \vdots \\ \boldsymbol{y_n} \end{bmatrix}, \quad \underset{nT\times(k+1)}{\boldsymbol{X}} = \begin{bmatrix} \boldsymbol{X_1} \\ \vdots \\ \boldsymbol{X_n} \end{bmatrix},$$

$$\underset{nT\times 1}{\boldsymbol{\alpha}} = \begin{bmatrix} \boldsymbol{\alpha_1} \\ \vdots \\ \boldsymbol{\alpha_n} \end{bmatrix}, \quad \underset{nT\times 1}{\boldsymbol{u}} = \begin{bmatrix} \boldsymbol{u_1} \\ \vdots \\ \boldsymbol{u_n} \end{bmatrix}, \quad \boldsymbol{w} = \boldsymbol{\alpha} + \boldsymbol{u}$$

(note-se que o índice t varia primeiro, de 1 a T para cada i). Supõe-se que $\boldsymbol{X}$ tem característica igual ao número de colunas (ausência de multicolinearidade). Note-se desde já as igualdades (utilizadas adiante)

$$\boldsymbol{X}'\boldsymbol{X} = [\boldsymbol{X}_1' \quad \cdots \quad \boldsymbol{X}_n'] \begin{bmatrix} \boldsymbol{X}_1 \\ \vdots \\ \boldsymbol{X}_n \end{bmatrix} = \sum_{i=1}^{n} \boldsymbol{X}_i'\boldsymbol{X}_i,$$

$$\boldsymbol{X}'\boldsymbol{\alpha} = [\boldsymbol{X}_1' \quad \cdots \quad \boldsymbol{X}_n'] \begin{bmatrix} \alpha_1 \\ \vdots \\ \alpha_n \end{bmatrix} = \sum_{i=1}^{n} \boldsymbol{X}_i'\boldsymbol{\alpha}_i,$$

$$\boldsymbol{X}'\boldsymbol{y} = [\boldsymbol{X}_1' \quad \cdots \quad \boldsymbol{X}_n'] \begin{bmatrix} \boldsymbol{y}_1 \\ \vdots \\ \boldsymbol{y}_n \end{bmatrix} = \sum_{i=1}^{n} \boldsymbol{X}_i'\boldsymbol{y}_i.$$

Um aspecto crucial a ter em conta na análise de regressão com painéis prende-se com a possível correlação, ou não, entre o efeito individual e as variáveis explicativas do modelo (ou, de modo mais geral, com a distribuição condicional de α dado $\boldsymbol{x}_t$). Dado que α não é observável, há que assumir algum pressuposto a respeito desta correlação (ou, mais em geral, acerca da distribuição condicional). Ao abordar esta questão, costuma-se distinguir entre duas alternativas básicas:

i. Diz-se que se adopta uma *abordagem de efeitos fixos*, ou um *modelo de efeitos fixos*, quando se realiza inferência a respeito de $\boldsymbol{\beta}$ de modo condicional, dados os efeitos individuais presentes na amostra, α_i. Em consequência, se os efeitos individuais não observados são tratados como fixos, não se torna necessário especificar a distribuição condicional de α dado $\boldsymbol{x}_t$. Daí a designação "efeitos fixos" (e não por motivo de uma hipotética não aleatoriedade de α, o qual, como atrás referido, se considera sempre uma variável aleatória). No caso do modelo linear com efeitos individuais, a abordagem de efeitos fixos traduz-se usualmente na afirmação expressa de que pode ocorrer correlação entre a heterogeneidade não observável, α, e observável, $\boldsymbol{x}_t$. Note-se que, se há correlação entre α e algum dos x_{tj}, então há variáveis explicativas não exógenas no modelo - porque $\text{COV}(w_t, x_{jt}) \neq 0$ (e, em consequência, métodos como OLS ou FGLS deixam de ser consistentes). No entanto, esta perspectiva é a mais adequada em muitos contextos económicos:

por exemplo, se x_t denota o número de anos de escolaridade e α a aptidão, parece razoável admitir a possibilidade de correlação entre ambos.

ii. Diz-se que se adopta uma *abordagem de efeitos aleatórios*, ou um *modelo de efeitos aleatórios*, quando se realiza inferência a respeito de $\boldsymbol{\beta}$ de modo incondicional, ou marginal, relativamente à variável não observada α. Para o efeito, torna-se usualmente necessário especificar a (ou características fundamentais da) distribuição condicional de α, dado $\boldsymbol{x}_t$. No caso do modelo linear com efeitos individuais, a abordagem de efeitos aleatórios assenta usualmente no pressuposto simples de que a heterogeneidade não observável, α, e a heterogeneidade observável, $\boldsymbol{x}_t$, não são correlacionadas. Quando esta hipótese é válida (ou outras hipóteses adoptadas são válidas), pode-se obter estimadores mais eficientes do que sob uma abordagem de efeitos fixos. Contudo, particularmente em muitos contextos económicos, a hipótese de ausência de correlação entre α e todos os elementos de $\boldsymbol{x}_t$ afigura-se frequentemente irrealista, de modo que os estimadores que nela se baseiam (por exemplo OLS e FGLS) resultam inconsistentes.

13.2.1 Abordagem de efeitos fixos

A possível correlação entre α e $\boldsymbol{x}_t$ induz correlação entre as variáveis explicativas do modelo e o erro composto, w_t. Donde, por exemplo, o estimador OLS (tratando os dados como se de uma única amostra seccional se tratasse) resulta inconsistente.

Vulgarmente, sob a abordagem de efeitos fixos, ou se encara os efeitos individuais como parâmetros a estimar, ou se transforma o modelo eliminando estes efeitos, de modo que o erro não seja correlacionado com as variáveis explicativas. Como exposto adiante, no contexto do modelo linear e da estimação baseada em mínimos quadrados, as duas estratégias conduzem a idênticos estimadores dos coeficientes dos regressores variáveis no tempo.

Estimador LSDV ou *within*

Retome-se o modelo com efeitos individuais,

$$y_{it} = \beta_0 + \beta_1 x_{it1} + \cdots + \beta_k x_{itk} + \alpha_i + u_{it}, \quad t = 1, \ldots, T, \quad i = 1, \ldots, n.$$

Uma vez que se encara os efeitos não observados como fixos, pode-se tomá-los como parâmetros e introduzir uma variável *dummy* para cada indivíduo. Resulta o modelo, equivalente ao anterior,

$$y_{it} = \beta_0 + \beta_1 x_{it1} + \cdots + \beta_k x_{itk} + \alpha_1 d_{i1} + \cdots + \alpha_n d_{in} + u_{it},$$
$$t = 1, \ldots, T, \qquad i = 1, \ldots, n,$$

em que $d_{ij} = 1$, se $j = i$ ($d_{ij} = 0$, caso contrário). Para evitar multicolinearidade omite-se uma das *dummies* ou, de modo equivalente, impõe-se uma restrição linear aos α_i, do tipo $\sum_{i=1}^{n} \alpha_i = 0$. O estimador OLS dos parâmetros deste modelo, $\boldsymbol{\beta}$ e $n - 1$ α_i's, designa-se estimador LSDV (*least squares dummy variables*). Dado que se estima $n + k$ parâmetros, a utilização do estimador pode acarretar perda de muitos g.l. Além disso, se o modelo tem muitas *dummies*, pode-se incorrer em multicolinearidade (e ter que inverter uma matriz $\boldsymbol{X}'\boldsymbol{X}$ de grande dimensão). Em alternativa, pode-se utilizar um método equivalente, que contorna a necessidade de estimar os α_i.

Por conveniência de exposição, considere-se em primeiro lugar o modelo de regressão simples,

$$y_{it} = \beta_0 + \beta_1 x_{it1} + \alpha_i + u_{it}, \quad t = 1, \ldots, T, \quad i = 1, \ldots, n,$$

e tome-se as respectivas médias por indivíduo,

$$\bar{y}_i = \beta_0 + \beta_1 \bar{x}_{i1} + \alpha_i + \bar{u}_i, \qquad i = 1, \ldots, n,$$

em que $\bar{z}_i = T^{-1} \sum_{t=1}^{T} z_{it}$, para as variáveis incluídas no modelo; note-se que $\bar{\alpha}_i = T^{-1} \sum_{t=1}^{T} \alpha_i = \alpha_i$. Subtraindo ordenadamente,

$$y_{it} - \bar{y}_i = \beta_1 (x_{it1} - \bar{x}_{i1}) + (u_{it} - \bar{u}_i) \Leftrightarrow \tilde{y}_{it} = \beta_1 \tilde{x}_{it1} + \tilde{u}_{it},$$
$$t = 1, \ldots, T, \qquad i = 1, \ldots, n,$$

em que $\tilde{z}_i = z_{it} - \bar{z}_i$. Ao aplicar OLS a esta regressão obtém-se um estimador de β_1 designado *within* (porque obtido a partir da regressão utilizando as médias *intra*-individuais) - denote-se $\hat{\beta}_{1_W}$. Este estimador coincide com o estimador LSDV de β_1 (mas sem ter que se estimar os α_i). Para obter uma estimativa do termo independente, defina-se a média global, $\bar{z} = (nT)^{-1} \sum_{i=1}^{n} \sum_{t=1}^{T} z_{it}$, e note-se que $\bar{y} = \beta_0 + \beta_1 \bar{x}_1 + \bar{u}$, porque $\sum_{i=1}^{n} \alpha_i = 0$. Donde, pode-se obter $\hat{\beta}_{0_W} = \bar{y} - \hat{\beta}_{1_W} \bar{x}_1$. Caso se pretenda, pode-se estimar cada efeito, α_i, a partir de

$$\bar{y}_i - \bar{y} - \hat{\beta}_{1_W}(\bar{x}_{i1} - \bar{x}_1), \quad i = 1, \dots, n.$$

Seja agora em geral o modelo de regressão múltipla na forma matricial, $\boldsymbol{y} = \boldsymbol{X\beta} + \boldsymbol{\alpha} + \boldsymbol{u}$, equivalente à expressão com variáveis *dummy*,

$$\boldsymbol{y} = \boldsymbol{X\beta} + \boldsymbol{D\alpha} + \boldsymbol{u},$$

em que $\boldsymbol{D}$ designa a matriz das *dummies* individuais,

$$\underset{nT\times n}{\boldsymbol{D}} = \begin{bmatrix} \underset{nT\times 1}{\boldsymbol{d}_1} & \underset{nT\times 1}{\boldsymbol{d}_2} & \cdots & \underset{nT\times 1}{\boldsymbol{d}_n} \end{bmatrix} = \begin{bmatrix} \boldsymbol{\iota}_T & \boldsymbol{0}_T & \dots & \boldsymbol{0}_T \\ \boldsymbol{0}_T & \boldsymbol{\iota}_T & & \boldsymbol{0}_T \\ \vdots & & \ddots & \vdots \\ \boldsymbol{0}_T & \boldsymbol{0}_T & \cdots & \boldsymbol{\iota}_T \end{bmatrix},$$

$$\underset{T\times 1}{\boldsymbol{\iota}_T} = \begin{bmatrix} 1 \\ \vdots \\ 1 \end{bmatrix}, \qquad \underset{T\times 1}{\boldsymbol{0}_T} = \begin{bmatrix} 0 \\ \vdots \\ 0 \end{bmatrix}.$$

Por aplicação do Teorema FWL pode-se estimar $\boldsymbol{\beta}$ sem ser necessário estimar $\boldsymbol{\alpha}$. O estimador de $\boldsymbol{\beta}$, que resulta da regressão OLS de $\boldsymbol{y}$ sobre os resíduos OLS das regressões das colunas de $\boldsymbol{X}$ sobre $\boldsymbol{D}$, é o estimador LSDV ou *within*, acima descrito para o modelo de regressão simples,

$$\widehat{\boldsymbol{\beta}}_W = (\boldsymbol{X}'\boldsymbol{M_D X})^{-1}\boldsymbol{X}'\boldsymbol{M_D y}, \qquad \boldsymbol{M_D} = \boldsymbol{I}_{nT} - \boldsymbol{D}(\boldsymbol{D}'\boldsymbol{D})^{-1}\boldsymbol{D}'.$$

O estimador $\widehat{\boldsymbol{\beta}}_W$ não permite estimar o termo independente nem coeficientes de quaisquer variáveis constantes no tempo (por exemplo, religião, sexo). Tal como os efeitos individuais estas variáveis são eliminadas ao pré-multiplicar por $\boldsymbol{M_D}$, (que significa tomar as diferenças das variáveis para as médias individuais). Visto de outro modo, se o modelo contém variáveis explicativas que só variam de indivíduo para indivíduo (e não temporalmente), e se introduz *dummies* individuais, ocorre multicolinearidade perfeita, que inviabiliza a estimação do modelo. (16)

---

(16) Um outro método não referido no texto é o estimador de *primeiras diferenças*, que permite eliminar os efeitos individuais constantes no tempo e que, para $T = 2$, produz resultados idênticos aos estimadores LSDV/*within*. A este respeito, veja-se, por exemplo, Wooldridge (2016, sec. 13.3, 13.5).

A matriz de covariâncias de $\widehat{\boldsymbol{\beta}}_W$ é a matriz de covariâncias de um estimador OLS. Formalmente,

$$\mathrm{V}(\widehat{\boldsymbol{\beta}}_W|\boldsymbol{X}) = \sigma^2(\boldsymbol{X}'\boldsymbol{M}_D\boldsymbol{X})^{-1}.$$

Estima-se esta variância substituindo σ^2 por um estimador consistente. Se se obtém $\widehat{\boldsymbol{\beta}}_W$ da regressão de $\boldsymbol{M}_D\boldsymbol{y}$ sobre $\boldsymbol{M}_D\boldsymbol{X}$ (regressão *within*) o estimador reportado no *output* dos programas econométricos é dado por $\mathrm{SQR}/(nT-k)$ (supondo k regressores variáveis no tempo), uma vez que o termo independente e as *dummies* não estão incluídas nesta regressão. Sob as hipóteses adoptadas, o estimador cêntrico é o que resulta da regressão LSDV e que corresponde a $\mathrm{SQR}/(nT-n-k)$ - respectivamente, nT observações, $n-1$ *dummies* "livres" e $k+1$ parâmetros (incluindo o termo independente).

Se os pressupostos do modelo de efeitos fixos são válidos, o estimador $\widehat{\boldsymbol{\beta}}_W$ é BLUE. Para $T \to \infty$, todos os estimadores LSDV são consistentes. Todavia, se T é fixo e $n \to \infty$, então só $\widehat{\boldsymbol{\beta}}_W$ é consistente; os estimadores do termo independente e dos α_i não são consistentes (quando n aumenta, a única consequência é que o número destes efeitos individuais aumenta - se T é fixo, uma amostra maior não proporciona mais informação a respeito de cada um dos efeitos).

13.2.2 Abordagem de efeitos aleatórios

Admita-se que o efeito individual não é correlacionado com as variáveis explicativas. Sob este pressuposto, o erro composto do modelo, $w_t = \alpha + u_t$, não é correlacionado com as variáveis explicativas, $\boldsymbol{x}_t$, logo pode-se estimar $\boldsymbol{\beta}$ por OLS ou FGLS, ambos consistentes.

Seja o erro composto para dado indivíduo/período, $w_{it} = \alpha_i + u_{it}$; dadas as hipóteses adoptadas e o esquema amostral, tem-se

$$\mathrm{COV}(w_{is}, w_{it}) = \begin{cases} \sigma_\alpha^2 + \sigma^2, & s = t \\ \sigma_\alpha^2, & s \neq t \end{cases}, \quad \mathrm{COV}(w_{is}, w_{jt}) = 0, i \neq j.$$

Segue-se que a matriz de covariâncias do vector dos erros compostos, $\boldsymbol{\Omega} = \mathrm{V}(\boldsymbol{w})$, é uma matriz quadrada de dimensão $nT \times nT$, diagonal por blocos, $\boldsymbol{\Omega} = \mathrm{diag}(\boldsymbol{\Omega}_i, i = 1, \dots, n)$, em que cada bloco é uma matriz quadrada de dimensão $T \times T$, expressa na forma

$$\underset{T\times T}{\boldsymbol{\Omega}_i} = \mathrm{V}(\boldsymbol{w}_i) = \begin{bmatrix} \sigma_\alpha^2 + \sigma^2 & \sigma_\alpha^2 & \cdots & \sigma_\alpha^2 \\ \sigma_\alpha^2 & \sigma_\alpha^2 + \sigma^2 & & \sigma_\alpha^2 \\ \vdots & & \ddots & \vdots \\ \sigma_\alpha^2 & \sigma_\alpha^2 & \cdots & \sigma_\alpha^2 + \sigma^2 \end{bmatrix}, \qquad (13.2)$$

$$i = 1, \dots, n.$$

Em painéis não equilibrados (diferentes T_i), os blocos têm dimensão variável]. Fora da "diagonal principal" da matriz $\boldsymbol{\Omega}$ os blocos, $\boldsymbol{\Omega}_{ij}$, $i \neq j$, são sub-matrizes nulas, devido a independência na vertente seccional.

Estimador OLS *pooled*

Sob a hipótese subjacente à abordagem de efeitos aleatórios, pode-se aplicar OLS aos dados agrupados, como se se tratasse de uma amostra seccional com nT observações independentes. O estimador resultante designa-se usualmente OLS *pooled*. Obtém-se a fórmula habitual

$$\widehat{\boldsymbol{\beta}}_P = (\boldsymbol{X}'\boldsymbol{X})^{-1}\boldsymbol{X}'\boldsymbol{y}.$$

Dado que o efeito individual (e portanto o erro composto) não é correlacionado com as variáveis explicativas, $\widehat{\boldsymbol{\beta}}_P$ é consistente. Todavia, o estimador não é eficiente, porque, como referido, a presença do efeito individual não observado induz autocorrelação do erro composto em cada série cronológica individual – cfr. (13.2). Além disso, a expressão da matriz de covariâncias não tem a expressão habitual, como no caso de erros homoscedásticos e não autocorrelacionados. Se se utiliza OLS *pooled*, deve-se recorrer a um estimador robusto das covariâncias; demonstra-se que um estimador robusto é o estimador *cluster*, expresso na forma

$$\widehat{\mathrm{V}}(\widehat{\boldsymbol{\beta}}_P) = (\boldsymbol{X}'\boldsymbol{X})^{-1}\left(\sum_{i=1}^{n} \boldsymbol{X}_i' \underset{(T\times 1)(1\times T)}{\widehat{\boldsymbol{w}}_i \; \widehat{\boldsymbol{w}}_i'} \boldsymbol{X}_i\right)(\boldsymbol{X}'\boldsymbol{X})^{-1},$$

onde $\widehat{\boldsymbol{w}}_i = \boldsymbol{y}_i - \boldsymbol{X}_i\widehat{\boldsymbol{\beta}}_P$ denota o vector coluna de T resíduos OLS *pooled*, para o indivíduo i.

Estimador FGLS
Sob a abordagem de efeitos aleatórios, se o padrão de autocorrelação do erro composto é conhecido [o que implica que $\sigma_\alpha^2 = \mathrm{V}(\alpha)$ e $\sigma^2 = \mathrm{V}(u_t)$ são conhecidos], o estimador BLUE é o estimador GLS. Seja $\widehat{\boldsymbol{\beta}}_G$ este estimador, expresso na forma

$$\widehat{\boldsymbol{\beta}}_G = (\boldsymbol{X}'\boldsymbol{\Omega}^{-1}\boldsymbol{X})^{-1}\boldsymbol{X}'\boldsymbol{\Omega}^{-1}\boldsymbol{y} = \left(\sum_{i=1}^{n} \boldsymbol{X}_i'\boldsymbol{\Omega}_i^{-1}\boldsymbol{X}_i\right)^{-1} \sum_{i=1}^{n} \boldsymbol{X}_i'\boldsymbol{\Omega}_i^{-1}\boldsymbol{y}_i,$$

com a segunda expressão decorrente do facto de $\boldsymbol{\Omega}$ ser diagonal por blocos – v. (13.2). Não se conhece as variâncias dos efeitos e do erro, logo, deve-se utilizar FGLS, a partir da estimação de $\boldsymbol{\Omega}$. Demonstra-se que

$$\boldsymbol{\Omega}_i^{-1} = [\boldsymbol{I}_T - \sigma^2/(\sigma^2 + T\sigma_\alpha^2)\, \boldsymbol{\iota}_T\boldsymbol{\iota}_T']/\sigma^2$$

e

$$\boldsymbol{\Omega}_i^{-1/2} = (\boldsymbol{I}_T - \theta\boldsymbol{\iota}_T(\boldsymbol{\iota}_T'\boldsymbol{\iota}_T)^{-1}\boldsymbol{\iota}_T')/\sigma, \qquad \theta = 1 - \sigma/\sqrt{\sigma^2 + T\sigma_\alpha^2}$$

(v. por ex., Hsiao, 2003, cap. 3). Reescreva-se o estimador GLS na forma

$$\widehat{\boldsymbol{\beta}}_G = \left(\sum_{i=1}^{n} \boldsymbol{X}_i'\boldsymbol{\Omega}_i^{-1}\boldsymbol{X}_i\right)^{-1} \sum_{i=1}^{n} \boldsymbol{X}_i'\boldsymbol{\Omega}_i^{-1}\boldsymbol{y}_i =$$

$$\left(\sum_{i=1}^{n} \boldsymbol{X}_i'\boldsymbol{\Omega}_i^{-1/2}\boldsymbol{\Omega}_i^{-1/2}\boldsymbol{X}_i\right)^{-1} \sum_{i=1}^{n} \boldsymbol{X}_i'\boldsymbol{\Omega}_i^{-1/2}\boldsymbol{\Omega}_i^{-1/2}\boldsymbol{y}_i =$$

$$\left[\sum_{i=1}^{n} (\boldsymbol{\Omega}_i^{-1/2}\boldsymbol{X}_i)'(\boldsymbol{\Omega}_i^{-1/2}\boldsymbol{X}_i)\right]^{-1} \sum_{i=1}^{n} (\boldsymbol{\Omega}_i^{-1/2}\boldsymbol{X}_i)'(\boldsymbol{\Omega}_i^{-1/2}\boldsymbol{y}_i)$$

– ou seja, o estimador resulta de aplicar OLS à regressão de $\boldsymbol{\Omega}_i^{-1/2}\boldsymbol{y}_i$ sobre $\boldsymbol{\Omega}_i^{-1/2}\boldsymbol{X}_i$. Por cálculo directo pode-se verificar que cada elemento de $\boldsymbol{\Omega}_i^{-1/2}\boldsymbol{y}_i$ é dado por $y_{it} - \theta\bar{y}_i$ (e analogamente para cada elemento de $\boldsymbol{\Omega}_i^{-1/2}\boldsymbol{X}_i$). Donde, o estimador GLS corresponde ao estimador OLS dos parâmetros da regressão de $y_{it} - \theta\bar{y}_i$ sobre $\boldsymbol{x}_{it} - \theta\overline{\boldsymbol{x}}_i$ ($\theta = 1$ conduz ao estimador *within* e $\theta = 0$ ao estimador OLS *pooled*).

Para obter o estimador FGLS deve-se estimar $\boldsymbol{\Omega}$, o que implica estimar as variâncias dos componentes do erro, σ^2 e σ_α^2. Pode-se estimar $\sigma^2 + \sigma_\alpha^2 = \mathrm{V}(w_{it})$ a partir da estimação OLS *pooled*, e $\sigma^2 = \mathrm{V}(u_{it})$ a partir da estimação LSDV; por diferença, obtém-se um estimador de σ_α^2. Em concreto,

$$(\widehat{\sigma^2 + \sigma_\alpha^2}) = \mathrm{SQR}_P/(nT - k - 1), \qquad \hat{\sigma}^2 = \mathrm{SQR}_W/(nT - n - k).$$

13.3 Análise de especificação

Teste de significância conjunta dos efeitos individuais

Pode-se avaliar a significância conjunta dos coeficientes das *dummies*, α_i, após a estimação *within* e OLS *pooled*. Para testar a hipótese nula $H_0: \alpha_1 = \cdots = \alpha_{n-1} = 0$, pode-se utilizar um teste F usual. Sob H_0,

$$F = [(SQR_W - SQR_P)/(n-1)]/[\text{SQR}_W/(nT-n-k)] \sim F_{n-1,nT-n-k},$$

em que SQR_W e SQR_P denotam, respectivamente, as somas dos quadrados dos resíduos da estimação *within* e OLS *pooled*. Note-se que, para obter SQR_W, se deve multiplicar a estimativa da variância do erro, incluída nos *outputs* usuais da estimação *within*, por $nT-k$ (supondo que há k regressores variáveis no tempo) - não se deve multiplicar esta estimativa por $nT-n-k$, visto que a transformação *within* exclui o termo independente e as *dummies* individuais do modelo.

Teste de Breusch-Pagan

Breusch e Pagan (1979) propõem um teste de *score* para ensaiar a hipótese $H_0: \sigma_\alpha^2 = 0$, que corresponde a ausência de heterogeneidade individual não observada (α_i degenerados em zero) no contexto da regressão OLS *pooled*. A estatística de teste é dada por

$$LM = nT/[2(T-1)]\left[\sum_{i=1}^{n}\left(\sum_{t=1}^{T}\hat{u}_{it}\right)^2 \Big/ \text{SQR}_P - 1\right]^2,$$

em que $\hat{u}_{it}$ denota o resíduo OLS *pooled*. Sob H_0, LM é assintoticamente distribuída de acordo com uma função χ_1^2.

No essencial, o teste avalia se há autocorrelação dos erros na vertente temporal - note-se que sob H_0 o erro do modelo não é autocorrelacionado, pelo que, neste caso, $\sum_{s\neq t}\hat{u}_{it}\hat{u}_{is}$ é provavelmente próximo de zero e, portanto, $(\sum_{t=1}^{T}\hat{u}_{it})^2$ será próximo de $\sum_{t=1}^{T}\hat{u}_{it}^2$ (donde, o numerador do quociente será próximo de SQR_P e LM próximo de zero). Valores elevados da estatística LM fornecem indicação de autocorrelação dos erros do modelo, o que pode indiciar a presença de heterogeneidade individual não observada.

Teste de Hausman

Supõe-se que as variáveis explicativas do modelo de efeitos individuais, $\boldsymbol{x}_t$, são estritamente exógenas, relativamente ao erro, u_t. Em todo o caso, como decorre do exposto, um pressuposto crítico do modelo diz respeito à relação entre estas variáveis e o efeito individual, α. Se não há correlação entre o efeito e as variáveis explicativas, o estimador GLS é consistente e assintoticamente eficiente [se $\mathrm{E}(u_t|\boldsymbol{x}_t) = \mathrm{E}(\alpha|\boldsymbol{x}_t) = 0$, o estimador é BLUE]. Porém, se há variáveis explicativas correlacionadas com o efeito individual, GLS é enviesado e inconsistente. Por exemplo, numa equação de determinação do rendimento como função da escolaridade (x_t), se os efeitos individuais representam a aptidão individual, é razoável admitir $\mathrm{E}(\alpha|x_t) \neq 0$, pelo que GLS não é adequado. Todavia, como referido, o estimador *within* permanece consistente, haja ou não correlação entre efeitos individuais e variáveis explicativas.

Hausman (1978) sugere um teste da hipótese de ausência de correlação entre efeitos e variáveis explicativas, a partir da diferença $\widehat{\boldsymbol{\beta}}_W - \widehat{\boldsymbol{\beta}}_G$. Sob a hipótese nula, H_0:$\mathrm{E}(\alpha|\boldsymbol{x}_t) = 0, \forall t$, os dois estimadores têm idêntico limite em probabilidade, pelo que a diferença entre ambos se espera reduzida. Sob a hipótese alternativa, os respectivos limites diferem, pelo que a diferença entre os estimadores será, presumivelmente, significativa. Em consequência, valores reduzidos da estatística fornecem indicação no sentido da utilização do estimador FGLS, assintoticamente mais eficiente que LSDV/*within*.

Seja $\widehat{\boldsymbol{\beta}}_G$ o vector de estimadores GLS dos coeficientes dos regressores variáveis no tempo. A estatística de teste de Hausman obtém-se a partir da forma quadrática

$$(\widehat{\boldsymbol{\beta}}_W - \widehat{\boldsymbol{\beta}}_G)'[\mathrm{V}(\widehat{\boldsymbol{\beta}}_G - \widehat{\boldsymbol{\beta}}_W)]^{-1}(\widehat{\boldsymbol{\beta}}_W - \widehat{\boldsymbol{\beta}}_G).$$

em que a matriz de covariâncias da diferença $\widehat{\boldsymbol{\beta}}_G - \widehat{\boldsymbol{\beta}}_W$ se pode escrever

$$\mathrm{V}(\widehat{\boldsymbol{\beta}}_W - \widehat{\boldsymbol{\beta}}_G) = \mathrm{V}(\widehat{\boldsymbol{\beta}}_W) - \mathrm{V}(\widehat{\boldsymbol{\beta}}_G).$$

Em consequência, a estatística de teste pode-se escrever na forma

$$H = (\widehat{\boldsymbol{\beta}}_W - \widehat{\boldsymbol{\beta}}_G)'[\widehat{\mathrm{V}}(\widehat{\boldsymbol{\beta}}_W) - \widehat{\mathrm{V}}(\widehat{\boldsymbol{\beta}}_G)]^{-1}(\widehat{\boldsymbol{\beta}}_W - \widehat{\boldsymbol{\beta}}_G) =$$

$$(\widehat{\boldsymbol{\beta}}_W - \widehat{\boldsymbol{\beta}}_G)' \left[\hat{\sigma}^2(\boldsymbol{X}'\boldsymbol{M}_D\boldsymbol{X})^{-1} - \left(\boldsymbol{X}'\widehat{\boldsymbol{\Omega}}^{-1}\boldsymbol{X}\right)^{-1}\right]^{-1} (\widehat{\boldsymbol{\beta}}_W - \widehat{\boldsymbol{\beta}}_G),$$

substituindo $\widehat{\boldsymbol{\beta}}_G$ pelo estimador FGLS. Sob H_0, H é distribuído assintoticamente segundo uma função χ^2_l, em que l denota o número de regressores variáveis temporalmente.

Em alternativa, pode-se ensaiar a hipótese nula mediante um teste de omissão de variáveis, assintoticamente equivalente ao teste de Hausman (veja-se Baltagi, 2011, sec. 12.5). O procedimento consiste num teste de significância de $\boldsymbol{\delta}$ na regressão

$$\hat{\sigma}^2\widehat{\boldsymbol{\Omega}}^{-1/2}\boldsymbol{y} = \left(\hat{\sigma}^2\widehat{\boldsymbol{\Omega}}^{-1/2}\boldsymbol{X}\right)\boldsymbol{\beta} + (\boldsymbol{M}_D\boldsymbol{X})\boldsymbol{\delta} + \boldsymbol{v},$$

em que $\boldsymbol{v}$ denota o vector dos erros. Pode-se utilizar, por exemplo, um teste F, assintoticamente distribuído segundo uma função $F_{l,nT-k-1-l}$.

13.4 Modelos dinâmicos - nota introdutória

Uma das principais vantagens da utilização de dados de painel reside na possibilidade de analisar relações dinâmicas entre variáveis, permitindo, simultaneamente, a presença de heterogeneidade individual não observada. Este tipo de abordagem requer modelos dinâmicos para dados de painel.

O modelo dinâmico com efeitos individuais caracteriza-se pela inclusão de desfasamentos da variável dependente como variável explicativa. Formalmente, considerando um único desfasamento de y_t,

$$y_t = \boldsymbol{x}_t\boldsymbol{\beta} + \gamma y_{t-1} + \alpha + u_t, \qquad t = 1, \dots, T.$$

Dado que y_t é função de α, y_{t-1} também o é, logo uma das variáveis explicativas do modelo, y_{t-1}, é correlacionada com o erro composto. Em consequência, o estimador OLS é inconsistente. A transformação *within* elimina o efeito individual mas, por outro lado, introduz $y_{t-1} - \bar{y}$, que é correlacionado com $u_t - \bar{u}$, mesmo que u_t, não seja autocorrelacionado.

Uma alternativa viável, que elimina o efeito individual e permite o recurso a variáveis instrumentais, é proporcionada pela transformação primeira diferença. Esta transformação produz

$$y_t - y_{t-1} = (\boldsymbol{x}_t - \boldsymbol{x}_{t-1})\boldsymbol{\beta} + \gamma(y_{t-1} - y_{t-2}) + u_t - u_{t-1} \Leftrightarrow$$

$$\Delta y_t = \Delta \boldsymbol{x}_t \boldsymbol{\beta} + \gamma \Delta y_{t-1} + \Delta u_t,$$

em que Δ denota o operador primeira diferença. Neste modelo, OLS resulta inconsistente, visto que y_{t-1} e u_{t-1} são correlacionados. Por outro lado, quer a diferença desfasada, $\Delta y_{t-2} = y_{t-2} - y_{t-3}$, quer y_{t-2}, embora correlacionados com Δy_{t-1}, têm correlação nula com o erro transformado, Δu_t (desde que u_t não seja, ele próprio, autocorrelacionado). Deste modo, ambas as variáveis são candidatos a instrumentos para Δy_{t-1}. Todavia, em particular no que se refere à primeira diferença desfasada, Δy_{t-2}, pode ocorrer um problema de instrumentos fracos (como verificado por Arellano, 1989). Por esta razão, a literatura sobre modelos dinâmicos para painéis tem proposto vários outros estimadores, baseados em diferentes instrumentos. Estes métodos utilizam de modo mais eficiente as condições de momentos implícitas no modelo dinâmico, bem como a estrutura de primeira diferença do erro no modelo transformado. A sua exposição excede claramente o âmbito do texto, razão por que se limita a presente secção a uma nota breve. Veja-se por exemplo Baltagi (2013) para uma exposição mais aprofundada do tema.

13.5 Demonstrações

Estimador LSDV/*within*

$\widehat{\boldsymbol{\beta}}_W$ resulta de aplicar OLS à regressão de $\boldsymbol{M_D y}$ sobre $\boldsymbol{M_D X}$. Pode verificar-se que

$$\boldsymbol{M}_D = \begin{bmatrix} \boldsymbol{I}_T - \boldsymbol{\iota}_T\boldsymbol{\iota}_T'/T & \boldsymbol{0}_T & \cdots & \boldsymbol{0}_T \\ \boldsymbol{0}_T & \boldsymbol{I}_T - \boldsymbol{\iota}_T\boldsymbol{\iota}_T'/T & & \boldsymbol{0}_T \\ \vdots & & \ddots & \vdots \\ \boldsymbol{0}_T & \boldsymbol{0}_T & \cdots & \boldsymbol{I}_T - \boldsymbol{\iota}_T\boldsymbol{\iota}_T'/T \end{bmatrix} = \boldsymbol{I}_{nT} - \boldsymbol{D}(\boldsymbol{D}'\boldsymbol{D})^{-1}\boldsymbol{D}'$$

e que para qualquer vector $\boldsymbol{z}$, $nT \times 1$, se tem $\boldsymbol{M_D z} = \boldsymbol{z} - \overline{\boldsymbol{z}}$, com $\overline{\boldsymbol{z}}$ uma coluna de n sub-vectores $T \times 1$, empilhados verticalmente, com os elementos de cada sub-vector todos iguais à média aritmética dos respectivos T elementos. Deste modo,

$$\boldsymbol{M_D y} = \boldsymbol{y} - \overline{\boldsymbol{y}}, \qquad \boldsymbol{M_D X} = \boldsymbol{X} - \overline{\boldsymbol{X}},$$

em que $\overline{\boldsymbol{y}}$ e cada uma das colunas de $\overline{\boldsymbol{X}}$ têm o significado referido. Donde, aplicar, do modo descrito, o Teorema FWL à regressão $\boldsymbol{y} = \boldsymbol{X\beta} + \boldsymbol{D\alpha} + \boldsymbol{u}$ corresponde a tomar as diferenças das observações das variáveis para as respectivas médias individuais (médias *within*). Ou seja, obtém-se o estimador $\widehat{\boldsymbol{\beta}}_W = (\boldsymbol{X}'\boldsymbol{M}_D\boldsymbol{X})^{-1}\boldsymbol{X}'\boldsymbol{M}_D\boldsymbol{y}$. #

Teste de Hausman – matriz de covariâncias de $\widehat{\boldsymbol{\beta}}_W - \widehat{\boldsymbol{\beta}}_G$

As hipóteses a respeito do modelo e do esquema de amostragem significam que $\mathrm{E}(u_{it}|\boldsymbol{x}_{it}) = 0, \forall i,t$; sob H_0, $\mathrm{E}(\alpha_i|\boldsymbol{x}_{it}) = 0$, logo $\mathrm{E}(w_{it}|\boldsymbol{x}_{it}) = 0$. Entretanto,

$$\widehat{\boldsymbol{\beta}}_W = (\boldsymbol{X}'\boldsymbol{M}_D\boldsymbol{X})^{-1}\boldsymbol{X}'\boldsymbol{M}_D\boldsymbol{y} = \boldsymbol{\beta} + (\boldsymbol{X}'\boldsymbol{M}_D\boldsymbol{X})^{-1}\boldsymbol{X}'\boldsymbol{M}_D\boldsymbol{w},$$
$$\widehat{\boldsymbol{\beta}}_G = (\boldsymbol{X}'\boldsymbol{\Omega}^{-1}\boldsymbol{X})^{-1}\boldsymbol{X}'\boldsymbol{\Omega}^{-1}\boldsymbol{y} = \boldsymbol{\beta} + (\boldsymbol{X}'\boldsymbol{\Omega}^{-1}\boldsymbol{X})^{-1}\boldsymbol{X}'\boldsymbol{\Omega}^{-1}\boldsymbol{w},$$

logo, dado $\boldsymbol{X}$ (omite-se o condicionamento), $\mathrm{E}(\widehat{\boldsymbol{\beta}}_W - \widehat{\boldsymbol{\beta}}_G) = \boldsymbol{0}$ e

$$\mathrm{COV}(\widehat{\boldsymbol{\beta}}_G, \widehat{\boldsymbol{\beta}}_W - \widehat{\boldsymbol{\beta}}_G) = \mathrm{COV}(\widehat{\boldsymbol{\beta}}_G, \widehat{\boldsymbol{\beta}}_W) - \mathrm{V}(\widehat{\boldsymbol{\beta}}_G) =$$
$$(\boldsymbol{X}'\boldsymbol{\Omega}^{-1}\boldsymbol{X})^{-1}\boldsymbol{X}'\boldsymbol{\Omega}^{-1}\mathrm{E}(\boldsymbol{ww}')\boldsymbol{M}_D\boldsymbol{X}(\boldsymbol{X}'\boldsymbol{M}_D\boldsymbol{X})^{-1} -$$
$$(\boldsymbol{X}'\boldsymbol{\Omega}^{-1}\boldsymbol{X})^{-1}\boldsymbol{X}'\boldsymbol{\Omega}^{-1}\mathrm{E}(\boldsymbol{ww}')\boldsymbol{\Omega}^{-1}\boldsymbol{X}(\boldsymbol{X}'\boldsymbol{\Omega}^{-1}\boldsymbol{X})^{-1} =$$
$$(\boldsymbol{X}'\boldsymbol{\Omega}^{-1}\boldsymbol{X})^{-1}\boldsymbol{X}'\boldsymbol{M}_D\boldsymbol{X}(\boldsymbol{X}'\boldsymbol{M}_D\boldsymbol{X})^{-1} - (\boldsymbol{X}'\boldsymbol{\Omega}^{-1}\boldsymbol{X})^{-1} = \boldsymbol{0} \Leftrightarrow$$
$$\mathrm{COV}(\widehat{\boldsymbol{\beta}}_G, \widehat{\boldsymbol{\beta}}_W) = \mathrm{V}(\widehat{\boldsymbol{\beta}}_G)$$

e, portanto,

$$\mathrm{V}(\widehat{\boldsymbol{\beta}}_W - \widehat{\boldsymbol{\beta}}_G) = \mathrm{V}(\widehat{\boldsymbol{\beta}}_W) + \mathrm{V}(\widehat{\boldsymbol{\beta}}_G) - 2\mathrm{COV}(\widehat{\boldsymbol{\beta}}_G, \widehat{\boldsymbol{\beta}}_W) = \mathrm{V}(\widehat{\boldsymbol{\beta}}_W) - \mathrm{V}(\widehat{\boldsymbol{\beta}}_G). \#$$

Exercícios

13.1 Sob a abordagem de efeitos fixos admite-se que

A Os efeitos individuais podem estar correlacionados com as variáveis explicativas no modelo.

B Os efeitos individuais não estão correlacionados com as variáveis explicativas do modelo.

C Contrariamente à abordagem de efeitos aleatórios, os efeitos individuais não são variáveis aleatórias.

D Nenhuma das anteriores.

13.2 Indique, justificando, se cada uma das seguintes afirmações é verdadeira ou falsa.

***a*)** Uma das desvantagens de se adoptar um modelo de efeitos fixos é a necessidade de incluir muitos parâmetros no modelo.

***b*)** Sob a abordagem de efeitos aleatórios realiza-se inferência marginalizando os efeitos individuais.

***c*)** Ao utilizar o estimador de efeitos aleatórios não se pode incluir no modelo regressores temporalmente invariantes.

***d*)** O estimador de efeitos fixos de $\boldsymbol{\beta}$ é consistente, mesmo que a abordagem de efeitos aleatórios seja válida.

***e*)** O estimador OLS *pooled* não é eficiente pois o erro composto é autocorrelacionado.

13.3

Seja o modelo com efeitos individuais e uma variável explicativa,

$$y_{it} = \alpha + \beta x_{it} + \alpha_i + u_{it}, \qquad i = 1, \dots, n, \quad t = 1, \dots, T,$$

em que α_i, contrariamente a u_{it}, pode ser correlacionado com x_{is}, $\forall s$. Pode-se estimar os parâmetros deste modelo através do estimador *between*, que resulta de aplicar OLS ao modelo com as variáveis em médias individuais,

$$\bar{y}_i = \alpha + \beta \bar{x}_i + \alpha_i + \bar{u}_i, \qquad i = 1, \dots, n,$$

em que $\bar{z}_i = T^{-1} \sum_{i=1}^{n} z_{it}$ $(z = y, x, u)$. Admita amostragem casual na dimensão seccional, de modo que $\mathrm{COV}(x_{it}, \alpha_i) = \theta$, constante. Calcule $\mathrm{plim}_{n \to \infty} \hat{\beta}_B$, em que $\hat{\beta}_B$ denota o estimador *between* de β.

13.4 Pretende-se estimar a função desemprego, utilizando como variáveis explicativas a taxa de crescimento do PIB real ($pibr$), o défice público em percentagem do PIB (def) e a percentagem da população empregue no sector secundário ($ssec$). Para o efeito recolhe-se dados relativos a $n = 5$ países do Sul da Europa, para um período de $T = 17$ anos (1991 - 2007, uma observação omissa). Os dados estão contidos na base de dados desemp.xlsx. As variáveis $d1 - d4$ denotam *dummies* individuais respeitantes a quatro destes países. Os resultados de três estimações expõem-se na tabela 13.1.

Tabela 13.1

	Pooled OLS	LSDV	FGLS
β_0	18,280	43,000	36,390
	(2,03)	(2,617)	(3,51)
pibr	0,062	-0,011	-0,017
	(0,267)	(0,137)	(0,137)
def	-0,142	-0,307	-0,310
	(0,206)	(0,117)	(0,117)
ssec	-0,718	-2,370	-2,280
	(0,163)	(0,228)	(0,223)
*d*1		-11,780	
		(0,765)	
*d*2		-12,174	
		(0,857)	
*d*3		-3,826	
		(0,711)	
*d*4		-0,309	
		(1,131)	
obs.	84	84	84
R^2	0,204	0,844	--
H	--	--	4,02
LM	--	--	260,40

***a*)** Compare as estimativas fornecidas pelos três modelos.

***b*)** Qual o significado dos coeficientes das variáveis binárias no segundo modelo?

***c*)** Avalie a significância estatística do coeficiente associado ao défice nos três modelos.

***d*)** Teste o modelo *Pooled* OLS contra LSDV.

***e*)** Teste o modelo *Pooled* OLS contra a abordagem FGLS.

***f*)** Teste o modelo LSDV contra a abordagem FGLS.

g) Interprete os resultados de estimação do modelo que lhe pareça mais adequado.

13.5 A partir da base de dados desemp.xlsx, referida no exercício anterior, considere agora a variável dependente "variação da taxa de desemprego". Estime os correspondentes modelos para dados de painel, através dos métodos referidos no exercício anterior. Interprete os resultados obtidos e realize os testes estatísticos que julgue convenientes.

14 Método de máxima verosimilhança

14.1 Introdução

O método de máxima verosimilhança (MV) é bastante utilizado em Econometria, em particular na estimação de alguns modelos não lineares. Neste contexto, o método MV representa uma alternativa importante em relação a estimadores baseados na minimização da soma dos quadrados dos resíduos (OLS ou mínimos quadrados não lineares).

A aplicação do estimador MV requer a especificação integral da forma da distribuição condicional da variável dependente, y, dadas as variáveis explicativas, $\boldsymbol{x}$ - e não apenas alguns dos seus momentos, como no caso do método OLS, baseado no primeiro momento condicional, $\mathrm{E}(y|\boldsymbol{x})$ (frequentemente, e ao longo dos capítulos anteriores, na forma linear), ou GLS, em que se modeliza também o segundo momento, $\mathrm{V}(y|\boldsymbol{x})$. Se, por um lado, o estimador MV é assintoticamente mais eficiente do que estes métodos (se a distribuição condicional está correctamente especificada), por outro lado, o método assenta em pressupostos mais exigentes a respeito da população, os quais, se inválidos, podem conduzir a estimadores inconsistentes.[17]

O presente capítulo introduz o método MV, descrevendo o seu princípio geral e as propriedades básicas. Expõe-se também alguns procedimentos de testes mais comuns, bem como exemplos de critérios de comparação/selecção de modelos, no contexto da estimação MV. No capítulo 15 descreve-se algumas aplicações econométricas correntes do estimador.

---

[17] Tal não acontece se a especificação da média condicional, $\mathrm{E}(y|\boldsymbol{x})$, é correcta e a distribuição adoptada é do tipo "exponencial linear". Neste caso, o estimador resultante é consistente, mesmo que a distribuição não coincida com a população. Este método de estimação designa-se pseudo-MV (ou quase-MV) – v., por exemplo, Wooldridge (2010, sec. 13.11).

14.2 Método de Máxima Verosimilhança

O ponto de partida da estimação MV consiste na especificação da distribuição condicional da variável endógena, y, dado um vector de variáveis explicativas, $\boldsymbol{x}$. Supõe-se que esta distribuição é inteiramente conhecida, com excepção de um número finito de parâmetros desconhecidos.

Uma vez conhecida (ou suposta conhecida) a forma da densidade condicional (ou probabilidade condicional, se y é discreto) de y dado $\boldsymbol{x}$, $f(y|\boldsymbol{x};\boldsymbol{\theta})$, em que $\boldsymbol{\theta}$ denota um vector de parâmetros desconhecidos, o método MV atribui a $\boldsymbol{\theta}$ o valor que maximiza a função densidade conjunta (ou probabilidade conjunta) da amostra observada. Dada a amostra, esta função, entendida como função de $\boldsymbol{\theta}$, designa-se usualmente *verosimilhança* – daí a designação de método, ou estimador, de "máxima verosimilhança". Assim, o método MV selecciona o membro da família de funções $f(y|\boldsymbol{x};\boldsymbol{\theta})$ que melhor se "ajusta", em termos probabilísticos, à amostra efectivamente observada.

Exemplo 14.1

Para motivar a aplicação do princípio MV, tome-se um exemplo envolvendo uma só variável, y (sem variáveis explicativas, $\boldsymbol{x}$; a consequência de se considerar $\boldsymbol{x}$ é a de que se deve especificar a distribuição condicional de y dado $\boldsymbol{x}$).

Seja a experiência aleatória que consiste em n lançamentos independentes de uma moeda, com registo da face virada para cima – cada lançamento constitui uma prova de Bernoulli. Com base na proporção observada do número de "caras", pode-se estimar a probabilidade do acontecimento "cara" num lançamento da moeda.

Seja a variável discreta (binária), $y = 1(0)$, se sai "cara" ("coroa"), com $\Pr(y = 1) = \theta$, $0 < \theta < 1$. Donde, a função probabilidade de y vem dada pela função de Bernoulli,

$$f(y;\theta) = \theta^{y}(1-\theta)^{1-y}, y \in \{0,1\}.$$

A função probabilidade conjunta da amostra, $(y_1, \dots, y_n)$, pode-se exprimir na forma

$$f(y_1;\theta) \dots f(y_n;\theta) = \theta^{y_1}(1-\theta)^{1-y_1} \dots \theta^{y_n}(1-\theta)^{1-y_n} =$$

$$\theta^{\sum_{i=1}^{n} y_i}(1-\theta)^{n-\sum_{i=1}^{n} y_i}.$$

Interpretada como função do parâmetro desconhecido θ, supondo dada a amostra, esta expressão designa-se função de verosimilhança e denota-se usualmente $L(\theta)$ (*likelihood*). Se na amostra se obtém n_1 caras ($n - n_1$ coroas), tem-se $\sum_{i=1}^{n} y_i = n_1$; donde, dada a amostra,

$$L(\theta) = \theta^{\sum_{i=1}^{n} y_i}(1-\theta)^{n-\sum_{i=1}^{n} y_i} = \theta^{n_1}(1-\theta)^{n-n_1}.$$

Estimar θ por MV corresponde a maximizar $L(\theta)$ em ordem ao seu argumento. Denote-se o respectivo estimador por $\hat{\theta}$.

Computacionalmente é mais fácil maximizar o logaritmo natural da função de verosimilhança (o logaritmo é uma função monótona crescente, logo as duas funções são maximizadas em $\hat{\theta}$). No caso,

$$\log L(\theta) = n_1 \log\theta + (n-n_1)\log(1-\theta).$$

Maximizando esta expressão obtém-se a CPO

$$d\log L(\theta)/d\theta|_{\theta=\hat{\theta}} = n_1/\hat{\theta} - (n-n_1)/\big(1-\hat{\theta}\big) = 0,$$

cuja resolução produz o estimador MV, $\hat{\theta} = n_1/n$, proporção de caras na amostra. Este ponto corresponde a um máximo de $L(\theta)$, porque

$$d^2\log L(\theta)/d\theta^2|_{\theta=\hat{\theta}} = -n_1/\hat{\theta}^2 - (n-n_1)/(1-\hat{\theta})^2 < 0.$$

Considere-se, em geral, a função densidade condicional de y dadas as variáveis explicativas, $\boldsymbol{x}$, $f(y|\boldsymbol{x};\boldsymbol{\theta})$, em que $\boldsymbol{\theta}$ constitui um vector de l parâmetros, usualmente desconhecidos.(18) Suponha-se uma amostra aleatória simples, $[(y_i, \boldsymbol{x}_i), i = 1, \dots, n]$, de modo que a densidade condicional de cada y_i, dado $\boldsymbol{x}_i$, é também a função f. Em consequência, a densidade condicional conjunta de $\boldsymbol{y} = (y_1, \dots, y_n)'$, dadas as variáveis explicativas, vem dada na expressão

$$f(\boldsymbol{y}|\boldsymbol{X};\boldsymbol{\theta}) = f(y_1|\boldsymbol{x}_1;\boldsymbol{\theta}) \dots f(y_n|\boldsymbol{x}_n;\boldsymbol{\theta}) = \prod_{i=1}^{n} f(y_i|\boldsymbol{x}_i;\boldsymbol{\theta}),$$

em que, mantendo a notação até aqui utilizada, $\boldsymbol{X}$ representa a matriz dos regressores,

(18) Doravante utiliza-se indiferenciadamente o termo "densidade".

$$\boldsymbol{X} = \begin{bmatrix} \boldsymbol{x}_1 \\ \cdots \\ \boldsymbol{x}_n \end{bmatrix}.$$

Se se considera a expressão de $f(\boldsymbol{y}|\boldsymbol{X};\boldsymbol{\theta})$ como função de $\boldsymbol{\theta}$, tomando a amostra como dada ("constante"), resulta a *função de verosimilhança*

$$L(\boldsymbol{\theta}|\boldsymbol{y},\boldsymbol{X}) = L(\boldsymbol{\theta}) = \prod_{i=1}^{n} f(y_i|\boldsymbol{x}_i;\boldsymbol{\theta}) = \prod_{i=1}^{n} L_i(\boldsymbol{\theta}),$$

em que $L_i(\boldsymbol{\theta})$ denota a (i-ésima) contribuição individual para a verosimilhança. De acordo com o exposto, o estimador MV define-se como $\widehat{\boldsymbol{\theta}} = \arg max_{\boldsymbol{\theta}}\, L(\boldsymbol{\theta})$ ou, de modo equivalente, dado que a transformação logarítmica é monótona crescente,

$$\widehat{\boldsymbol{\theta}} = \arg\max_{\boldsymbol{\theta}} \log L(\boldsymbol{\theta}).$$

Assim, sob amostragem casual, o estimador $\widehat{\boldsymbol{\theta}}$ maximiza a função log-verosimilhança,

$$\log L(\boldsymbol{\theta}) = \log \prod_{i=1}^{n} L_i(\boldsymbol{\theta}) = \sum_{i=1}^{n} \log L_i(\boldsymbol{\theta}).$$

Admitindo que $\log L(\boldsymbol{\theta})$ é uma função diferenciável no interior do domínio de definição de $\boldsymbol{\theta}$, pode-se escrever as CPO

$$\left.\frac{\partial \log L(\boldsymbol{\theta})}{\partial \boldsymbol{\theta}}\right|_{\boldsymbol{\theta}=\widehat{\boldsymbol{\theta}}} = \sum_{i=1}^{n} \left.\frac{\partial \log L_i(\boldsymbol{\theta})}{\partial \boldsymbol{\theta}}\right|_{\boldsymbol{\theta}=\widehat{\boldsymbol{\theta}}} = \mathbf{0}, \qquad (14.1)$$

que constitui um sistema de l equações a l incógnitas (l elementos de $\boldsymbol{\theta}$). Se a função $L(\boldsymbol{\theta})$ é globalmente côncava, então admite um máximo global e $\widehat{\boldsymbol{\theta}}$ é determinado unicamente pelo sistema (14.1). Refira-se, a este respeito, que apenas em casos especiais se determina analiticamente a expressão do estimador MV, sendo vulgarmente necessário utilizar algoritmos de optimização numérica. Trata-se de procedimentos disponíveis na generalidade dos *softwares* econométricos, que utilizam algoritmos eficientes, adaptados a muitos modelos particulares.

O vector $l \times 1$ do lado esquerdo das CPO, gradiente da função log-verosimilhança, designa-se usualmente vector de *score*, utilizando-se a notação simplificada

$$\underset{l\times l}{\boldsymbol{s}(\boldsymbol{\theta})} = \frac{\partial \log L(\boldsymbol{\theta})}{\partial \boldsymbol{\theta}} = \sum_{i=1}^{n} \frac{\partial \log L_i(\boldsymbol{\theta})}{\partial \boldsymbol{\theta}} = \sum_{i=1}^{n} \underset{l\times l}{\boldsymbol{s}_i(\boldsymbol{\theta})}, \qquad (14.2)$$

em que $\boldsymbol{s}_i(\boldsymbol{\theta})$ denota contribuição individual para o *score* - repare-se que $\boldsymbol{s}_i(\boldsymbol{\theta})$ é um vector coluna $l \times 1$. Deste modo, pode-se reescrever o sistema (14.1) na forma

$$\boldsymbol{s}(\widehat{\boldsymbol{\theta}}) = \sum_{i=1}^{n} \boldsymbol{s}_i(\widehat{\boldsymbol{\theta}}) = \mathbf{0}.$$

Para que $\widehat{\boldsymbol{\theta}}$ corresponda efectivamente ao estimador MV, deve verificar as condições de segunda ordem para máximo. Ou seja, a matriz das segundas derivadas (matriz hessiana) avaliada em $\widehat{\boldsymbol{\theta}}$,

$$\underset{l\times l}{\boldsymbol{H}(\widehat{\boldsymbol{\theta}})} = \left.\frac{\partial^2 L(\boldsymbol{\theta})}{\partial \boldsymbol{\theta}\, \partial \boldsymbol{\theta}'}\right|_{\boldsymbol{\theta}=\widehat{\boldsymbol{\theta}}},$$

deve ser definida negativa $[\boldsymbol{H}(\widehat{\boldsymbol{\theta}}) < 0]$.

14.3 Propriedades do estimador MV

O estimador MV goza da seguinte propriedade algébrica, designada propriedade de *invariância*. Seja $g(\cdot)$ uma função diferenciável, definida num subconjunto de $\mathcal{R}^l$. Se $\widehat{\boldsymbol{\theta}}$ é o estimador MV de $\boldsymbol{\theta}$, então $g(\widehat{\boldsymbol{\theta}})$ é o estimador MV de $g(\boldsymbol{\theta})$. Simbolicamente,

$$\widehat{g(\boldsymbol{\theta})} = g(\widehat{\boldsymbol{\theta}}).$$

Por exemplo, se a variável u tem variância $\mathrm{V}(u) = \theta > 0$, e se $\hat{\theta}$ é o estimador MV de $\mathrm{V}(u)$, então $\sqrt{\hat{\theta}}$ é o estimador MV do desvio-padrão de u, $\sqrt{\theta}$.

Se a especificação da função $f(y|\boldsymbol{x};\boldsymbol{\theta})$ é correcta, e se esta função verifica um conjunto de condições, ditas "condições de regularidade", o estimador MV de $\boldsymbol{\theta}$ goza das seguintes propriedades estatísticas (expostas sem demonstração):(19)

---

(19) As condições de regularidade dizem respeito à existência de derivadas da função f e existência dos primeiros momentos da função log-verosimilhança. Estas

- Consistência, $\text{plim}_{n\to\infty}\,\widehat{\boldsymbol{\theta}} = \boldsymbol{\theta}$.[20]
- Normalidade assintótica, $\sqrt{n}\big(\widehat{\boldsymbol{\theta}} - \boldsymbol{\theta}\big) \overset{D}{\rightarrow} \mathcal{N}(\mathbf{0}, \boldsymbol{V})$, em que $\boldsymbol{V}$ denota a matriz de covariâncias assintóticas de $\sqrt{n}\big(\widehat{\boldsymbol{\theta}} - \boldsymbol{\theta}\big)$ (exposta adiante). Dado este resultado, pode-se escrever a distribuição assintótica de $\widehat{\boldsymbol{\theta}}$,
$$\widehat{\boldsymbol{\theta}} \stackrel{.}{\sim} \mathcal{N}(\boldsymbol{\theta}, n^{-1}\boldsymbol{V}).$$
- Eficiência assintótica: a diferença entre a matriz de covariâncias assintóticas de $\sqrt{n}\big(\widehat{\boldsymbol{\theta}} - \boldsymbol{\theta}\big)$ e a matriz de covariâncias assintóticas de $\sqrt{n}(\boldsymbol{\theta}^* - \boldsymbol{\theta})$ é uma matriz semi-definida negativa ($\boldsymbol{\theta}^*$ denota um qualquer estimador consistente e assintoticamente normal de $\boldsymbol{\theta}$).

A dedução da matriz de covariâncias assintóticas de $\sqrt{n}\big(\widehat{\boldsymbol{\theta}} - \boldsymbol{\theta}\big)$ ultrapassa o âmbito do presente texto. Mostra-se que, sob correcta especificação de f e condições de regularidade, esta matriz vem dada por uma das expressões

$$\boldsymbol{V} = \left\{-\,\text{lim}_{n\to\infty}\, n^{-1}\text{E}\left[\frac{\partial^2 \log L(\boldsymbol{\theta})}{\partial\boldsymbol{\theta}\,\partial\boldsymbol{\theta}'}\right]\right\}^{-1} =$$
$$\left\{\text{lim}_{n\to\infty}\, n^{-1}\text{E}\left[\sum_{i=1}^{n} \frac{\partial \log L_i(\boldsymbol{\theta})}{\partial\boldsymbol{\theta}}\frac{\partial \log L_i(\boldsymbol{\theta})}{\partial\boldsymbol{\theta}'}\right]\right\}^{-1} \qquad (14.3)$$

em que $\boldsymbol{\theta}$ designa o valor populacional ("verdadeiro" valor) do vector

---

condições permitem a aplicação de LLN e TLC ao estimador MV. Veja-se, por exemplo, Greene (2012, sec. 14.4).

[20] Abreviadamente, a demonstração da consistência de $\widehat{\boldsymbol{\theta}}$ assenta no seguinte raciocínio: mostra-se que o valor populacional do parâmetro $\boldsymbol{\theta}$ maximiza o valor esperado $\text{E}[\log L(\boldsymbol{\theta})]$. O estimador MV, por seu turno, maximiza a correspondente amostral, $n^{-1}\sum_{i=1}^{n}\log L_i(\boldsymbol{\theta})$, o qual, se f é correctamente especificado, converge em probabilidade para $\text{E}[\log L(\boldsymbol{\theta})]$, por uma LLN. Donde, $\widehat{\boldsymbol{\theta}}$ converge em probabilidade para $\boldsymbol{\theta}$.

dos parâmetros.[21] Dado que a expressão de $\boldsymbol{V}$ coincide com o limite inferior de Cramer-Rao (no sentido matricial - v. anexo C.2), conclui-se que, sob correcta especificação, o estimador MV é assintoticamente eficiente. Sob correcta especificação, qualquer das matrizes

$$-\mathrm{E}\left[n^{-1}\frac{\partial^2 \log L(\boldsymbol{\theta})}{\partial\boldsymbol{\theta}\,\partial\boldsymbol{\theta}'}\right], \qquad \mathrm{E}\left[n^{-1}\sum_{i=1}^{n}\frac{\partial \log L_i(\boldsymbol{\theta})}{\partial\boldsymbol{\theta}}\frac{\partial \log L_i(\boldsymbol{\theta})}{\partial\boldsymbol{\theta}'}\right],$$

se designa *matriz de informação* (de Fisher), denotada $\boldsymbol{\mathcal{I}}(\boldsymbol{\theta})$ [no caso de um único parâmetro, θ escalar, $\mathcal{I}(\theta)$ é um escalar e designa-se *quantidade de informação*]. Em consequência, a matriz de covariâncias assintóticas de $\sqrt{n}(\widehat{\boldsymbol{\theta}}-\boldsymbol{\theta})$ pode exprimir-se como

$$[\lim_{n\to\infty}\boldsymbol{\mathcal{I}}(\boldsymbol{\theta})]^{-1}.$$

Com uma amostra casual $(y_1,\dots,y_n)$ a respeito de uma população $y \sim f(\cdot;\boldsymbol{\theta})$ (sem se considerar variáveis explicativas), as expressões anteriores conduzem a

$$\boldsymbol{\mathcal{I}}(\boldsymbol{\theta}) = -\mathrm{E}\left[\frac{\partial^2 \log f(y;\boldsymbol{\theta})}{\partial\boldsymbol{\theta}\,\partial\boldsymbol{\theta}'}\right] = \mathrm{E}\left[\frac{\partial \log f(y;\boldsymbol{\theta})}{\partial\boldsymbol{\theta}}\frac{\partial \log f(y;\boldsymbol{\theta})}{\partial\boldsymbol{\theta}'}\right],$$

com a matriz de covariâncias assintóticas de $\sqrt{n}(\widehat{\boldsymbol{\theta}}-\boldsymbol{\theta})$ dada simplesmente por $\boldsymbol{\mathcal{I}}(\boldsymbol{\theta})^{-1}$.

Tal como sucede, por exemplo, com o estimador OLS, é necessário estimar $\boldsymbol{V}$, para que se possa realizar inferência a respeito de $\boldsymbol{\theta}$. Dadas as duas expressões de (14.3), pode-se utilizar vários estimadores desta matriz. Sob correcta especificação de f, qualquer das seguintes expressões é válida como estimador da variância assintótica de $\sqrt{n}(\widehat{\boldsymbol{\theta}}-\boldsymbol{\theta})$:

$$\widehat{\boldsymbol{V}} = \left\{-n^{-1}\mathrm{E}\left[\left.\frac{\partial^2 L(\boldsymbol{\theta})}{\partial\boldsymbol{\theta}\partial\boldsymbol{\theta}'}\right|\boldsymbol{X}\right]\right\}^{-1}\Bigg|_{\boldsymbol{\theta}=\widehat{\boldsymbol{\theta}}};$$

$$\widehat{\boldsymbol{V}} = \left[-n^{-1}\boldsymbol{H}(\widehat{\boldsymbol{\theta}})\right]^{-1}; \tag{14.4}$$

---

[21] V., por exemplo, Greene (2012, sec. 14.4).

$$\hat{\boldsymbol{V}} = \left[n^{-1}\sum\nolimits_{i=1}^{n} \boldsymbol{s}_i(\hat{\boldsymbol{\theta}})\boldsymbol{s}_i(\hat{\boldsymbol{\theta}})'\right]^{-1}.$$

Para estimar a variância assintótica de $\hat{\boldsymbol{\theta}}$, divide-se qualquer destas expressões por n obtendo-se $\hat{\mathrm{V}}(\hat{\boldsymbol{\theta}}) = n^{-1}\hat{\boldsymbol{V}}$.

O primeiro estimador designa-se usualmente estimador da informação esperada de Fisher; o segundo designa-se estimador hessiano; e o terceiro refere-se vulgarmente como estimador OPG (*outer product of the gradient* – produto externo do gradiente) ou estimador BHHH.[22] De notar que, embora os três estimadores sejam assintoticamente equivalentes, as suas estimativas a partir de amostras finitas não são, em geral, idênticas. As propriedades dos diferentes estimadores em amostras finitas estão amplamente estudadas, sendo usualmente preferível o primeiro (se possível de obter), seguido do segundo e, em terceiro lugar, o estimador OPG (com comportamento sofrível em diversas situações).

Exemplo 14.2

Considere-se o exemplo 14.1, em que θ é um escalar ($l = 1$).

Funções log-verosimilhança e *score*

$$\log L(\theta) = \log\theta\sum\nolimits_{i=1}^{n} y_i + \log(1-\theta)\sum\nolimits_{i=1}^{n}(1-y_i),$$

$$s(\theta) = \sum\nolimits_{i=1}^{n} y_i/\theta - \left(n - \sum\nolimits_{i=1}^{n} y_i\right)/(1-\theta).$$

Segunda derivada,

$$d^2\log L(\theta)/d\theta^2 = -\sum\nolimits_{i=1}^{n} y_i/\theta^2 - \left(n - \sum\nolimits_{i=1}^{n} y_i\right)/(1-\theta)^2.$$

Dado que a amostra é casual e $E(y_i) = \theta$, vem

$$\mathcal{I}(\theta) = -\mathrm{E}[d^2\log L(\theta)/d\theta^2] = n/\theta + n/(1-\theta) = n/[\theta(1-\theta)],$$

logo, por 14.3, a variância assintótica de $\sqrt{n}(\hat{\theta} - \theta)$ vem dada por

$$V = [\lim\nolimits_{n\to\infty} n^{-1}\mathcal{I}(\theta)]^{-1} = \theta(1-\theta).$$

---

[22] Estimador proposto por Berndt, Hall, Hall e Hausman (1974).

Em conclusão, $\sqrt{n}(\hat{\theta} - \theta) \xrightarrow{D} \mathcal{N}[0, \theta(1-\theta)]$, pelo que

$$\hat{\theta} \stackrel{\cdot}{\sim} \mathcal{N}[\theta, \theta(1-\theta)/n].$$

O estimador da variância assintótica de $\hat{\theta}$ resulta de imediato, substituindo θ por $\hat{\theta} = \sum_{i=1}^{n} y_i/n = \bar{y}$: $\widehat{\mathbb{V}}(\hat{\theta}) = \bar{y}(1-\bar{y})/n$.

Exemplo 14.3

Considere-se o modelo CLM - sec. 4.2. Sob este modelo, os erros são independentes entre si e das variáveis explicativas, com

$$u_i \sim \mathcal{N}(0, \sigma^2) \Leftrightarrow y_i | \boldsymbol{x_i} \sim \mathcal{N}(\boldsymbol{x_i}\boldsymbol{\beta}, \sigma^2) \Leftrightarrow$$
$$f(y_i | \boldsymbol{x_i}; \boldsymbol{\theta}) = (2\pi\sigma^2)^{-1/2} \exp[-(y_i - \boldsymbol{x_i}\boldsymbol{\beta})^2/(2\sigma^2)],$$

em que $\boldsymbol{\theta}' = (\boldsymbol{\beta}', \sigma^2)$ e $l = k + 2$. De uma amostra casual de dimensão n resulta a função log-verosimilhança

$$\log L(\boldsymbol{\theta}) = -(n/2)\log(2\pi) - (n/2)\log(\sigma^2) - \sum_{i=1}^{n} (y_i - \boldsymbol{x_i}\boldsymbol{\beta})^2/(2\sigma^2).$$

O vector de *score* vem dado por

$$\underset{(k+2)\times 1}{\boldsymbol{s}(\boldsymbol{\theta})} = \begin{bmatrix} -\sum_{i=1}^{n} (y_i - \boldsymbol{x_i}\boldsymbol{\beta})\boldsymbol{x}_i'/\sigma^2 \\ 1/(2\sigma^2)\left[-n + \sum_{i=1}^{n} (y_i - \boldsymbol{x_i}\boldsymbol{\beta})^2/\sigma^2\right] \end{bmatrix},$$

[$\boldsymbol{x}_i'$ é um vector coluna $(k+1) \times 1$]. Os estimadores MV verificam

$$\begin{cases} \sum_{i=1}^{n} (y_i - \boldsymbol{x_i}\hat{\boldsymbol{\beta}})\boldsymbol{x}_i'/\hat{\sigma}^2 = \underset{(k+1)\times 1}{\mathbf{0}} \\ 1/(2\hat{\sigma}^2)\left[-n + \sum_{i=1}^{n} (y_i - \boldsymbol{x_i}\hat{\boldsymbol{\beta}})^2/\hat{\sigma}^2\right] = 0 \end{cases} \Leftrightarrow$$

$$\begin{cases} \sum_{i=1}^{n} (y_i - \boldsymbol{x_i}\hat{\boldsymbol{\beta}})\boldsymbol{x}_i' = \underset{(k+1)\times 1}{\mathbf{0}} \\ \sum_{i=1}^{n} (y_i - \boldsymbol{x_i}\hat{\boldsymbol{\beta}})^2/\hat{\sigma}^2 - n = 0 \end{cases};$$

a primeira equação coincide com as CPO OLS - sistema (3.3) - logo,

$$\hat{\boldsymbol{\beta}} = \left(\sum_{i=1}^{n} \boldsymbol{x_i}\boldsymbol{x}_i'\right)^{-\mathbf{1}} \sum_{i=1}^{n} \boldsymbol{x}_i' y_i = (\boldsymbol{X}'\boldsymbol{X})^{-\mathbf{1}}\boldsymbol{X}'\boldsymbol{y},$$

o estimador OLS. Introduzindo $\hat{\boldsymbol{\beta}}$ na segunda equação obtém-se

$$\hat{\sigma}^2 = n^{-1} \sum_{i=1}^{n} (y_i - \boldsymbol{x_i}\hat{\boldsymbol{\beta}})^2 = \text{SQR}/n,$$

em que SQR denota, como habitualmente, a soma dos quadrados dos resíduos OLS. Em suma, o estimador MV de $\boldsymbol{\beta}$ coincide com o estimador OLS; o estimador MV da variância do erro difere do estimador cêntrico usualmente utilizado com OLS. De imediato se conclui que, sob o modelo CLM, o estimador OLS de $\boldsymbol{\beta}$ é eficiente, porque coincide com o estimador MV, que é eficiente; o estimador MV de σ^2 é enviesado, porque o estimador cêntrico é $\text{SQR}/(n-k-1)$ (ambos os estimadores são consistentes - e muito próximos, para n grande).

Variância assintótica de $\sqrt{n}(\widehat{\boldsymbol{\theta}}-\boldsymbol{\theta})$; matriz de informação

$$\boldsymbol{\mathcal{I}}(\boldsymbol{\theta}) = n^{-1}\text{E}\left[\sum\nolimits_{i=1}^{n} \frac{\partial \log L_i(\boldsymbol{\theta})}{\partial \boldsymbol{\theta}} \frac{\partial \log L_i(\boldsymbol{\theta})}{\partial \boldsymbol{\theta}'}\right] =$$

$$n^{-1}\text{E}\begin{bmatrix} \sum\nolimits_{i=1}^{n} \boldsymbol{x}_i\boldsymbol{x}_i'/\sigma^2 & \underset{(k+1)\times 1}{\mathbf{0}} \\ \underset{1\times(k+1)}{\mathbf{0}'} & n/(2\sigma^4) \end{bmatrix} =$$

$$\text{E}\begin{bmatrix} n^{-1}\sum\nolimits_{i=1}^{n} \boldsymbol{x}_i\boldsymbol{x}_i'/\sigma^2 & \underset{(k+1)\times 1}{\mathbf{0}} \\ \underset{1\times(k+1)}{\mathbf{0}'} & 1/(2\sigma^4) \end{bmatrix},$$

em que se utiliza os momentos da normal, $\text{E}(u_i) = \text{E}(u_i^3) = 0$, $\text{E}(u_i^2) = \sigma^2$, $\text{E}(u_i^4) = 3\sigma^4$. Donde, uma vez que $\sum_{i=1}^{n} \boldsymbol{x}_i\boldsymbol{x}_i' = \boldsymbol{X}'\boldsymbol{X}$,

$$\boldsymbol{V} = [\lim_{n\to\infty} \boldsymbol{\mathcal{I}}(\boldsymbol{\theta})]^{-1} = \begin{bmatrix} \sigma^2 \operatorname{plim}_{n\to\infty}(\boldsymbol{X}'\boldsymbol{X}/n)^{-1} & \underset{(k+1)\times 1}{\mathbf{0}} \\ \underset{1\times(k+1)}{\mathbf{0}'} & 2\sigma^4 \end{bmatrix}.$$

Logo, $\sqrt{n}(\widehat{\boldsymbol{\beta}}-\boldsymbol{\beta}) \overset{D}{\to} \mathcal{N}[\mathbf{0}, \sigma^2 \operatorname{plim}_{n\to\infty}(\boldsymbol{X}'\boldsymbol{X}/n)^{-1}]$, permitindo escrever

$$\widehat{\boldsymbol{\beta}} \mathrel{\dot{\sim}} \mathcal{N}[\mathbf{0}, \sigma^2(\boldsymbol{X}'\boldsymbol{X})^{-1}].$$

Um estimador da variância assintótica de $\widehat{\boldsymbol{\beta}}$ vem dado naturalmente por $\hat{\sigma}^2(\boldsymbol{X}'\boldsymbol{X})^{-1}$.

14.4 Testes de hipóteses

A partir da estimação MV pode-se testar restrições dos parâmetros do modelo de regressão, mediante vários procedimentos. Apresenta-se os testes mais usuais e descreve-se a sua aplicação ao ensaio da hipótese nula envolvendo j restrições lineares,

$$H_0: \boldsymbol{C\theta} = \boldsymbol{c},$$

em que, em geral, $\boldsymbol{C}$ denota uma matriz $j \times l$ de constantes, $j \leq l$, cujas linhas são linearmente independentes, e $\boldsymbol{c}$ um vector coluna $j \times 1$ de constantes.[23] Os procedimentos expostos são o teste de Wald, teste de *score* e teste do rácio de verosimilhanças (LR - *likelihood ratio*), cujos princípios gerais se sintetiza adiante.

Os três testes correspondem a três abordagens alternativas, no ensaio de hipóteses paramétricas. Em concreto,

- Teste de Wald: estima-se o modelo sem restrições, obtendo-se $\widehat{\boldsymbol{\theta}}$, e avalia-se a diferença $\boldsymbol{C}\widehat{\boldsymbol{\theta}} - \boldsymbol{c}$. Se esta diferença se considera significativamente diferente de zero, rejeita-se H_0.
- Teste de *score*: estima-se o modelo com restrições, obtendo-se $\widetilde{\boldsymbol{\theta}}$, e averigua-se se o vector de *score* (a partir da verosimilhança não restrita) avaliado em $\widetilde{\boldsymbol{\theta}}$ é significativamente diferente de zero. Neste caso, rejeita-se H_0. Por outras palavras, averigua-se se a estimativa dos parâmetros do modelo restrito verifica, em termos estatísticos, a condição necessária de maximização da função objectivo (função de verosimilhança).
- Teste LR: estima-se os modelos e averigua-se se os valores da função objectivo, avaliada nas duas estimativas, $L(\widetilde{\boldsymbol{\theta}})$ e $L(\widehat{\boldsymbol{\theta}})$, são significativamente diferentes - caso em que se rejeita H_0.

Teste de Wald

Retome-se a expressão da normalidade assintótica do estimador MV, $\sqrt{n}(\widehat{\boldsymbol{\theta}} - \boldsymbol{\theta}) \xrightarrow{D} \mathcal{N}(\boldsymbol{0}, \boldsymbol{V})$, da qual resulta a normalidade assintótica do vector $\boldsymbol{C}\widehat{\boldsymbol{\theta}}$,

$$\sqrt{n}\boldsymbol{C}(\widehat{\boldsymbol{\theta}} - \boldsymbol{\theta}) = \sqrt{n}(\boldsymbol{C}\widehat{\boldsymbol{\theta}} - \boldsymbol{C}\boldsymbol{\theta}) \xrightarrow{D} \mathcal{N}(\boldsymbol{0}, \boldsymbol{CVC}').$$

---

[23] Os procedimentos descritos podem, naturalmente, utilizar-se para testar restrições não lineares, do tipo $H_0: \boldsymbol{C}(\boldsymbol{\theta}) = \boldsymbol{c}$, em que $\boldsymbol{C}(\cdot)$ denota um vector de funções funcionalmente independentes - v., por exemplo, Greene (2012, sec. 14.4).

Sob H_0: $\boldsymbol{C\theta} = \boldsymbol{c}$, pode-se escrever $\sqrt{n}(\boldsymbol{C}\widehat{\boldsymbol{\theta}} - \boldsymbol{c}) \overset{D}{\rightarrow} \mathcal{N}(\boldsymbol{0}, \boldsymbol{CVC'})$, pelo que, utilizando uma propriedade das formas quadráticas de variáveis normais (v. anexo B.5.3),

$$\sqrt{n}(\boldsymbol{C}\widehat{\boldsymbol{\theta}} - \boldsymbol{c})'(\boldsymbol{CVC'})^{-1}\sqrt{n}(\boldsymbol{C}\widehat{\boldsymbol{\theta}} - \boldsymbol{c}) \overset{D}{\rightarrow} \chi^2_j.$$

Substituindo $\boldsymbol{V}$ por um estimador consistente, obtém-se a estatística de Wald

$$W = n(\boldsymbol{C}\widehat{\boldsymbol{\theta}} - \boldsymbol{c})'(\boldsymbol{C}\widehat{\boldsymbol{V}}\boldsymbol{C'})^{-1}(\boldsymbol{C}\widehat{\boldsymbol{\theta}} - \boldsymbol{c}),$$

a qual, pela regra do produto (Teorema de Cramer, anexo C.2.2), sob H_0,

$$W \overset{D}{\rightarrow} \chi^2_j.$$

Valores elevados de W constituem indicação de que $\boldsymbol{C}\widehat{\boldsymbol{\theta}}$ é significativamente diferente de $\boldsymbol{c}$, pelo que se rejeita H_0.

Teste de *score*

O teste de *score* é também denominado teste *LM* (Lagrange *Multipliers*), o que reflecte duas formas equivalentes de motivar o teste. Seja o vector de *score*, $\boldsymbol{s}(\boldsymbol{\theta})$, definido em (14.1). Se a hipótese nula é verdadeira, então este vector, avaliado nas estimativas dos parâmetros do modelo com restrições, $\widetilde{\boldsymbol{\theta}}$, deve ser próximo de zero. Sob H_0 e condições de regularidade, aplicando um TLC, mostra-se que

$$n^{-1/2}\boldsymbol{s}(\widetilde{\boldsymbol{\theta}}) \overset{D}{\rightarrow} \mathcal{N}(\boldsymbol{0}, \boldsymbol{V}^{-1}),$$

em que $\boldsymbol{V}$ é uma das matrizes referidas em (14.3). Mediante argumentos análogos aos utilizados para a estatística de Wald, sob H_0,

$$LM = n^{-1}\boldsymbol{s}(\widetilde{\boldsymbol{\theta}})'\widetilde{\boldsymbol{V}}\boldsymbol{s}(\widetilde{\boldsymbol{\theta}}) \overset{D}{\rightarrow} \chi^2_j,$$

em que $\widetilde{\boldsymbol{V}}$ denota uma das matrizes referidas em (14.4), substituindo $\widehat{\boldsymbol{\theta}}$ por $\widetilde{\boldsymbol{\theta}}$. Valores elevados da estatística *LM* sugerem rejeição de H_0.

Se se utiliza o estimador OPG de $\boldsymbol{V}$ – (14.4), terceira matriz – pode obter-se facilmente a estatística *LM* mediante uma regressão OLS artificial. Com o estimador OPG, vem

$$LM = n^{-1}\boldsymbol{s}(\widetilde{\boldsymbol{\theta}})'\left[n^{-1}\sum_{i=1}^{n}\boldsymbol{s}_i(\widetilde{\boldsymbol{\theta}})\boldsymbol{s}_i(\widetilde{\boldsymbol{\theta}})'\right]^{-1}\boldsymbol{s}(\widetilde{\boldsymbol{\theta}}) =$$

$$\boldsymbol{s}(\widetilde{\boldsymbol{\theta}})'\left[\sum_{i=1}^{n} \boldsymbol{s}_i(\widetilde{\boldsymbol{\theta}})\boldsymbol{s}_i(\widetilde{\boldsymbol{\theta}})'\right]^{-1} \boldsymbol{s}(\widetilde{\boldsymbol{\theta}}) =$$

$$n\left\{\boldsymbol{s}(\widetilde{\boldsymbol{\theta}})'\left[\sum_{i=1}^{n} \boldsymbol{s}_i(\widetilde{\boldsymbol{\theta}})\boldsymbol{s}_i(\widetilde{\boldsymbol{\theta}})'\right]^{-1} \boldsymbol{s}(\widetilde{\boldsymbol{\theta}})/n\right\} = nR_u^2,$$

em que R_u^2 é o coeficiente de determinação não centrado da regressão OLS artificial,

$$1 = \underset{1\times l}{\boldsymbol{s}_i(\widetilde{\boldsymbol{\theta}})'}\boldsymbol{\delta} + \text{erro}, \quad i = 1, \dots, n,$$

com $\boldsymbol{\delta}$ um vector de parâmetros $l \times 1$. Note-se que, em geral, numa regressão de y_i sobre $\boldsymbol{x}_i$, $i = 1, \dots, n$, o coeficiente de determinação não centrado é dado por $\boldsymbol{y}'\boldsymbol{X}(\boldsymbol{X}'\boldsymbol{X})^{-1}\boldsymbol{X}'\boldsymbol{y}/\boldsymbol{y}'\boldsymbol{y}$. Na regressão artificial anterior, $\boldsymbol{y} = (1, \dots, 1)'$ (vector coluna de n 1's) e $\boldsymbol{X}$ é a matriz $n \times l$ cujas linhas correspondem a $\boldsymbol{s}_i(\widetilde{\boldsymbol{\theta}})'$; em consequência, $\boldsymbol{y}'\boldsymbol{X} = \boldsymbol{s}(\widetilde{\boldsymbol{\theta}})'$, $\boldsymbol{X}'\boldsymbol{X} = \sum_{i=1}^{n} \boldsymbol{s}_i(\widetilde{\boldsymbol{\theta}})\boldsymbol{s}_i(\widetilde{\boldsymbol{\theta}})'$, e $\boldsymbol{y}'\boldsymbol{y} = n$. A desvantagem de utilizar a estatística *LM* nesta forma (dita forma OPG) prende-se com o facto de esta se comportar sofrivelmente em amostras finitas (mesmo de dimensão razoável), com percentagens de rejeições da hipótese nula consideravelmente diferentes do nível de significância nominal do teste. Por este motivo, se possível, é preferível utilizar um dos estimadores alternativos de $\boldsymbol{V}$.

Uma forma alternativa de motivar o teste de *score* (que originou a designação "teste *LM*") consiste em avaliar estatisticamente a proximidade, relativamente a zero, dos multiplicadores de Lagrange no procedimento de maximização condicionada da verosimilhança, sob as restrições da hipótese nula, $\boldsymbol{C\theta} = \boldsymbol{c}$. Mostra-se que a estatística de teste baseada nas estimativas destes multiplicadores coincide com o teste baseado no vector de *score* avaliado em $\widetilde{\boldsymbol{\theta}}$ – v., por exemplo, Greene (2012, sec. 14.6.3).

Teste *LR*

O teste *LR* realiza-se a partir da estimação de ambos os modelos, sob as hipóteses nula e alternativa, respectivamente. Como o próprio nome indica, o teste baseia-se no quociente entre os valores das funções de verosimilhança, $L(\widetilde{\boldsymbol{\theta}})$ e $L(\widehat{\boldsymbol{\theta}})$. Note-se que $\widetilde{\boldsymbol{\theta}}$ se obtém por maximização da função de verosimilhança sujeita à restrição de H_0; por este motivo, o valor da função no máximo restrito será sempre não superior ao valor da função no máximo obtido sem restrições. Formalmente, $L(\widetilde{\boldsymbol{\theta}}) \leq L(\widehat{\boldsymbol{\theta}})$ ou, de modo equivalente, $\log L(\widetilde{\boldsymbol{\theta}}) \leq \log L(\widehat{\boldsymbol{\theta}})$.

Na prática, se a diferença entre $\log L(\widetilde{\boldsymbol{\theta}})$ e $\log L(\widehat{\boldsymbol{\theta}})$ é reduzida, tal significa que as consequências de se impor as restrições $\boldsymbol{C\theta} = \boldsymbol{c}$ são limitadas, o que sugere que as restrições são válidas. Todavia, se a diferença é grande, parece razoável concluir que H_0 não é válida. A estatística LR pode escrever-se como

$$LR = 2\left[\log L(\widehat{\boldsymbol{\theta}}) - \log L(\widetilde{\boldsymbol{\theta}})\right]$$

(a expressão entre parêntesis corresponde ao logaritmo do rácio das verosimilhanças). Demonstra-se que, sob H_0,

$$LR \xrightarrow{D} \chi_j^2.$$

Exemplo 14.4

Seja o teste de $H_0\colon \boldsymbol{C\beta} = \boldsymbol{c}$ no modelo CLM. Verifica-se (mediante cálculos que se omitem) que as três estatísticas de teste se podem escrever como

$$W = (1/\hat{\sigma}^2)\left(\boldsymbol{C}\widehat{\boldsymbol{\beta}} - \boldsymbol{c}\right)'[\boldsymbol{C}(\boldsymbol{X}'\boldsymbol{X})^{-1}\boldsymbol{C}']^{-1}\left(\boldsymbol{C}\widehat{\boldsymbol{\beta}} - \boldsymbol{c}\right),$$

em que $\hat{\sigma}^2 = \mathrm{SQR}/n$ (estimador MV da variância do erro);

$$LM = (1/\tilde{\sigma}^2)\widetilde{\boldsymbol{u}}'\boldsymbol{X}(\boldsymbol{X}'\boldsymbol{X})^{-1}\boldsymbol{X}'\widetilde{\boldsymbol{u}},$$

em que $\widetilde{\boldsymbol{u}} = \boldsymbol{y} - \boldsymbol{X}\widetilde{\boldsymbol{\beta}}$ (vector dos resíduos OLS do modelo restrito) e $\tilde{\sigma}^2 = \widetilde{\boldsymbol{u}}'\widetilde{\boldsymbol{u}}/n$ denota a respectiva soma dos quadrados dos resíduos;

$$LR = n[\log(\widetilde{\boldsymbol{u}}'\widetilde{\boldsymbol{u}}) - \log(\widehat{\boldsymbol{u}}'\widehat{\boldsymbol{u}})],$$

em que $\widehat{\boldsymbol{u}} = \boldsymbol{y} - \boldsymbol{X}\widehat{\boldsymbol{\beta}}$ denota o vector de resíduos OLS do modelo sem restrições.

Sob a hipótese nula, os três testes produzem estatísticas assintoticamente equivalentes. Todavia, o seu comportamento em amostras finitas, em particular de reduzida dimensão, pode mostrar-se bastante diferente. Dado que, com raras excepções, se desconhece as distribuições dos testes com amostras finitas, a escolha entre eles baseia-se frequentemente em aspectos computacionais. O teste LR requer estimação dos dois modelos, sendo muito cómodo de calcular se ambos se estimam facilmente (basta recolher os respectivos valores da função log-verosimilhança do *output* de um programa informático). O teste de Wald requer a estimação do modelo alternativo e, por este motivo, é útil se este se estima facilmente. Já o teste de *score*, que apenas utiliza o estimador do modelo com restrições, será mais fácil de utilizar na situação contrária. Nalguns casos, o teste de Wald é mais fácil e noutros a preferência recai sobre o teste de *score*. Por exemplo, um modelo linear é fácil de estimar mas pode-se tornar difícil por imposição de determinadas restrições não lineares - caso em que o teste de Wald pode ser preferível. Pelo contrário, se as restrições significam a simplificação do modelo alternativo, então o teste de *score* poderá ser mais fácil. Em todo o caso, se possível, na escolha do teste deve-se ter em conta também considerandos a respeito do comportamento dos testes em amostras finitas.

Exemplo 14.5

Um caso em que se conhece a distribuição de um teste em amostras finitas, é a do teste de restrições lineares no modelo CLM (v. sec. 4.4). Neste caso, sob H_0, $[(n-k-1)/n]W/j = F \sim F_{j,n-k-1}$, qualquer que seja a dimensão da amostra, n [o factor de escala, $(n-k-1)/n$, resulta do facto de a estatística W utilizar agora o estimador MV de σ^2, enquanto a estatística F - v. (4.3) - utiliza SQR/$(n-k-1)$]. Se $j = 1$, $\sqrt{(n-k-1/n)W} = t \sim t_{n-k-1}$.

14.5 Qualidade do ajustamento. Critérios de selecção de modelos.

No que se refere à avaliação da qualidade de ajustamento proporcionado pelo método MV refira-se, antes de mais, que só faz sentido calcular o habitual coeficiente R^2 no caso da estimação OLS do modelo linear (com termo independente). No caso, por exemplo, de modelos não lineares (por exemplo, modelos de escolha discreta, modelos de contagem, etc.), o coeficiente R^2 usual torna-se difícil de interpretar. Nestas situações, a medição da qualidade do ajustamento deve recorrer a instrumentos diversos.

No contexto de um modelo estimado por MV, em que as variáveis explicativas intervêm sob a forma de uma combinação linear [usualmente na média condicional, $E(y|\boldsymbol{x}) = g(\boldsymbol{x}\boldsymbol{\beta})$, em que $\boldsymbol{\beta}$ inclui termo independente], McFadden (1974) propõe a utilização da medida

$$pseudo\text{-}R^2 = 1 - \log L / \log L_0,$$

em que $\log L$ denota o valor da log-verosimilhança para o modelo estimado, e $\log L_0$ o respectivo valor para o modelo sem variáveis explicativas (só com termo independente). Greene (2012, sec. 14.6.5) designa este coeficiente "índice do rácio de verosimilhanças" (LRI). Inicialmente proposta para modelos de escolha discreta, esta medida tem sido utilizada também para outros modelos, sendo proposta em vários *softwares* de Econometria. Note-se que, no caso em que $\beta_1 = \cdots = \beta_k = 0$, $LRI = 0$; à medida que se acrescenta variáveis explicativas ao modelo, LRI aumenta, sendo usualmente inferior a um.

Os testes descritos na secção anterior utilizam-se para ensaiar hipóteses encaixadas, isto é, hipóteses em que o modelo sob H_0 se enquadra, como caso particular, no modelo da hipótese alternativa. Na secção 8.3.2 aborda-se brevemente alguns testes estatísticos de hipóteses não encaixadas, no contexto da estimação OLS. A consideração destes testes a partir da estimação MV ultrapassa o âmbito do presente texto – veja-se, por exemplo, Vuong (1989) e Santos Silva (2001), para exemplos de testes estatísticos para hipóteses não encaixadas. Em todo o caso, para seleccionar modelos entre duas alternativas não encaixadas (e também para hipóteses encaixadas) pode-se também recorrer a critérios de selecção que, embora na prática usual não correspondam a procedimentos estatísticos, constituem instrumentos úteis de selecção.

A secção 8.4 menciona alguns destes critérios; em particular, o critério de Schwarz e o critério de informação de Akaike, reescritos agora no contexto MV, respectivamente, como

$$SC = -2\log L + k \log n, \qquad AIC = -2\log L + 2k,$$

em que k denota o número de variáveis explicativas e $\log L$ o valor da log-verosimilhança do modelo estimado. Com base em qualquer dos critérios, escolhe-se o modelo com o menor valor (ambos os critérios incluem uma penalização crescente com o número de regressores, k).

Exercícios

14.1 A variável y representa o número de vezes que um aluno falta às aulas de uma unidade curricular durante o semestre. Suponha que y é distribuído de acordo com uma função Poisson,

$$f(y;\lambda) = \exp(-\lambda)\,\lambda^y/y!\,, \quad \lambda > 0, \quad y \in \{0,1,2,\dots\}.$$

Tem-se $\mathrm{E}(y) = \lambda$. Uma amostra casual de dimensão $n = 10$, compõe-se das observações (0,1,1,3,0,5,4,2,1,3).

a) Obtenha a função log-verosimilhança para esta amostra.

b) Maximize a função log-verosimilhança em ordem a λ (determine as condições de primeira e segunda ordem). Interprete a estimativa obtida.

c) Teste $H_0\colon \lambda = 1$ (alternativa bilateral, testes de Wald, *score* e *LR*).

14.2 A variável y é distribuída de acordo com

$$f(y;\gamma,\rho) = \gamma\rho y^{\rho-1}e^{-\gamma y^{\rho}}, \quad y \geq 0, \quad \gamma,\rho > 0,$$

designada densidade Weibull. Considere uma amostra i.i.d. de dimensão n, desta população, $(y_i, i = 1,\dots,n)$.

a) Obtenha a função log-verosimilhança.

b) Deduza as condições de primeira e segunda ordem para um máximo da função log-verosimilhança, em ordem a γ e ρ.

14.3 A variáveis y e x representam, respectivamente, o número de vezes que um indivíduo executa determinada tarefa em dado período de tempo (por exemplo, hora, dia, etc.), e determinada característica observável do indivíduo (por exemplo, género). Condicional em x, a variável y é distribuída de acordo com uma função probabilidade Poisson,

$$f(y|x;\beta_0,\beta_1) = \exp(-\lambda)\,\lambda^y/y!\,, \quad y \in \{0,1,2,\dots\},$$

com média condicional dada por $\lambda = \exp(\beta_0 + \beta_1 x) = E(y|x)$, em que

β_0 e β_1 designam parâmetros desconhecidos. Suponha que se dispõe de amostra i.i.d. a respeito das variáveis, $[(y_i, x_i), i = 1, \ldots, n]$, de modo que

$$f(y_i|x_i; \beta_0, \beta_1) = \exp(-\lambda_i)\, \lambda_i^{y_i}/y_i!,$$
$$\lambda_i = \exp(\beta_0 + \beta_1 x_i) = E(y_i|x_i), \qquad y_i \in \boldsymbol{\mathcal{N}}_0.$$

Determine

a) Função log-verosimilhança.

b) Vector de *score*, $\boldsymbol{s}(\beta_0, \beta_1)$. Mostre que $\mathrm{E}[\boldsymbol{s}(\beta_0, \beta_1)] = \mathbf{0}$ [utilize a L.E.I., notando que $\mathrm{E}(y_i|x_i) = \lambda_i$].

c) Obtenha a expressão da matriz de covariâncias dos estimadores.

14.4 Considere a variável binária $y \in \{0,1\}$. Condicional em x, a variável y é distribuída segundo uma função Bernoulli (β_0, β_1: parâmetros),

$$f(y|x; \beta_0, \beta_1) = p(x)^y[1 - p(x)]^{1-y},$$
$$p(x) = \exp(\beta_0 + \beta_1 x)/[1 + \exp(\beta_0 + \beta_1 x)].$$

a) Determine a função log-verosimilhança com base numa amostra i.i.d. de dimensão n desta população.

b) Escreva as condições de primeira ordem do estimador MV de β_0 e β_1, e a expressão da matriz de covariâncias dos estimadores.

14.5 Considere a variável fraccionária z, definida no intervalo $]0,1[$, e o vector $\boldsymbol{x}$ de variáveis explicativas de z.

a) Um modelo linear, do tipo $\mathrm{E}(z|\boldsymbol{x}) = \boldsymbol{x\beta}$, é apropriado? Porquê?

b) Um modelo de regressão adequado à natureza fraccionária de z pode formular-se como

$$y = \log[z/(1 - z)] = \boldsymbol{x}'\boldsymbol{\beta} + u, \quad u \sim \mathcal{N}(0, \sigma^2).$$

Escreva a função log-verosimilhança com base numa amostra casual de dimensão n, da população $(z, \boldsymbol{x})$.

c) Mostre que se pode obter o estimador MV de $\boldsymbol{\beta}$ a partir da regressão OLS de $\boldsymbol{y}$ sobre $\boldsymbol{X}$ (ambos com o significado habitual).

15 Modelos binários de escolha discreta

15.1 Introdução

Muitas variáveis económicas de interesse não são contínuas - por vezes são discretas, como no caso das variáveis *dummy*, cujo suporte inclui apenas dois valores - usualmente $\{0,1\}$. Até aqui apenas se utilizou este tipo de variáveis na qualidade de variáveis explicativas (cap. 6). Todavia, pode também interessar explicar o comportamento de uma variável binária como função de variáveis explicativas. Por exemplo, pode-se pretender explicar a decisão de comprar, ou não, um bem duradouro, ou a decisão de trabalhar ou não trabalhar, em função de um conjunto de variáveis explicativas.

O presente capítulo expõe algumas abordagens habituais para modelizar e explicar o comportamento de variáveis dependentes binárias, como função de variáveis explicativas. Dado que a variável dependente reflecte frequentemente, por parte do agente económico, a selecção de uma alternativa entre duas possíveis (por exemplo, fumar ou não, votar no partido A ou no partido B, etc.), os modelos resultantes designam-se usualmente modelos binários de escolha discreta ou, simplesmente, *modelos de escolha discreta*.(24)

Habitualmente, na análise e estimação de modelos binários, utiliza-se o estimador MV, baseado na probabilidade condicional da variável dependente, y, dado um conjunto de variáveis explicativas, $\boldsymbol{x}$. Note-se que, sendo y binária, a sua distribuição condicional, dado $\boldsymbol{x}$, é uma distribuição Bernoulli, cuja média condicional, $\mathrm{E}(y|\boldsymbol{x})$, constitui o único

---

(24) Os modelos binários constituem um caso particular dos modelos de escolha entre um qualquer número dado de alternativas, designados modelos multinomiais de escolha discreta (por exemplo, um modelo da escolha do meio de transporte, entre quatro alternativas, automóvel próprio, automóvel partilhado, transporte público rodoviário, combóio).

"parâmetro" desta distribuição, usualmente referido como "probabilidade de sucesso". Por conseguinte, a especificação da probabilidade condicional de y corresponde, por inteiro, à escolha de uma forma funcional para $\mathrm{E}(y|\boldsymbol{x})$. Como adiante exposto, o modelo de regressão linear, embora exequível, não constitui a abordagem mais apropriada para este tipo de variáveis. Por este motivo considera-se outras formas funcionais correntes na literatura sobre modelos de escolha discreta.[25]

15.2 Formulação dos modelos

15.2.1 Formulação geral

Uma questão de interesse em Economia do Trabalho consiste em procurar explicar a decisão individual de participação, ou não, na força de trabalho, como função de condicionantes várias, como o número de anos de escolaridade, número de anos de experiência, idade, estado civil, género, etc. Neste caso, a variável dependente, y, pode definir-se como uma variável binária tal, que $y = 1$, se o indivíduo trabalha, e $y = 0$, se está desempregado. Uma vez que y só assume valores em $\{0,1\}$, então y (condicional nas variáveis explicativas, $\boldsymbol{x}$) segue uma função probabilidade condicional Bernoulli, geralmente expressa na forma

$$f(y|\boldsymbol{x}) = \Pr(y = 1|\boldsymbol{x})^y\,[1 - \Pr(y = 1|\boldsymbol{x})]^{1-y}, \quad y \in \{0,1\}.$$

Considerando o vector das variáveis explicativas, adopta-se uma dada especificação, ou modelo, para a probabilidade condicional, $\Pr(y = 1|\boldsymbol{x})$; de modo geral,

---

[25] Frequentemente, esta especificação decorre da consideração de uma regressão latente, cuja variável dependente (não observada, mas determinando o valor da variável observada, y) representa a utilidade subjacente à escolha de cada uma das alternativas (escolha esta que, supostamente, maximiza a utilidade). Por este motivo se considera adiante também modelos de regressão latente.

$$\Pr(y = 1|\boldsymbol{x}) = F(\boldsymbol{x\beta}),$$

em que, seguindo a prática habitual, se supõe que esta probabilidade depende de um índice linear nas variáveis em $\boldsymbol{x}$, $\boldsymbol{x\beta} = \beta_0 + \beta_1 x_1 + \cdots + \beta_k x_k$, com $\boldsymbol{\beta} = (\beta_0, \dots, \beta_k)'$ o vector usual de parâmetros.

No contexto descrito, o modelo adoptado para $\Pr(y = 1|\boldsymbol{x})$ constitui, na mesma medida, um modelo da média condicional,

$$\mathrm{E}(y|\boldsymbol{x}) = \Pr(y = 1|\boldsymbol{x}) = F(\boldsymbol{x\beta}).$$

Naturalmente, neste ponto, a questão que se coloca é a da escolha de uma especificação apropriada para a função $F(\cdot)$, forma da média condicional. Usualmente, um dos objectivos centrais da investigação consiste em estimar correctamente os efeitos marginais das variáveis explicativas (os impactos de cada uma destas variáveis) sobre a média condicional de interesse. Este é um requisito central que condiciona, em parte, a escolha da função $F(\cdot)$.

15.2.2 Modelo de probabilidade linear

Uma primeira abordagem consiste em supor, simplesmente, que $F(\cdot)$ é a função identidade. Daqui resulta o modelo de regressão linear,

$$\mathrm{E}(y|\boldsymbol{x}) = F(\boldsymbol{x\beta}) = \boldsymbol{x\beta},$$

ou, de modo equivalente,

$$y = \boldsymbol{x\beta} + u, \qquad \mathrm{E}(u|\boldsymbol{x}) = 0. \tag{15.1}$$

No contexto dos modelos de escolha discreta, este modelo designa-se *modelo de probabilidade linear*. Aparentemente atractivo, pela sua simplicidade, o modelo apresenta alguns inconvenientes dignos de nota. Em primeiro lugar, uma especificação linear nas variáveis explicativas não garante que $0 < \mathrm{E}(y|\boldsymbol{x}) < 1$, independentemente do valor de $\boldsymbol{x\beta}$ (condição necessária, resultante da definição de y); o que implica a necessidade de impor esta mesma restrição ao índice $\boldsymbol{x\beta}$ e, portanto, aos valores das variáveis explicativas e/ou dos parâmetros. Em segundo lugar, a adopção do modelo linear significa que os efeitos marginais (efeitos *ceteris paribus*) de cada variável explicativa sobre a média condicional - ou sobre $\Pr(y = 1|\boldsymbol{x})$ - são constantes, independentemente do valor do índice $\boldsymbol{x\beta}$. Por exemplo, para uma variável contínua, x_j, $\partial \mathrm{E}(y|\boldsymbol{x})/\partial x_j = \partial \boldsymbol{x\beta}/\partial x_j = \beta_j, \forall \boldsymbol{x\beta}$. Todavia, da desigualdade $0 < \mathrm{E}(y|\boldsymbol{x}) < 1$ segue-se que estes efeitos marginais são, necessariamente, variáveis; mesmo no caso linear, $\partial \mathrm{E}(y|\boldsymbol{x})/\partial x_j = \beta_j$ para $0 < \boldsymbol{x\beta} < 1$, e é zero para $\boldsymbol{x\beta}$ fora deste intervalo. Por conseguinte, parece mais apropriada uma especificação não linear da média condicional, admitindo variação nos efeitos marginais - os quais, tipicamente, são menores para valores extremos de $F(\boldsymbol{x\beta})$ (próximos de zero ou de um), do que para valores de $F(\boldsymbol{x\beta})$ na zona intermédia do intervalo [0,1].

Dada a definição de y como variável binária, o erro de (15.1), u, é heteroscedástico. Das propriedades da função probabilidade Bernoulli e da definição do modelo, decorre que

$$\mathrm{V}(u|\boldsymbol{x}) = \mathrm{V}(y|\boldsymbol{x}) = F(\boldsymbol{x\beta})[1 - F(\boldsymbol{x\beta})] = \boldsymbol{x\beta}(1 - \boldsymbol{x\beta}).$$

Em consequência, para estimar o modelo através de um método de minimização dos quadrados dos erros, deve-se utilizar um estimador do tipo FGLS, em que, na expressão da variância condicional, se substitui $\boldsymbol{\beta}$ por um estimador consistente, obtido previamente, por exemplo, a partir da estimação OLS de (15.1). Como descrito (sec. 7.5.3), o estimador FGLS resulta da aplicação do método OLS ao modelo de regressão de $y_i/\sqrt{\boldsymbol{x}_i\widehat{\boldsymbol{\beta}}(1 - \boldsymbol{x}_i\widehat{\boldsymbol{\beta}})}$ sobre $\boldsymbol{x}_i/\sqrt{\boldsymbol{x}_i\widehat{\boldsymbol{\beta}}(1 - \boldsymbol{x}_i\widehat{\boldsymbol{\beta}})}$, $i = 1, \dots, n$, em que $\widehat{\boldsymbol{\beta}}$ denota o estimador OLS a partir de (15.1). Em todo o caso, como referido, esta abordagem não garante que os valores previstos para $\mathrm{E}(y|\boldsymbol{x})$ se situem no intervalo [0,1]. Dados os vários motivos apontados, parece, pois, aconselhável adoptar abordagens alternativas mais condizentes com a definição binária da variável dependente e a inerente limitação da sua média condicional.

15.2.3 Modelos probit e logit

Por definição, a média condicional da variável dependente verifica a condição $0 < \mathrm{E}(y|\boldsymbol{x}) < 1$. Por este motivo a escolha da especificação de

$F(\cdot)$ recai, naturalmente, sobre funções de distribuição conhecidas, inerentemente situadas no intervalo [0,1]. As escolhas mais usuais na literatura são, respectivamente, a distribuição normal reduzida,

$$F(\boldsymbol{x\beta}) = \int_{-\infty}^{\boldsymbol{x\beta}} \phi(t)dt = \Phi(\boldsymbol{x\beta}), \tag{15.2}$$

em que $\phi(t) = \exp(-t^2/2)/\sqrt{2\pi}$, denota a densidade normal reduzida; e a distribuição logística,

$$F(\boldsymbol{x\beta}) = \exp(\boldsymbol{x\beta})/[1 + \exp(\boldsymbol{x\beta})] = \Lambda(\boldsymbol{x\beta}), \tag{15.3}$$

em que $\Lambda(\cdot)$ denota a função distribuição logística. A escolha de (15.2) dá origem ao chamado modelo *probit*; a especificação (15.3) conduz ao modelo *logit*. Note-se que as respectivas densidades são ambas simétricas e muito semelhantes, excepto nas caudas (as da logística mais pesadas do que as da normal); contudo, para valores intermédios de $\boldsymbol{x\beta}$, as probabilidades tendem a ser similares. A distribuição logística é mais simples de manipular, em termos analíticos, do que a normal mas, com o desenvolvimento computacional, não há razões práticas que justifiquem o uso de uma em vez da outra; mesmo empiricamente, ambos os modelos tendem a produzir resultados muito semelhantes. Na prática, os coeficientes estimados a partir de um modelo logit são geralmente $1{,}6 - 1{,}8$ vezes superiores aos coeficientes estimados a partir do modelo probit mas as conclusões que se retira de ambos os modelos, particularmente no que respeita aos efeitos marginais, são similares.(26) Boa parte dos modelos alternativos propostos na literatura procuram superar algumas características destes modelo, que se afiguram eventualmente restritivas - v. Stukel (1988) e Koenker e Yoon (2009) para vários exemplos. Em todo o caso, quer o modelo probit quer o logit constituem claramente as especificações mais utilizadas em estudos empíricos.

---

(26) Regularidade referida em Amemiya (1981).

15.3 Efeitos marginais

Com excepção do modelo de probabilidade linear, os efeitos marginais calculados sob modelos de escolha discreta não são constantes ao longo do intervalo [0,1], domínio de definição da média condicional. Embora, na maioria dos modelos adoptados, o sinal de cada coeficiente, β_j, coincida com o sinal do respectivo efeito marginal, este não coincide com o valor do próprio coeficiente (diversamente, portanto, do que sucede sob o modelo linear).

Em geral, o efeito marginal de uma variável contínua - seja x_j - sobre a média condicional [ou sobre $\Pr(y = 1|\boldsymbol{x})$] vem dado por

$$\partial \mathrm{E}(y|\boldsymbol{x})/\partial x_j = dF(\boldsymbol{x\beta})/d(\boldsymbol{x\beta})\,\partial(\boldsymbol{x\beta})/\partial x_j = F'(\boldsymbol{x\beta})\beta_j,$$

em que $F'(\cdot)$ denota a função derivada de $F(\cdot)$ em ordem ao seu argumento. Se, como ocorre nos modelos considerados na secção anterior, $F(\cdot)$ é monótona crescente, então $F'(\boldsymbol{x\beta}) > 0$ e o sinal do efeito marginal coincide com o de β_j. Se a variável x_j é discreta - por exemplo, uma variável *dummy* - para um acréscimo unitário de x_j, tem-se a diferença

$$\Delta_j F(\boldsymbol{x\beta}) = F(\boldsymbol{x\beta} + \beta_j) - F(\boldsymbol{x\beta}). \tag{15.4}$$

Nos modelos probit e logit, para uma variável explicativa contínua, resulta, respectivamente,

Probit $\beta_j \phi(\boldsymbol{x\beta})$;

Logit $\beta_j \exp(\boldsymbol{x\beta})/[1 + \exp(\boldsymbol{x\beta})]^2 = \beta_j \Lambda(\boldsymbol{x\beta})[1 - \Lambda(\boldsymbol{x\beta})]$.

Para uma variável discreta,

Probit $\Phi(\boldsymbol{x\beta} + \beta_j) - \Phi(\boldsymbol{x\beta})$;

Logit $\Lambda(\boldsymbol{x\beta} + \beta_j) - \Lambda(\boldsymbol{x\beta})$.

Sob qualquer dos modelos o valor do efeito marginal de x_j depende, não só de β_j, mas também do valor de $\boldsymbol{x\beta}$. Em consequência, para estimar este efeito torna-se necessário, além da estimativa de $\boldsymbol{\beta}$, escolher o ponto, no domínio de $\boldsymbol{x\beta}$, onde avaliar o efeito marginal. Na prática, é frequente utilizar-se a média amostral, $\overline{\boldsymbol{x}}$, os valores dos regressores para um "indivíduo médio", supostamente representativo.

Estes efeitos podem também avaliar-se noutro qualquer valor dos regressores ou mesmo nas características de um indivíduo particular. Em alternativa, pode-se ainda calcular o chamado *efeito marginal médio*, ou média amostral dos efeitos marginais individuais,

$$\hat{\beta}_j \overline{F'(\boldsymbol{x}_i \hat{\boldsymbol{\beta}})} = n^{-1} \sum_{i=1}^{n} \hat{\beta}_j F'(\boldsymbol{x}_i \hat{\boldsymbol{\beta}}),$$

consistente, sob amostragem casual, para $\beta_j \mathrm{E}_{\boldsymbol{x}}[F'(\boldsymbol{x}\boldsymbol{\beta})]$. Na prática, recomenda-se, sempre que possível, utilizar os efeitos marginais médios, pois o "indivíduo médio" pode não ser representativo da amostra. Em todo o caso, vários programas econométricos fornecem, por defeito, os efeitos marginais avaliados na média amostral dos regressores, $\bar{\boldsymbol{x}}$. Para uma variável discreta, pode-se calcular o respectivo efeito marginal (15.4), considerando, para as restantes variáveis explicativas, as respectivas médias amostrais.

Com frequência, no modelo logit, em vez de se interpretar os coeficientes em termos dos efeitos marginais das variáveis explicativas sobre as probabilidades, $\Pr(y = 1|\boldsymbol{x})$, dá-se preferência à sua interpretação em termos dos efeitos marginais sobre o rácio das probabilidades, $p/(1-p)$, em que $p = \Pr(y = 1|\boldsymbol{x})$. Este rácio, usualmente designado *risco relativo*, mede a probabilidade de $y = 1$, relativamente à probabilidade de $y = 0$. Seja, por exemplo, um estudo clínico relativo a um determinado medicamento, em que $y = 1(0)$ corresponde a cura (não cura) e as variáveis explicativas são uma medida da quantidade administrada do medicamento. Se $p/(1-p) = 2$, tal significa que a probabilidade de cura é o dobro da probabilidade de não cura.

Note-se que no modelo logit,

$$p/(1-p) = \exp(\boldsymbol{x}\boldsymbol{\beta})/[1 + \exp(\boldsymbol{x}\boldsymbol{\beta})]/\{1/[1 + \exp(\boldsymbol{x}\boldsymbol{\beta})]\} = \exp(\boldsymbol{x}\boldsymbol{\beta}) \Leftrightarrow \log[p/(1-p)] = \boldsymbol{x}\boldsymbol{\beta},$$

ou seja, o logaritmo do risco relativo é linear nas variáveis explicativas. O que significa que β_j constitui o efeito marginal de uma variação unitária em x_j sobre o logaritmo do risco relativo. Considerando o próprio risco relativo, $p/(1-p)$, se x_j aumenta uma unidade, então este risco varia de $\exp(\boldsymbol{x}\boldsymbol{\beta} + \beta_j) - \exp(\boldsymbol{x}\boldsymbol{\beta}) = [\exp(\beta_j) - 1]\exp(\boldsymbol{x}\boldsymbol{\beta})$ ou seja, um acréscimo que é múltiplo de $\exp(\boldsymbol{x\beta})$ (o próprio valor inicial do risco relativo). Deste modo, por exemplo, sob o modelo logit $\beta_j = 0{,}1$ significa que um aumento de uma unidade em x_j implica que o risco relativo vem multiplicado por $\exp(0{,}1) \approx 1{,}105$. Se, por outro lado, se considera o logaritmo do risco relativo, então $\beta_j = \partial \log[p/(1-p)]/\partial x_j$, interpretado habitualmente em economia como taxa de variação, ou semi-elasticidade, do risco relativo em ordem a x_j: para um acréscimo unitário de x_j, *ceteris paribus*, $p/(1-p)$ varia, em termos relativos, $\beta_j \times 100\%$.

15.4 Modelo de regressão latente

Um modelo de escolha discreta pode também deduzir-se a partir de hipóteses comportamentais subjacentes. Esta abordagem proporciona a representação do modelo através de uma variável latente. Tome-se como exemplo a decisão de um indivíduo de comprar, ou não, um determinado bem. A teoria sugere que o consumidor calcula o benefício/custo marginal com base nas utilidades associadas a cada uma das opções, tendo em conta o facto de poder aplicar o seu dinheiro noutro bem ou serviço. Em particular, a diferença de utilidades entre comprar o bem e não o comprar depende de um conjunto de variáveis explicativas, $\boldsymbol{x}$, como o preço do bem, o preço de eventuais bens substitutos e/ou complementares, o rendimento do indivíduo, a taxa de juro, etc. Assim, para cada indivíduo, pode-se exprimir a diferença entre as utilidades associadas a comprar o bem, e a não o comprar, como função das características observadas, $\boldsymbol{x}$, e não observadas, u.

Assumindo uma relação linear aditiva, pode-se modelizar a diferença entre o benefício e o custo da compra como uma variável não observável ou latente, y^*, tal que

$$y^* = \boldsymbol{x\beta} + u.$$

Não se observa o benefício líquido da compra mas, apenas, se a compra se realiza ou não. Ou seja, apenas se observa o valor de uma variável binária, y, que se pode definir como

$$y = \begin{cases} 1, \text{se } y^* > 0 \\ 0, \text{se } y^* \leq 0 \end{cases}, \tag{15.5}$$

de que resulta

$$\Pr(y = 1|\boldsymbol{x}) = \Pr(y^* > 0|\boldsymbol{x}) = \Pr(u > -\boldsymbol{x\beta}|\boldsymbol{x}),$$

que, no caso de densidade simétrica (em torno de zero) de u - como as densidades normal reduzida ou logística - se pode escrever na forma

$$\Pr(u < \boldsymbol{x\beta}|\boldsymbol{x}) = F(\boldsymbol{x\beta}).$$

Assim, a forma deste modelo de escolha binária depende da distribuição assumida para u. Se se utiliza a distribuição normal reduzida, obtém-se o modelo probit, $\text{E}(y|\boldsymbol{x}) = \Phi(\boldsymbol{x\beta})$; se se adopta a distribuição logística, resulta o modelo logit, $\text{E}(y|\boldsymbol{x}) = \Lambda(\boldsymbol{x\beta})$.

Embora se possa interpretar os modelos de escolha discreta como modelos obtidos a partir de um problema de maximização da utilidade subjacente, esta consideração não é necessária para a sua formulação. Com frequência define-se directamente a variável latente, y^*, de tal modo que, com uma amostra i.i.d., $[(y_i, \boldsymbol{x}_i), i = 1, \ldots, n]$, os modelos probit e logit se podem descrever como $y_i^* = \boldsymbol{x}_i\boldsymbol{\beta} + u_i$ e, respectivamente,

$$\textit{Probit} \qquad u_i \sim \mathcal{NID}(0,1),$$

$$\textit{Logit} \qquad u_i \sim \Lambda \text{ indep.},$$

e em ambos os casos y_i se define em (15.5). Na secção seguinte aborda-se a estimação destes modelos, com recurso ao método MV, exposto no capítulo 14.

15.5 Estimação e inferência

Descreve-se agora a estimação MV dos modelos probit e logit - não se inclui nesta exposição o modelo de probabilidade linear, em virtude dos inconvenientes referidos na secção 15.2.2. Quer o probit quer o logit se podem estimar também através de métodos baseados na minimização de quadrados dos resíduos (recorrendo a um estimador de mínimos quadrados não lineares ponderados). Todavia, uma vez que y é binário, ao especificar a forma de $\Pr(y = 1|\boldsymbol{x})$ - ou, o que é o mesmo, $\text{E}(y|\boldsymbol{x})$ - especifica-se inteiramente a distribuição condicional de y, o que, como referido na secção 14.3, garante a eficiência assintótica do estimador MV [supondo especificação correcta de $\Pr(y = 1|\boldsymbol{x})$].

Suponha-se que $\Pr(y = 1|\boldsymbol{x}) = F(\boldsymbol{x\beta})$ (distribuição normal ou distribuição logística, nos casos aqui expostos) e admita-se que se dispõe de uma amostra casual da população $(y, \boldsymbol{x})$, de modo que se pode escrever

$$f(y_i|\boldsymbol{x}_i; \boldsymbol{\beta}) =$$
$$F(\boldsymbol{x}_i\boldsymbol{\beta})^{y_i}[1 - F(\boldsymbol{x}_i\boldsymbol{\beta})]^{1-y_i} = F_i^{y_i}(1 - F_i)^{1-y_i}, \quad y_i \in \{0,1\}, \quad i = 1, \dots, n.$$

em que $F_i = F(\boldsymbol{x}_i\boldsymbol{\beta})$. Obtém-se a função verosimilhança

$$L(\boldsymbol{\beta}) = \prod_{i=1}^{n} f(y_i|\boldsymbol{x}_i; \boldsymbol{\beta}) = \prod_{i=1}^{n} F_i^{y_i}(1 - F_i)^{1-y_i},$$

de que resulta

$$\log L(\boldsymbol{\beta}) = \sum_{i=1}^{n} y_i \log F_i + \sum_{i=1}^{n} (1 - y_i) \log(1 - F_i).$$

Derivando e simplificando, obtém-se as CPO

$$\underset{(k+1)\times 1}{\boldsymbol{s}(\boldsymbol{\beta})} = \partial\, log\, L(\boldsymbol{\beta})/\partial\boldsymbol{\beta}|_{\beta=\hat{\beta}} = \sum_{i=1}^{n} \boldsymbol{s}_i(\boldsymbol{\beta}) =$$

$$\sum_{i=1}^{n} \left\{ (y_i - \hat{F}_i)/[\hat{F}_i(1 - \hat{F}_i)]\, \hat{F}_i' \times \underset{(k+1)\times 1}{\boldsymbol{x}_i'} \right\} = \underset{(k+1)\times 1}{\boldsymbol{0}} \qquad (15.6)$$

em que $\boldsymbol{s}(\boldsymbol{\beta})$ denota o vector de *score* e $\boldsymbol{s}_i(\boldsymbol{\beta})$ a respectiva contribuição individual, e $\hat{\boldsymbol{\beta}}$ o estimador MV, $\hat{F}_i = F(\boldsymbol{x}_i\hat{\boldsymbol{\beta}})$ e $\hat{F}_i' = F'(\boldsymbol{x}_i\hat{\boldsymbol{\beta}})$. Estas equações constituem um sistema de $k + 1$ equações não lineares nas $k + 1$ incógnitas, $\hat{\beta}_0$, ..., $\hat{\beta}_k$. A sua resolução exige um procedimento iterativo e os estimadores não têm uma expressão analítica explícita (como, por exemplo, no caso dos estimadores OLS no modelo linear).

Mostra-se que a matriz hessiana da função log-verosimilhança, $\boldsymbol{H}(\boldsymbol{\beta})$, obtida por derivação de (15.6) em ordem a $\boldsymbol{\beta}'$, é definida negativa, logo o vector solução das CPO (15.6) corresponde ao estimador MV (obtido rapidamente pela generalidade dos algoritmos iterativos usuais). Como referido na secção 14.3, o estimador MV é assintoticamente normal. A partir de $\{-\mathrm{E}[\boldsymbol{H}(\boldsymbol{\beta})|\boldsymbol{X}]\}^{-1}$, considerando $\widehat{\boldsymbol{\beta}}$ em vez de $\boldsymbol{\beta}$, obtém-se (mediante cálculos que se omitem) o estimador hessiano da matriz de covariâncias assintóticas de $\widehat{\boldsymbol{\beta}}$ - cfr. a primeira expressão de (14.3) dividida por n,

$$\widehat{\mathrm{V}}(\widehat{\boldsymbol{\beta}}) = \left(\sum_{i=1}^{n} \left\{\widehat{F}_i'^2/[\widehat{F}_i(1-\widehat{F}_i)]\right\} \boldsymbol{x}_i'\boldsymbol{x}_i\right)^{-1}, \qquad (15.7)$$

cuja dedução faz uso do facto de que, sob amostragem i.i.d. e correcta especificação, $\mathrm{E}(y_i - F_i|\boldsymbol{x}_i) = 0$.

Para o modelo probit, $F(\boldsymbol{x}_i\boldsymbol{\beta}) = \Phi(\boldsymbol{x}_i\boldsymbol{\beta}) = \Phi_i$, $F'(\boldsymbol{x}_i\boldsymbol{\beta}) = \phi(\boldsymbol{x}_i\boldsymbol{\beta}) = \phi_i$ as CPO (15.6) conduzem a

$$\sum_{i=1}^{n} (y_i - \widehat{\Phi}_i)/[\widehat{\Phi}_i(1-\widehat{\Phi}_i)]\,\widehat{\phi}_i\boldsymbol{x}_i' = \mathbf{0},$$

em que $\widehat{\Phi}_i = \Phi(\boldsymbol{x}_i\widehat{\boldsymbol{\beta}})$ e $\widehat{\phi}_i = \phi(\boldsymbol{x}_i\widehat{\boldsymbol{\beta}})$. De (15.7) obtém-se

$$\widehat{\mathrm{V}}(\widehat{\boldsymbol{\beta}}) = \left\{\sum_{i=1}^{n} \widehat{\phi}_i^{\,2}/[\widehat{\Phi}_i(1-\widehat{\Phi}_i)]\,\boldsymbol{x}_i'\boldsymbol{x}_i\right\}^{-1}.$$

Para o modelo logit, $F(\boldsymbol{x}_i\boldsymbol{\beta}) = \Lambda(\boldsymbol{x}_i\boldsymbol{\beta}) = \Lambda_i$, o sistema (15.6) conduz à expressão simples

$$\sum_{i=1}^{n} (y_i - \hat{\Lambda}_i)\boldsymbol{x}_i' = \mathbf{0}$$

– note-se que neste caso $F'(\boldsymbol{x}_i\boldsymbol{\beta}) = \Lambda_i(1-\Lambda_i)$. A expressão é análoga ao sistema (3.3) das CPO OLS, considerando o termo $y_i - \hat{\Lambda}_i$ como "resíduo" (diferença entre y_i e a estimativa da sua média condicional, dado $\boldsymbol{x}_i$). De (15.7) obtém-se

$$\widehat{\mathrm{V}}(\widehat{\boldsymbol{\beta}}) = \left[\sum_{i=1}^{n} \hat{\Lambda}_i(1-\hat{\Lambda}_i)\boldsymbol{x}_i'\boldsymbol{x}_i\right]^{-1}.$$

Poder-se-ia, neste ponto, levantar a questão da consistência do estimador da matriz de covariâncias. A este respeito, deve-se sublinhar um aspecto já antes referido: em modelos binários, a correcta especificação de $\mathrm{E}(y|\boldsymbol{x})$ – ou, o que é o mesmo, $\Pr(y=1|\boldsymbol{x})$ – significa a correcta especificação integral da distribuição condicional de y, dado $\boldsymbol{x}$. Em consequência, o estimador MV, ou é plenamente eficiente (em termos assintóticos) – se o modelo está correcto – ou nem sequer é consistente – no caso contrário. Donde, não faz muito sentido utilizar outro estimador de covariâncias, que não o referido em (15.7) – ou qualquer dos estimadores mencionados em (14.4). Se o modelo de $\mathrm{E}(y|\boldsymbol{x})$ é incorrecto, há que procurar especificá-lo correctamente; uma vez tal conseguido (por vezes a tarefa mais árdua), o estimador de covariâncias assintóticas é obtido a partir de (14.4) – por exemplo, o estimador hessiano descrito em (15.7) para o modelo binário geral, e concretizado para os modelos probit e logit.

Os modelos descritos podem servir para realizar previsões acerca de $\Pr(y = 1|\boldsymbol{x_0})$, isto é, para dados valores das variáveis explicativas, $\boldsymbol{x_0}$. Convém notar, a este respeito, que, uma vez que as probabilidades previstas por qualquer dos modelos são função não linear das estimativas dos parâmetros, deve-se estimar os desvios-padrão dos previsores, $\hat{\beta}_j \hat{F}_i'$ – necessários para construir intervalos de previsão e realizar testes de hipóteses em torno de previsões – através de uma aproximação linear baseada na expansão de Taylor, referido na literatura como "método delta". Dado o carácter introdutório do presente texto, e o facto de, frequentemente, os programas econométricos disponibilizarem os respectivos erros-padrão, omite-se aqui a sua dedução. A este propósito veja-se, por exemplo, Greene (2012, sec. 17.3.2).

Para testar hipóteses paramétricas no presente contexto de estimação MV, a escolha mais usual recai sobre um dos testes de Wald, *score* ou *LR* – que, como descrito na secção 14.4, são assintoticamente equivalentes. No caso de restrições de nulidade de um parâmetro individual, o respectivo teste de Wald produz as habituais estatísticas t, utilizadas do modo usual, com validade assintótica. Para realizar o teste de *score* na variante OPG deve-se utilizar a expressão da contribuição individual para o *score*, $\boldsymbol{s}_i(\boldsymbol{\beta})$, expressa de modo geral em (15.6), avaliada no estimador restrito. Entretanto, pode interessar testar um dos modelos (por exemplo, probit) contra o outro (por exemplo, logit); trata-se neste caso de um teste de hipóteses não encaixadas que, por tal motivo, requer uma estratégia de teste diferente da dos três testes clássicos (próprios para testes de hipóteses encaixadas) – por exemplo, como referido no capítulo 14, o teste de Vuong. Todavia, dada a proximidade entre as duas especificações, a maior parte das amostras disponíveis não contém suficiente informação para se poder destrinçar entre os dois modelos concorrentes. Uma via alternativa (não inferencial), passa por utilizar um dos critérios de selecção de modelos, descritos na secção 14.5.

15.5 Qualidade de ajustamento

O presente contexto não permite a utilização, sem alterações, de uma medida de qualidade do ajustamento como R^2, já que o modelo não permite estimar directamente o valor de y mas, tão só, o valor de $\mathrm{E}(y|\boldsymbol{x})$ - ou de $\Pr(y = 1|\boldsymbol{x})$. Como referido no capítulo 14, uma medida análoga a R^2, proposta por McFadden (1974) consiste no índice do rácio de verosimilhanças, ou *pseudo*-R^2, definido como $1 - \log L(\widehat{\boldsymbol{\beta}})/\log L_0$, em que L_0 denota a log-verosimilhança do modelo sem variáveis explicativas. Tal como R^2, o índice assume valores não negativos e aumenta à medida que se acrescenta variáveis ao modelo. Em todo o caso, os valores proporcionados pelo índice não têm uma interpretação natural (como R^2), o que torna esta medida menos satisfatória. A literatura refere outros indicadores (v. Greene, 2012, sec. 17.3.3) mas, uma vez que nenhum deles parece completamente satisfatório, o índice do rácio de verosimilhanças, dada a sua simplicidade, tende a ser o mais utilizado.

15.6 Exemplo de aplicação

Castro e Martins (2013) analisam os factores que influenciam a decisão de um Presidente de Câmara, em Portugal, se recandidatar na mesma autarquia. Para o efeito adopta-se um modelo de escolha discreta, cuja variável dependente, rec, é igual a um em caso de recandidatura (zero, caso contrário). As variáveis explicativas são Δur (variação da taxa de desemprego), inf (taxa de inflação), lpc (logaritmo natural da população residente no concelho), $sgov$ (variável *dummy* igual a 1, se o governo municipal e nacional são do mesmo partido; 0, caso contrário), tlg (número de mandatos já exercidos no município) e $majg$ (variável *dummy* igual a 1, se o partido do presidente da câmara tem maioria na assembleia municipal; 0, caso contrário). O estudo cobre todos os concelhos de Portugal Continental, em todas as eleições autárquicas, realizadas de 1979 a 2005. Embora a amostra disponível seja um painel, no exemplo descrito supõe-se que os dados constituem uma única amostra seccional (*pooled cross section*).[27]

Tabela 15.1

Modelos de escolha binária aplicados à analise da decisão de recandidatura de Presidentes de Câmaras Municipais em Portugal

	OLS	Probit			Logit		
Variáveis	Coef	Coef	EfMg	EfPM	Coef	EfMg	EfPM
Δur	-0.0004	-0.0013	-0.0004	-0.0004	-0.0026	-0.0004	-0.0004
	(0.0007)	(0.0027)	(0.0007)	(0.0007)	(0.0048)	(0.0007)	(-0.0007)
inf	-0.0031**	-0.0116**	-0.0032**	-0.0032**	-0.0208**	-0.0032**	-0.0032**
	(0.0012)	(0.0046)	(0.0013)	(0.0012)	(0.0081)	(0.0013)	(0.0013)
lpc	-0.0119	-0.0400	-0.0110	-0.0109	-0.0745	-0.0116	-0.0116
	(0.0089)	(0.0316)	(0.0087)	(0.0086)	(0.0547)	(0.0085)	(0.0085)
sgov	-0.0466***	-0.1615**	-0.0448**	-0.0441**	-0.2963***	-0.0467***	-0.0461***
	(0.0179)	(0.0651)	(0.0181)	(0.0176)	(0.1136)	(0.0179)	(0.0175)
tlg	-0.0173***	-0.0650***	-0.0178***	-0.0177***	-0.1144***	-0.0178***	-0.0178***
	(0.0047)	(0.0179)	(0.0049)	(0.0048)	(0.0312)	(0.0048)	(0.0048)
majg	0.0958***	0.3252***	0.0957***	0.0888***	0.5676***	0.0964***	0.0883***
	(0.0210)	(0.0692)	(0.0215)	(0.0186)	(0.1179)	(0.0214)	(0.0180)
t. indep.	0.9510***	1.3991***	–	–	2.4291***	–	–
	(0.0932)	(0.3775)	–	–	(0.5897)	–	–
n	2115	2115			2115		
R^2	0.0199	–			–		
$\log L$	–	-1032.4			-1032.0		
$\log L_0$	–	-1052.8			-1053.8		
pse.-R^2	–	0.0193			0.0197		

Nota: *** valor-*p* < 0,01; ** valor-*p* < 0,05; * valor-*p* < 0,1.

[27] Veja-se, por exemplo, Baltagi (2013, cap. 11), para modelos de escolha discreta para dados de painel.

A tabela 15.1 inclui os resultados de estimação obtidos sob os três modelos descritos no presente capítulo: modelo de probabilidade linear (estimador OLS), probit e logit (estimador MV). Para além dos coeficientes estimados (Coef), apresenta-se também estimativas dos efeitos marginais para o indivíduo médio (EfMg) e dos efeitos parciais médios (EfPm) para os modelos probit e logit (sob o modelo linear os efeitos coincidem com as estimativas dos coeficientes). Entre parêntesis reporta-se os erros-padrão associados às várias estimativas.

No que se refere apenas às estimativas dos coeficientes das variáveis explicativas, nota-se a diferença destas estimativas sob cada um dos modelos. Como esperado, dada a relação entre ambas as especificações, as estimativas produzidas pelo logit são cerca de 60%- 70% superiores às do probit. Quanto a significância estatística das estimativas, esta afigura-se semelhante para os três modelos. Note-se que, mais do que comparar as estimativas dos parâmetros sob os diferentes modelos, interessa comparar as estimativas dos respectivos efeitos marginais. Ao confrontar estes efeitos, os resultados são bastante similares, inclusivamente para o modelo de probabilidade linear.

Uma vez que a dimensão da amostra é considerável e a distribuição dos valores zero e um da variável dependente não é muito desequilibrada, os efeitos marginais sob os vários modelos, calculados em relação ao "indivíduo médio", $\hat{\beta}_j F'(\overline{\boldsymbol{x}}\widehat{\boldsymbol{\beta}})$, e os efeitos parciais médios, $\hat{\beta}_j \overline{F'(\boldsymbol{x}\widehat{\boldsymbol{\beta}})}, j = 1, \dots, 6$, produzem resultados muito semelhantes entre si. Os efeitos marginais relativos a cada variável *dummy* ($sgov$ e $majg$) calculam-se a partir das diferenças de probabilidades, $F(\overline{\boldsymbol{x}}_{(j)}\widehat{\boldsymbol{\beta}} + \hat{\beta}_j) - F(\overline{\boldsymbol{x}}_{(j)}\widehat{\boldsymbol{\beta}})$, em que $\overline{\boldsymbol{x}}_{(j)}$ designa o vector das médias de todas as variáveis explicativas, excepto a *dummy* x_j (respectivamente, $j = 4$ para $sgov$, e $j = 6$ para $majg$), que é colocada em zero.

A par do valor de R^2, para o modelo linear, apresenta-se também os valores da log-verosimilhança dos modelos probit e logit, bem como o respectivo valor para o modelo só com constante, de modo a calcular o valor do *pseudo*-R^2. Embora o seu valor seja reduzido, tal não significa que o correspondente modelo seja desadequado ou que os regressores não sejam relevantes - o teste de significância global ($H_0: \beta_1 = \cdots = \beta_6 = 0$) conduz à rejeição da hipótese nula, pelo que as variáveis explicativas são conjuntamente relevantes - por exemplo, para o modelo probit, $LR = 2[\log L(\hat{\boldsymbol{\beta}}) - \log L_0] = 2[-1032{,}4 - (-1052{,}8)] = 40{,}8$, claramente superior ao valor crítico a 5%, 12,6, da distribuição χ_6^2.

Refere-se, a terminar, o significado dos efeitos marginais e dos efeitos parciais médios. Por exemplo, para analisar o impacto de um acréscimo da taxa de inflação, ou do número de mandatos, sobre a probabilidade de recandidatura, deve-se proceder do seguinte modo: quando a taxa de inflação (número de mandatos) aumenta um ponto percentual (uma unidade), *ceteris paribus*, estima-se que a probabilidade de recandidatura decresce, em média e aproximadamente, 0,32 (1,78) pontos percentuais (um efeito semelhante sob o probit e o logit, e também, quer em termos do efeito parcial para o "indivíduo médio", EfMg, quer do efeito parcial médio, EfPm). Para os regressores *dummy*, as ligeiras diferenças obtidas resultam do modo de cálculo destes efeitos marginais (v. acima). Em todo o caso, verifica-se que, se o mesmo partido está nos governos municipal e nacional (ou se o partido do presidente tem maioria na assembleia municipal), *ceteris paribus*, então a probabilidade de recandidatura é superior em cerca de 4,5 – 4,7 (respectivamente, 8,8 – 9,6) pontos percentuais, relativamente à situação de serem de partidos diferentes (ou não ter maioria). Os coeficientes e efeitos associados aos restantes regressores não são estatisticamente significativos, pelo que as respectivas variáveis não parecem relevantes, neste caso. Refira-se ainda que os erros-padrão associados aos efeitos resultam da aplicação do método delta.

Exercícios

15.1 Sejam $F(\cdot)$ e $G(\cdot)$ duas distribuições com suporte em $\mathcal{R}$.

***a*)** Mostre que $H(\cdot) = \lambda F(\cdot) + (1 - \lambda)G(\cdot)$, $0 < \lambda < 1$, é uma função distribuição definida em $\mathcal{R}$.

b) Suponha que $F(z) = \Phi(z)$ e $G(z) = \Lambda(z)$. Escreva a função log-verosimilhança associada a uma amostra casual da população $(y, \boldsymbol{x})$, em que $y \in \{0,1\}$ e $\boldsymbol{x}$ denota o vector de variáveis explicativas do modelo $\mathrm{E}(y|\boldsymbol{x}) = H(\boldsymbol{x\beta})$. Formule a hipótese nula de que o modelo populacional é probit.

15.2 Considere a i-ésima contribuição individual para a função log-verosimilhança, $y_i \log F_i + (1 - y_i)\log(1 - F_i)$, em que $y_i \in \{0,1\}$ e $F_i = F(\boldsymbol{x}_i\boldsymbol{\beta}) = \Pr(y_i = 1|\boldsymbol{x}_i)$. Determine a i-ésima contribuição para o vector de *score* – seja o vector $\boldsymbol{s}_i$, $(k + 1) \times 1$. Mostre que $\mathrm{E}(\boldsymbol{s}_i) = \boldsymbol{0}$.

15.3 A variável *desemp* designa uma variável *dummy* que toma valor 1, se um indivíduo está desempregado, e 0, se tem trabalho. As variáveis *esc, exp, id* e *h* representam, respectivamente, as variáveis número de anos de escolaridade, número de anos de experiência profissional, idade, e uma *dummy* (1, se homem; 0, se mulher). Com base numa amostra relativa a 250 indivíduos, estimou-se o modelo logit

$$\widehat{\Pr}(desemp = 1|esc, exp, id, h) =$$
$$\Lambda(-1{,}152 - 0{,}072esc - 0{,}086exp + 0{,}023id - 0{,}112h),$$

em que $\Lambda(z) = \exp(z)/[1 + \exp(z)]$ representa a distribuição logística.

a) Supondo que as médias de *esc*, *exp* e *id* são, respectivamente, 12, 10 e 47 anos, estime o efeito marginal para a variável *h*.

b) Estime a diferença na probabilidade de emprego para os homens, quando o número de anos de escolaridade aumenta de 12 para 16 (considere as médias da experiência e idade consideradas na alínea anterior).

15.4 Considere a tabela de dados relativos a y, variável dependente, e z, variável explicativa,

y	1	1	0	1	0	0	1	0	0	1	0	0
z	8	1	2	9	3	1	6	3	2	7	1	4

***a*)** Estime o modelo de probabilidade linear (inclua termo independente). Explique por que razão este modelo não é adequado.

***b*)** Estime o modelo probit.

***c*)** Calcule os efeitos marginais no modelo probit e interprete os resultados.

***d*)** No modelo probit teste a hipótese de que z não afecta $\mathrm{E}(y|z)$.

15.5 Considere o exemplo 15.1 apresentado neste capítulo e utilize a base de dados recand.xls.

***a*)** Teste a hipótese $H_0: \beta_{\Delta ur} = \beta_{lpc} = 0$ sob o modelo probit.

***b*)** Teste a hipótese $H_0: \beta_{majg} = \beta_{sgov} = 0$ sob o modelo logit.

***c*)** Calcule os efeitos marginais sob o modelo probit. Interprete os resultados.

***d*)** Calcule os efeitos parciais médios (*average partial effects*) sob o modelo logit. Interprete os resultados.

***e*)** Calcule o valor do *pseudo*-R^2.

15.6 Neste exercício retome a base de dados recand.xls. Considere a média condicional

$$\mathrm{E}(majg|\boldsymbol{x}) = F(\beta_0 + \beta_1 \Delta ur + \beta_2 inf + \beta_3 tlg).$$

***a*)** Estime os correspondentes modelos de probabilidade linear (por OLS), probit e logit (por MV).

***b*)** Explique como calcular os efeitos marginais referidos ao "indivíduo médio".

***c*)** Calcule os efeitos marginais sob cada um dos modelos e compare as estimativas obtidas. Qual(is) o(s) mais adequado(s)? Justifique.

***d*)** Calcule os efeitos marginais sob os três modelos para $\Delta ur = -0{,}1$, $inf = 2\%$ e $tlg = 3$.

***e*)** Explique como calcular os efeitos parciais médios.

***f*)** Calcule os efeitos parciais médios sob os modelos probit e logit. Interprete os resultados e compare-os com os efeitos marginais para o "indivíduo médio".

16 Tópicos avançados em modelos para dados temporais

16.1 Introdução

O presente capítulo aborda alguns tópicos mais avançados em modelos para séries temporais. Nos capítulos 9 – 11 introduziu-se algumas noções básicas, designadamente, o conceito de série estacionária. Dado que muitas séries cronológicas são persistentes, ou não estacionárias, torna-se necessário um cuidado particular na sua análise. Aqui procura-se ir mais além, abordando-se processos temporais não estacionários, ou processos com *raiz unitária*. Por exemplo, diz-se que um processo AR(1), $u_t = \rho u_{t-1} + e_t$ (e_t: ruído branco), tem uma raiz unitária, se $\rho = 1$. Dado que a condição de estabilidade, $|\rho| < 1$, constitui uma condição necessária e suficiente de estacionaridade, esta série não é estacionária (v. sec. 9.7.2).

Aborda-se ainda resumidamente modelos de regressão com séries temporais possivelmente não estacionárias, expondo-se o tema da *regressão espúria*. Se duas séries independentes são não estacionárias (ou *integradas*) os coeficientes da sua regressão podem ser significativos, mas com consequências nefastas para a inferência estatística usual.

A cointegração é também tratada no presente capítulo: quando duas séries não estacionárias são integradas de ordem 1 mas a sua combinação linear é estacionária, então estas séries dizem-se *cointegradas*. Constitui este um caso particular em que a regressão de uma série sobre a outra não é espúria mas, na realidade, reflecte a relação de longo-prazo entre ambas. Em consequência, como descrito adiante, pode analisar-se a sua dinâmica de curto-prazo com recurso a um tipo particular de modelo, o *modelo corrector dos erros*.

16.2 Raízes unitárias e Estacionaridade

Nesta secção expõe-se os procedimentos usuais de inferência, que permitem concluir se uma série temporal é, ou não, estacionária. Para o efeito descreve-se dois tipos de testes: o teste de Dickey-Fuller (*DF* – teste de raiz unitária); e o teste *KPSS* (teste de estacionaridade).

16.2.1 Teste Dickey-Fuller

Um procedimento elementar para testar a presença de uma raiz unitária em séries temporais começa por considerar um modelo do tipo AR(1)

$$y_t = \alpha + \rho y_{t-1} + e_t, \quad t = 1,2,\ldots,$$

em que y_0 denota o termo inicial observado e (e_t) representa um processo estocástico com média condicional nula, dados os valores passados de y,

$$\mathrm{E}(e_t | y_{t-1}, y_{t-2}, \ldots, y_0) = 0.$$

Esta condição também é verificada se (e_t) é i.i.d. com média nula e independente de y_0. Diz-se que o processo (y_t) tem raiz unitária se e só se $\rho = 1$. Neste caso, se $\alpha = 0$ diz-se que (y_t) constitui um *caminho aleatório sem deriva* (*random walk, no drift*); se $\alpha \neq 0$, então (y_t) é um *caminho aleatório com deriva*, o que significa que $E(y_t)$ é uma função linear de t. O comportamento do processo é bastante diferente nos dois casos mas, em geral, sob a hipótese nula de interesse não se inclui α.

Assim, a hipótese nula de que (y_t) tem uma raiz unitária é formulada como

$$H_0 : \rho = 1,$$

expressa usualmente como a hipótese de que o processo (y_t) é *integrado de ordem* 1: simbolicamente, $I(1)$. Vulgarmente, considera-se a alternativa unilateral esquerda, $H_1 : \rho < 1$, sob a qual se diz que o processo é *integrado de ordem* 0 – $I(0)$ – isto é, estacionário (valor esperado, variância e covariâncias independentes de t). Dado que séries com $\rho < 0$, em que haja suspeita de raiz unitária, são muito raras, na prática, considera-se $0 < \rho < 1$. Por outro lado, não se considera usualmente a hipótese $\rho > 1$, pois esta implica que (y_t) seja explosivo. Entretanto, dada a condição de estacionaridade do processo AR(1), $|\rho| < 1$, sob H_1 o processo é fracamente dependente.

Uma forma mais prática de operacionalizar o teste decorre de

$$y_t = \alpha + \rho y_{t-1} + e_t \Leftrightarrow y_t - y_{t-1} = \alpha + \rho y_{t-1} - y_{t-1} + e_t \Leftrightarrow$$

$$\Delta y_t = \alpha + (\rho - 1) y_{t-1} + e_t \Leftrightarrow \Delta y_t = \alpha + \theta y_{t-1} + e_t,$$

com $\theta = \rho - 1$. Então, sob a condição de que $\mathrm{E}(e_t | y_{t-1}, y_{t-2}, \dots, y_0) = 0$, o modelo $\Delta y_t = \alpha + \theta y_{t-1} + e_t$ é dinamicamente completo, o que significa que se pode testar facilmente $H_0\!: \theta = 0$ contra $H_1\!: \theta < 0$.

Tabela 16.1

Valores críticos para um teste *t* de raiz unitária (sem e com tendência)

Dimensão amostral	**Níveis de significância e respectivos valores críticos**							
	sem tendência				**com tendência**			
	1%	**2,5%**	**5%**	**10%**	**1%**	**2,5%**	**5%**	**10%**
$T = 25$	-3,75	-3,33	-3,00	-2,62	-4,38	-3,95	-3,60	-3,24
$T = 50$	-3,58	-3,22	-2,93	-2,60	-4,15	-3,80	-3,50	-3,18
$T = 100$	-3,51	-3,15	-2,89	-2,58	-4,04	-3,73	-3,45	-3,15
$T = 500$	-3,44	-3,13	-2,87	-2,57	-3,98	-3,68	-3,42	-3,13
$T > 500$	-3,43	-3,12	-2,86	-2,57	-3,96	-3,66	-3,41	-3,12

Surge contudo um problema, resultante do facto de que, sob H_0, y_{t-1} é $I(1)$. Em consequência, o teorema do limite central subjacente à distribuição assintótica normal da estatística t não se aplica, pelo que esta estatística não tem uma distribuição aproximadamente normal, mesmo com amostras grandes. Na verdade, a distribuição da estatística t sob a hipótese nula segue uma outra distribuição, conhecida como distribuição de Dickey-Fuller (*DF*) – v. Dickey e Fuller(1979). Ao utilizar a estatística t habitual para $\hat{\theta}$, deve-se recorrer a valores críticos apropriados, provenientes das tabelas de Dickey-Fuller, em vez das tabelas da t ou $\mathcal{N}(0,1)$. Assim, o teste passou a designar-se teste Dickey-Fuller (*DF*) para uma raiz unitária. Os valores críticos para a estatística t estão tabelados por vários autores, desde logo Dickey e Fuller (1979).

A título de exemplo, a tabela 16.1 inclui valores críticos para diferentes dimensões e níveis de significância (sem/com tendência). Rejeita-se a hipótese nula, $H_0\!: \theta = 0$, a favor da alternativa, $H_1\!: \theta < 0$, se

$t_{\hat{\theta}} < c_{DF}$, em que c_{DF} denota um valor crítico da distribuição *DF* indicados na Tabela 16.1 (v. Dickey e Fuller, 1979). Por exemplo, para uma amostra grande, modelo sem tendência, rejeita-se H_0 ao nível de 5%, se $t_{\hat{\theta}} < -2{,}86$; caso contrário a série será estacionária. Note-se que, com o valor crítico usual, relativo ao percentil de ordem 95% da distribuição normal, a proporção de rejeições da nula, sendo verdadeira, seria superior a 5% das vezes. Os programas econométricos actuais já estão programados para calcular os valores críticos de Dickey-Fuller (ou os respectivos valores-p) pelo que é bastante simples realizar este teste. Veja-se o exemplo seguinte.

Exemplo 16.1

Utilizando dados anuais para a taxa de inflação em Portugal para o período 1961 - 2013, estima-se a seguinte relação para testar a presença de uma raiz unitária nesta série:

$$\Delta \widehat{tx\_infl}_t = \underset{(0{,}007)}{0{,}009} - \underset{(0{,}062)}{0{,}100} tx_{infl_{t-1}}, \quad T = 52, \quad R^2 = 0{,}050.$$

Não se pode utilizar na forma habitual, os erros-padrão para construir os intervalos de confiança ou os testes t, pois estes não se comportam da forma usual quando há uma raiz unitária. O coeficiente associado a tx_infl_{t-1} mostra que a estimativa para ρ é $\hat{\rho} = \hat{\theta} + 1 = 0{,}9$. É necessário confirmar se este coeficiente é estatisticamente igual a 1 (ou seja, se existe raiz unitária). A estatística t é dada por $-0{,}100/0{,}062 = -1{,}62$. A partir dos valores críticos (sem tendência) da Tabela 16.1, verifica-se que mesmo ao nível de 10% não se rejeita a hipótese nula, de raiz unitária (logo a série tx_infl não é estacionária). Como se verifica, $t_{\hat{\theta}} = -1{,}62 > -2{,}60$, valor crítico a 10%. Geralmente é possível efectuar estes testes automaticamente nos programas econométricos disponíveis, sendo que muitos destes reportam o valor-p em vez do valor crítico *DF*. Para este exemplo, obteve-se um valor-p de 0,468, o que claramente confirma que os dados não oferecem evidência contra H_0. Dado que a série apresenta raiz unitária (com uma persistência significativa, $\hat{\rho} = 0{,}9$), então, para utilizar esta variável como regressor numa qualquer análise de regressão, deve-se ter em atenção o facto de que as habituais aproximações assintóticas podem não ser válidas. Donde, uma solução passa por se procurar estabilizar a série, utilizando as primeiras-diferenças de tx_infl.

O modelo considerado até aqui é o mais simples, mas há outros, com dinâmicas mais complexas, que requerem um ajustamento na formulação do teste de raízes unitárias. Se (y_t) é do tipo $y_t = \alpha + \rho y_{t-1} + e_t$, com $\rho = 1$, então $\Delta y_t (= \alpha + e_t)$ é não autocorrelacionado. Mas pode-se considerar situações em que (Δy_t) segue um modelo AR, pois, na prática, e_t pode ser autocorrelacionado. Assim, para o teste de raiz unitária, pode-se aumentar a equação com desfasamentos adicionais da variável dependente, de modo a tornar o modelo dinamicamente completo, corrigindo-se assim o problema eventual de autocorrelação dos erros (e_t). Por exemplo, no caso de ser necessário um desfasamento,

$$\Delta y_t = \alpha + \theta y_{t-1} + \delta_1 \Delta y_{t-1} + e_t,$$

em que $|\delta_1| < 1$. Com isto, sob $H_0: \theta = 0$, (Δy_t) segue um modelo AR(1) estável. Generalizando, pode-se adicionar p desfasamentos de Δy_t à equação, a fim de controlar a intensidade da dinâmica no processo. Neste caso, tem-se

$$\Delta y_t = \alpha + \theta y_{t-1} + \delta_1 \Delta y_{t-1} + \delta_2 \Delta y_{t-2} + \cdots + \delta_p \Delta y_{t-p} + e_t,$$

O procedimento de teste da hipótese nula da raiz unitária mantém-se praticamente inalterado. Procede-se do seguinte modo:

i. Estima-se a equação

$$\Delta y_t = \alpha + \theta y_{t-1} + \delta_1 \Delta y_{t-1} + \delta_2 \Delta y_{t-2} + \cdots + \delta_p \Delta y_{t-p} + e_t;$$

ii. Testar $H_0: \theta = 0$ utilizando a estatística $t_{\hat{\theta}} = \hat{\theta}/se(\hat{\theta})$, assintoticamente distribuída, sob H_0, segundo uma função *DF*.

iii. Se $t_{\hat{\theta}} < c_{DF}$, rejeita-se H_0, ao respectivo nível de significância; neste caso, a série admite-se estacionária; caso contrário, não se rejeita a hipótese de a série ter raiz unitária.

Esta versão alargada do teste *DF* é correntemente designada teste de Dickey-Fuller aumentado (ou teste *ADF – augmented DF*), dado o facto de a regressão auxiliar ser aumentada com desfasamentos de Δy_t. A regra de rejeição e os valores críticos mantém-se (v. Tabela 16.1).

A inclusão de desfasamentos serve para eliminar qualquer autocorrelação em Δy_t, mas, por outro lado, ao incluir mais desfasamentos perde-se observações. Se se inclui demasiados desfasamentos, a potência dos testes, já de si reduzida, vem negativamente afectada. Todavia, com insuficiente número de desfasamentos, a dimensão nominal do teste não é correcta, mesmo assintoticamente, pois a validade dos valores críticos apresentados na Tabela 16.1 assenta na hipótese de que a dinâmica do processo é correctamente modelizada. Por vezes, o número de desfasamentos tem em conta a frequência dos dados, bem como a dimensão da amostra: para dados anuais, pode bastar um ou dois desfasamentos; para dados mensais já pode ser necessário considerar doze desfasamentos. Contudo, trata-se apenas de uma indicação, pois, em qualquer caso, não há regras rígidas. Convém atender ao valor do coeficiente de autocorrelação do termo de erro (e_t); se este é pequeno (em torno de 0,1 ou inferior, em valor absoluto), então não é necessário introduzir mais desfasamentos. Mas também esta regra não é rígida.

Uma outra forma de avaliar o número de desfasamentos relevantes/necessários, passa por considerar a sua significância estatística. Surpreendentemente, as estatísticas t para os desfasamentos seguem aproximadamente uma distribuição t e a estatística F para a significância conjunta de um qualquer grupo de termos, Δy_{t-h}, também é assintoticamente válida. Com isto, torna-se possível utilizar os testes habituais para determinar se se considera um número suficiente de desfasamentos, ou não.

Exemplo 16.2

Retome-se o exemplo 16.1, com dados anuais para a taxa de inflação. Testa-se agora a presença de raiz unitária, considerando um desfasamento de Δtx_infl_t na regressão de Dickey-Fuller aumentada. Ou seja,

$$\Delta \widehat{tx_{infl}}_t = \underset{(0{,}007)}{0{,}007} - \underset{(0{,}065)}{0{,}084} txinfl_{t-1} - \underset{(0{,}144)}{0{,}125} \Delta x\_infl_{t-1},$$

$$T = 51, \quad R^2 = 0{,}060.$$

A estatística t para o teste de raiz unitária é dada por - 0,084/0,065 = - 1,30, o que significa que, uma vez mais, mesmo a um nível de significância de 10% não se rejeita a hipótese nula de raiz unitária (repare-se que $t_{\hat{\theta}} = -1{,}30 > -2{,}60 = c_{DF,10\%}$). Este resultado está em linha com o que se obteve antes, de que a série tx_infl não é estacionária.

Constata-se ainda que o valor observado da estatística t para o coeficiente associado a Δtx_infl_{t-1} é igual a cerca de - 0,87, o que significa que não é estatisticamente significativo - daí nem ser necessária, neste caso, a inclusão do desfasamento. Aliás, na regressão sem o desfasamento verifica-se que coeficiente de autocorrelação de primeira-ordem para e_t é pequeno (- 0,111) ou seja, a dinâmica/persistência é realmente negligenciável. Assim, conclui-se que a versão simples do teste (sem desfasamentos) se ajusta perfeitamente aos dados disponíveis para a série tx_infl.

Se as séries têm uma tendência temporal, torna-se necessário modificar ligeiramente o teste de raiz unitária. Um processo que seja estacionário em tendência - isto é, cuja média é afectada por uma tendência (linear) - v. exemplo 9.2 - mas é $I(0)$ em torno dessa tendência - poder-se-á confundir erradamente com um processo com raiz unitária se não se controla a sua tendência na regressão de Dickey-Fuller. Isto significa que se se realiza o teste *ADF* sobre uma série afectada por tendência e não se controla esta, a probabilidade de rejeitar a presença de raiz unitária é reduzida. Por este motivo, é necessário modificar a equação para o teste se a série em estudo é afectada por uma tendência. Concretizando, deve-se considerar agora a tendência na equação

$$\Delta y_t = \alpha + \gamma t + \theta y_{t-1} + \delta_1 \Delta y_{t-1} + \cdots + \delta_p \Delta y_{t-p} + e_t.$$

As hipóteses nula ($H_0: \theta = 0$) e alternativa ($H_1: \theta < 0$) mantêm-se, mas agora, sob a hipótese alternativa, diz-se que (y_t) é um processo estacionário em tendência (neste caso, linear). Se tem raiz unitária ($\theta = 0$), então Δy_t tem média linear em t. Note-se ainda que a utilização de primeiras-diferenças em séries económicas tende, geralmente, não apenas a gerar uma série estacionária, como também a remover a tendência linear, caso exista. Considerando uma série com tendência linear,

$$y_t = \alpha + \gamma t + \rho y_{t-1} + e_t,$$

desfasando um período,

$$y_{t-1} = \alpha + \gamma(t-1) + \rho y_{t-2} + e_{t-1},$$

e subtraindo à primeira (reordenando termos), obtém-se

$$\Delta y_t = \gamma + \rho \Delta y_{t-1} + \Delta e_t.$$

Como se pode verificar, a primeira diferença remove a tendência, sendo, neste caso, a equação para o teste *ADF* de raiz unitária, dada por

$$\Delta^2 y_t = \gamma + \theta \Delta y_{t-1} + \delta_1 \Delta^2 y_{t-1} + \cdots + \delta_p \Delta^2 y_{t-p} + \Delta e_t,$$

em que Δ^2 representa a segunda diferença. Em muitas séries económicas, este procedimento, para além de remover a tendência (linear), basta para transformar uma série $I(1)$ numa série $I(0)$.

Importa ainda referir que quando se inclui a tendência temporal na regressão para o teste de raiz unitária, os valores críticos para o teste *DF* alteram-se, como se pode constatar na Tabela 16.1. Tal acontece porque, ao retirar a tendência a um processo com raiz unitária, este torna-se mais semelhante a um processo $I(0)$. Em consequência, o valor da estatística t tem que ser superior, para se rejeitar H_0. Por exemplo, para rejeitar a hipótese de raiz unitária ao nível de 1%, com 100 observações, $t_{\hat{\theta}}$ deve ser inferior a – 4,04, em comparação com – 3,51, no caso em que não há tendência. Veja-se, a propósito, o exemplo seguinte.

Exemplo 16.3

Aplica-se o teste *ADF* à série para a taxa de juro de curto prazo (txj_cp) em Portugal, no período 1980–2013 (dados anuais). Atente-se previamente no gráfico da sua evolução temporal (Fig. 16.1).

Observa-se uma clara tendência, aproximadamente linear, decrescente no tempo. Assim, parece fazer sentido considerar a tendência no teste *ADF*, pois, caso contrário, o resultado do teste da raiz unitária pode ser enganador (por exemplo, conduzir à aceitação da hipótese de raiz unitária, quando, na verdade, a série é estacionária em torno da tendência).

Figura 16.1

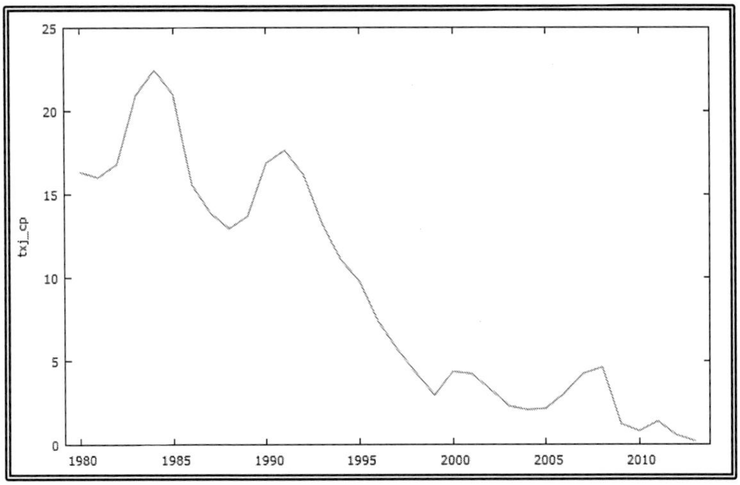

Evolução da taxa de juro de curto prazo em Portugal, 1980-2013

Controlando a tendência, t, e considerando um desfasamento de Δtxj_cp_t na regressão de Dickey-Fuller, tem-se

$$\widehat{\Delta txj_{cp}}_t = \underset{(1{,}991)}{6{,}669} - \underset{(0{,}064)}{0{,}214}t - \underset{(0{,}092)}{0{,}329}txj_{cp_{t-1}} + \underset{(0{,}142)}{0{,}558}\Delta txj\_cp_{t-1},$$
$$T = 34, \quad R^2 = 0{,}430.$$

A partir destes resultados, confirma-se a suspeita da presença de tendência negativa observada no gráfico (o coeficiente de t é significativo, o que é válido desde que $|\rho| < 1$). Daí a necessidade de se controlar a presença da tendência, pois, caso contrário, omitir-se-ia uma variável relevante, causando enviesamento das estimativas. Verifica-se ainda que $\hat{\rho} = -0{,}329 + 1 = 0{,}671$, claramente inferior a 1. Será também inferior a 1 em termos estatísticos? O valor da estatística de teste é igual a - 0,329/0,092 $= -3{,}57$, claramente inferior ao valor crítico a 10% para o número de observações mais próximo de 34 ($T = 25$), i.e. $t_{\hat{\theta}} = -3{,}57 < -3{,}24 = c_{DF,10\%}$ e próximo do valor crítico a 5%, entre - 3,60 (para $T = 25$) e - 3,50 (para $T = 50$). O que significa que ao nível de 5% se começa a rejeitar a hipótese nula da raiz unitária (embora não a 2,5%, nem a 1%: $t_{\hat{\theta}} = -3{,}57 > -4{,}38 = c_{DF,1\%}$). Conclui-se que a um nível de significância igual ou superior a 5%, esta série considera-se estacionária em torno da sua tendência. Nota-se ainda que é necessário considerar um desfasamento de Δtxj_cp_t para remover a correlação em série, pois o coeficiente associado a esta variável é estatisticamente significativo. Caso se omitisse a tendência temporal do teste, resultaria $\hat{\theta} = -0{,}045$, $se(\hat{\theta}) = 0{,}042$ e, consequentemente, $t_{\hat{\theta}} = -1{,}08 > -2{,}62 = c_{DF,10\%}$, o que significaria que não se rejeitava a hipótese nula de raiz unitária, mesmo ao nível de 10%. Mas este resultado é enganador, pois na verdade omite-se uma variável relevante, a tendência temporal. Por esta razão, $\hat{\rho}$ está mais próximo de 1 (enviesado, portanto), sugerindo que a série é $I(1)$ quando, provavelmente, ela é $I(0)$.

Neste exemplo refere-se que o coeficiente associado à tendência temporal é estatisticamente significativo, mas que tal só é válido se $|\rho| < 1$. Caso contrário, a estatística t associada à tendência não tem uma distribuição assintótica normal reduzida. Embora esta também seja conhecida, raramente se utiliza. Na prática, observa-se graficamente a evolução das séries ao longo do tempo e, a partir desta observação, decide-se incluir, ou não, a tendência no teste *ADF* – o que se faz inicialmente, aliás, no exemplo 16.3.(28)

Apesar de se utilizar bastante este teste para ensaiar a presença de raízes unitárias em séries económicas, convém referir que a sua potência é reduzida. Nem todas as séries para as quais se aceita a hipótese de raiz unitária são necessariamente integradas de ordem 1. A amostra pode não conter informação suficiente para rejeitar a hipótese nula (a série temporal pode ter poucas observações). Dado que as propriedades de longo-prazo de um processo dependem da presença, ou não, de uma raiz unitária, este é um aspecto a ter em conta.

(28) Há ainda outras variantes do teste, em particular sem tendência (omitindo a constante). Contudo, esta variante do teste *DF* não é muito utilizada, devido ao enviesamento que pode ocorrer, se $\alpha \neq 0$. Em alguns casos particulares considera-se ainda uma tendência quadrática mas, com frequência, a tendência linear basta.

16.2.2 Teste *KPSS*

Com o objectivo de mitigar o facto de os testes de raiz unitária terem muitas vezes fraca potência, Kwiatkowski, Phillips, Schmidt e Shin (1992) propõem um teste alternativo em que a estacionaridade passa a ser a hipótese nula e a alternativa a existência de uma raiz unitária. Este teste recebe a designação *KPSS*.

A ideia é a de que uma série temporal se decompõe na soma de um processo que segue um caminho aleatório, e um termo de erro estacionário (mas não tipicamente um ruído branco). Pode ainda considerar-se uma tendência temporal determinística. A hipótese nula de estacionaridade indica que a variância da componente caminho aleatório é zero. O teste *KPSS* baseia-se numa versão do teste *LM* e realiza-se do seguinte modo:

i. Estimar a regressão de y_t sobre uma constante (e uma tendência temporal, se existir); guarda-se os resíduos OLS, $\hat{e}_t$ e calcula-se as somas parciais $S_t = \sum_{s=1}^{t} \hat{e}_s$ para todos os valores de t.

ii. Calcula-se a estatística de teste

$$KPSS = T^{-2} \sum_{t=1}^{T} (S_t^2 / \hat{\sigma}^2),$$

com $\hat{\sigma}^2$ um estimador para a variância de longo prazo, $\sigma^2 = \sum_{j=-\infty}^{+\infty} \mathrm{E}(e_t e_{t-j})$.

iii. Compara-se o valor observado de *KPSS* com o valor crítico c, a um dado nível de significância; se $KPSS > c$, rejeita-se a hipótese nula, $H_0\colon y_t$ estacionária, a favor da alternativa, $H_1\colon y_t$ tem raiz unitária; caso contrário, não se rejeita H_0.

Note-se que o estimador da variância corresponde a uma média ponderada de auto-covariâncias, tendo-se proposto, na literatura, várias formas de considerar a ponderação. Os chamados "ponderadores de Bartlett" são os mais populares sendo mesmo usados por Kwiatkowski, *et al.* (1992). Contudo, convém referir que o teste é bastante sensível a diferentes escolhas do estimador de σ^2. A distribuição assintótica do teste também não é usual; Kwiatkowski, *et al.* (1992) reportam alguns dos respectivos valores críticos (sem e com tendência temporal). Na prática, recorre-se aos programas econométricos disponíveis para o seu cálculo e do respectivo valor-p. Atente-se no exemplo que segue.

Exemplo 16.4

Considerando os dados anuais para a taxa de inflação em Portugal, 1961 – 2013, utilizados no Exemplo 16.1, aplica-se o teste *KPSS* à série tx_infl. Os resultados do teste, recorrendo aos ponderadores de Bartlett com 3 desfasamentos, incluem-se na Tabela 16.2.

Tabela 16.2 - Teste *KPSS* para tx_infl

Estatística do teste		0,49	
Valor-p interpolado		0,047	
Nível de significância	1%	5%	10%
Valores críticos	0,73	0,47	0,35

Os resultados mostram que o valor observado para a estatística do teste é maior que o valor crítico a um nível de significância de 5%, mas não a 1% ($0{,}47 = c_{5\%} < KPSS = 0{,}49 < c_{1\%} = 0{,}73$). Este resultado implica que se rejeite a hipótese nula de estacionaridade a 5%, mas não a 1%, o que poderá indiciar que, na realidade, a série pode ser estacionária. Note-se que o valor-p está muito próximo de 5%, pelo que há um grau de confiança razoável para se considerar que a série pode ser estacionária. A conclusão sublinha o problema da potência do teste *ADF*, mediante o qual se concluiu pela não rejeição da hipótese da presença de uma raiz unitária na série tx_infl. Em particular, dado que as séries económicas em primeiras-diferenças e em taxas são frequentemente estacionárias, não se estranha que o comportamento de longo-prazo da taxa de inflação tenda para a estacionaridade.

O exemplo sublinha a importância de articular os dois tipos descritos de testes na análise de presença de raízes unitárias ou de estacionaridade. Deste modo, minora-se o problema da fraca potência do teste *ADF* em pequenas amostras, bem como a sensibilidade do teste *KPSS* face à escolha do procedimento para se estimar σ^2.

16.3 Regressão espúria

Quando se dispõe de dados seccionais, por vezes utiliza-se o termo "correlação espúria" para caracterizar uma situação em que duas variáveis, y e x, estão correlacionadas por via da sua correlação com uma terceira variável, z. Neste caso, quando se estima y em função de x, detecta-se uma relação significativa entre estas variáveis mas quando se adiciona z à equação, o efeito parcial de x sobre y torna-se insignificante. Esta situação também ocorre com séries temporais, mesmo com variáveis $I(0)$. Por vezes, estas séries exibem tendência temporal, crescente ou decrescente, mas aqui o problema resolve-se geralmente incluindo a tendência temporal na regressão.

Quando os processos são $I(1)$ surge uma complicação adicional: mesmo que duas séries deste tipo tenham médias independentes do tempo (isto é, não tenham tendência), uma regressão envolvendo duas séries $I(1)$ independentes entre si, produz uma estatística t significativa para o coeficiente do regressor. Este constitui o chamado "problema da regressão espúria", o qual sintetiza o paradoxo de, embora duas variáveis x e y não terem qualquer relação entre si, a regressão OLS indicar uma forte relação entre ambas.

O pressuposto de que, por exemplo, duas variáveis y_t e x_t são estacionárias é fundamental para que as propriedades da estimação OLS e dos respectivos testes de hipóteses sejam válidos. Para se avaliar a consistência do estimador OLS, considera-se usualmente que, quando a dimensão da amostra aumenta, as variâncias e covariâncias amostrais convergem para os correspondentes populacionais. Contudo, se as séries têm raiz unitária, estas variâncias e covariâncias estão mal definidas porque as séries não "caminharão" em torno de uma média constante.

Para se perceber melhor o que sucede, considere-se a regressão de duas variáveis $I(1)$, de y_t sobre x_t, tal que

$$y_t = \beta_0 + \beta_1 x_t + u_t,$$

em que (y_t) e (x_t) constituem caminhos aleatórios gerados por $y_t = y_{t-1} + e_t$ e $x_t = x_{t-1} + \epsilon_t$, respectivamente, em que (e_t) e (ϵ_t) são inovações i.i.d. com média zero e variâncias σ_e^2 e σ_ϵ^2, respectivamente. Considere-se ainda que os valores iniciais são $y_0 = x_0 = 0$ e que (e_t) e (ϵ_t) são processos independentes. Isto implica que (y_t) e (x_t) também são independentes, como pretendido. Com isto, para a estatística $t_{\hat{\beta}_1}$ ter uma distribuição assintoticamente normal, (u_t) deve ter, pelo menos, média zero e ser um processo não autocorrelacionado. Contudo, sob $H_0: \beta_1 = 0$, $y_t = \beta_0 + u_t$ e, dado que (y_t) segue um caminho aleatório com início em $y_0 = 0$, a equação $y_t = \beta_0 + \beta_1 x_t + u_t$ só será válida sob H_0 se $\beta_0 = 0$ e se $u_t = y_t = \sum_{j=1}^{t} e_j$. O que significa que (u_t) seguirá um caminho aleatório sob a hipótese nula [i.e. também será $I(1)$], o que viola os pressupostos de Gauss-Markov, mesmo assintoticamente. Além disto, em consequência, os testes t e F serão enganadores, R^2 demasiado elevado, os resíduos fortemente autocorrelacionados, e a estimativa para o parâmetro β_1 será fortemente significativa. Em suma, dado que y_t e x_t possuem ambos uma tendência estocástica, o estimador OLS tenderá a assinalar uma correlação altamente significativa entre as duas séries, mesmo sendo elas completamente não relacionadas. Estatisticamente, o problema deve-se ao facto de u_t não ser estacionário.

Incluir um termo de tendência não resolve estes problemas. De facto, se y_t ou x_t segue um caminho aleatório com deriva e não se inclui a tendência temporal, quando necessária, então o problema da regressão espúria agrava-se, como facilmente se suspeita. As conclusões mantém-se, mesmo se (e_t) e (ϵ_t) são processos $I(0)$, em vez de sequências i.i.d.. As considerações aqui tecidas surgem também com múltiplos regressores. Cada um deles pode ser $I(1)$ – ou alguns podem ser $I(0)$ mas basta que (y_t) seja $I(1)$ e que, pelo menos um dos regressores também seja $I(1)$, para que os resultados da regressão se possam considerar espúrios. Em todo o caso, como exposto na secção seguinte, a estimação da regressão de uma variável dependente $I(1)$ sobre uma variável explicativa $I(1)$ pode ser informativa e produzir resultados interpretáveis, desde que estas variáveis se relacionem de determinada forma particular.[29]

16.4 Cointegração

A questão da regressão espúria, levantada na secção anterior, gera alguma preocupação quanto ao uso de variáveis $I(1)$ na análise de regressão. Ao apresentar os testes de raízes unitárias, sugeriu-se calcular primeiras-diferenças de variáveis $I(1)$, antes de as utilizar na análise de regressão, porque estas diferenças são geralmente estacionárias. Esta é uma via segura mas, em alguns casos, poder-se-á limitar o âmbito das questões a que se pretende dar resposta. É neste âmbito que se considera o conceito de *cointegração*, que possibilita esta análise com interpretação útil, ou seja, permite que regressões envolvendo variáveis $I(1)$ tenham significado. Este conceito, de tratamento matemático complexo, deve-se formalmente a Engle e Granger (1987). Procura-se aqui uma descrição simplificada dos conceitos básicos, bem como dos métodos envolvidos no seu tratamento.

Se $(y_t: t = 0,1,2, \dots)$ e $(x_t: t = 0,1,2, \dots)$ são processos $I(1)$, então, é de esperar que $y_t - \beta x_t$ também seja um processo $I(1)$ para qualquer valor do parâmetro β. Contudo, pode suceder que, em alguns casos em que $\beta \neq 0$, $y_t - \beta x_t$ seja um processo $I(0)$. Se este valor de β existe, diz-se que as variáveis y_t e x_t são cointegradas, e que partilham uma tendência estocástica comum, sendo β o parâmetro de cointegração.

---

(29) Contudo, para além dos importantes resultados apresentados em seguida, convém notar que incluir desfasamentos das variáveis dependente e independentes pode ser suficiente para resolver alguns problemas relacionados com a regressão espúria - desde que os respectivos parâmetros assegurem que o termo de erro seja estacionário - ver Hamilton (1994, sec. 18.3).

Suponha-se, por exemplo, que $y_t = y_{t-1} + v_t$ e $x_t = x_{t-1} + w_t$, em que $y_0 = x_0 = 0$ e (v_t) e (w_t) são dois processos $I(0)$ com média 0. Isto significa que y_t e x_t tenderão a evoluir em torno do seu valor inicial, mas a não convergir para ele, pois são $I(1)$. Considere-se ainda que $\beta = 1$; então $y_t - x_t$ será $I(0)$, terá média 0 e convergirá para 0 com alguma regularidade.

Embora a teoria assintótica não seja standard, mostra-se que se pode estimar β de forma consistente a partir da regressão OLS de y_t sobre x_t. Neste caso, diz-se que o estimador $\hat{\beta}$ é super-consistente para β, porque converge para β mais rapidamente do que na análise assintótica convencional. No caso standard, $\sqrt{T}(\hat{\beta} - \beta)$ é assintoticamente normal e, como tal, diz-se que $\hat{\beta}$ é $\sqrt{T}$-consistente para β. No caso da cointegração, o factor de escala é T, e não $\sqrt{T}$, devido à maior rapidez de convergência de $\hat{\beta}$ para β. Consequentemente, os procedimentos convencionais de inferência estatística não se aplicam, como comprovado mais adiante.

Considere-se novamente o modelo de regressão, $y_t = \alpha + \beta x_t + u_t$. Para o verdadeiro valor de β, $y_t - \beta x_t$ é $I(0)$, do que resulta que, para $\hat{\beta} \neq \beta$, os resíduos OLS $\hat{u}_t$ não são estacionários e têm uma variância muito elevada em amostras finitas. Já, se $\hat{\beta} = \beta$, a variância estimada de $\hat{u}_t$ é mais reduzida. Uma vez que o estimador OLS "selecciona" α e β de modo a minimizar a variância amostral de $\hat{u}_t$, este tende a fornecer uma estimativa bastante próxima de β. Assim, se y_t e x_t são ambas $I(1)$ e existe um β tal que $z_t = y_t - \beta x_t$ é $I(0)$, então y_t e x_t são cointegradas, sendo o vector $(1, -\beta)'$ o chamado vector de cointegração. Mais, dado que y_t e x_t são $I(1)$, ambas serão dominadas por componentes de "onda-longa" mas z_t, sendo $I(0)$, não o será. Isto significa que y_t e βx_t terão componentes de longo-prazo que acabarão por se anular entre si produzindo z_t. Esta ideia está relacionada com o conceito de equilíbrio de longo-prazo.

Suponhamos que este equilíbrio de longo-prazo é definido pela relação $y_t = \alpha + \beta x_t$; então $u_t = z_t - \alpha$ será o chamado "erro de equilíbrio", o qual mede o desvio de y_t do seu valor de equilíbrio $\alpha + \beta x_t$. Se

u_t é $I(0)$, então este erro de equilíbrio é estacionário e flutua em torno de 0. Consequentemente, a existência de um vector de cointegração pode ser interpretada como a presença de uma relação de equilíbrio de longo-prazo e, em média, o sistema estará em equilíbrio. Contudo, se y_t e x_t não são cointegradas e, por conseguinte, u_t é $I(1)$, tal não acontece e não fará sentido considerar $y_t = \alpha + \beta x_t$ como um equilíbrio de longo-prazo.

Importa assim distinguir os casos em que temos cointegração entre y_t e x_t dos casos em que a regressão é espúria. Suponha-se que y_t e x_t são ambas $I(1)$ e se estima a regressão de cointegração

$$y_t = \alpha + \beta x_t + u_t.$$

Se y_t e x_t são cointegradas, então o termo de erro é $I(0)$; caso contrário, u_t é $I(1)$. Será então possível ensaiar a presença de uma relação de cointegração testando se os resíduos da estimação OLS da regressão de cointegração, $\hat{u}_t = y_t - \hat{\alpha} - \hat{\beta} x_t$, têm raiz unitária, isto é, se são $I(1)$, ou não. Pode-se realizar este teste recorrendo ao teste *ADF* (secção 16.2). Assim, após estimar a regressão de cointegração, poder-se-ia estimar

$$\Delta\hat{u}_t = \eta + \theta\hat{u}_{t-1} + e_t$$

e testar a hipótese de que $\theta = 0$ (raíz unitária). Contudo, testar a presença de raiz unitária nos resíduos de uma estimação OLS acarreta uma complicação adicional, relativamente ao teste da presença de raízes unitárias em séries temporais observadas. Na regressão de cointegração, o estimador OLS tende a seleccionar os resíduos com a menor variância possível, mesmo que as variáveis não sejam cointegradas, isto é, tende a fazer com que os resíduos aparentem ser o mais estacionário possível.[30] Tal significa que utilizando o teste *ADF* (e os seus valores críticos) pode acabar por se rejeitar a hipótese nula da não estacionaridade

---

(30) Outra forma de considerar este problema é a de que, sob a hipótese nula, as séries não são cointegradas, o que significa que sob essa hipótese se estima uma regressão espúria.

dos resíduos com frequência exagerada. Em consequência, os valores críticos adequados deverão ser mais negativos do que os valores críticos de Dickey-Fuller. Os respectivos valores críticos assintóticos adequados são reportados na Tabela 16.3 (v. por exemplo, Davidson e MacKinnon, 1993).(31) O teste resultante designa-se teste de Engle-Granger de cointegração (teste *EG*).(32) Como resulta da Tabela 16.3, pode ampliar-se o âmbito do teste para ensaiar a relação de cointegração entre mais do que duas variáveis. Note-se que neste caso os valores críticos deslocam-se ainda mais para a esquerda.

Tabela 16.3
Valores críticos assintóticos – teste de Engle-Granger de cointegração

Nº variáveis (incl. y_t)	Níveis de significância e respectivos valores críticos					
	sem tendência			com tendência		
	1%	5%	10%	1%	5%	10%
2	-3,90	-3,34	-3,04	-4,32	-3,78	-3,50
3	-4,29	-3,74	-3,45	-4,66	-4,12	-3,84
4	-4,64	-4,10	-3,81	-4,97	-4,43	-4,15
5	-4,96	-4,42	-4,13	-5,25	-4,72	-4,43
6	-5,25	-4,72	-4,43	-5,52	-4,98	-4,70

Para o teste básico *EG* de cointegração, deve proceder-se da seguinte forma:

i. Testar se y_t e x_t são ambas $I(1)$.

(31) Contudo, os programas econométricos disponíveis permitem facilmente o cálculo destes valores críticos ou dos valores-*p* adequados.

(32) Tal como para o caso das raízes unitárias, existem outros testes de cointegração, mas estão fora do âmbito deste livro. Para mais pormenores ver, por exemplo, Davidson e MacKinnon (1993).

ii. Estimar a relação de cointegração, $y_t = \alpha + \beta x_t + u_t$ e calcular os resíduos, $\hat{u}_t = y_t - \hat{\alpha} - \hat{\beta} x_t$.

iii. Estimar: $\Delta \hat{u}_t = \eta + \theta \hat{u}_{t-1} + e_t$.

iv. Calcular $t_\theta = \hat{\theta} / se(\hat{\theta})$.

v. Sob $H_0: \theta = 0$ (ausência de cointegração), $t_\theta \dot{\sim} EG$. Se $t_{\hat{\theta}} < c_{EG}$, rejeita-se $H_0: \theta = 0$, ao respectivo nível de significância. Neste caso, os resíduos serão estacionários, logo u_t será $I(0)$, e y_t e x_t serão cointegrados, sendo válida a sua relação de longo-prazo. Caso contrário, não se rejeita H_0 e as variáveis não serão cointegradas, o que dá origem a uma relação espúria entre ambas.

Se os resíduos não são apropriadamente descritos por um processo auto-regressivo de primeira-ordem, pode-se adicionar valores desfasados de $\Delta \hat{u}_t$ à sua regressão, tal como no teste de *DF*, para controlar a respectiva autocorrelação. Resulta então o teste de *EG aumentado*.

Importa salientar que se y_t e x_t são $I(1)$ mas não são cointegradas, a regressão de y_t sobre x_t é espúria (i.e. não tem qualquer significado) e não existirá relação de longo-prazo entre y_t e x_t. Contudo, continua a ser possível (e terá significado) estimar uma regressão envolvendo as primeiras diferenças destas variáveis (e alguns desfasamentos), mas esta análise permite apenas explicar Δy_t em termos de Δx_t, que nada tem a ver com a sua relação em níveis ou de longo-prazo. Pelo contrário, se y_t e x_t são cointegradas, então têm uma relação de longo-prazo e pode-se utilizar o resultado para especificar modelos dinâmicos mais gerais, como descrito na secção 16.5.

Até aqui assumiu-se implicitamente que as séries não apresentam tendência temporal, mas como já referido, pode não ser sempre assim. Como tal, quando existe tendência temporal em y_t ou em x_t, ou em ambos os processos, convém controlá-la no teste de cointegração. Basta adicionar a variável tendência à regressão de cointegração, isto é,

$$y_t = \alpha + \gamma t + \beta x_t + u_t$$

e seguir os passos indicados acima. Na Tabela 16.2 apresenta-se também os valores críticos para o teste *EG* com tendência temporal linear. Ocorrendo cointegração neste caso, fica em aberto a possibilidade de

$y_t - \beta x_t$ - e, consequentemente, o termo de erro - ter uma tendência linear mas, pelo menos, não é $I(1)$.

A definição de cointegração restrita requer que $y_t - \beta x_t$ seja $I(0)$ sem tendência. Assume-se agora que $y_t = \delta t + g_t$, e que $x_t = \lambda t + h_t$, em que (g_t) e (h_t) denotam processos $I(1)$, t é a tendência temporal, $\delta = \mathrm{E}(\Delta y_t)$ e $\lambda = \mathrm{E}(\Delta x_t)$. Assim, se y_t e x_t são cointegrados, deve existir β tal, que $g_t - \beta h_t$ é $I(0)$. Em consequência,

$$y_t - \beta x_t = (\delta - \beta\lambda)t + (g_t - \beta h_t)$$

é um processo estacionário em torno de uma tendência temporal linear. A forma estrita de cointegração considera que não há tendência, o que significa que $\delta = \beta\lambda$. Para processos $I(1)$ com tendência pode ocorrer que g_t e h_t sejam cointegrados, mas tal não basta para assegurar que o parâmetro β - que garante que $g_t - \beta h_t$ seja $I(0)$ - seja igual a δ/λ, de modo a eliminar a tendência linear. Assim, pode-se testar a cointegração entre g_t e h_t, sem tomar uma posição relativamente à parte da tendência, desde que, tal como mencionado acima, se estime por OLS a regressão

$$y_t = \alpha + \gamma t + \beta x_t + u_t,$$

aplicando-se os respectivos valores críticos.

Apresentadas as ideias básicas em torno do conceito de cointegração e a forma de testar a sua presença, o exemplo seguinte ilustra (e procura consolidar) estes conceitos mediante a sua aplicação a um caso concreto.

Exemplo 16.5

Considera-se as variáveis nível de preços em duas importantes economias no contexto internacional (Reino Unido e E.U.A.) e a taxa de câmbio praticada entre ambas. Da teoria do comércio internacional sabe-se que se dois países produzem bens transaccionáveis e não há impedimentos ao comércio internacional (taxas aduaneiras ou custos de transacção), então a lei do preço único irá prevalecer, isto é,

$$TC_t = P_t/P_t^*$$

em que TC_t representa a taxa de câmbio à vista ou *spot* (preço na moeda nacional de uma unidade de moeda estrangeira), P_t representa o nível de preços (agregado) na economia nacional e P_t^* os preços no país estrangeiro. Logaritmizando ambos os termos da equação dada acima e representando esses logaritmos com letras minúsculas, tem-se

$$tc_t = p_t - p_t^*.$$

Esta condição é conhecida na literatura como *paridade poder de compra* (PPC) absoluta, conceito que implica que uma unidade monetária num país terá o mesmo poder de compra noutro país. Poucos economistas acreditam que esta relação se verifique em cada momento do tempo, mas a PPC é vista como capaz de determinar a taxa de câmbio no longo-prazo. Com este exemplo pretende-se analisar se esta condição se verifica no longo-prazo entre as economias do Reino Unido e dos E.U.A.. Para o efeito, utiliza-se dados trimestrais para o período 1955: $Q1$– 2014: $Q2$ ($T = 238$). Trata-se de um período de tempo já relativamente longo, que permite dar mais consistência aos resultados desta análise (muitas vezes em séries curtas não se pode detectar a presença de cointegração, mesmo que ocorra na população).

Figura 16.2

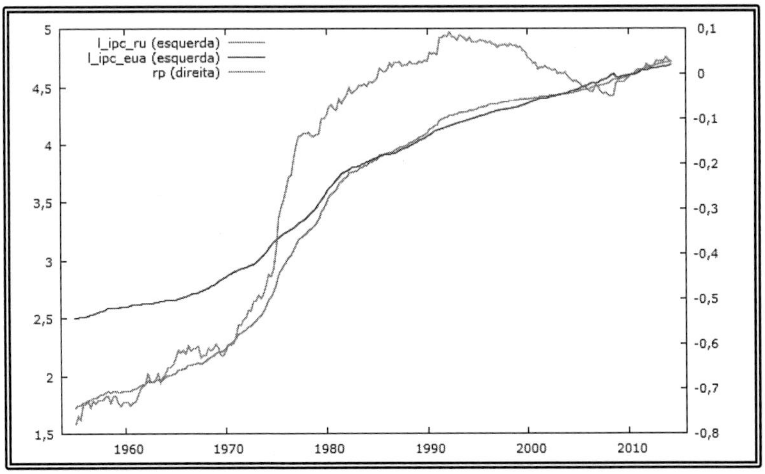

Evolução do log-IPC no Reino Unido e nos EUA e da sua diferença (*rp = l_ipc_ru–l_ipc_eua*), 1955:Q1 - 2014:Q2

Utiliza-se o índice de preços no consumidor (IPC; base 2010 = 100) para ambas as economias e a taxa de câmbio à vista, média trimestral, da libra em relação ao dólar. A figura 16.2 apresenta a evolução do logaritmo dos respectivos IPC's (*l_ipc_ru, l_ipc_eua*) e da sua diferença (*rp*) ao longo dos últimos 60 anos. A evolução do logaritmo da taxa de câmbio (*tc*) é representada na figura 16.3. Estas figuras apontam para a não estacionaridade destas séries em nível.

Figura 16.3

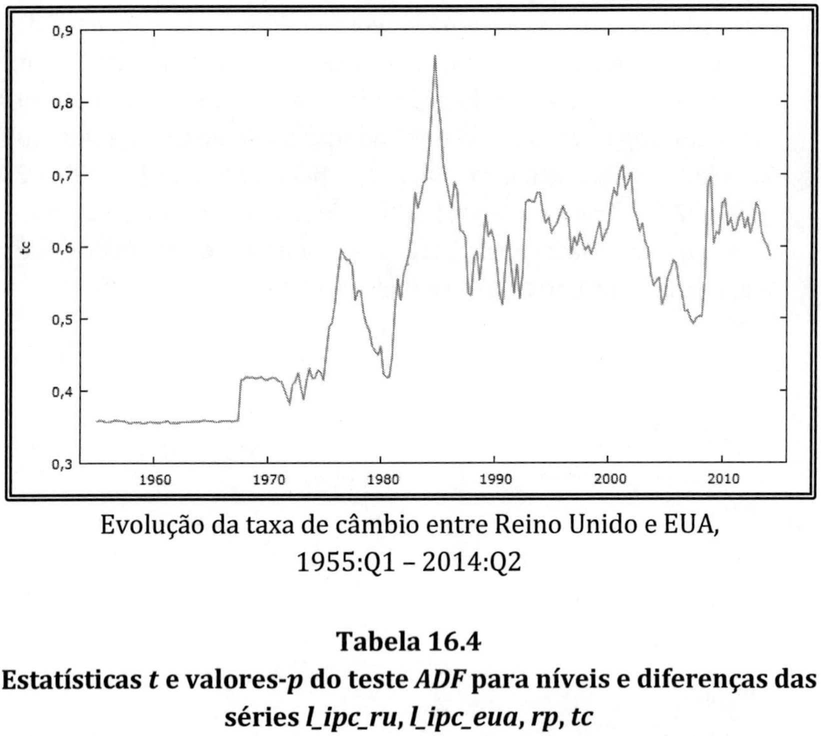

Evolução da taxa de câmbio entre Reino Unido e EUA, 1955:Q1 – 2014:Q2

Tabela 16.4
Estatísticas *t* e valores-*p* do teste *ADF* para níveis e diferenças das séries *l_ipc_ru, l_ipc_eua, rp, tc*

	Nível				Primeira diferença			
	Sem tendência		Com tendência		Sem tendência		Com tendência	
Variáveis	*t*	*P*	*t*	*p*	*t*	*p*	*t*	*p*
l_ipc_ru	-1,28	0,640	-0,19	0,993	-2,27	0,182	-2,44	0,358
l_ipc_eua	-1,08	0,727	-0,17	0,994	-2,87	0,049	-2,98	0,139
rp	-1,39	0,590	-0,97	0,947	-3,63	0,005	-3,78	0,018
tc	-1,86	0,352	-2,50	0,327	-8,35	0,000	-8,34	0,000

Na tabela 16.4 apresenta-se as estatísticas *t* e valores-*p* (sem e com tendência) para dos testes *ADF* – com quatro desfasamentos para eliminar a correlação em série - para cada uma das séries em nível e em primeiras-diferenças.[33]

Uma vez que os gráficos das variáveis em nível apresentam tendência, o teste com tendência parece o mais adequado. Todavia, quer um quer outro não rejeitam a presença de raiz unitária em qualquer das séries. Em particular, as séries tc_t e rp_t são claramente $I(1)$ ao nível de significância de 5%. Note-se que estas são estacionárias em primeiras-diferenças, ao passo que as outras não. Assim, para se proceder à análise de cointegração, considera-se apenas a versão relativa da PPC, que se pode sintetizar na seguinte regressão de cointegração:

$$tc_t = \alpha + \beta rp_t + u_t,$$

em que rp_t corresponde ao logaritmo do rácio de preços, ou seja, $p_t - p_t^*$. Esta relação implicará que uma variação nos preços relativos corresponderá a uma variação mais do que (menos do que, ou igualmente) proporcional na taxa de câmbio.

Dado que tc_t e rp_t são $I(1)$, pode-se estimar a regressão de cointegração e testar a presença de cointegração entre tc_t e $rp_t (= p_t - p_t^*)$ recorrendo ao teste *EG*. Os resultados são os seguintes (utilizando também quatro desfasamentos de $\Delta\hat{u}_t$):

Regressão de cointegração

$$\widehat{tc}_t = \underset{(0{,}008)}{-0{,}512} + \underset{(0{,}020)}{0{,}724} rp_t, \quad T = 238, \quad R^2 = 0{,}847.$$

Teste de raiz unitária em $\hat{u}_t$

$$\widehat{\Delta\hat{u}}_t = \underset{(0{,}003)}{-0{,}0003} - \underset{(0{,}033)}{0{,}142}\hat{u}_t + \cdots, \quad T = 233, \quad R^2 = 0{,}130.$$

Conclui-se a partir do teste que as variáveis são cointegradas, mesmo ao nível de 1% ($t_{\hat{\theta}} = -0{,}142/0{,}033 = -4{,}33 < -3{,}90 = c_{EG,1\%}$) (os resultados mostram ainda que o valor-p assintótico está próximo de 0,002),

[33] Embora se tenha referido sempre esta estatística como estatística t - quer nos testes de raiz unitária quer no teste de cointegração - a estatística é também referida na literatura como estatística τ (*tau*), devido à particularidade da respectiva distribuição, que gera os respectivos valores críticos de Dickey-Fuller (teste de raiz unitária) e Engle-Granger (testes de cointegração).

logo os resíduos da estimação OLS da relação de cointegração são estacionários e, por conseguinte, a relação de longo-prazo entre as variáveis será válida. Em particular, verifica-se que o aumento de 1% nos preços relativos (preços no Reino Unido em relação aos preços nos E.U.A.) conduz, a longo-prazo, a uma desvalorização de cerca de 0,72% na taxa de câmbio (da libra em relação ao dólar).
Retira-se conclusões idênticas do teste com tendência. Contudo, neste caso, verifica-se que o coeficiente associado à componente da tendência temporal linear é muito reduzido, em magnitude, e fortemente insignificante em termos estatísticos. Deixa-se ao cuidado do leitor a realização do teste com tendência (v. base de dados ppp_ru_eua.xls) e a analise dos respectivos resultados.

16.5 Modelo corrector dos erros

Embora a existência de uma relação de longo-prazo entre duas variáveis seja algo de interesse, em muitos casos poderá ser mais relevante analisar as propriedades de curto-prazo das séries. Isto pode fazer-se utilizando o resultado de que a presença de uma relação de cointegração implica que existe um *modelo corrector dos erros*, que descreve a dinâmica de curto-prazo e é consistente com a dinâmica de longo-prazo. O *teorema da representação* de Granger (Engle e Granger, 1987) refere que se um conjunto de variáveis são cointegradas, então existe uma representação de correcção dos erros que é válida. Consequentemente, se y_t e x_t são ambas $I(1)$ e cointegradas - com vector de cointegração $(1, -\beta)'$ - então é possível representá-las através de um modelo corrector dos erros na forma[34]

---

[34] Há outras formas de representação que incluem desfasamentos de Δy_t e Δx_t, mas aqui aborda-se apenas este caso particular, para simplificar a análise, mantendo um cariz introdutório. Para mais pormenores ver, por exemplo, Engle e Granger (1987) e Hamilton (1994).

$$\Delta y_t = \gamma_0 + \gamma_1 \Delta x_t - \delta z_{t-1} + e_t,$$

onde $z_{t-1} = y_{t-1} - \beta x_{t-1}$ e e_t denota um ruído branco. Se $z_{t-1} > 0$ ou seja, $y_{t-1} > \beta x_{t-1}$, então y no período anterior ultrapassou o equilíbrio e o mecanismo de correcção dos erros irá atrair y para o equilíbrio. De modo idêntico, se $z_{t-1} < 0$ ou seja, $y_{t-1} < \beta x_{t-1}$, então o termo de correcção dos erros irá induzir uma variação positiva em y, de modo a conduzi-lo ao equilíbrio. Intuitivamente, fica claro porque é que o teorema da representação de Granger se verifica. Se y_t e x_t são ambos $I(1)$ mas têm uma relação de longo-prazo, há uma força que atrai o erro de equilíbrio para zero. O modelo corrector de erros descreve precisamente como y_t e x_t se comportam no curto-prazo, em consistência com uma relação de cointegração de longo-prazo. Uma vez estimado o parâmetro de cointegração (a partir da relação de cointegração de longo prazo), todos o termos da equação acima são $I(0)$, não surgindo quaisquer problemas em termos da inferência. Como tal, pode-se estimar o modelo por OLS.

Quando $\Delta y_t = \Delta x_t = 0$, obtém-se um equilíbrio estável (*steady-state*) tal, que

$$z_t = y_t - \beta x_t = \gamma_0/\delta,$$

correspondendo à relação de equilíbrio de longo-prazo $y_t = \alpha + \beta x_t$, se $\alpha = \gamma_0/\delta$. Neste caso, o modelo corrector dos erros pode escrever-se na forma

$$\Delta y_t = \gamma_1 \Delta x_t - \delta(y_{t-1} - \alpha - \beta x_{t-1}) + e_t,$$

em que a constante apenas se encontra presente na relação de longo-prazo. Contudo, se o modelo corrector dos erros tem uma constante $\gamma_0 = \alpha\delta + \lambda, \lambda \neq 0$, então tem uma tendência determinística em y_t e x_t, e o equilíbrio de longo-prazo corresponde a uma trajectória de crescimento de *steady-state*, com $\Delta y_t = \Delta x_t = \lambda/(1-\gamma_1)$.

Em alguns casos faz sentido assumir que se conhece o vector de cointegração (por exemplo, quando o único equilíbrio razoável é $y_t = x_t$). Neste caso, pode-se realizar inferências com o modelo corrector dos erros, do modo habitual. Mas, com frequência, β é desconhecido, podendo ser estimado de forma (super-)consistente a partir da regressão de cointegração $y_t = \alpha + \beta x_t + u_t$, da qual se obtém os resíduos, $\hat{u}_t$, que são estacionários. Em consequência, dadas as propriedades assintóticas habituais, pode-se "ignorar" o facto de β ter sido estimado e aplicar a teoria convencional para estimar os parâmetros do modelo corrector dos erros na forma $\Delta y_t = \gamma_1 \Delta x_t - \delta \hat{u}_{t-1} + e_t$, com $\hat{u}_{t-1} = y_{t-1} - \hat{\alpha} - \hat{\beta} x_{t-1}$.[35] O parâmetro δ representa a rapidez do ajustamento com que y_t se reaproxima do seu valor de equilíbrio, perante variações em x_t.

Após a análise precedente, fica ainda uma questão por responder: que fazer, se y_t e x_t são $I(1)$ mas não cointegradas? Neste caso, pode-se simplesmente estimar um modelo em primeiras-diferenças, visto que Δy_t e Δx_t são ambas $I(0)$. Assim, em vez do modelo corrector dos erros, estima-se

$$\Delta y_t = \gamma_0 + \gamma_1 \Delta x_t + e_t.$$

Pode ainda ser necessário incluir alguma dinâmica neste modelo, com desfasamentos de Δy_t e Δx_t, mas tal depende da análise concreta. Tendo em conta estas noções e instrumentos, veja-se o exemplo seguinte.

Exemplo 16.6

No exemplo 16.5 verificou-se a validade da versão relativa da teoria da paridade poder de compra para duas importantes economias, Reino Unido e E.U.A.. Em particular, constata-se que a taxa de câmbio (tc_t) e o rácio de preços (rp_t) entre as duas economias são cointegradas, o que valida a sua relação de longo-prazo. Como tal, também se pode analisar a dinâmica de curto-prazo recorrendo ao modelo corrector dos erros

$$\Delta tc_t = \gamma_1 \Delta rp_t - \delta \hat{u}_{t-1} + e_t,$$

em que $\hat{u}_{t-1}$ denota o resíduo desfasado da relação de cointegração de longo-prazo, já estimada acima,

$$tc_t = \alpha + \beta rp_t + u_t.$$

(35) Se há tendência determinística, pode-se incluir a constante γ_0 no modelo.

Obtém-se os seguintes resultados de estimação do modelo corrector dos erros, para o exemplo em apreço:

$$\widehat{\Delta tc}_t = \underset{(0,231)}{0{,}458}\Delta rp_t - \underset{(0,029)}{0{,}107}\hat{u}_{t-1}, \qquad T = 237, \quad R^2 = 0{,}065.$$

Ambos os coeficientes são estatisticamente significativos ao nível de significância de 5%, o que no caso do termo de correcção dos erros, é revelador da sua importância, tendo em conta que as variáveis em nível são $I(1)$ e cointegradas. Verifica-se assim que a velocidade do ajustamento é reduzida: apenas cerca de 11% da diferença entre a variação actual e a variação óptima da taxa de câmbio é eliminada num período. Por outro lado, a dinâmica de curto prazo mostra-nos que sempre que a taxa de variação dos preços relativos aumenta 1 ponto percentual, a taxa de variação da taxa de câmbio aumenta cerca de 0,46 pontos percentuais, *ceteris paribus*. No longo-prazo, esta dinâmica resultará numa desvalorização de cerca de 0,72% na taxa de câmbio, como concluído antes a propósito da estimação da regressão de cointegração.

Exercícios

16.1 Suponha que o processo $[(x_t, y_t): t = 0,1, \ldots]$ satisfaz as equações

$$y_t = \beta x_t + u_t, \qquad \Delta x_t = \gamma \Delta x_{t-1} + \varepsilon_t,$$

em que $\mathrm{E}(u_t|I_{t-1}) = \mathrm{E}(\varepsilon_t|I_{t-1}) = 0$, I_{t-1} contém informação sobre x e y para os períodos anteriores a t, $\beta \neq 0$ e $|\gamma| < 1$ - de modo que x_t e, consequentemente, y_t, é $I(1)$. Mostre que as equações implicam um modelo corrector dos erros com a forma

$$\Delta y_t = \gamma_1 \Delta x_{t-1} - \delta(y_{t-1} - \beta x_{t-1}) + e_t,$$

em que $\gamma_1 = \beta\gamma$, $\delta = 1$, e $e_t = u_t + \beta\epsilon_t$.

16.2 Considere que se estima o modelo auto-regressivo, $y_t = \alpha + \rho y_{t-1} + e_t$, e se obtém a estimativa $\hat{\rho} = 0{,}878$, com erro-padrão 0,112.

a) Formule a hipótese de existência de raiz unitária, contra a hipótese alternativa.

b) Explique o significado de raiz unitária. Quais são as implicações da presença de uma raiz unitária e qual o interesse em averiguar a sua presença numa série?

c) Realize um teste à raiz unitária com base na regressão dada.

d) Realize um teste para a hipótese nula de que $\rho = 0{,}9$.

16.3 As variáveis poupança agregada, $poup$, e rendimento disponível agregado, $rend$, relacionam-se de acordo com

$$poup_t = \alpha + \beta rend_t + e_t.$$

Da estimação deste modelo com dados para 50 anos resultou a estimativa $\hat{\beta} = 0{,}077$, com erro-padrão 0,015. Considere ainda que as séries $(poup_t)$ e $(rend_t)$ são ambas $I(1)$.

a) Há razões para suspeitar que a relação entre estas duas variáveis possa ser espúria?

b) Explique o significado de "regressão espúria".

c) Defina "relação de cointegração" e enuncie as condições sob as quais as séries dadas poderão ser cointegradas.

d) Descreva o teste de cointegração de Engle-Granger.

e) Como interpreta o coeficiente de 0,077 sob a hipótese de que $poup_t$ e $rend_t$ estão cointegradas?

f) Considerando que as variáveis $poup_t$ e $rend_t$ são cointegradas, explique o significado de "mecanismo de correcção dos erros" e descreva como se estima o respectivo modelo corrector dos erros.

16.4 O ficheiro dados_pt.xls contém dados anuais para a economia Portuguesa, para o período 1960 − 2013. Considere a série para o PIB real (pib_r_t) a preços de 2005.

a) Apresente o gráfico do logaritmo natural de pib_r_t e verifique se exibe algum tipo de tendência.

b) Efectue o teste de DF à série do logaritmo de pib_r_t, utilizando dois desfasamentos, justificando se o teste deve incluir tendência ou não. Qual a hipótese nula deste teste? E a alternativa? Que se conclui a partir do teste?

c) Efectue novamente o teste, agora às primeiras-diferenças, sem e com tendência. Que conclui para cada um dos testes? Qual é o mais adequado?

16.5 No ficheiro dados_pt.xls encontra dados anuais para a economia portuguesa para o período 1960 – 2013. Considere a série para a formação bruta de capital fixo ($fbcf\_r_t$), a preços de 2005.

a) Apresente o gráfico de $\log(fbcf\_r_t)$ e verifique se tem tendência.

b) Efectue o teste de *ADF* à série $\log(fbcf\_r_t)$, utilizando dois desfasamentos e justificando se o teste deve incluir tendência ou não. Que conclui a partir do teste.

c) Use agora o teste *KPSS*. Qual a hipótese nula? E a alternativa? Que conclui?

d) Efectue novamente os testes *ADF* e *KPSS*, agora às primeiras-diferenças, sem e com tendência. Que conclui para cada um dos testes? Qual das especificações é mais adequada: sem, ou com tendência?

16.6 Considere os resultados obtidos nos exercícios 16.4 e 16.5.

a) Averigúe se as séries $\log(fbcf\_r_t)$ e $\log(pib\_r_t)$ são cointegradas. O que conclui sobre a sua relação de longo-prazo?

b) A regressão $\log(fbcf\_r_t) = \alpha + \beta \log(pib\_r_t) + u_t$ é espúria? Justifique e comente.

c) Explique o teste utilizado, as hipóteses nula e alternativa.

d) Os resultados alteram-se se se incluir uma tendência linear?

e) Em face da resposta obtida na alínea *a*), que modelo alternativo pode usar para aferir a dinâmica de curto-prazo entre $\log(fbcf\_r_t)$ e $\log(pib\_r_t)$?

f) Estime $\Delta \log(fbcf\_r_t) = \gamma_0 + \gamma_1 \Delta \log(pib\_r_t) + e_t$ e interprete os resultados (atenda ao princípio do acelerador do investimento).

16.7 Considere de novo o ficheiro dados_pt.xls. Recorra agora às séries da taxa de desemprego ($txdes_t$) e índice de preços (ipc_t), para o período 1960 – 2013.

a) Represente graficamente a taxa de desemprego.

b) Teste a presença de raiz unitária na taxa de desemprego (use dois desfasamentos). Que conclui?

c) Restrinja a amostra ao período 1975 – 2008 e realize o mesmo teste. Que conclui. Aponte razões para a conclusão a que chegou.

d) Realize o mesmo teste para $\log(ipc_t)$ e para a taxa de inflação, $\Delta \log(ipc_t)$. Qual a ordem de integração de $\log(ipc_t)$ e $\Delta \log(ipc_t)$? (Nota: utilize os testes *ADF* e *KPSS*.)

e) Estime a relação entre a variação da taxa de inflação, $\Delta^2 \log(ipc_t)$, e a taxa de desemprego ($txdes_t$) no período 1975 – 2008. Comente os resultados e calcule a taxa de desemprego natural. [Nota: esta relação é conhecida como uma das versões da Curva de Phillips; assumindo expectativas adaptativas pode-se verificar que $\Delta^2 \log(ipc_t) = \beta_1(txdes_t - txdesN) + v_t$, ou de forma mais simples, $\Delta^2 \log(ipc_t) = \beta_0 + \beta_1 txdes_t + v_t$, em que $\beta_0 = -\beta_1 txdesN$, $\beta_0 > 0$ e $\beta_1 < 0$, sendo $txdesN$ a taxa de desemprego natural.]

16.8 O ficheiro dados_pt.xls inclui também uma série para a taxa de câmbio efectiva real ($txcamb\_r_t$) para o período 1960 – 2013.

a) Encontre a ordem de integração de $\log(txcamb\_r_t)$, utilizando um número de desfasamentos que considere razoável no teste *ADF*.

b) Tenha agora em conta os resultados do teste *KPSS*. A conclusão mantém-se? Indique as principais diferenças entre o teste *ADF* e *KPSS*.

c) No exercício 16.7 conclui-se que a taxa de inflação, $\Delta \log(ipc_t)$, é estacionária no período em análise; atendendo aos resultados dos testes obtidos nas alíneas *a*) e *b*), que se pode concluir quanto à ordem de integração de $\log(ipc_t)$ e $\log(txcamb\_r_t)$?

***d*)** Teste a hipótese de cointegração entre $\log(ipc_t)$ e $\log(txcamb\_r_t)$, assumindo que é a taxa de câmbio que influencia o nível de preços. Que se conclui acerca da relação entre ambas?

***e*)** Perante os resultados em *d*), que dinâmica sugere estimar entre as variáveis. Estime a relação proposta e interprete os resultados.

16.9 O ficheiro ppp_ru_eua.xls inclui dados trimestrais para o preço do ouro em dólares ($gold\_usd$) e para o I.P.C. nos EUA (ipc_eua) relativamente ao período $1955{:}\,Q - 2014{:}\,Q2$. Tendo em conta que os dados para $gold\_usd$ estão disponíveis apenas a partir de $1979{:}\,Q1$, restrinja a amostra ao período $1979{:}\,Q1 - 2014{:}\,Q2$.

***a*)** Apresente o gráfico do logaritmo natural de $(gold\_usd_t)$ e de (ipc_t) e verifique se exibem tendência.

***b*)** Realize o teste *ADF* à série $\log(gold\_usd_t)$, usando quatro desfasamentos. Avalie se esse teste deve incluir tendência ou não. Que conclui a partir do teste?

***c*)** Realize novamente o teste, agora à primeira-diferença, a taxa de crescimento do preço do ouro, $\Delta\log(gold\_usd_t)$. Que conclui?

***d*)** Realize o teste *KPSS* à série $\log(ipc\_eua_t)$ e à taxa de inflação, $\Delta\log(ipc\_eua_t)$. Avalie se estes testes devem incluir tendência ou não. Que conclui acerca das duas séries?

***e*)** Será possível realizar o teste de cointegração entre $\log(gold\_usd_t)$ e $\log(ipc\_eua_t)$? Justifique.

***f*)** Realize o teste *EG* entre $\log(gold\_usd_t)$ (variável dependente) e $\log(ipc\_eua_t)$ (variável independente), utilizando quatro desfasamentos (avalie se deve incluir tendência). Qual a conclusão do teste? Que conclusão retira acerca da relação entre as variáveis?

***g*)** Pode-se utilizar o modelo corrector dos erros para estimar a sua dinâmica de curto-prazo? Se sim, estime esse modelo; se não, estime um modelo alternativo. Interprete os resultados do modelo que considera mais adequado.

***h*)** Inclua uma tendência linear no modelo estimado em *g*); estime de novo o modelo e interprete os resultados.

Anexos

A Elementos de álgebra matricial

A.1 Notação e conceitos básicos

Uma *matriz* é um quadro rectangular de $n \times k$ elementos (n linhas e k colunas), expresso na forma

$$\boldsymbol{A} = \begin{bmatrix} a_{11} & a_{12} & \cdots & a_{1k} \\ a_{21} & a_{22} & \cdots & a_{2k} \\ \vdots & \vdots & & \vdots \\ a_{n1} & a_{n2} & \cdots & a_{nk} \end{bmatrix} = \left[a_{ij}, i = 1, \dots, n, j = 1, \dots, k\right]$$

ou simplesmente $\left[a_{ij}\right]$. Por convenção, o primeiro índice refere a linha e o segundo a coluna; $(n \times k)$ designa-se *ordem* da matriz. Uma matriz $(n \times 1)$ designa-se *vector-coluna*, representado por

$$\boldsymbol{a} = \begin{bmatrix} a_1 \\ \vdots \\ a_n \end{bmatrix};$$

Uma matriz $(1 \times k)$ designa-se *vector-linha*. Salvo menção em contrário, considera-se que vectores são vectores-coluna. Utiliza-se letras maiúsculas para denotar matrizes e minúsculas para vectores; ambas em *negrito* ($\boldsymbol{A}, \boldsymbol{a}$) para distinguir de escalares (a).

Uma matriz diz-se *quadrada*, se $k = n$; o valor n designa-se *ordem* da matriz quadrada. Numa matriz quadrada, o conjunto dos elementos cujo índice de linha é igual ao índice de coluna designa-se *diagonal principal*. Uma matriz quadrada diz-se triangular superior (inferior), se todos os elementos acima (abaixo) da diagonal principal são nulos.

Uma matriz quadrada diz-se *diagonal*, se os elementos fora da diagonal principal são nulos: $a_{ij} = 0$, se $i \neq j$; pode-se denotar uma matriz $\boldsymbol{A}$ diagonal de ordem n por $\boldsymbol{A} = \text{diag}(a_{ii}, i = 1, \dots, n)$. Uma matriz diagonal importante é a *matriz identidade*, cujos elementos da diagonal principal são iguais a 1. A matriz

$$I_n = \begin{bmatrix} 1 & 0 & \cdots & 0 \\ 0 & 1 & \cdots & 0 \\ \vdots & \vdots & & \vdots \\ 0 & 0 & \cdots & 1 \end{bmatrix}$$

é uma matriz identidade de dimensão n. A *matriz nula* (denotada $\mathbf{0}$ ou $\mathbf{0}_{n\times k}$) é uma matriz (quadrada ou não) com todos os elementos nulos.

Pode escrever-se uma matriz em forma *particionada* ou *por blocos*

$$\boldsymbol{A} = \begin{bmatrix} \boldsymbol{A}_{11} & \boldsymbol{A}_{12} & \cdots & \boldsymbol{A}_{1q} \\ \boldsymbol{A}_{21} & \boldsymbol{A}_{22} & \cdots & \boldsymbol{A}_{2q} \\ \vdots & \vdots & & \vdots \\ \boldsymbol{A}_{p1} & \boldsymbol{A}_{p2} & \cdots & \boldsymbol{A}_{pq} \end{bmatrix},$$

em que $\boldsymbol{A}_{ij}$ são matrizes, vectores e/ou escalares. Em particular, pode-se escrever uma matriz como um conjunto de vectores-coluna ou linha,

$$\boldsymbol{A} = [\boldsymbol{c}_1 \quad \boldsymbol{c}_2 \quad \cdots \quad \boldsymbol{c}_k] = \begin{bmatrix} \boldsymbol{l}_1 \\ \boldsymbol{l}_2 \\ \vdots \\ \boldsymbol{l}_n \end{bmatrix},$$

em que

$$\boldsymbol{c}_j = \begin{bmatrix} a_{1j} \\ \vdots \\ a_{nj} \end{bmatrix}, \quad j = 1, \dots, k,$$

$$\boldsymbol{l}_i = [a_{i1} \quad \cdots \quad a_{ik}], \quad i = 1, \dots, n.$$

A.2 Operações com matrizes

Igualdade de matrizes

Duas matrizes da mesma ordem, $\boldsymbol{A}$ e $\boldsymbol{B}$, são iguais, se e só se têm os elementos homólogos iguais ($a_{ij} = b_{ij}, \forall i, j$).

Transposição de matrizes

A *matriz transposta* de uma matriz $\boldsymbol{A}$ $(n \times k)$, denotada $\boldsymbol{A}'$ (ou $\boldsymbol{A}^{\mathsf{T}}$) é a matriz que resulta de trocar linhas por colunas na matriz $\boldsymbol{A}$. Ou seja, $\boldsymbol{A}'$ é a matriz $(k \times n)$,

$$A' = \begin{bmatrix} a_{11} & a_{21} & \cdots & a_{n1} \\ a_{12} & a_{22} & \cdots & a_{n2} \\ \vdots & \vdots & & \vdots \\ a_{1k} & a_{2k} & \cdots & a_{nk} \end{bmatrix}.$$

De modo equivalente, se $\boldsymbol{B} = [b_{ij}] = \boldsymbol{A}'$, tem-se $b_{ij} = a_{ji}$. Por exemplo,

$$\underset{(3\times2)}{\begin{bmatrix} 1 & 0 \\ -2 & -1 \\ 3 & 5 \end{bmatrix}'} = \underset{(2\times3)}{\begin{bmatrix} 1 & -2 & 3 \\ 0 & -1 & 5 \end{bmatrix}}.$$

Uma matriz quadrada diz-se *simétrica*, se é igual à sua transposta: $\boldsymbol{A} = \boldsymbol{A}'$, o que significa $a_{ij} = a_{ji}, \forall i,j$. Por exemplo,

$$\begin{bmatrix} -2 & 3 & 1 \\ 3 & 5 & -2 \\ 1 & -2 & 0 \end{bmatrix}.$$

Apresenta-se as propriedades da transposição de matrizes após a exposição das operações adição e produto de matrizes.

Adição

Se as matrizes $\boldsymbol{A}$ e $\boldsymbol{B}$ são da mesma ordem, define-se a adição de matrizes como a matriz cujos elementos correspondem à soma dos elementos homólogos de cada matriz. Formalmente,

$$\boldsymbol{A} + \boldsymbol{B} = [a_{ij} + b_{ij}].$$

Por exemplo,

$$\begin{bmatrix} 0 & -1 & 0 & 2 \\ 1 & 1 & -4 & 0 \end{bmatrix} + \begin{bmatrix} 0 & -2 & 1 & 3 \\ 2 & 2 & -5 & -1 \end{bmatrix} = \begin{bmatrix} 0 & -3 & 1 & 5 \\ 3 & 3 & -9 & -1 \end{bmatrix}$$

Da definição decorrem as propriedades

- Comutatividade: $\boldsymbol{A} + \boldsymbol{B} = \boldsymbol{B} + \boldsymbol{A}$.
- Associatividade: $\boldsymbol{A} + (\boldsymbol{B} + \boldsymbol{C}) = (\boldsymbol{A} + \boldsymbol{B}) + \boldsymbol{C}$.
- Elemento neutro: $\boldsymbol{A} + \boldsymbol{0} = \boldsymbol{A}$.

Multiplicação

Sejam $\boldsymbol{A} = [a_{ij}]$ $(n \times k)$ e c um escalar; define-se a *multiplicação escalar*

$$\boldsymbol{A}c = c\boldsymbol{A} = \begin{bmatrix} a_{11}c & \cdots & a_{1k}c \\ \vdots & & \vdots \\ a_{n1}c & \cdots & a_{nk}c \end{bmatrix}.$$

Sejam os vectores

$$\boldsymbol{a} = \begin{bmatrix} a_1 \\ \vdots \\ a_n \end{bmatrix}, \quad \boldsymbol{b} = \begin{bmatrix} b_1 \\ \vdots \\ b_n \end{bmatrix};$$

define-se o *produto interno* destes vectores, como o escalar

$$\boldsymbol{a}'\boldsymbol{b} = a_1 b_1 + a_2 b_2 + \cdots + a_n b_n = \sum\nolimits_{i=1}^{n} a_i b_i.$$

O produto interno é comutativo: $\boldsymbol{a}'\boldsymbol{b} = \boldsymbol{b}'\boldsymbol{a}$. Se $\boldsymbol{a}'\boldsymbol{b} = 0$, os vectores dizem-se ortogonais. Note-se também que

$$\boldsymbol{a}'\boldsymbol{a} = a_1 a_1 + a_2 a_2 + \cdots + a_n a_n = \sum\nolimits_{i=1}^{n} a_i^2 = \|\boldsymbol{a}\|^2,$$

em que $\|\boldsymbol{a}\| = \sqrt{a_1^2 + a_2^2 + \cdots + a_n^2}$ denota a *norma* do vector $\boldsymbol{a}$.

Sejam as matrizes $\boldsymbol{A}$ $(n \times k)$ e $\boldsymbol{B}$ $(k \times p)$; define-se o produto $\boldsymbol{C} = \boldsymbol{AB}$ como a matriz $(n \times p)$ de elemento genérico

$$c_{ij} = \sum\nolimits_{l=1}^{k} a_{il} b_{lj}\,, i = 1, \ldots, n, j = 1, \ldots, p.$$

Se o número de colunas de $\boldsymbol{A}$ coincide com o número de linhas de $\boldsymbol{B}$, então pode calcular-se $\boldsymbol{AB}$, e as matrizes $\boldsymbol{A}$ e $\boldsymbol{B}$ dizem-se *conformáveis*. Cada elemento c_{ij} do produto é o produto interno da linha i de $\boldsymbol{A}$ pela coluna j de $\boldsymbol{B}$: em termos das linhas e colunas das matrizes,

$$\boldsymbol{A} = \begin{bmatrix} \boldsymbol{a}_1' \\ \boldsymbol{a}_2' \\ \vdots \\ \boldsymbol{a}_n' \end{bmatrix}, \quad \boldsymbol{B} = [\boldsymbol{b}_1 \quad \boldsymbol{b}_2 \quad \cdots \quad \boldsymbol{b}_p],$$

vem

$$\boldsymbol{AB} = \begin{bmatrix} \boldsymbol{a}_1'\boldsymbol{b}_1 & \boldsymbol{a}_1'\boldsymbol{b}_2 & \cdots & \boldsymbol{a}_1'\boldsymbol{b}_p \\ \boldsymbol{a}_2'\boldsymbol{b}_1 & \boldsymbol{a}_2'\boldsymbol{b}_2 & \cdots & \boldsymbol{a}_2'\boldsymbol{b}_p \\ \vdots & \vdots & & \vdots \\ \boldsymbol{a}_n'\boldsymbol{b}_1 & \boldsymbol{a}_n'\boldsymbol{b}_2 & \cdots & \boldsymbol{a}_n'\boldsymbol{b}_p \end{bmatrix}.$$

Por exemplo,

$$\underset{(3\times2)}{\begin{bmatrix} 1 & 0 \\ -2 & -1 \\ 3 & 5 \end{bmatrix}} \underset{(2\times4)}{\begin{bmatrix} 0 & -2 & 1 & 3 \\ 2 & 2 & -5 & -1 \end{bmatrix}} = \underset{(3\times4)}{\begin{bmatrix} 0 & -2 & 1 & 3 \\ -2 & 2 & 3 & -5 \\ 10 & 4 & -22 & 4 \end{bmatrix}}.$$

Se $p = 1$ ($\boldsymbol{B}$ é um vector-coluna), $\boldsymbol{AB}$ é $(n \times 1)$ (vector-coluna); se $n = 1$ ($\boldsymbol{A}$ é um vector-linha), $\boldsymbol{AB}$ é $(1 \times p)$ (vector-linha).

Das definições anteriores resultam as propriedades

- Associatividade: $(c_1 c_2)\boldsymbol{A} = c_1(c_2\boldsymbol{A})$, $(c\boldsymbol{A})\boldsymbol{B} = c(\boldsymbol{AB})$.
- Distributividade: $(c_1 + c_2)\boldsymbol{A} = c_1\boldsymbol{A} + c_2\boldsymbol{A}$, $c(\boldsymbol{A} + \boldsymbol{B}) = c\boldsymbol{A} + c\boldsymbol{B}$.
- Associatividade: $(\boldsymbol{AB})\boldsymbol{C} = \boldsymbol{A}(\boldsymbol{BC})$.
- Distributividade: $\boldsymbol{A}(\boldsymbol{B} + \boldsymbol{C}) = \boldsymbol{AB} + \boldsymbol{AC}$, $(\boldsymbol{A} + \boldsymbol{B})\boldsymbol{C} = \boldsymbol{AC} + \boldsymbol{BC}$.
- Elemento absorvente e elemento neutro:

$$\boldsymbol{A0} = \boldsymbol{0A} = \boldsymbol{0}, \qquad \boldsymbol{AI} = \boldsymbol{IA} = \boldsymbol{A}.$$

- Não comutatividade do produto: em geral, $\boldsymbol{AB} \neq \boldsymbol{BA}$, mesmo que ambos os produtos existam. O produto só é comutativo em alguns casos particulares de matrizes quadradas com a mesma ordem.

Uma forma alternativa de exprimir a multiplicação de matrizes resulta da consideração da partição das matrizes. Por exemplo,

$$\boldsymbol{AB} = \begin{bmatrix} \boldsymbol{A}_{11} & \boldsymbol{A}_{12} \\ \boldsymbol{A}_{21} & \boldsymbol{A}_{22} \end{bmatrix} \begin{bmatrix} \boldsymbol{B}_{11} & \boldsymbol{B}_{12} \\ \boldsymbol{B}_{21} & \boldsymbol{B}_{22} \end{bmatrix} =$$

$$\begin{bmatrix} \boldsymbol{A}_{11}\boldsymbol{B}_{11} + \boldsymbol{A}_{12}\boldsymbol{B}_{21} & \boldsymbol{A}_{11}\boldsymbol{B}_{12} + \boldsymbol{A}_{12}\boldsymbol{B}_{22} \\ \boldsymbol{A}_{21}\boldsymbol{B}_{11} + \boldsymbol{A}_{22}\boldsymbol{B}_{21} & \boldsymbol{A}_{21}\boldsymbol{B}_{12} + \boldsymbol{A}_{22}\boldsymbol{B}_{22} \end{bmatrix}$$

(supondo que as matrizes $\boldsymbol{A}$ e $\boldsymbol{B}$ são decompostas de modo que os blocos envolvidos nas multiplicações parciais são conformáveis).

Propriedades da transposição de matrizes

- $(\boldsymbol{A}')' = \boldsymbol{A}$.
- $(\boldsymbol{A} + \boldsymbol{B})' = \boldsymbol{A}' + \boldsymbol{B}'$.
- $(c\boldsymbol{A})' = c\boldsymbol{A}'$, $\qquad (\boldsymbol{AB})' = \boldsymbol{B}'\boldsymbol{A}'$.

Seja a matriz $\boldsymbol{X}$ $(n \times k)$, expressa na forma

$$\boldsymbol{X} = \begin{bmatrix} \boldsymbol{x}_1 \\ \boldsymbol{x}_2 \\ \vdots \\ \boldsymbol{x}_n \end{bmatrix},$$

em que $\boldsymbol{x}_i = [x_{i1} \quad x_{i2} \quad \cdots \quad x_{ik}]$, $i = 1, \dots, n$, designa cada uma das linhas da matriz. $\boldsymbol{X}'\boldsymbol{X}$ é uma matriz quadrada $(k \times k)$, simétrica, porque

$$(\boldsymbol{X}'\boldsymbol{X})' = \boldsymbol{X}'(\boldsymbol{X}')' = \boldsymbol{X}'\boldsymbol{X}.$$

Considere-se o conteúdo da matriz

$$\boldsymbol{X}'\boldsymbol{X} = [\boldsymbol{x}_1' \quad \boldsymbol{x}_2' \quad \cdots \quad \boldsymbol{x}_n'] \begin{bmatrix} \boldsymbol{x}_1 \\ \boldsymbol{x}_2 \\ \vdots \\ \boldsymbol{x}_n \end{bmatrix} = \sum_{i=1}^{n} \boldsymbol{x}_i'\boldsymbol{x}_i\,;$$

cada parcela do somatório é uma matriz $(k \times k)$, dada por

$$\boldsymbol{x}_i'\boldsymbol{x}_i = \begin{bmatrix} x_{i1}^2 & x_{i1}x_{i2} & \cdots & x_{i1}x_{ik} \\ x_{i1}x_{i2} & x_{i2}^2 & \cdots & x_{i2}x_{ik} \\ \vdots & \vdots & & \vdots \\ x_{i1}x_{ik} & x_{i2}x_{ik} & \cdots & x_{ik}^2 \end{bmatrix},$$

logo,

$$\boldsymbol{X}'\boldsymbol{X} = \begin{bmatrix} \sum_{i=1}^{n} x_{i1}^2 & \sum_{i=1}^{n} x_{i1}x_{i2} & \cdots & \sum_{i=1}^{n} x_{i1}x_{ik} \\ \sum_{i=1}^{n} x_{i1}x_{i2} & \sum_{i=1}^{n} x_{i2}^2 & \cdots & \sum_{i=1}^{n} x_{i2}x_{ik} \\ \vdots & \vdots & & \vdots \\ \sum_{i=1}^{n} x_{i1}x_{ik} & \sum_{i=1}^{n} x_{i2}x_{ik} & \cdots & \sum_{i=1}^{n} x_{ik}^2 \end{bmatrix}$$

contém as somas dos quadrados (diagonal principal) e dos produtos cruzados (fora da diagonal principal) dos elementos das colunas da matriz $\boldsymbol{X}$. Se as colunas de $\boldsymbol{X}$ são ortogonais duas a duas, a matriz $\boldsymbol{X}'\boldsymbol{X}$ é diagonal; se as colunas são ortogonais duas a duas e têm norma unitária, $\boldsymbol{X}'\boldsymbol{X} = \boldsymbol{I}_k$, caso em que a matriz $\boldsymbol{X}$ se diz *ortogonal*.

Traço

O *traço* de uma matriz quadrada $\boldsymbol{A} = [a_{ij}]$ $(k \times k)$, $\mathrm{tr}(\boldsymbol{A})$, define-se como a soma dos elementos da sua diagonal principal. Formalmente,

$$\mathrm{tr}(\boldsymbol{A}) = \sum_{i=1}^{k} a_{ii}.$$

Da definição decorrem as propriedades

- $\mathrm{tr}(c\boldsymbol{A}) = c\,\mathrm{tr}(\boldsymbol{A})$.
- $\mathrm{tr}(\boldsymbol{A}') = \mathrm{tr}(\boldsymbol{A})$.
- $\mathrm{tr}(\boldsymbol{A} + \boldsymbol{B}) = \mathrm{tr}(\boldsymbol{A}) + \mathrm{tr}(\boldsymbol{B})$.
- Sejam $\boldsymbol{A}$ $(n \times k)$ e $\boldsymbol{B}$ $(k \times n)$; então, $\mathrm{tr}(\boldsymbol{AB}) = \mathrm{tr}(\boldsymbol{BA})$.

DEMONSTRAÇÃO

Sejam

$$\boldsymbol{A}=\begin{bmatrix}\boldsymbol{a}_1'\\ \vdots \\ \boldsymbol{a}_n'\end{bmatrix},\quad \boldsymbol{B}=[\boldsymbol{b}_1' \quad \cdots \quad \boldsymbol{b}_n'];$$

então,

$$\boldsymbol{AB}=\begin{bmatrix}\boldsymbol{a}_1'\boldsymbol{b}_1 & \cdots & \boldsymbol{a}_1'\boldsymbol{b}_n\\ \vdots & & \vdots\\ \boldsymbol{a}_n'\boldsymbol{b}_1 & \cdots & \boldsymbol{a}_n'\boldsymbol{b}_n\end{bmatrix}=\begin{bmatrix}\boldsymbol{b}_1'\boldsymbol{a}_1 & \cdots & \boldsymbol{b}_1'\boldsymbol{a}_n\\ \vdots & & \vdots\\ \boldsymbol{b}_n'\boldsymbol{a}_1 & \cdots & \boldsymbol{b}_n'\boldsymbol{a}_n\end{bmatrix}=\boldsymbol{BA}\Rightarrow$$

$$\mathrm{tr}(\boldsymbol{AB})=\sum_{i=1}^{n}\boldsymbol{a}_i'\boldsymbol{b}_i=\sum_{i=1}^{n}\boldsymbol{b}_i'\boldsymbol{a}_i=\mathrm{tr}(\boldsymbol{BA}).$$ #

- Permutabilidade circular: $\mathrm{tr}(\boldsymbol{ABC})=\mathrm{tr}(\boldsymbol{CAB})=\mathrm{tr}(\boldsymbol{BCA})$.

A.3 Característica de uma matriz. Matriz inversa.

A *característica* de uma matriz $\boldsymbol{A}=[\boldsymbol{a}_1 \quad \boldsymbol{a}_2 \quad \cdots \quad \boldsymbol{a}_k]$ $(n\times k)$, $k\leq n$, denotada $\mathrm{car}(\boldsymbol{A})$, define-se como o número máximo de colunas de $\boldsymbol{A}$ linearmente independentes. Se $\mathrm{car}(\boldsymbol{A})=k$, tal significa que qualquer combinação linear não nula das colunas é diferente de zero,

$$\sum_{i=1}^{k}c_i\boldsymbol{a}_i=\boldsymbol{Ac}\neq\boldsymbol{0},\quad \boldsymbol{c}=\begin{bmatrix}c_1\\ \vdots\\ c_k\end{bmatrix}\neq\boldsymbol{0}.$$

Uma matriz quadrada com característica igual à ordem diz-se *regular* ou *invertível*. Caso contrário, a matriz diz-se *singular*. Se uma matriz $\boldsymbol{A}$ $(k\times k)$ é regular, então existe uma (e só uma) matriz $\boldsymbol{A}^{-1}$ $(k\times k)$, designada *matriz inversa de* $\boldsymbol{A}$, que verifica

$$\boldsymbol{AA}^{-1}=\boldsymbol{A}^{-1}\boldsymbol{A}=\boldsymbol{I}_k.$$

Sejam $\boldsymbol{A}$ e $\boldsymbol{B}$ matrizes regulares. Enuncia-se as propriedades

- $(\boldsymbol{A}')^{-1}=(\boldsymbol{A}^{-1})'$.
- $(\boldsymbol{AB})^{-1}=\boldsymbol{B}^{-1}\boldsymbol{A}^{-1}$.

DEMONSTRAÇÃO

$$\boldsymbol{AB}(\boldsymbol{AB})^{-1}=\boldsymbol{I}\Leftrightarrow\boldsymbol{A}^{-1}\boldsymbol{AB}(\boldsymbol{AB})^{-1}=\boldsymbol{A}^{-1}\Leftrightarrow$$
$$\boldsymbol{B}(\boldsymbol{AB})^{-1}=\boldsymbol{A}^{-1}\Leftrightarrow\boldsymbol{B}^{-1}\boldsymbol{B}(\boldsymbol{AB})^{-1}=$$
$$\boldsymbol{B}^{-1}\boldsymbol{A}^{-1}\Leftrightarrow(\boldsymbol{AB})^{-1}=\boldsymbol{B}^{-1}\boldsymbol{A}^{-1}.$$ #

A propriedade é extensível a qualquer número de factores,

$$(\boldsymbol{A_1 A_2} \dots \boldsymbol{A_n})^{-1} = \boldsymbol{A_n^{-1}} \dots \boldsymbol{A_2^{-1} A_1^{-1}}.$$

A partir da partição de uma matriz, pode obter-se a expressão da inversa por blocos,

$$\boldsymbol{A}^{-1} = \begin{bmatrix} \boldsymbol{A} & \boldsymbol{B} \\ \boldsymbol{C} & \boldsymbol{D} \end{bmatrix}^{-1} =$$

$$\begin{bmatrix} (\boldsymbol{A} - \boldsymbol{BD}^{-1}\boldsymbol{C})^{-1} & -(\boldsymbol{A} - \boldsymbol{BD}^{-1}\boldsymbol{C})^{-1}\boldsymbol{BD}^{-1} \\ -(\boldsymbol{D} - \boldsymbol{CA}^{-1}\boldsymbol{B})^{-1}\boldsymbol{CA}^{-1} & (\boldsymbol{D} - \boldsymbol{CA}^{-1}\boldsymbol{B})^{-1} \end{bmatrix}$$

(por multiplicação directa, pode-se verificar que $\boldsymbol{AA}^{-1} = \boldsymbol{A}^{-1}\boldsymbol{A} = \boldsymbol{I}$).

A.4 Determinantes

Embora se utilize frequentemente determinantes, raramente se precisa da sua definição, aqui incluida por conveniência de exposição. Sejam $\boldsymbol{A} = [a_{ij}]$ $(k \times k)$ e $p_l = (j_1, j_2, \dots, j_k)$ uma das $k!$ permutações do conjunto dos números naturais $\{1,2, \dots, k\}$. Define-se o *determinante de* $\boldsymbol{A}$,

$$|\boldsymbol{A}| = \sum\nolimits_{l=1}^{k} a_{ij_1} a_{ij_2} \dots a_{ij_k} (-1)^q,$$

em que q denota o número de inversões da permutação p_l relativamente à sequência natural $(1,2, \dots, k)$. Por exemplo, se $k = 2$, as permutações de $\{1,2\}$ são $(1,2)$ $(q = 0)$ e $(2,1)$ $(q = 1)$. Deste modo,

$$|\boldsymbol{A}| = a_{11}a_{22}(-1)^0 + a_{12}a_{21}(-1)^1 = a_{11}a_{22} - a_{12}a_{21}.$$

Se $k = 3$, vem

$$|\boldsymbol{A}| = a_{11}a_{22}a_{33} + a_{12}a_{23}a_{31} + a_{13}a_{21}a_{32} - a_{11}a_{23}a_{32} - a_{12}a_{21}a_{33} - a_{13}a_{22}a_{31}.$$

Em geral, $|\boldsymbol{A}|$ pode obter-se como soma dos produtos de cada elemento de uma fila (linha ou coluna), a_{ij}, pelo respectivo *co-factor* [produto do determinante da sub-matriz que resulta de excluir de $\boldsymbol{A}$ a linha i e coluna j, por $(-1)^{i+j}$]. Por exemplo, para uma matriz (4×4), seleccionando os elementos da segunda linha, vem

$$|\boldsymbol{A}| = -a_{21}|\boldsymbol{A_{21}}| + a_{22}|\boldsymbol{A_{22}}| - a_{23}|\boldsymbol{A_{23}}| + a_{24}|\boldsymbol{A_{24}}|,$$

em que $|\boldsymbol{A_{2j}}|$, $j = 1, \dots, 4$, é o determinante que resulta de excluir de $\boldsymbol{A}$ a linha 2 e coluna j.

Algumas propriedades de determinantes [$\boldsymbol{A} = [a_{ij}]$, $(k \times k)$]:

- $|\boldsymbol{A}'| = |\boldsymbol{A}|$.
- $|c\boldsymbol{A}| = c^k|\boldsymbol{A}|$.
- $|\boldsymbol{AB}| = |\boldsymbol{A}||\boldsymbol{B}|$.
- $|\boldsymbol{A}^{-\mathbf{1}}| = |\boldsymbol{A}|^{-1}$.
- $|\boldsymbol{A}| \neq 0$, se e só se $\boldsymbol{A}$ é regular.
- Se $\boldsymbol{A}$ é triangular, então $|\boldsymbol{A}| = \prod_{i=1}^{k} a_{ii}$.
- Se $\boldsymbol{A}$ é ortogonal, $\boldsymbol{A}' = \boldsymbol{A}^{-\mathbf{1}}$ e $|\boldsymbol{A}| = \pm 1$.

DEMONSTRAÇÃO

Se $\boldsymbol{A}$ é ortogonal,

$\boldsymbol{AA}' = \boldsymbol{I} \Leftrightarrow \boldsymbol{A}' = \boldsymbol{A}^{-\mathbf{1}}$;

$\boldsymbol{AA}' = \boldsymbol{I} \Rightarrow |\boldsymbol{AA}'| = 1 \Leftrightarrow |\boldsymbol{A}||\boldsymbol{A}'| = |\boldsymbol{A}|^2 = 1 \Leftrightarrow |\boldsymbol{A}| = \pm 1.$ #

Cálculo da inversa utilizando determinantes

A matriz inversa de $\boldsymbol{A}$ pode obter-se mediante o seguinte procedimento: constrói-se a matriz em que cada elemento a_{ij} de $\boldsymbol{A}$ se substitui por

$$|\boldsymbol{A}|^{-1}(-1)^{i+j}\boldsymbol{A}_{ij},$$

em que $(-1)^{i+j}\boldsymbol{A}_{ij}$ representa o co-factor de a_{ij}; a matriz inversa de $\boldsymbol{A}$ é a matriz transposta da matriz resultante. Por exemplo,

$$\begin{bmatrix} 1 & 2 \\ 4 & 3 \end{bmatrix}^{-1} = \frac{1}{-5}\begin{bmatrix} 3 & -4 \\ -2 & 1 \end{bmatrix}' = \begin{bmatrix} -3/5 & 2/5 \\ 4/5 & -1/5 \end{bmatrix}.$$

A.5 Valores e vectores próprios. Diagonalização de matrizes.

A *equação característica* da matriz $\boldsymbol{A}$ $(k \times k)$ é a equação em λ,

$$|\boldsymbol{A} - \lambda \boldsymbol{I}_k| = 0.$$

Esta equação tem grau k e as suas raízes, não necessariamente todas distintas, designam-se *valores próprios* de $\boldsymbol{A}$. Se λ_i constitui um valor próprio de $\boldsymbol{A}$, então a matriz $\boldsymbol{A} - \lambda_i \boldsymbol{I}_k$ é singular, o que significa que há um vector $\boldsymbol{v}_i$ não nulo tal, que

$$(\boldsymbol{A} - \lambda_i \boldsymbol{I}_k)\boldsymbol{v}_i = \mathbf{0} \Leftrightarrow \boldsymbol{A}\boldsymbol{v}_i = \lambda_i \boldsymbol{v}_i.$$

Os vectores $\boldsymbol{v}_i$, correspondentes aos valores próprios, λ_i, $i = 1, \ldots, k$, designam-se *vectores próprios* da matriz $\boldsymbol{A}$.

Considere-se as matrizes $\boldsymbol{A}$ $(k \times k)$, $\boldsymbol{P}$ $(k \times k)$ dos vectores próprios de $\boldsymbol{A}$, $\boldsymbol{P} = [\boldsymbol{v_1} \quad \cdots \quad \boldsymbol{v_k}]$, e $\boldsymbol{\Lambda} = \text{diag}(\lambda_i, i = 1, \dots, k)$. Então, o conjunto das k igualdades, $\boldsymbol{Av_i} = \lambda_i \boldsymbol{v_i}$, $i = 1, \dots, k$, pode-se escrever de forma compacta como $\boldsymbol{AP} = \boldsymbol{P\Lambda}$. Donde, se $\boldsymbol{P}$ é invertível, pode-se *diagonalizar* a matriz $\boldsymbol{A}$, da forma

$$\boldsymbol{P}^{-1}\boldsymbol{AP} = \boldsymbol{\Lambda},$$

cujos elementos, como indicado, são os valores próprios de $\boldsymbol{A}$.

Refira-se algumas propriedades de valores e vectores próprios.

- $|\boldsymbol{A}| = \prod_{i=1}^{k} \lambda_i$. Em consequência, $\boldsymbol{A}$ é regular se e só se todos os valores próprios são não nulos.
- $\text{tr}(A) = \sum_{i=1}^{k} \lambda_i$.
- Se λ é valor próprio de $\boldsymbol{A}$, λ^r é valor próprio de $\boldsymbol{A}^r$; os vectores próprios são comuns. Em particular, os valores próprios de $\boldsymbol{A}^{-1}$ são os inversos dos valores próprios de $\boldsymbol{A}$.

DEMONSTRAÇÃO

$\boldsymbol{Av} = \lambda \boldsymbol{v} \Leftrightarrow \boldsymbol{A}^2\boldsymbol{v} = \lambda \boldsymbol{Av} = \lambda^2 \boldsymbol{v}$, etc..

Em particular, $\boldsymbol{Av} = \lambda \boldsymbol{v} \Leftrightarrow \boldsymbol{A}^{-1}\boldsymbol{Av} = \lambda \boldsymbol{A}^{-1}\boldsymbol{v} \Leftrightarrow \boldsymbol{A}^{-1}\boldsymbol{v} = \lambda^{-1}\boldsymbol{v}$. #

Nem sempre se pode diagonalizar $\boldsymbol{A}$ (para tal é necessário que $\boldsymbol{P}$ seja invertível ou, de modo equivalente, os vectores próprios sejam linearmente independentes). Um caso de particular interesse ocorre se $\boldsymbol{A}$ é simétrica, em que os vectores próprios são não apenas linearmente independentes mas também ortogonais. Neste caso costuma-se normalizar os vectores próprios para terem norma unitária, $\|\boldsymbol{v_i}\| = 1$, $i = 1, \dots, k$. Para $\boldsymbol{A}$ simétrica, a diagonalização pode escrever-se na forma

$$\boldsymbol{P}'\boldsymbol{AP} = \boldsymbol{\Lambda} \Leftrightarrow \boldsymbol{A} = \boldsymbol{P\Lambda P}'$$

A.6 Matrizes idempotentes

Uma matriz quadrada simétrica $\boldsymbol{A}$ diz-se *idempotente*, se $\boldsymbol{A}^2 = \boldsymbol{A}$. Pode-se obter matrizes idempotentes, de forma bastante geral, a partir de outra matriz. Seja $\boldsymbol{X}$ $(n \times k)$ com $\text{car}(\boldsymbol{X}) = k$, e as matrizes

$$\boldsymbol{P} = \boldsymbol{X}(\boldsymbol{X}'\boldsymbol{X})^{-1}\boldsymbol{X}', \qquad \boldsymbol{M} = \boldsymbol{I}_n - \boldsymbol{P}.$$

$\boldsymbol{P}$ e $\boldsymbol{M}$ são idempotentes, porque

$$\boldsymbol{P}^2 = \boldsymbol{X}(\boldsymbol{X}'\boldsymbol{X})^{-1}\boldsymbol{X}'\boldsymbol{X}(\boldsymbol{X}'\boldsymbol{X})^{-1}\boldsymbol{X}' = \boldsymbol{X}(\boldsymbol{X}'\boldsymbol{X})^{-1}\boldsymbol{X}' = \boldsymbol{P},$$

$$\boldsymbol{M}^2 = (\boldsymbol{I}_n - \boldsymbol{P})(\boldsymbol{I}_n - \boldsymbol{P}) = \boldsymbol{I}_n - \boldsymbol{P} - \boldsymbol{P} + \boldsymbol{P}^2 = \boldsymbol{I}_n - \boldsymbol{P} = \boldsymbol{M}.$$

Uma matriz $\boldsymbol{A}$ idempotente verifica as propriedades

- $|\boldsymbol{A}| = 0$ ou 1.

  DEMONSTRAÇÃO

  Se $\boldsymbol{A}$ é idempotente, os valores próprios são iguais aos quadrados, $\lambda = \lambda^2 \Leftrightarrow \lambda = 0 \vee \lambda = 1$. Donde, $|\boldsymbol{A}| = \prod_{i=1}^{k} \lambda_i$ é igual a 0 ou 1. #
- $\text{tr}(\boldsymbol{A}) = \text{car}(\boldsymbol{A})$.

A.7 Formas quadráticas. Matrizes definidas e semi-definidas.

Uma matriz quadrada simétrica $\boldsymbol{A}$ diz-se *definida positiva* (*negativa*), se a *forma quadrática* $\boldsymbol{x}'\boldsymbol{A}\boldsymbol{x}$ é positiva (negativa), qualquer que seja $\boldsymbol{x}$ não nulo; se $\boldsymbol{x}'\boldsymbol{A}\boldsymbol{x} \geq 0 (\leq 0)$, $\boldsymbol{A}$ diz-se *semi-definida positiva* (*negativa*). Denota-se, respectivamente, $A > 0 (< 0)$ ou $A \geq 0 (\leq 0)$.

Refere-se algumas propriedades relativas a formas quadráticas.

- Se $\boldsymbol{A} = \boldsymbol{B}'\boldsymbol{B}$ para alguma matriz $\boldsymbol{B}$, então $\boldsymbol{A} \geq 0$.

  DEMONSTRAÇÃO

  $\boldsymbol{x}'\boldsymbol{A}\boldsymbol{x} = \boldsymbol{x}'\boldsymbol{B}'\boldsymbol{B}\boldsymbol{x} = (\boldsymbol{B}\boldsymbol{x})'\boldsymbol{B}\boldsymbol{x} \geq 0$, porque se trata de um produto interno da forma $\boldsymbol{y}'\boldsymbol{y} = \sum y_i^2$, com $\boldsymbol{y} = [y_1, \dots, y_k]' = \boldsymbol{B}\boldsymbol{x}$. #
- $\boldsymbol{A} > 0$ se e só se todos os seus valores próprios são positivos.

  DEMONSTRAÇÃO

  $\boldsymbol{A}\boldsymbol{x} = \lambda\boldsymbol{x} \Rightarrow \boldsymbol{x}'\boldsymbol{A}\boldsymbol{x} = \lambda\boldsymbol{x}'\boldsymbol{x}$; $\boldsymbol{x}'\boldsymbol{A}\boldsymbol{x} > 0 \Leftrightarrow \lambda > 0$, porque $\boldsymbol{x}'\boldsymbol{x} = \sum x_i^2 > 0$. #
- Se $\boldsymbol{A} > 0$, então $\boldsymbol{A}$ é regular e $\boldsymbol{A}^{-1} > 0$.

  DEMONSTRAÇÃO

  Se $\boldsymbol{A} > 0$, todos os valores próprios, λ_i, são positivos, logo, $|\boldsymbol{A}| = \prod_{i=1}^{k} \lambda_i > 0$. Além disso, os valores próprios de $\boldsymbol{A}^{-1}$, λ_i^{-1}, também são todos positivos. #

A noção de raiz quadrada de uma matriz (semi-)definida positiva é utilizada ocasionalmente no presente texto – cfr. sec. 9.5.2, 15.2.2. Importa por isso referir esta noção –sucintamente, sem descrição dos métodos de cálculo.[36] Seja $\boldsymbol{A}$ semi-definida positiva; a matriz $\boldsymbol{S}$ semi-definida positiva que verifica $\boldsymbol{S}^2 = \boldsymbol{A}$, designa-se raiz quadrada de $\boldsymbol{A}$, escrevendo-se $\boldsymbol{S} = \boldsymbol{A}^{1/2}$. Se $\boldsymbol{A}$ é definida positiva, então $\boldsymbol{A}^{-1}$ existe definida positiva; logo, $\boldsymbol{A}^{-1}$ tem raiz quadrada, denotada $\boldsymbol{A}^{-1/2}$, que corresponde à inversa de $\boldsymbol{A}^{1/2}$. Um exemplo simples é o de $\boldsymbol{A}$ diagonal, $\boldsymbol{A} = \mathrm{diag}(a_j, j = 1, \ldots n)$, $a_j > 0$, $j = 1, \ldots, n$, em que $\boldsymbol{A}^{1/2} = \mathrm{diag}(a_j^{1/2})$, $\boldsymbol{A}^{-1} = \mathrm{diag}(a_j^{-1})$, $\boldsymbol{A}^{-1/2} = \mathrm{diag}(a_j^{-1/2})$.

Refira-se a propriedade seguinte: se $\boldsymbol{A} > 0$ é uma matriz simétrica, então existe uma matriz $\boldsymbol{Q}$ regular tal, que $\boldsymbol{A} = \boldsymbol{Q}\boldsymbol{Q}'$.

DEMONSTRAÇÃO

Se $\boldsymbol{A} > 0$, os valores próprios, λ_i, são todos positivos, logo, $\boldsymbol{\Lambda} = \mathrm{diag}(\lambda_i) = \boldsymbol{\Lambda}^{1/2}\boldsymbol{\Lambda}^{1/2}$, em que $\boldsymbol{\Lambda}^{1/2} = \mathrm{diag}(\sqrt{\lambda_i})$ (omite-se a dimensão das matrizes). Então, sendo $\boldsymbol{P}$ a matriz dos vectores próprios de $\boldsymbol{A}$, vem $\boldsymbol{A} = \boldsymbol{P}\boldsymbol{\Lambda}\boldsymbol{P}' = \boldsymbol{P}\boldsymbol{\Lambda}^{1/2}\boldsymbol{\Lambda}^{1/2}\boldsymbol{P}' = (\boldsymbol{P}\boldsymbol{\Lambda}^{1/2})(\boldsymbol{P}\boldsymbol{\Lambda}^{1/2})' = \boldsymbol{Q}\boldsymbol{Q}'$, em que $\boldsymbol{Q} = \boldsymbol{P}\boldsymbol{\Lambda}^{1/2}$. #

A.8 Cálculo diferencial matricial

Considere-se o vector-*coluna* $\boldsymbol{z} = [z_1, z_2, \ldots, z_n]'$ $(n \times 1)$ e a função escalar, $g(\boldsymbol{z})\colon \mathcal{R}^n \to \mathcal{R}$. Define-se as derivadas vectoriais,

$$\underset{(n\times 1)}{\partial g/\partial \boldsymbol{z}} = \begin{bmatrix} \partial g/\partial z_1 \\ \vdots \\ \partial g/\partial z_n \end{bmatrix}, \qquad \underset{(1\times n)}{\partial g/\partial \boldsymbol{z}'} = [\partial g/\partial z_1 \quad \cdots \quad \partial g/\partial z_n].$$

Dado o vector de m funções $\boldsymbol{g}(\boldsymbol{z})\colon \mathcal{R}^n \to \mathcal{R}^m$,

---

[36] Para o efeito, pode consultar-se, por exemplo, Gentle (2007, sec. 5.9).

$$\underset{(m\times 1)}{\boldsymbol{g}(\boldsymbol{z})} = \begin{bmatrix} g_1(\boldsymbol{z}) \\ \vdots \\ g_m(\boldsymbol{z}) \end{bmatrix},$$

define-se a derivada matricial

$$\underset{(m\times n)}{\partial \boldsymbol{g}/\partial \boldsymbol{z}'} = \begin{bmatrix} \partial g_1/\partial \boldsymbol{z}' \\ \vdots \\ \partial g_m/\partial \boldsymbol{z}' \end{bmatrix} = \begin{bmatrix} \partial g_1/\partial z_1 & \cdots & \partial g_1/\partial z_n \\ \vdots & & \vdots \\ \partial g_m/\partial z_1 & \cdots & \partial g_m/\partial z_n \end{bmatrix}$$

[e, analogamente, a derivada $\partial \boldsymbol{g}'/\partial \boldsymbol{z}$, $(n \times m)$].

Para uma função escalar, $h(\boldsymbol{z})\colon \mathcal{R}^n \to \mathcal{R}$, tem-se a matriz $(n \times n)$

$$\partial^2 h/\partial \boldsymbol{z}\partial \boldsymbol{z}' = \frac{\partial}{\partial \boldsymbol{z}}(\partial h/\partial \boldsymbol{z}') = \begin{bmatrix} \frac{\partial}{\partial \boldsymbol{z}}(\partial h/\partial z_1) & \cdots & \frac{\partial}{\partial \boldsymbol{z}}(\partial h/\partial z_n) \end{bmatrix} =$$

$$\begin{bmatrix} \partial^2 h/\partial z_1^2 & \partial^2 h/\partial z_1 \partial z_2 & \cdots & \partial^2 h/\partial z_1 \partial z_n \\ \partial^2 h/\partial z_2 \partial z_1 & \partial^2 h/\partial z_2^2 & \cdots & \partial^2 h/\partial z_2 \partial z_n \\ \vdots & \vdots & & \vdots \\ \partial^2 h/\partial z_n \partial z_1 & \partial^2 h/\partial z_n \partial z_2 & \cdots & \partial^2 h/\partial z_n^2 \end{bmatrix},$$

que se designa *matriz hessiana* de $h(\boldsymbol{z})$.

Sejam $\boldsymbol{a} = [a_1 \;\; \cdots \;\; a_n]'$ e $\boldsymbol{A}$ uma matriz $(n \times k)$. Tem-se

- $\partial(\boldsymbol{a}'\boldsymbol{z})/\partial \boldsymbol{z} = \partial(\boldsymbol{z}'\boldsymbol{a})/\partial \boldsymbol{z} = \boldsymbol{a}$.
- $\partial(\boldsymbol{A}\boldsymbol{z})/\partial \boldsymbol{z} = \boldsymbol{A}$.
- Se $\boldsymbol{A}$ é quadrada $(k = n)$, $\partial(\boldsymbol{z}'\boldsymbol{A}\boldsymbol{z})/\partial \boldsymbol{z} = (\boldsymbol{A} + \boldsymbol{A}')\boldsymbol{z}$.
  Se $\boldsymbol{A}$ é simétrica, $\partial(\boldsymbol{z}'\boldsymbol{A}\boldsymbol{z})/\partial \boldsymbol{z} = 2\boldsymbol{A}\boldsymbol{z}$.
- Se $\boldsymbol{A}$ é quadrada $(k = n)$, $\partial^2(\boldsymbol{z}'\boldsymbol{A}\boldsymbol{z})/\partial \boldsymbol{z}\partial \boldsymbol{z}' = \boldsymbol{A} + \boldsymbol{A}'$.
  Se $\boldsymbol{A}$ é simétrica, $\partial^2(\boldsymbol{z}'\boldsymbol{A}\boldsymbol{z})/\partial \boldsymbol{z}\partial \boldsymbol{z}' = 2\boldsymbol{A}$.

Exercícios

A.1 Considere as seguintes matrizes:

$$\boldsymbol{A} = \begin{bmatrix} 1 & 3 & 1 \\ 0 & 2 & 1 \\ 1 & 5 & 0 \end{bmatrix} \quad \boldsymbol{B} = \begin{bmatrix} 0 & 2 \\ 2 & 2 \\ -1 & 0 \end{bmatrix} \quad \boldsymbol{y} = \begin{bmatrix} 2 \\ -2 \\ 1 \end{bmatrix}$$

Calcule, se possível $\boldsymbol{C} = \boldsymbol{B}\boldsymbol{A}$, $\boldsymbol{D} = \boldsymbol{A}\boldsymbol{y}$, $\boldsymbol{E} = \boldsymbol{y}\boldsymbol{A}$ e $\boldsymbol{F} = \boldsymbol{A}\boldsymbol{y}'$.

A.2 Sejam as matrizes $\boldsymbol{P}$ e $\boldsymbol{Q}$ tais, que existe o produto $\boldsymbol{P}\boldsymbol{Q}$. Mostre que cada linha i de $\boldsymbol{PQ}$ é o produto matricial da linha i de $\boldsymbol{P}$ pela matriz $\boldsymbol{Q}$. Descreva, do mesmo modo, cada coluna j de $\boldsymbol{PQ}$.

A.3 Considere $\boldsymbol{A}$ e $\boldsymbol{B}$ matrizes quadradas não singulares. Recorrendo à definição de matriz inversa mostre que $(\boldsymbol{AB})^{-1} = \boldsymbol{B}^{-1}\boldsymbol{A}^{-1}$. Generalize para o produto de um número finito de matrizes, $(\boldsymbol{A}_1 \dots \boldsymbol{A}_n)^{-1}$.

A.4 Mostre que $(\boldsymbol{AB})' = \boldsymbol{B}'\boldsymbol{A}'$. Generalize o resultado para o produto de um número arbitrário de matrizes, $(\boldsymbol{A}_1 \dots \boldsymbol{A}_n)'$.

A.5 Seja a matriz $n \times (k+1)$ definida por blocos, $\boldsymbol{X} = [\boldsymbol{\iota} \quad \boldsymbol{X}_1 \quad \boldsymbol{X}_2]$, em que $\boldsymbol{\iota}$ é um vector $n \times 1$ com todos os elementos iguais a 1, $\boldsymbol{X}_1$ é $n \times k_1$ e $\boldsymbol{X}_2$ é $n \times k_2$.

a) Escreva a matriz $\boldsymbol{X}'$.

b) Obtenha a matriz $\boldsymbol{X}'\boldsymbol{X}$ em termos dos blocos de $\boldsymbol{X}$; indique a dimensão de cada um dos blocos de $\boldsymbol{X}'\boldsymbol{X}$. A que é igual o elemento (1,1) de $\boldsymbol{X}'\boldsymbol{X}$?

A.6 Considere as matrizes $\boldsymbol{X}$ $n \times (k+1)$, $\boldsymbol{P} = \boldsymbol{X}(\boldsymbol{X}'\boldsymbol{X})^{-1}\boldsymbol{X}'$ e $\boldsymbol{M} = \boldsymbol{I}_n - \boldsymbol{P}$, em que $\boldsymbol{I}_n$ designa a matriz identidade de ordem n.

a) Mostre que $\boldsymbol{P}$ e $\boldsymbol{M}$ são matrizes simétricas.

b) Uma matriz quadrada $\boldsymbol{A}$ diz-se "idempotente" se e só se $\boldsymbol{A}^2 = \boldsymbol{A}$. Mostre que $\boldsymbol{P}$ e $\boldsymbol{M}$ são idempotentes.

c) Calcule $\boldsymbol{PX}$.

d) $\boldsymbol{y}$ é um vector coluna $(n \times 1)$. Calcule $\boldsymbol{X}'\boldsymbol{My}$.

A.7

a) Seja $\boldsymbol{X}$ $n \times k$, $car(\boldsymbol{X}) = k$; Mostre que $\boldsymbol{X}'\boldsymbol{X}$ é uma definida positiva. Que se pode afirmar se $\text{car}(\boldsymbol{X}) < k$?

b) Seja $\boldsymbol{C}$ uma matriz simétrica definida positiva; mostre que $\boldsymbol{C}^{-1}$ é definida positiva.

B Elementos de probabilidade

B.1 Acontecimentos e probabilidade

Uma *experiência aleatória* é uma experiência cujo resultado, embora desconhecido *a priori*, se sabe pertencer a um dado conjunto, designado *espaço de resultados* (denotado S). São exemplos de experiências aleatórias: lançamento de um dado com seis faces e registo da face virada para cima ($S \supseteq \{1,2,3,4,5,6\}$); registo do número de acidentes numa auto-estrada em um mês ($S \supseteq \mathcal{N}_0$); registo da taxa de inflação anual ($S = \mathcal{R}$); etc. (S pode conter mais elementos do que os que resultam da experiência mas, no mínimo, contém estes).

Define-se *acontecimento* A, como um subconjunto de S (incluindo o próprio S, designado *acontecimento certo*, e o conjunto vazio, $\emptyset$, denominado *acontecimento impossível*): $A \subseteq S$. No exemplo do lançamento do dado, um acontecimento é $A = \{\text{número par}\} = \{2,4,6\}$.

Dado que acontecimentos são conjuntos, as operações com acontecimentos e conjuntos são formalmente idênticas. Em particular,

- União: $A \cup B = \{x: x \in A \vee x \in B\}$.
- Intersecção: $A \cap B = \{x: x \in A \wedge x \in B\}$.
- Acontecimento complementar: $A^c = \{x: x \notin A\}$.
- Diferença: $A - B = \{x: x \in A \wedge x \notin B\} = A \cap B^c$.
- Diferença simétrica:
  $A \triangle B = \{x: (x \in A \wedge x \notin B) \vee (x \in B \wedge x \notin A)\} =$
  $(A - B) \cup (B - A) = (A \cup B) - (A \cap B)$.

Refira-se algumas propriedades das operações com acontecimentos.

- Comutatividade: $A \cup B = B \cup A$; $A \cap B = B \cap A$.
- Associatividade: $(A \cup B) \cup C = A \cup (B \cup C)$;
  $(A \cap B) \cap C = A \cap (B \cap C)$.
- Distributividade: $A \cup (B \cap C) = (A \cup B) \cap (A \cup C)$;
  $A \cap (B \cup C) = (A \cap B) \cup (A \cap C)$.
- Leis de De Morgan: $(A \cup B)^c = A^c \cap B^c$; $(A \cap B)^c = A^c \cup B^c$.

Dois acontecimentos, A e B, dizem-se *incompatíveis* ou *mutua-*

mente exclusivos, se não têm elementos comuns: $A \cap B = \emptyset$. Por exemplo, $A = \{\text{saída de número par}\}$ e $B = \{3,5\}$ são incompatíveis. Uma *partição de S* é um conjunto de acontecimentos $A_i, i = 1,2, \ldots$, tais, que $A_i \cap A_j = \emptyset, \forall i \neq j$, e $\bigcup_i A_i = A_1 \cup A_2 \cup \ldots = S$.

Uma *função probabilidade* é uma função que faz corresponder probabilidades (números entre zero e um) a acontecimentos: $\Pr(A)$ denota a probabilidade de ocorrência de A. Se S (logo, qualquer acontecimento em S) é enumerável (finito ou infinito) o cálculo da probabilidade é intuitivo. Se S não é enumerável (por exemplo, um conjunto contínuo), a consideração da probabilidade requer conceptualização acrescida.

Um conjunto $\mathcal{A}$ de acontecimentos designa-se σ-álgebra (*sigma-álgebra*), se cumpre as condições seguintes: *i.* $\emptyset \in \mathcal{A}$, *ii.* $A \in \mathcal{A} \Rightarrow A^c \in \mathcal{A}$, *iii.* $A_i \in \mathcal{A}, i = 1,2, \ldots \Rightarrow \bigcup_i A_i \in \mathcal{A}$. Por exemplo, o conjunto $\{S, \emptyset\}$ é uma σ-álgebra (a mais simples de todas, designada *trivial*). Para um espaço de resultados S, seja $\mathcal{A}$ a menor σ-álgebra contendo todos os subconjuntos abertos em S; se S é enumerável, $\mathcal{A}$ contém todos os subconjuntos de S; se $S = \mathfrak{R}$, $\mathcal{A}$ contém todos os intervalos reais. No que segue, só se considera probabilidades de acontecimentos em σ-álgebras deste tipo (σ-álgebras *associadas a S*).

Definição axiomática de probabilidade. Propriedades da função probabilidade.

Dados um espaço de resultados S, e uma σ-álgebra $\mathcal{A}$, associada a S, uma função probabilidade, $\Pr(\cdot)$, é uma função de domínio $\mathcal{A}$ e contradomínio o intervalo $[0,1]$ – $\Pr(\cdot) : \mathcal{A} \longmapsto [0,1]$ – que verifica os axiomas

$A1$ $\Pr(S) = 1$;

$A2$ $\Pr(A) \geq 0, \forall A \in \mathcal{A}$;

$A3$ $\Pr(\bigcup_i A_i) = \sum_i \Pr(A_i), A_i \cap A_j = \emptyset, i \neq j$.

Dos três axiomas decorrem as propriedades da probabilidade.

- $\Pr(\emptyset) = 0$.

Demonstração

$S \cap \emptyset = \emptyset$; dados os axiomas $A1$ e $A3$, $1 = \Pr(S) = \Pr(S \cup \emptyset) =$

$\Pr(S) + \Pr(\emptyset) = 1 + \Pr(\emptyset) \Leftrightarrow \Pr(\emptyset) = 0.$ #

- $\Pr(A) \leq 1.$

  DEMONSTRAÇÃO

  $A \cup A^c = S$, $A \cap A^c = \emptyset$; dado $A2$, $\Pr(A) \geq 0$ e $\Pr(A^c) \geq 0$; dados $A1$ e $A3$, $1 = \Pr(S) = \Pr(A \cup A^c) = \Pr(A) + \Pr(A^c) \geq \Pr(A).$ #

- $\Pr(A^c) = 1 - \Pr(A).$

  DEMONSTRAÇÃO

  $1 = \Pr(S) = \Pr(A) + \Pr(A^c) \Leftrightarrow \Pr(A^c) = 1 - \Pr(A).$ #

- $\Pr(A - B) = \Pr(A) - \Pr(A \cap B).$

  DEMONSTRAÇÃO

  $A = (A - B) \cup (A \cap B)$, $(A - B) \cap (A \cap B) = \emptyset$; dado $A3$, $\Pr(A) = \Pr(A - B) + \Pr(A \cap B) \Leftrightarrow \Pr(A - B) = \Pr(A) - \Pr(A \cap B).$ #

- $A \subseteq B \Rightarrow \Pr(A) \leq \Pr(B).$

  DEMONSTRAÇÃO

  $A \subseteq B \Rightarrow A \cap B = A \Rightarrow \Pr(B - A) = \Pr(B) - \Pr(A)$, em virtude da propriedade anterior; dado $A2$, vem $\Pr(B - A) \geq 0 \Leftrightarrow \Pr(B) - \Pr(A) \geq 0 \Leftrightarrow \Pr(B) \geq \Pr(A).$ #

- $\Pr(A \cup B) = \Pr(A) + \Pr(B) - \Pr(A \cap B) \leq \Pr(A) + \Pr(B).$

  DEMONSTRAÇÃO

  De $A2$, $\Pr(A \cap B) \geq 0$, o que mostra a desigualdade. Quanto à igualdade: $A \cup B = A \cup (B - A)$, $A \cap (B - A) = \emptyset$; de $A3$: $\Pr(A \cup B) = \Pr(A) + \Pr(B - A) = \Pr(A) + \Pr(B) - \Pr(A \cap B).$ #

Probabilidade condicionada. Independência estatística.

Dado $\Pr(B) > 0$, define-se a probabilidade condicionada de A dado B,

$$\Pr(A|B) = \Pr(A \cap B)/\Pr(B).$$

Seja, por exemplo, o lançamento do dado com seis faces, com a probabilidade de qualquer face $1/6$. Sejam os acontecimentos $A = \{\text{número par}\} = \{2,4,6\}$, $B = \{3,4,5,6\}$, $C = \{\text{número ímpar}\} = \{1,3,5\}$. Vem

$$\Pr(A) = \Pr(\{2\} \cup \{4\} \cup \{6\}) = \Pr(\{2\}) + \Pr(\{4\}) + \Pr(\{6\}) = 1/2,$$

$$\Pr(B) = 2/3, \quad \Pr(C) = 1/2,$$

$$\Pr(A|B) = \Pr(A \cap B)/\Pr(B) = \Pr(\{4,6\})/\Pr(B) = (2/6)/(2/3) = 1/2,$$

$$\Pr(B|A) = \Pr(A \cap B)/\Pr(A) = \Pr(\{4,6\})/\Pr(A) = (1/3)/(1/2) = 2/3,$$
$$\Pr(A|C) = \Pr(A \cap C)/\Pr(C) = \Pr(\emptyset)/\Pr(C) = 0/(1/2) = 0.$$

A probabilidade condicionada, dado o acontecimento B, $\Pr(\cdot\,|B)$, é uma função probabilidade em que se restringe S, substituindo-o por B. A sua definição axiomática pode formalizar-se como

$\Pr(B|B) = 1$;

$\Pr(A|B) \geq 0, \forall A \in \mathcal{A}$;

$\Pr(\bigcup_i A_i\,|B) = \sum_i \Pr(A_i|B)\,, A_i \cap A_j = \emptyset, i \neq j$.

A probabilidade condicionada é uma probabilidade, logo verifica todas as propriedades acima referidas. Por exemplo, $\Pr(A^c|B) = 1 - \Pr(A|B)$, $\Pr(A - B|C) = \Pr(A|C) - \Pr(A \cap B|C)$, etc..

A partir da definição de probabilidade condicionada, vem

$$\Pr(A \cap B) = \Pr(A|B)\Pr(B).$$

Se $\Pr(A|B) = \Pr(A)$ ou, de modo equivalente, $\Pr(A \cap B) = \Pr(A)\Pr(B)$, pode dizer-se que a ocorrência de B não comporta qualquer informação acerca da probabilidade de A. Diz-se então que A e B são acontecimentos *estatisticamente independentes*. No exemplo do lançamento do dado, A e B são independentes, mas A e C são dependentes.

Tome-se uma partição do espaço de resultados, $S = A_1 \cup A_2 \cup \ldots$, $A_i \cap A_j = \emptyset, i \neq j$. Vem, sucessivamente,

$$\Pr(B) = \Pr(B \cap S) = \Pr[B \cap (A_1 \cup A_2 \cup \ldots)] =$$
$$\Pr[(B \cap A_1) \cup (B \cap A_2) \cup \ldots] = \Pr(B \cap A_1) + \Pr(B \cap A_2) + \cdots,$$

em que a última igualdade decorre de $(B \cap A_i) \cap (B \cap A_j) = \emptyset, i \neq j$. Uma vez que $\Pr(B \cap A_i) = \Pr(B|A_i)\Pr(A_i)$, decorre que

$$\Pr(B) = \Pr(B|A_1)\Pr(A_1) + \Pr(B|A_2)\Pr(A_2) + \cdots = \sum_i \Pr(B|A_i)\Pr(A_i).$$

Da definição de $\Pr(A_j|B)$, resulta assim a *regra de Bayes*,

$$\Pr(A_j|B) = \Pr(B \cap A_j)/\Pr(B) = \Pr(B|A_j)\Pr(A_j)/\sum_i \Pr(B|A_i)\Pr(A_i).$$

O caso mais simples decorre da partição $S = A \cup A^c$, resultando

$$\Pr(B) = \Pr(B|A)\Pr(A) + \Pr(B|A^c)\Pr(A^c),$$

$$\Pr(A|B) = \Pr(B|A)\Pr(A)/[\Pr(B|A)\Pr(A) + \Pr(B|A^c)\Pr(A^c)].$$

Seja o exemplo: a probabilidade de uma pessoa ter certa doença é igual a 0,005; um teste clínico detecta a doença com probabilidade igual a, respectivamente, 0,95 se a pessoa está doente, e 0,03 caso contrário. Submeteu-se uma pessoa ao teste, que indicou presença da doença. Qual a probabilidade de a pessoa estar doente? Sejam os acontecimentos D: "pessoa doente", T: "teste positivo". Visa obter-se $Pr(D|T)$:

$$\Pr(D|T) = \Pr(T|D)\Pr(D)/\Pr(T) =$$
$$\Pr(T|D)\Pr(D)/[\Pr(T|D)\Pr(D) + \Pr(T|D^c)\Pr(D^c)] =$$
$$0{,}95 \times 0{,}005/(0{,}95 \times 0{,}005 + 0{,}03 \times 0{,}995) \approx 0{,}137.$$

B.2 Variável aleatória. Função distribuição.

Uma *variável aleatória* é uma função de domínio um espaço amostral e contradomínio $\mathcal{R}$. Para a variável y, formalmente, $y: S \mapsto \mathcal{R}$.[37] Esta função induz um novo espaço amostral ($\mathcal{R}$) e uma nova função probabilidade em $\mathcal{R}$. Pode-se considerar muitos exemplos de variáveis aleatórias: número de filhos por agregado familiar, PIB anual, temperatura média diária, uma variável binária igual a 1(0) caso uma pessoa (não) seja fumador, etc..

Uma variável aleatória caracteriza-se, não apenas pelo seu espaço de resultados (domínio ou *suporte*) - o caso de uma variável *determinística* - mas ainda por assumir valores neste domínio segundo uma distribuição de probabilidades. Define-se então a *função distribuição* de y

$$F(a) = \Pr(y \leq a) \quad (a \in \mathcal{R}).$$

Escreve-se $y \sim F$. Da definição resultam as propriedades

---

(37) Em estatística, utiliza-se vulgarmente letras maiúsculas $Y, X, \ldots$ para denotar variáveis aleatórias, e minúsculas (y, x, ...) para denotar as suas realizações. No presente texto, para não sobrecarregar a notação, utiliza-se apenas letras minúsculas (em negrito, no caso de vectores aleatórios - anexo B.5).

i. $\lim_{y \to -\infty} F(y) = 0, \qquad \lim_{y \to +\infty} F(y) = 1.$
ii. $F(\cdot)$ é monótona não decrescente: $y_1 < y_2 \Rightarrow F(y_1) \leq F(y_2)$.
iii. $F(\cdot)$ é contínua à direita: $\lim_{y \to a, y > a} F(y) = F(a)$.

Variável aleatória discreta

Uma variável aleatória y diz-se *discreta*, se a função tem pontos de descontinuidade ou "degraus". Neste caso, o suporte de y é um conjunto enumerável (finito ou infinito) de números reais, $y_i, i = 1,2, \dots$.

Para uma variável discreta define-se a *função probabilidade*,

$$f(y_i) = \Pr(y = y_i), \quad i = 1,2, \dots$$

Qualquer probabilidade se pode calcular com recurso á função distribuição ou à função probabilidade. Por exemplo, se o suporte de y é $\boldsymbol{\mathcal{N}}_0$,

$$\Pr(y \leq \sqrt{2}) = F(\sqrt{2}) = f(0) + f(1).$$

Dada a definição, a função probabilidade verifica as condições

i. $f(y) \geq 0, \forall y \in \mathcal{R}$.
ii. $\sum_i f(y_i) = 1$.

As funções distribuição e probabilidade relacionam-se através de

$$F(y) = \sum_{y_i \leq y} f(y_i) \Leftrightarrow f(y) = F(y) - \lim_{x \to y, x < y} F(x).$$

Variável aleatória contínua

Uma variável aleatória y diz-se *contínua*, se a função distribuição é contínua. Neste caso, $\Pr(y = a) = 0, \forall a \in \mathcal{R}$ e, em vez da função probabilidade, considera-se a *função densidade* (*de probabilidade*), definida como uma função $f(\cdot)$, não negativa, tal, que

$$F(y) = \int_{-\infty}^{y} f(z)dz, \quad y \in \boldsymbol{\mathcal{R}}.$$

Note-se que nesta expressão "y" denota um qualquer valor particular de $\boldsymbol{\mathcal{R}}$ – não a variável aleatória em si mesma.

Da definição decorre $f(y) = F'(y)$ [se $F(\cdot)$ é diferenciável em y]. Uma função densidade verifica as propriedades

i. $f(y) \geq 0, \forall y \in \mathcal{R}$.
ii. $\int_{-\infty}^{+\infty} f(y)dy = 1$.

Qualquer probabilidade se pode calcular com recurso à função distribuição ou à função densidade de probabilidade. Por exemplo,

$$\Pr(a < y \leq b) = \Pr(y \leq b) - \Pr(y \leq a) = F(b) - F(a) = \int_a^b f(y)dy,$$

$$\Pr(y \geq a) = 1 - \Pr(y < a) = F(+\infty) - F(a) = \int_a^{+\infty} f(y)dy$$

[note-se que $\Pr(y \leq a) = \Pr(y < a)$, porque $\Pr(y = a) = 0$].

B.3 Valor esperado

A noção de *valor esperado* constitui um dos conceitos probabilísticos mais importantes. Com este conceito pode-se caracterizar muitos dos aspectos principais de uma distribuição. Intuitivamente, o valor esperado de uma variável aleatória corresponde à média dos valores da variável, ponderados pelas respectivas probabilidades.

Dadas uma variável y com função probabilidade/densidade $f(\cdot)$ e uma função $g(\cdot)$, define-se o valor esperado da variável aleatória $g(y)$,

$$\mathrm{E}[g(y)] = \begin{cases} \sum_i g(y_i)f(y_i), & y \text{ discreto; } \sum_i |g(y_i)|f(y_i) < \infty, \\ \int_D g(y)f(y)dy, & y \text{ contínuo; } \int_{-\infty}^{\infty} |g(y)|f(y)dy < \infty. \end{cases}$$

Note-se que o valor esperado de $g(y)$ não envolve a variável y. Se y é discreta com suporte finito, $\mathrm{E}[g(y)]$ existe sempre; se o suporte é infinito enumerável, $\mathrm{E}[g(y)]$ só existe se a série respectiva é absolutamente convergente. Se y é contínua, a existência de $\mathrm{E}[g(y)]$ exige convergência absoluta do respectivo integral.

Dada a definição, o valor esperado verifica as propriedades

- $\mathrm{E}(b) = b$, b constante.
- Linearidade: $\mathrm{E}(ay + b) = a\mathrm{E}(y) + b$, a, b constantes.

O operador "E" diz-se *linear*, por causa da propriedade de linearidade. Note-se que, em geral, $\mathrm{E}[g(y)] \neq g[\mathrm{E}(y)]$ – os dois termos só são idênticos, se $g(\cdot)$ é linear. Um resultado útil a este respeito consiste na *desigualdade de Jensen*: se y tem média $\mathrm{E}(y)$e $g(\cdot)$ é uma função convexa

$\{g[\lambda a + (1-\lambda)b] \leq \lambda g(a) + (1-\lambda)g(b), \quad a < b, \quad 0 < \lambda < 1\}$, então $\mathrm{E}[g(y)] \geq g[\mathrm{E}(y)]$. Por exemplo,

$$\mathrm{E}(e^y) \geq e^{\mathrm{E}(y)}.$$

Se $g(y) = y^k, k > 0$, resulta o *momento de ordem k*,

$$\mu_k' = \mathrm{E}(y^k).$$

Se $k = 1$, o momento, $\mu_1' = \mathrm{E}(y)$, denota-se também μ_y (μ, se não há risco de ambiguidade) e representa a média dos valores de y (nalguns contextos entendido como "centro de gravidade" da distribuição de y).

Se $g(y) = (y-\mu)^k$, resulta o *momento centrado de ordem k*,

$$\mu_k = \mathrm{E}[(y-\mu)^k],$$

com casos particulares mais frequentes a *variância*,

$$\mu_2 = \mathrm{E}[(y-\mu)^2] = \sigma_y^2 = \mathrm{V}(y)$$

(ou simplesmente σ^2), uma medida de dispersão da distribuição da variável, o terceiro e quarto momentos. Dada a propriedade de linearidade, a variância vem também igual a

$$\mu_2 = \mathrm{E}(y^2 - 2y\mu + \mu^2) = \mathrm{E}(y^2) - 2\mu\mathrm{E}(y) + \mu^2 = \mathrm{E}(y^2) - \mu^2 = \mu_2' - \mu^2.$$

A raiz quadrada da variância designa-se desvio-padrão, denotado σ_y $\left(= \sqrt{\sigma_y^2}\right)$ ou simplesmente σ.

Das propriedades do valor esperado resulta para a variância,

- $\mathrm{V}(y + a) = \mathrm{V}(y)$, a constante.
- $\mathrm{V}(ay) = a^2\mathrm{V}(y)$, a constante.

DEMONSTRAÇÃO

Seja $\mathrm{E}(y) = \mu \Leftrightarrow \mathrm{E}(ay) = a\mu$, donde

$\mathrm{V}(ay) = \mathrm{E}\{[ay - \mathrm{E}(ay)]^2\} = \mathrm{E}[(ay - a\mu)^2] =$

$\mathrm{E}[a^2(y-\mu)^2] = a^2\mathrm{E}[(y-\mu)^2] = a^2\mathrm{V}(y)$. #

Por exemplo, se $\mathrm{E}(y) = \mu$ e $\mathrm{V}(y) = \sigma^2$, e $z = (y-\mu)/\sigma$, vem

$$\mathrm{E}(z) = [\mathrm{E}(y) - \mu]/\sigma = 0, \mathrm{V}(z) = \mathrm{V}(y-\mu)/\sigma^2 = \mathrm{V}(y)/\sigma^2 = 1,$$

A transformação $z = (y-\mu)/\sigma$ designa-se *padronização* de y.

Se $g(y) = e^{ty}$, t constante, resulta a função (de t)

$$m_y(t) = \mathrm{E}(e^{ty}).$$

Se $m_y(t)$ é diferenciável em $t = 0$, a função designa-se *função geradora de momentos* (fgm). Caso exista, o momento de ordem k de y pode obter-se a partir da fórmula geral

$$\mu_k = m_y^{(k)}(0).$$

Em particular, $\mu = m_y'(0)$ e $\mu_2 = m_y''(0) - \left[m_y'(0)\right]^2$.

DEMONSTRAÇÃO

Seja o desenvolvimento em série de McLaurin da função e^{ty},

$$e^{ty} = 1 + ty + (ty)^2/2! + (ty)^3/3! + \cdots,$$

válido para qualquer valor de ty. Logo, se existem os momentos de y, tomando valor esperado pode-se escrever

$$m_y(t) = 1 + t\mu_1' + \mu_2' t^2/2! + \mu_3' t^3/3! + \cdots, \forall t$$

e também a derivada de qualquer ordem, $m_y^{(k)}(t)$. Por exemplo,

$$m_y'(t) = \mu_1' + t\mu_2' + t^2/2!\,\mu_3' + \cdots, \quad m_y''(t) = \mu_2' + t\mu_3' + \cdots, \forall t,$$

etc.. O que permite obter μ_k', que se verifica dado por $m_y^{(k)}(0)$. #

B.4 Algumas distribuições de utilização frequente

Distribuição Bernoulli

Define-se *prova de Bernoulli* como a experiência que conduz à realização ou não de um acontecimento (por exemplo, o lançamento de uma moeda e registo da face virada para cima). A realização do acontecimento diz-se *sucesso*; a sua não realização designa-se *insucesso*.

Seja $y \in \{0,1\}$ a variável aleatória definida como o número de sucessos numa prova de Bernoulli, com probabilidade de sucesso $\Pr(y = 1) = \pi$. A função probabilidade Bernoulli pode escrever-se

$$f(y) = \pi^y(1-\pi)^{1-y}, y \in \{0,1\}, 0 \le \pi \le 1.$$

Para uma variável y Bernoulli, $\mathrm{E}(y) = 1 \times \pi + 0 \times (1-\pi) = \pi$, e $\mathrm{V}(y) = \mathrm{E}(y^2) - \mathrm{E}(y)^2 = 1^2 \times \pi + 0^2 \times (1-\pi) - \pi^2 = \pi(1-\pi)$.

Distribuição Normal

A densidade normal vem dada por

$$f(y) = (2\pi\sigma^2)^{-1/2}\exp[-(y-\mu)^2/(2\sigma^2)], \quad y \in \mathcal{R}, \quad \mu \in \mathcal{R}, \quad \sigma^2 > 0.$$

Escreve-se $y \sim \mathcal{N}(\mu;\sigma^2)$, em que μ e σ^2 denotam parâmetros. A função distribuição, $F(y) = \int_{-\infty}^{y} f(z)dz$, não tem forma analítica.

Se $y \sim \mathcal{N}(\mu;\sigma^2)$, obtém-se (cálculos omitidos)

$$m_y(t) = \int_{-\infty}^{\infty} e^{ty} f(y)dy = \exp[\mu t + (\sigma^2 t^2/2)],$$

$$\mathrm{E}(y) = m_y'(0) = \mu, \quad \mathrm{V}(y) = m_y''(0) - \left[m_y'(0)\right]^2 = \sigma^2.$$

A figura B.1 ilustra densidades normais com diferentes médias e variâncias. O gráfico evidencia a simetria das curvas em relação à média: $f(\mu - y) = f(\mu + y)$; para a distribuição, $F(\mu - y) = 1 - F(\mu + y)$.

Uma transformação linear de uma variável aleatória normal é ainda uma variável normal: se $y \sim \mathcal{N}(\mu, \sigma^2)$, então $ay + b \sim \mathcal{N}(a\mu + b, a^2\sigma^2), a, b$ constantes - resultado obtido, por exemplo, a partir da fgm, $m_{ay+b}(t) = \exp(bt)\, m_y(at)$. Em particular,

$$z = (y - \mu)/\sigma \sim \mathcal{N}(0,1),$$

com expressão analítica $\exp(-z^2/2)/\sqrt{2\pi} = \phi(z)$, designada *normal padrão* ou *normal reduzida*. Resulta a função distribuição

$$\Phi(z) = \int_{-\infty}^{z} \phi(u)du,$$

que está tabelada para diferentes valores de z – v. tabela D1. Da tabela pode obter-se as probabilidades e quantis associados a variáveis normais. Por exemplo, se $y \sim \mathcal{N}(1,4) \Leftrightarrow z = (y - 1)/2 \sim \mathcal{N}(0,1)$, vem

$$\Pr(|y| < 2) = \Pr(-2 < y < 2) = \Pr[(-2 - 1)/2 < z < (2 - 1)/2] =$$
$$\Pr(-1{,}5 < z < 0{,}5) = \Pr(z < 0{,}5) - \Pr(z < -1{,}5) =$$
$$\Phi(0{,}5) - \Phi(-1{,}5) \approx 0{,}691 - 0{,}147 = 0{,}544.$$

Se a tabela não inclui probabilidades para valores z negativos, utiliza-se a relação $\Phi(-z) = 1 - \Phi(z)$. No mesmo exemplo, o quantil de ordem 0,95 da distribuição de y obtém-se a partir de

$$\Pr(y < \xi_{0,95}) = 0{,}95 \Leftrightarrow \Pr[z < (\xi_{0,95} - 1)/2] = 0{,}95 \Leftrightarrow$$
$$(\xi_{0,95} - 1)/2 = \Phi^{-1}(0{,}95) \approx 1{,}645 \Leftrightarrow \xi_{0,95} \approx 2 \times 1{,}645 + 1 = 4{,}290.$$

Se $y_i, i = 1, \dots, n$, são independentes e $y_i \sim \mathcal{N}(\mu, \sigma^2)$, então

$$y = \sum_{i=1}^{n} \alpha_i y_i \sim \mathcal{N}(\mu_x, \sigma_x^2), \quad \mu_y = \sum_{i=1}^{n} \alpha_i \mu_i, \quad \sigma_y^2 = \sum_{i=1}^{n} \alpha_i^2 \sigma_i^2$$

- porque, com y_i independentes, $m_y(t) = \prod_{i=1}^{n} m_{y_i}(\alpha_i t)$. Refira-se os casos particulares,

$$\sum_{i=1}^{n} y_i \sim \mathcal{N}(k\mu, k\sigma^2), \qquad \bar{y} = \sum_{i=1}^{n} y_i/n \sim \mathcal{N}(\mu, \sigma^2/n).$$

Figura B.1

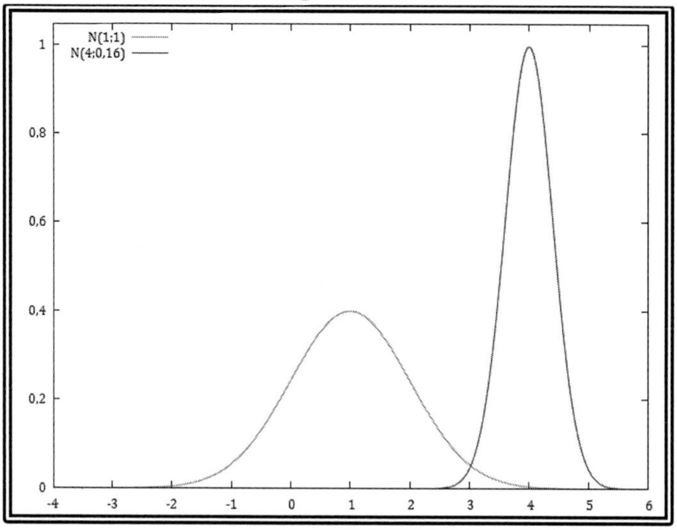

Densidades normais

Distribuição χ^2[(38)]

Se $z_1, \ldots, z_n$ são variáveis normais independentemente distribuídas ($\mathcal{NID}$), com média zero e variância unitária, $z_i \sim \mathcal{NID}(0,1), i = 1, \ldots, n$,

$$y = \sum_{i=1}^{n} z_i^2 \sim \chi_n^2,$$

designada distribuição *qui-quadrado com n g.l.* De modo equivalente, se $y_i \sim \mathcal{NID}(\mu_i, \sigma_i^2), i = 1, \ldots, n$, então

[(38)] Omite-se as expressões analíticas das distribuições associadas à normal – χ^2, t e F. Para o efeito, veja-se, por exemplo, Murteira, *et al.* (2010).

$$y = \sum_{i=1}^{n} [(y_i - \mu_i)^2/\sigma_i^2] \sim \chi_n^2.$$

O suporte de y é $\mathcal{R}^+$. Tem-se $E(y) = n$ e $V(y) = 2n$. A função χ^2 goza da propriedade de que se $y_1 \sim \chi_m^2$ e $y_2 \sim \chi_n^2$ independentes, então $y = y_1 + y_2 \sim \chi_{m+n}^2$. A figura B.2 ilustra dois exemplos de funções χ^2.

Figura B.2

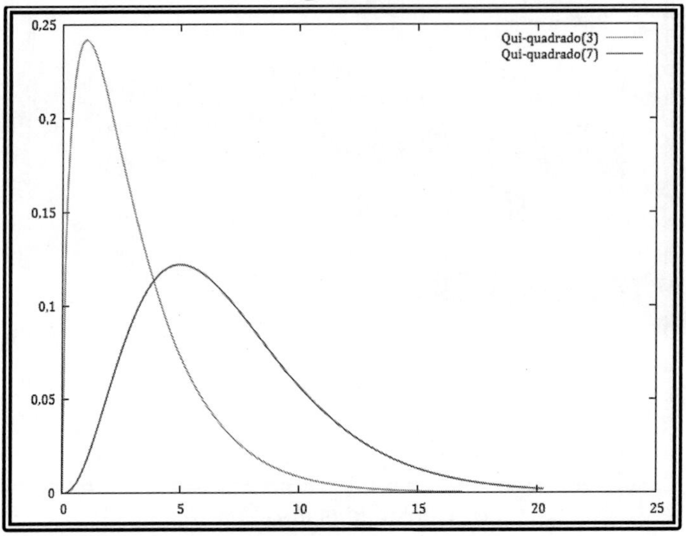

Densidades χ^2

Distribuição *t*

Se $z \sim \mathcal{N}(0,1)$ e $x \sim \chi_n^2$, z e x independentes, então

$$y = z/\sqrt{x/n} \sim t_n,$$

designada distribuição t (*de Student*) *com n g.l.* A função é simétrica (logo, tem média nula). Mostra-se que t_n converge para a normal reduzida, quando $n \to \infty$. Para n finito, a densidade t é mais achatada, com caudas mais pesadas do que a distribuição normal – v. fig. B.3.

Distribuição *F*

Se $y_1 \sim \chi_m^2$, $y_2 \sim \chi_n^2$, y_1 e y_2 independentes, então

$$y = (y_1/m)/(y_2/n) \sim F_{m,n},$$

designada distribuição *F com m e n g.l.* Se $n \to \infty$, o produto my converge para uma variável aleatória distribuída segundo uma função χ^2_m. A figura B.4 ilustra duas funções densidade *F* (diferentes g.l.).

Figura B.3

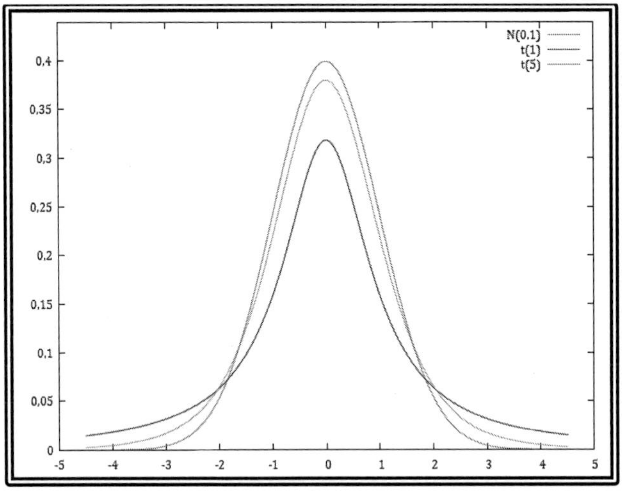

Densidades *t*

Figura B.4

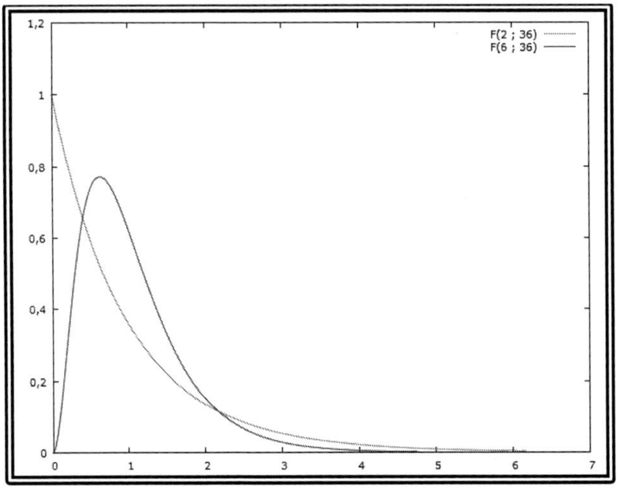

Densidades *F*

B.5 Variáveis aleatórias multidimensionais

B.5.1 Noções básicas

Um vector $(n \times 1)$ de variáveis aleatórias, $\boldsymbol{y} = (y_1, \dots, y_n)'$, designado *vector aleatório* ou *variável aleatória multidimensional* (*bidimensional*, n-dimensional, etc.) é uma função com domínio um espaço amostral, S, e contradomínio $\mathcal{R}^n$ (embora parte do que segue se aplique a vectores aleatórios em geral, aborda-se explicitamente apenas o caso contínuo – para o caso discreto v. Murteira, *et al.*, 2010, sec. 3.8).

O vector $\boldsymbol{y}$ tem *função distribuição conjunta* e *função densidade conjunta* dadas, respectivamente, por

$$F(\boldsymbol{y}) = \Pr(Y_1 \le y_1, \dots, Y_n \le y_n), \qquad f(\boldsymbol{y}) = \partial^n F(\boldsymbol{y}) / \partial y_1 \partial y_2 \dots \partial y_n.$$

Para o conjunto A, elemento de uma σ-álgebra associada a $\mathcal{R}^n$, tem-se

$$\Pr(\boldsymbol{y} \in A) = \iint \dots \int_A f(y_1, y_2, \dots, y_n) dy_1 dy_2 \dots dy_n.$$

Seja o vector (x, y). Define-se *função distribuição marginal de* x,

$$F_1(x) = \lim_{x \to +\infty} F(x, y) = \int_{-\infty}^{+\infty} \int_{-\infty}^{x} f(z, y) dz dy$$

e *função densidade marginal de* x,

$$f_1(x) = F_1'(x) = \int_{-\infty}^{+\infty} f(x, y) dy$$

– e analogamente para a variável y, $F_2(\cdot)$, $f_2(\cdot)$. As variáveis x e y dizem-se *independentes*, se $f(x, y) = f_1(x) f_2(y), \forall x, y$.

Define-se o valor esperado da função $g(x, y)$, como

$$\mathrm{E}[g(x, y)] = \int_{-\infty}^{+\infty} \int_{-\infty}^{+\infty} g(x, y) f(x, y) dx dy$$

(supõe-se a existência do integral). Se $g(x, y) = (x - \mu_x)(y - \mu_y)$, resulta a *covariância entre* x *e* y,

$$\mathrm{COV}(x, y) = \mathrm{E}\left[(x - \mu_x)(y - \mu_y)\right].$$

Define-se então o *coeficiente de correlação linear entre* x *e* y,

$$\rho_{x,y} = \mathrm{CORR}(x, y) = \mathrm{COV}(x, y) / \sqrt{\mathrm{V}(x)\mathrm{V}(y)}.$$

Se $\rho_{x,y} = 0 \Leftrightarrow \text{COV}(x,y) = 0$, diz-se que x e y são não correlacionados; se $\rho_{x,y} > 0(< 0) \Leftrightarrow \text{COV}(x,y) > 0(< 0)$, diz-se que x e y são positivamente (negativamente) correlacionados. Refira-se as propriedades

- $\text{E}[g(x,y) + h(x,y)] = \text{E}[g(x,y)] + \text{E}[h(x,y)]$.
  Em particular, $\text{E}(x + y) = \text{E}(x) + \text{E}(y)$.
- $\text{V}(ax + by) = a^2\text{V}(x) + b^2\text{V}(y) + 2ab\text{COV}(x,y)$, a, b constantes.
  Em particular, $\text{V}(x \pm y) = \text{V}(x) + \text{V}(y) \pm 2\text{COV}(x,y)$.
  DEMONSTRAÇÃO
  $\text{E}(ax + by) = a\mu_x + b\mu_y$, logo, $\text{V}(ax + by) = \text{E}\left\{\left[(ax + by) - (a\mu_x + b\mu_y)\right]^2\right\} = \text{E}\left\{\left[a(x - \mu_x) + b(y - \mu_y)\right]^2\right\} =$
  $\text{E}\left[a^2(x - \mu_x)^2 + b^2(y - \mu_y)^2 + 2ab(x - \mu_x)(y - \mu_y)\right] =$
  $a^2\text{V}(x) + b^2\text{V}(y) + 2ab\text{COV}(x,y)$. #
- $\text{COV}(a_1x + b_1, a_2y + b_2) = a_1a_2\text{COV}(x,y)$, a_i, b_i constantes.
- $\text{COV}(x,y) = \text{E}(xy) - \text{E}(x)\text{E}(y)$.
  DEMONSTRAÇÃO
  Sejam $\text{E}(x) = \mu_x$, $\text{E}(y) = \mu_y$; vem $\text{COV}(x,y) =$
  $\text{E}\left[(x - \mu_x)(y - \mu_y)\right] = \text{E}\left(xy - x\mu_y - y\mu_x + \mu_x\mu_y\right) =$
  $\text{E}(xy) - \text{E}(x)\mu_y - \text{E}(y)\mu_x + \mu_x\mu_y = \text{E}(xy) - \mu_x\mu_y$. #
- Se x e y são independentes, $\text{E}[g(x)h(y)] = \text{E}[g(x)]\text{E}[h(y)]$.
  Em particular, $\text{E}(xy) = \text{E}(x)\text{E}(y)$.
  DEMONSTRAÇÃO (caso contínuo)
  Se x e y são independentes, $f(x,y) = f_1(x)f_2(y)$, donde,
  $$\text{E}[g(x)h(y)] = \int_{-\infty}^{+\infty}\int_{-\infty}^{+\infty} g(x)h(y)f(x,y)dxdy =$$
  $$\int_{-\infty}^{+\infty} g(x)f_1(x)dx \int_{-\infty}^{+\infty} h(y)f_2(y)dy = \text{E}[g(x)]\text{E}[h(y)].$$ #
- Se x e y são independentes, $\text{COV}(x,y) = 0$.
  Donde, $\text{V}(x \pm y) = \text{V}(x) + \text{V}(y)$.
  DEMONSTRAÇÃO
  $\text{COV}(x,y) = \text{E}(xy) - \text{E}(x)\text{E}(y)$; se x e y são independentes,
  $\text{E}(xy) = \text{E}(x)\text{E}(y)$. #

- *Desigualdade de Cauchy-Schwarz*: $\mathrm{COV}(x,y)^2 \le \mathrm{V}(x)\mathrm{V}(y)$.
  Em consequência, $|\mathrm{CORR}(x,y)| \le 1$.
  DEMONSTRAÇÃO
  O valor esperado de uma v. aleatória não negativa é não negativo; logo, $\mathrm{E}\left\{\left[a(x-\mu_x)-\left(y-\mu_y\right)\right]^2\right\} =$
  $a^2\mathrm{V}(x)+\mathrm{V}(y)-2a\mathrm{COV}(x,y) \ge 0, \forall a$ constante real.
  Obtém-se o resultado considerando $a = \mathrm{COV}(x,y)/\mathrm{V}(x)$:
  $\mathrm{COV}(x,y)^2/\mathrm{V}(x)+\mathrm{V}(y)-2\,\mathrm{COV}(x,y)^2/\mathrm{V}(x) =$
  $\mathrm{V}(y)-\mathrm{COV}(x,y)^2/\mathrm{V}(x) \ge 0 \Leftrightarrow \mathrm{COV}(x,y)^2 \le \mathrm{V}(x)\mathrm{V}(y)$. #

B.5.2 Momentos de vectores e matrizes

Dada uma matriz de variáveis aleatórias, $\boldsymbol{A} = [a_{ij}]$, define-se o valor esperado, $\mathrm{E}(\boldsymbol{A})$, como a matriz cujos elementos são os valores esperados dos correspondentes elementos de $\boldsymbol{A}$. Formalmente,

$$\boldsymbol{A} = \begin{bmatrix} a_{11} & \cdots & a_{1k} \\ \vdots & & \vdots \\ a_{n1} & \cdots & a_{nk} \end{bmatrix} \Rightarrow E(\boldsymbol{A}) = \begin{bmatrix} \mathrm{E}(a_{11}) & \cdots & \mathrm{E}(a_{1k}) \\ \vdots & & \vdots \\ \mathrm{E}(a_{n1}) & \cdots & \mathrm{E}(a_{nk}) \end{bmatrix}.$$

A *matriz de* variâncias-covariâncias do vector aleatório $(n \times 1)$ $\boldsymbol{y} = (y_1, \dots, y_n)'$ é a matriz simétrica $(n \times n)$,

$$\mathrm{V}(\boldsymbol{y}) = \mathrm{E}\{[\boldsymbol{y}-\mathrm{E}(\boldsymbol{y})][\boldsymbol{y}-\mathrm{E}(\boldsymbol{y})]'\} =$$

$$\mathrm{E}\left\{\begin{bmatrix} y_1-\mathrm{E}(y_1) \\ \vdots \\ y_n-\mathrm{E}(y_n) \end{bmatrix} \begin{bmatrix} y_1-\mathrm{E}(y_1) & \cdots & y_n-\mathrm{E}(y_n) \end{bmatrix}\right\} =$$

$$\begin{bmatrix} \mathrm{E}\{[y_1-\mathrm{E}(y_1)]^2\} & \mathrm{E}\{[y_1-\mathrm{E}(y_1)][y_2-\mathrm{E}(y_2)]\} & \cdots \\ \mathrm{E}\{[y_2-\mathrm{E}(y_2)][y_1-\mathrm{E}(y_1)]\} & \mathrm{E}\{[y_2-\mathrm{E}(y_2)]^2\} & \cdots \\ \vdots & \vdots & \ddots \end{bmatrix} =$$

$$\begin{bmatrix} \mathrm{V}(y_1) & \mathrm{COV}(y_1,y_2) & \cdots & \mathrm{COV}(y_1,y_n) \\ \mathrm{COV}(y_1,y_2) & \mathrm{V}(y_2) & & \mathrm{COV}(y_2,y_n) \\ \vdots & & \ddots & \vdots \\ \mathrm{COV}(y_1,y_n) & \mathrm{COV}(y_2,y_n) & \cdots & \mathrm{V}(y_n) \end{bmatrix}.$$

Sejam o vector aleatório $\boldsymbol{y}$ $(n \times 1)$, com média $\mathrm{E}(\boldsymbol{y}) = \boldsymbol{\mu}$ e matriz de variâncias-covariâncias (ou simplesmente matriz de covariâncias) $\mathrm{V}(\boldsymbol{y}) = \mathrm{E}[(\boldsymbol{y}-\boldsymbol{\mu})(\boldsymbol{y}-\boldsymbol{\mu})'] = \boldsymbol{\Sigma}$. Sejam $\boldsymbol{A}$ e $\boldsymbol{b}$, respectivamente, uma matriz

$(m \times n)$ e um vector $(m \times 1)$ não aleatórios. Então,

$$\mathrm{V}(\boldsymbol{Ay} + \boldsymbol{b}) = \boldsymbol{A\Sigma}\mathbf{A}'.$$

DEMONSTRAÇÃO

$\mathrm{E}(\boldsymbol{Ay} + \boldsymbol{b}) = \boldsymbol{A}\mathrm{E}(\boldsymbol{y}) + \boldsymbol{b} = \boldsymbol{A\mu} + \boldsymbol{b}$. Donde,

$\mathrm{V}(\boldsymbol{Ay} + \boldsymbol{b}) = \mathrm{E}\{[\boldsymbol{Ay} + \boldsymbol{b} - \mathrm{E}(\boldsymbol{Ay} + \boldsymbol{b})][(\boldsymbol{Ay} + \boldsymbol{b} - \mathrm{E}(\boldsymbol{Ay} + \boldsymbol{b}))]'\}$

$= \mathrm{E}\{[\boldsymbol{Ay} + \boldsymbol{b} - (\boldsymbol{A\mu} + \boldsymbol{b})][(\boldsymbol{Ay} + \boldsymbol{b} - (\boldsymbol{A\mu} + \boldsymbol{b}))]'\} =$

$\mathrm{E}[(\boldsymbol{Ay} - \boldsymbol{A\mu})(\boldsymbol{Ay} - \boldsymbol{A\mu})'] =$

$\mathrm{E}[\boldsymbol{A}(\boldsymbol{y} - \boldsymbol{\mu})(\boldsymbol{y} - \boldsymbol{\mu})'\boldsymbol{A}'] = \boldsymbol{A}\mathrm{E}[(\boldsymbol{y} - \boldsymbol{\mu})(\boldsymbol{y} - \boldsymbol{\mu})']\boldsymbol{A}' = \boldsymbol{A\Sigma}\mathbf{A}'$. #

B.5.3 Distribuição normal multivariada. Formas quadráticas.

Seja o vector aleatório $\boldsymbol{y} = (y_1, \dots, y_n)'$ $(n \times 1)$, com média $\mathrm{E}(\boldsymbol{y}) = \boldsymbol{\mu} \in \mathcal{R}^n$ e matriz de covariâncias $\boldsymbol{\Sigma}$, definida positiva. Diz-se que $\boldsymbol{y}$ é distribuído de acordo com uma função normal multivariada, se a densidade conjunta dos seus componentes é dada por

$$f(\boldsymbol{y}) = (2\pi)^{-n/2}|\boldsymbol{\Sigma}|^{-1/2}\exp[-(\boldsymbol{y} - \boldsymbol{\mu})'\boldsymbol{\Sigma}^{-1}(\boldsymbol{y} - \boldsymbol{\mu})/2]. \quad \text{(B.1)}$$

Simbolicamente, escreve-se $\boldsymbol{y} \sim \mathcal{N}_n(\boldsymbol{\mu}, \boldsymbol{\Sigma})$. Demonstra-se que qualquer sub-vector de $\boldsymbol{y}$ e qualquer combinação linear dos elementos de $\boldsymbol{y}$ são também normalmente distribuídos.

Um caso particular muito importante de (B.1) ocorre quando as variáveis de $\boldsymbol{y}$ são não correlacionadas, $\boldsymbol{\Sigma} = \mathrm{diag}(\sigma_i^2, i = 1, \dots n)$, em que $\sigma_i^2 = \mathrm{V}(y_i)$. Neste caso, $|\boldsymbol{\Sigma}| = \prod_{i=1}^n \sigma_i^2$ e $(\boldsymbol{y} - \boldsymbol{\mu})'\boldsymbol{\Sigma}^{-1}(\boldsymbol{y} - \boldsymbol{\mu}) = \sum_{i=1}^n (y_i - \mu_i)^2/\sigma_i^2$, de modo que

$$f(\boldsymbol{y}) = (2\pi)^{-n/2}\left(\prod_{i=1}^n \sigma_i^2\right)^{-1/2} \exp\left[-\sum_{i=1}^n (y_i - \mu_i)^2/(2\sigma_i^2)\right] =$$

$$\prod_{i=1}^n (2\pi\sigma_i^2)^{-1/2}\exp[-(y_i - \mu_i)^2/(2\sigma_i^2)] = \prod_{i=1}^n f_i(y_i),$$

em que cada factor, $f_i(y_i)$, é a expressão da densidade $\mathcal{N}(\mu_i, \sigma_i^2)$. Esta expressão significa que variáveis normais não correlacionadas são estatisticamente independentes – um resultado que não se verifica necessariamente para variáveis que não são normalmente distribuídas.

O resultado pode generalizar-se para vários sub-vectores normais não correlacionados: $\boldsymbol{y} = (\boldsymbol{y}_1', \dots, \boldsymbol{y}_m')'$, $\boldsymbol{y}_j \sim \mathcal{N}_{n_j}(\boldsymbol{\mu}_j, \boldsymbol{\Sigma}_{jj})$, $j = 1, \dots, m$, $n_1 + \cdots + n_m = n$, com matriz de covariâncias diagonal por blocos,

$$\mathrm{V}(\boldsymbol{y}) = \begin{bmatrix} \boldsymbol{\Sigma}_{11} & \cdots & \mathbf{0} \\ \vdots & \ddots & \vdots \\ \mathbf{0} & \cdots & \boldsymbol{\Sigma}_{mm} \end{bmatrix}$$

(qualquer variável de $\boldsymbol{y}_i$ é não correlacionada com qualquer variável de $\boldsymbol{y}_j$, $i \neq j$). Pode-se verificar que $f(\boldsymbol{y}) = f_1(\boldsymbol{y}_1) \dots f_m(\boldsymbol{y}_m)$, com $f_j(\boldsymbol{y}_j)$, correspondente à expressão da densidade normal multivariada, $\mathcal{N}_{n_j}(\boldsymbol{\mu}_j, \boldsymbol{\Sigma}_{jj})$, $j = 1, \dots m$ – pelo que variáveis de sub-vectores diferentes, além de não correlacionadas, são estatisticamente independentes.

Suponha-se que $\boldsymbol{y}$ tem média nula e matriz de variâncias e covariâncias $\boldsymbol{\Sigma}$ (se $\boldsymbol{\mu} \neq \mathbf{0}$, basta substituir, no que segue, $\boldsymbol{y}$ por $\boldsymbol{y} - \boldsymbol{\mu}$). Então,

$$\boldsymbol{y}'\boldsymbol{\Sigma}^{-1}\boldsymbol{y} \sim \chi_n^2. \qquad \text{(B.2)}$$

DEMONSTRAÇÃO

$\boldsymbol{\Sigma}$ é uma matriz simétrica definida positiva, logo, com $\boldsymbol{P}$ uma matriz regular de ordem n, $\boldsymbol{\Sigma} = \boldsymbol{P}\boldsymbol{P}' \Leftrightarrow \boldsymbol{P}^{-1}\boldsymbol{\Sigma}(\boldsymbol{P}')^{-1} = \boldsymbol{I}_n$. Seja $\boldsymbol{z} = \boldsymbol{P}^{-1}\boldsymbol{y}$. O vector $\boldsymbol{z}$ $(n \times 1)$ é um vector de variáveis normais, porque os seus componentes são combinação linear dos componentes de $\boldsymbol{y}$; e ainda,

$$\mathrm{V}(\boldsymbol{z}) = \mathrm{E}(\boldsymbol{z}\boldsymbol{z}') = \mathrm{E}[\boldsymbol{P}^{-1}\boldsymbol{y}\boldsymbol{y}'(\boldsymbol{P}^{-1})'] = \boldsymbol{P}^{-1}\mathrm{V}(\boldsymbol{y})(\boldsymbol{P}^{-1})' = \boldsymbol{P}^{-1}\boldsymbol{\Sigma}(\boldsymbol{P}^{-1})' = \boldsymbol{I}_n$$

– os elementos de $\boldsymbol{z}$ são variáveis normais padrão independentes, pelo que (v. anexo B.4) $\boldsymbol{z}'\boldsymbol{z} \sim \chi_n^2$. Mas

$$\boldsymbol{z}'\boldsymbol{z} = \boldsymbol{y}'(\boldsymbol{P}^{-1})'\boldsymbol{P}^{-1}\boldsymbol{y} = \boldsymbol{y}'(\boldsymbol{P}')^{-1}\boldsymbol{P}^{-1}\boldsymbol{y} = \boldsymbol{y}'\boldsymbol{\Sigma}^{-1}\boldsymbol{y} \qquad \#$$

Considere-se agora $\boldsymbol{y} \sim \mathcal{N}_n(\mathbf{0}, \boldsymbol{I}_n)$ e a forma quadrática $\boldsymbol{y}'\boldsymbol{M}\boldsymbol{y}$, com $\boldsymbol{M}$ simétrica idempotente de característica $\mathrm{car}(\boldsymbol{M}) = m \leq n$. Então,

$$\boldsymbol{y}'\boldsymbol{M}\boldsymbol{y} \sim \chi_m^2.$$

DEMONSTRAÇÃO

Seja $\boldsymbol{P}$ a matriz ortogonal dos vectores próprios de $\boldsymbol{M}$. Se $\boldsymbol{M}$ é simétrica, a matriz dos vectores próprios de $\boldsymbol{M}$ (seja $\boldsymbol{P}$) é ortogonal (anexo A.5). Dado que $\boldsymbol{M}$ é idempotente e $\mathrm{car}(\boldsymbol{M}) = m \leq n$, então (anexo A.6),

$$\boldsymbol{P}'\boldsymbol{M}\boldsymbol{P} = \begin{bmatrix} \boldsymbol{I}_m & \boldsymbol{0}_{n-m} \\ \boldsymbol{0}'_{n-m} & \boldsymbol{0}_{(n-m)\times(n-m)} \end{bmatrix},$$

uma matriz diagonal com m 1's e $n - m$ 0's na diagonal principal. Seja $\boldsymbol{z} = \boldsymbol{P}\boldsymbol{y} \Leftrightarrow \boldsymbol{y} = \boldsymbol{P}'\boldsymbol{z}$ (porque $\boldsymbol{P}$ é ortogonal). Tem-se $\mathrm{E}(\boldsymbol{z}) = \boldsymbol{0}$ e $\mathrm{V}(\boldsymbol{z}) = \mathrm{E}(\boldsymbol{z}\boldsymbol{z}') = \boldsymbol{P}\mathrm{E}(\boldsymbol{y}\boldsymbol{y}')\boldsymbol{P}' = \boldsymbol{P}\boldsymbol{I}_n\boldsymbol{P}' = \boldsymbol{P}\boldsymbol{P}' = \boldsymbol{I}_n$ - ou seja, $\boldsymbol{z}$ é um vector de variáveis normais reduzidas independentes. Donde,

$$\boldsymbol{y}'\boldsymbol{M}\boldsymbol{y} = \boldsymbol{z}'\boldsymbol{P}'\boldsymbol{M}\boldsymbol{P}\boldsymbol{z} = z_1^2 + \cdots + z_m^2 \sim \chi_m^2. \qquad \#$$

Em geral, se $\boldsymbol{y} \sim \mathcal{N}_n(\boldsymbol{0}, \sigma^2\boldsymbol{I}_n)$ e $\boldsymbol{M}$ é simétrica idempotente com $\mathrm{car}(\boldsymbol{M}) = m \leq n$, então

$$\boldsymbol{y}'\boldsymbol{M}\boldsymbol{y}/\sigma^2 \sim \chi_m^2. \qquad (\mathrm{B.3})$$

B.5.4 Distribuição condicional e momentos condicionais

Sejam y e $\boldsymbol{x}$, respectivamente, uma variável aleatória e um vector aleatório. Define-se a *função probabilidade/densidade condicional de y dado* $\boldsymbol{x}$, como

$$f_{y|\boldsymbol{x}}(y|\boldsymbol{x}) = f(\boldsymbol{x}, y)/f_1(\boldsymbol{x}),$$

se $f_1(\boldsymbol{x}) > 0$. Desta definição resulta, por exemplo,

$$f(\boldsymbol{x}, y) = f_{y|\boldsymbol{x}}(y|\boldsymbol{x})f_1(\boldsymbol{x}).$$

Se Y é independente de todas as variáveis em $\boldsymbol{x}$, então $f(\boldsymbol{x}, y) = f_1(\boldsymbol{x})f_2(y)$ ou, de modo equivalente,

$$f_{y|\boldsymbol{x}}(y|\boldsymbol{x}) = f_2(y).$$

Seja a função $g(\boldsymbol{x}, y)$; define-se o *valor esperado condicional de* $g(\boldsymbol{x}, y)$ *dado* $\boldsymbol{x}$,

$$\mathrm{E}[g(\boldsymbol{x}, y)|\boldsymbol{x}] = \begin{cases} \sum_i g(\boldsymbol{x}, y_i) f_{y|\boldsymbol{x}}(y_i|\boldsymbol{x}), & y \text{ discreto}, \\ \int_D g(\boldsymbol{x}, y) f_{y|\boldsymbol{x}}(y|\boldsymbol{x}) dy, & y \text{ contínuo}. \end{cases}$$

O valor esperado condicional $\mathrm{E}[g(\boldsymbol{x}, y)|\boldsymbol{x}]$ calcula-se fixando $\boldsymbol{x}$ e utilizando a função probabilidade/densidade condicional de y dado $\boldsymbol{x}$. Na prática, trata-se $\boldsymbol{x}$ como se fosse constante. Note-se que $\mathrm{E}[g(\boldsymbol{x}, y)|\boldsymbol{x}]$ é função de $\boldsymbol{x} = (x_1, \ldots, x_k)'$ (não envolve y). Em particular, se $g(\boldsymbol{x}, y) =$

y, define-se o *valor esperado* ou *média condicional de* y,

$$\mathrm{E}(y|\boldsymbol{x}) = \begin{cases} \sum_i y_i f_{y|x}(y_i|\boldsymbol{x}), & y \text{ discreto,} \\ \int_D y f_{y|x}(y|\boldsymbol{x}) dy, & y \text{ contínuo.} \end{cases}$$

Se $g(\boldsymbol{x}, y) = [y - \mathrm{E}(y|\boldsymbol{x})]^2$; obtém-se a *variância condicional*

$$\mathrm{V}(y|\boldsymbol{x}) = \mathrm{E}\{[y - \mathrm{E}(y|\boldsymbol{x})]^2|\boldsymbol{x}\}.$$

A média condicional, de importância central na análise de regressão, pode ser linear ou não linear. Por exemplo, suponha-se que, para uma instituição de crédito, a percentagem de prestações em falta por cada empréstimo a particulares (y), e a taxa de esforço por cliente (x), se relacionam através da média condicional, $\mathrm{E}(y|x) = 2 + 0{,}5x$ (variáveis em pontos percentuais). De acordo com esta relação (linear), a percentagem média de prestações em falta, para clientes com taxa de esforço de 10%, vem $\mathrm{E}(y|10) = 2\% + 0{,}5 \times 10\% = 7\%$. Se a média condicional não é linear mas, por exemplo, logística, $\mathrm{E}(Y|x) = [1 + 40\exp(-x)]^{-1}$, vem $\mathrm{E}(Y|10) = [1 + 40 \times exp(-0{,}1)]^{-1} \approx 2{,}7\%$.

Em geral, o valor esperado condicional é uma variável aleatória, que verifica algumas propriedades importantes.

- Dada a função $g(\boldsymbol{x})$, $\mathrm{E}[yg(\boldsymbol{x})|\boldsymbol{x}] = g(\boldsymbol{x})\mathrm{E}(y|\boldsymbol{x})$.

  DEMONSTRAÇÃO (caso contínuo)

  $$\mathrm{E}[yg(\boldsymbol{x})|\boldsymbol{x}] = \int_{-\infty}^{+\infty} yg(\boldsymbol{x})f_{y|x}(y|\boldsymbol{x})dy = g(\boldsymbol{x}) \int_{-\infty}^{+\infty} yf_{y|x}(y|\boldsymbol{x})dy =$$
  $$g(\boldsymbol{x})\mathrm{E}(y|\boldsymbol{x}).$$ #

- *Lei das expectativas iteradas* (L.E.I.) (I): $\mathrm{E}[\mathrm{E}(y|\boldsymbol{x})] = \mathrm{E}(Y)$.

  DEMONSTRAÇÃO (caso contínuo)

  Por definição,

  $$\mathrm{E}(y|\boldsymbol{x}) = \int_{-\infty}^{+\infty} yf_{y|x}(y|\boldsymbol{x})dy,$$

  que é função de $\boldsymbol{x}$. Considere-se $\boldsymbol{x}$ aleatório e $d\boldsymbol{x} = dx_1 \ldots dx_n$; vem

  $$\mathrm{E}[\mathrm{E}(y|\boldsymbol{x})] = \int_{-\infty}^{+\infty} \ldots \int_{-\infty}^{+\infty} \mathrm{E}(y|\boldsymbol{x})f_{\mathbf{1}}(\boldsymbol{x})d\boldsymbol{x} =$$

$$\int_{-\infty}^{+\infty} \cdots \int_{-\infty}^{+\infty} \left[\int_{-\infty}^{+\infty} y f_{y|\boldsymbol{x}}(y|\boldsymbol{x}) dy \right] f_{\boldsymbol{1}}(\boldsymbol{x}) d\boldsymbol{x} =$$

$$\int_{-\infty}^{+\infty} \cdots \int_{-\infty}^{+\infty} \int_{-\infty}^{+\infty} y f_{y|\boldsymbol{x}}(y|\boldsymbol{x}) f_{\boldsymbol{X}}(\boldsymbol{x}) dy d\boldsymbol{x}.$$

Atendendo a que

$$f_{y|\boldsymbol{x}}(y|\boldsymbol{x}) f_{\boldsymbol{1}}(\boldsymbol{x}) = f(\boldsymbol{x}, y), \qquad \int_{-\infty}^{+\infty} \cdots \int_{-\infty}^{+\infty} f(\boldsymbol{x}, y) d\boldsymbol{x} = f_2(y),$$

o integral pode escrever-se sucessivamente como

$$\int_{-\infty}^{+\infty} \cdots \int_{-\infty}^{+\infty} \int_{-\infty}^{+\infty} y f(\boldsymbol{x}, y) dy d\boldsymbol{x} =$$

$$\int_{-\infty}^{+\infty} y \left[\int_{-\infty}^{+\infty} \cdots \int_{-\infty}^{+\infty} f(\boldsymbol{x}, y) d\boldsymbol{x} \right] dy = \int_{-\infty}^{+\infty} y f_Y(y) dy = \mathrm{E}(y). \quad \#$$

Em termos práticos, a L.E.I. permite calcular a média incondicional de y de forma iterada: primeiro calcula-se a média condicional de y, dado $\boldsymbol{x}$ (ou seja, tratando $\boldsymbol{x}$ como não aleatório) e, de seguida, calcula-se o valor esperado da função de $\boldsymbol{x}$ obtida no primeiro passo. Refira-se algumas propriedades.

- Se $\mathrm{E}(y|x) = \mathrm{E}(y) \Rightarrow \mathrm{COV}(x, y) = 0$.

  De modo equivalente, $\mathrm{COV}(x, y) \neq 0 \Rightarrow \mathrm{E}(y|x) \neq \mathrm{E}(y)$.

  DEMONSTRAÇÃO

  Sejam $\mathrm{E}(x) = \mu_x$, $\mathrm{E}(y) = \mu_y$. Tem-se $\mathrm{COV}(x, y) = \mathrm{E}\big[(x - \mu_x)(y - \mu_y)\big] = \mathrm{E}(xy) - \mu_x\mu_y$; dados $\mathrm{E}(y|x) = \mu_y$ e a L.E.I., resulta $\mathrm{E}(xy) = \mathrm{E}[\mathrm{E}(xy|x)] = \mathrm{E}[x\mathrm{E}(y|x)] = \mathrm{E}(x\mu_y) = \mu_y\mu_x$, donde, $\mathrm{COV}(x, y) = \mathrm{E}(xy) - \mu_x\mu_y = \mu_y\mu_x - \mu_x\mu_y = 0$. #

- *Lei das expectativas iteradas* (II): Seja $\boldsymbol{z}$ um vector aleatório; então $\mathrm{E}[\mathrm{E}(y|\boldsymbol{x}, \boldsymbol{z})|\boldsymbol{x}] = \mathrm{E}(y|\boldsymbol{x})$ (o operador E exterior considera-se em ordem a $\boldsymbol{z}$, condicional em $\boldsymbol{x}$).

  Em termos práticos, esta igualdade significa que se pode calcular $\mathrm{E}(y|\boldsymbol{x})$ em dois passos: em primeiro lugar, obter $\mathrm{E}(y|\boldsymbol{x}, \boldsymbol{z})$ para um outro vector aleatório, $\boldsymbol{z}$; em seguida, calcular o valor esperado de $\mathrm{E}(y|\boldsymbol{x}, \boldsymbol{z})$ (função de $\boldsymbol{x}$ e $\boldsymbol{z}$) em ordem a $\boldsymbol{z}$, fixando $\boldsymbol{x}$.

Exercícios

B.1 Sejam dois acontecimentos A e B com probabilidade positiva.

a) $A \subset B$; calcule $\Pr(A|B)$ e $\Pr(B|A)$.

b) $A \cap B = \emptyset$; A e B são independentes?

B.2 Seja $x \sim \mathcal{N}(11{,}4)$. Calcule

a) $\Pr(10 \leq x \leq 12)$.

b) $\Pr(x \geq 13)$.

c) $\Pr(|x - 11| \geq 2)$.

B.3 Para um concelho seleccionado aleatoriamente, a variável x representa a proporção de eleitores que vota, ou seja a taxa de participação eleitoral. Considere a função de distribuição de x, $\Pr(x \leq a) = 3a^2 - 2a^3$, $0 \leq a \leq 1$. Determine a probabilidade de a taxa de participação eleitoral ser pelo menos 0,70.

B.4 Seja z uma variável contínua com função densidade

$$f(z) = z^2/9\,, \quad 0 < z < 3.$$

Calcule o valor esperado e a variância de z.

B.5 A variável x tem densidade

$$f(x) = \begin{cases} x, & 0 < x < 1 \\ 2 - x, & 1 < x < 2 \\ 0, & \text{caso contrário.} \end{cases}$$

Calcule a esperança e a mediana de x.

B.6 Seja x uma v.a.. Verifique as igualdades

a) $\mathrm{E}[x - \mathrm{E}(x)] = 0$.

b) $\mathrm{V}(x) = \mathrm{E}(x^2) - [\mathrm{E}(x)]^2$.

c) $\mathrm{E}\{[x - \mathrm{E}(x)]^3\} = \mathrm{E}(x^3) - 3\mathrm{E}(x^2)\mathrm{E}(x) + 2[\mathrm{E}(x)]^3$.

d) $\mathrm{V}(ax + b) = a^2\mathrm{V}(x)$.

B.7 Suponha que numa universidade a média final de curso (f) e a nota da prova específica de entrada (e) se relacionam através do valor esperado condicional $\mathrm{E}(f|e) = 7 + 0{,}4e$.

a) Calcule o valor esperado condicional de f para $e = 12$. Determine $\mathrm{E}(f|e = 16)$. Comente a diferença.

b) Se a média de e numa universidade é 13, qual a média de f?

c) Se um estudante obtém 13 valores em e, significa isto que ele irá obter a média obtida na pergunta anterior?

B.8 Sejam y uma variável binária, de suporte $\{0,1\}$, e a variável aleatória x. Tem-se $\Pr(y = 1|x) = \beta x$, em que β denota um parâmetro.

a) Determine $\mathrm{E}(y|x)$ e $\mathrm{V}(y|x)$.

b) Seja $u = y - \beta x$. Calcule $\mathrm{E}(u)$.

B.9 Sejam u e x variáveis aleatórias.

a) Mostre que $\mathrm{COV}(u, x) = \mathrm{E}\{u[x - \mathrm{E}(x)]\} = \mathrm{E}\{[u - \mathrm{E}(u)]x\}$.

b) Mostre que $\mathrm{COV}(u, x) = \mathrm{E}(ux) - \mathrm{E}(u)\mathrm{E}(x)$.

c) Determine $\mathrm{V}(au + bx)$ (a, b constantes), em função de $\mathrm{V}(u)$, $\mathrm{V}(x)$ e $\mathrm{COV}(u, x)$. Generalize para a variância de uma combinação linear de n v.a's, $V(\sum_{i=1}^{n} a_i x_i)$.

B.10 Sejam u, x e y variáveis aleatórias.

a) Mostre que $\mathrm{E}(y) = \mathrm{E}_x[\mathrm{E}(y|x)]$ (L.E.I.). Considere apenas o caso contínuo em que: f – densidade conjunta; f_x , f_y – densidades marginais de x e y, respectivamente; $f_{y|x}$ – densidade condicional de y dado x.

b) Mostre que $\mathrm{E}(u|x) = \mathrm{E}(u)$ se u e x são independentes (considere apenas o caso contínuo em que: $f_{u|x}$ – densidade condicional de u dado x; f_u densidade marginal de u).

c) Se $\mathrm{E}(u|x) = \mathrm{E}(u)$, calcule $\mathrm{COV}(u, x)$. As variáveis são necessariamente independentes?

d) Mostre que $\mathrm{V}(y|x) = \mathrm{V}(u|x)$, em que $y = h(x) + u$.

e) Verifique que $\mathrm{V}(y|x) = \mathrm{E}(y^2|x) - \mathrm{E}(y|x)^2$.

f) Mostre que $\mathrm{COV}[x, y - \mathrm{E}(y|x)] = 0$.

g) Verifique que $\mathrm{COV}(x, x \pm y) = \mathrm{V}(x) \pm \mathrm{COV}(x, y)$.

h) Verifique que $\mathrm{COV}(x + y, x - y) = \mathrm{V}(x) - \mathrm{V}(y)$.

B.11 Considere duas variáveis aleatórias x e y não correlacionadas, com $\mathrm{V}(x) = \mathrm{V}(y)$. Sejam $u = x - y$ e $v = 2y$. Calcule $\mathrm{CORR}(u, v)$.

B.12 Considere o vector de variáveis (x, y) distribuído de acordo com a função normal bidimensional (cfr. anexo B.5.2).

a) Determine a expressão da densidade marginal de x.

b) Determine a expressão da densidade condicional de y dado x.

c) Mostre que se $\mathrm{COV}(x, y) = 0$, então as variáveis são independentes. O resultado é válido para qualquer vector aleatório bidimensional?

B.13 Considere o vector aleatório $\boldsymbol{y}$, $n \times 1$, de média $\mathrm{E}(\boldsymbol{y}) = \boldsymbol{\mu}$ e a matriz de covariâncias $\mathrm{V}(\boldsymbol{y}) = \mathrm{E}[(\boldsymbol{y} - \boldsymbol{\mu})(\boldsymbol{y} - \boldsymbol{\mu})'] = \boldsymbol{\Omega}$. Sejam também a matriz $\boldsymbol{A}$, $m \times n$, e o vector $\boldsymbol{b}$, $m \times 1$, ambos não aleatórios. Mostre que $\mathrm{V}(\boldsymbol{A}\boldsymbol{y} + \boldsymbol{b}) = \boldsymbol{A}\boldsymbol{\Omega}\boldsymbol{A}'$.

C Elementos de inferência estatística clássica

C.1 Introdução

As distribuições teóricas constituem modelos que governam a probabilidade de obtenção das observações das variáveis em estudo. Considere-se uma (ou mais) variável(is) e a respectiva distribuição de probabilidades (conjunta). O conjunto das variáveis aleatórias de interesse e respectiva distribuição designa-se *população* ou *processo gerador dos dados*. Frequentemente (embora por vezes de modo pouco realista), admite-se que se conhece a forma da distribuição, desconhecendo-se o valor dos seus parâmetros (por exemplo, dois parâmetros no caso da distribuição normal).

O objectivo típico de um procedimento clássico de inferência consiste em estimar parâmetros da população a partir de um vector de realizações das variáveis de interesse. Suponha-se que se pretende realizar inferência acerca da distribuição de y. Matematicamente, uma amostra (genérica, ou aleatória) de *dimensão* n de uma população univariada é um vector de n variáveis aleatórias, $\mathbf{y} = (y_1, y_2, \dots, y_n)$, cada uma distribuída como a população, y. Se estas variáveis são independentes, diz-se que a amostra é *representativa* (da população), *casual* ou *aleatória simples* ou, ainda, que as observações são *independentes e identicamente distribuídas* (i.i.d.). Por seu turno, uma amostra particular, realização de uma amostra aleatória, consiste numa sequência de números reais ou *dados*, realização dos elementos da amostra genérica.

Admita-se que a distribuição de y envolve o parâmetro λ, de interesse para o investigador - por exemplo, a média da população, $\mathrm{E}(y)$. Considere-se ainda uma qualquer função da amostra, que não envolva parâmetros desconhecidos; uma tal função designa-se *estatística* - por exemplo, a média amostral, $\bar{y} = n^{-1} \sum_{i=1}^{n} y_i$, ou a variância amostral, $s^2 = (n-1)^{-1} \sum_{i=1}^{n} (y_i - \bar{y})^2$. As estatísticas utilizam-se para realizar inferência acerca dos parâmetros populacionais de interesse. A inferência estatística pode revestir a forma de estimação pontual, estimação por intervalos ou teste de hipóteses.

Para estimar pontualmente um parâmetro, λ, toma-se uma estatística, $l = l(\boldsymbol{y})$, designada *estimador*; o valor do estimador a partir de uma amostra particular constitui a *estimativa* – a estimativa pontual de λ. Com frequência (por exemplo, em Econometria) utiliza-se o símbolo do próprio parâmetro, com algum tipo de acento ($\hat{\lambda}$, $\tilde{\lambda}$, etc.), para denotar, quer o estimador quer a estimativa. Note-se que o estimador é uma variável aleatória (função da amostra aleatória) e a estimativa uma sua realização particular (função de uma amostra particular).

A estimação por intervalos baseia-se na consideração de duas funções da amostra, $l_1 = l_1(\boldsymbol{y})$ e $l_2 = l_2(\boldsymbol{y})$, tais que o parâmetro λ se situa entre l_1 e l_2 com certo grau de probabilidade. Quando se calcula os extremos $l_1(\boldsymbol{y})$ e $l_2(\boldsymbol{y})$ a partir de uma amostra particular, o intervalo designa-se *intervalo de confiança* (IC).

Por seu turno, para realizar um *teste de hipóteses* considera-se uma hipótese acerca do parâmetro, por exemplo, $\lambda = -1$, que se rejeita ou aceita, a partir da evidência amostral. O presente anexo aborda sucintamente as propriedades estatísticas dos estimadores, que permitem ajuizar da sua utilidade como instrumentos de inferência. A construção de IC's e realização de testes de hipóteses são descritas no corpo do texto (cap. 4), no âmbito da sua aplicação em Econometria.

Ao realizar inferência, uma primeira questão consiste em saber como obter uma estatística que possa ser estimador dos parâmetros de interesse. No âmbito da "inferência clássica", a resposta a esta questão assenta no conceito de *distribuição amostral*, isto é, a distribuição da estatística considerada como função de uma amostra aleatória. No âmbito da inferência estatística clássica, as propriedades dos estimadores avaliam-se atendendo a características das respectivas distribuições amostrais – não em termos de estimativas pontuais, a partir de amostras particulares. Por exemplo, se $\boldsymbol{y}$ é uma amostra casual de dimensão n de uma população $\mathcal{N}(\mu, \sigma^2)$, resulta do exposto acerca da distribuição normal (anexo B.4) que $\bar{y} \sim \mathcal{N}(\mu, \sigma^2/n)$. Mostra-se também que $\sqrt{n}(\bar{y} - \mu)/\sqrt{s^2} \sim t_{n-1}$, resultado que, em conjunto com o anterior, permite realizar inferência acerca do parâmetro μ.

C.2 Propriedades dos estimadores

C.2.1 Propriedades em amostras finitas

Considere-se uma amostra casual de dimensão n, de uma variável aleatória y, cuja distribuição envolve o parâmetro desconhecido, λ (escalar ou vector). Pretende-se realizar inferência sobre λ.

Centricidade
Um estimador $l = l(\boldsymbol{y})$ diz-se *cêntrico*, ou *não enviesado* para λ, se a média da sua distribuição amostral é igual a λ. Formalmente,

$$\mathrm{E}(l) = \lambda.$$

A característica de centricidade significa que se se extraísse um número infinito de amostras de dimensão n da população e, para cada amostra, se calculasse a respectiva estimativa produzida por l, então, a média de todas as estimativas seria igual ao valor do parâmetro λ.

Se $\mathrm{E}(l) \neq \lambda$, o estimador diz-se *enviesado*. A diferença $\mathrm{B}(l) = \mathrm{E}(l) - \lambda$ designa-se *enviesamento* do estimador. Um estimador cêntrico tem obviamente enviesamento nulo. Se o parâmetro é um vector, $\boldsymbol{\lambda} = [\lambda_1, \dots, \lambda_k]'$, um estimador, $\boldsymbol{l} = \boldsymbol{l}(\boldsymbol{y}) = [l_1(\boldsymbol{y}), \dots, l_k(\boldsymbol{y})]'$, diz-se cêntrico se o vector das médias da sua distribuição conjunta é igual a $\boldsymbol{\lambda}$. Formalmente, $\mathrm{E}(\boldsymbol{l}) = \boldsymbol{\lambda}$.

Eficiência
A centricidade constitui uma propriedade teórica desejável que, todavia, não garante, por si só, a proximidade de qualquer estimativa particular com o valor do parâmetro desconhecido. Perante um estimador l_1, cêntrico mas cuja distribuição amostral tem elevada variância, e outro estimador, l_2, ligeiramente enviesado mas com reduzida variância, a escolha pode bem recair sobre l_2, que produz estimativas presumivelmente mais próximas do valor desconhecido a estimar. Assim, uma propriedade importante do estimador é a da dispersão da sua distribuição amostral: o estimador escolhido deve ter uma variância tão reduzida

quanto possível. É uma propriedade relativa, que leva a hierarquizar vários estimadores, idênticos quanto a outras propriedades das respectivas distribuições. Por exemplo, um estimador cêntrico diz-se *eficiente* se tem variância mínima, entre todos os estimadores cêntricos. Se além disso o estimador é linear nas observações da variável, $l(\boldsymbol{y}) = \sum_{i=1}^{n} c_i y_i$, ($c_i$ constantes), o estimador diz-se *BLUE*: *Best* (eficiente), *Linear*, *Unbiased* (cêntrico) *Estimator*.

Se o parâmetro a estimar é um vector, o estimador $\boldsymbol{l}$ diz-se eficiente se a diferença entre a sua matriz de covariâncias e a matriz de covariâncias de qualquer outro estimador é uma matriz semi-definida negativa. Formalmente, o estimador $\boldsymbol{l}$ diz-se eficiente, se, perante qualquer outro estimador cêntrico $\boldsymbol{l}^*$, a matriz $\mathrm{V}(\boldsymbol{l}) - \mathrm{V}(\boldsymbol{l}^*)$ é semi-definida negativa. Donde, qualquer elemento do vector $\boldsymbol{l}$ tem variância mínima.

DEMONSTRAÇÃO

Se a matriz $\boldsymbol{D} = \mathrm{V}(\boldsymbol{l}) - \mathrm{V}(\boldsymbol{l}^*)$ é semi-definida negativa, então, para qualquer vector $\boldsymbol{c} \neq \boldsymbol{0}$, vem $\boldsymbol{c}'\boldsymbol{D}\boldsymbol{c} \leq 0$. Donde, a desigualdade também vale para o vector com o j-ésimo elemento igual a 1 ($c_j = 1$) e os restantes elementos nulos. Neste caso, $\boldsymbol{c}'\boldsymbol{D}\boldsymbol{c} = \boldsymbol{c}'[\mathrm{V}(\boldsymbol{l}) - \mathrm{V}(\boldsymbol{l}^*)]\boldsymbol{c} = \mathrm{V}(l_j) - \mathrm{V}(l_j^*) \leq 0 \Leftrightarrow \mathrm{V}(l_j) \leq \mathrm{V}(l_j^*)$. #

Desigualdade de Cramer-Rao

Seja a amostra casual de dimensão n, $\boldsymbol{x} = (x_1, \dots, x_n)$, da população $x \sim f(x; \lambda)$; seja $l = l(\boldsymbol{x})$ um estimador cêntrico de λ. Mostra-se que, sob hipóteses acerca de f, ditas "condições de regularidade", se tem

$$\mathrm{V}(l) \geq [n\mathcal{I}(\lambda)]^{-1},$$

em que

$$\mathcal{I}(\lambda) = \mathrm{E}\{[\partial \log f(x;\lambda)/\partial\lambda]^2\} = -\mathrm{E}[\partial^2 \log f(x;\lambda)/\partial\lambda^2],$$

designa a *quantidade de informação de Fisher*,

No caso de um vector de parâmetros $\boldsymbol{\lambda}$, sendo $\boldsymbol{l}$ um vector de estimadores cêntricos para $\boldsymbol{\lambda}$, a desigualdade deve entender-se no sentido matricial: a diferença entre a matriz $\mathrm{V}(\boldsymbol{l})$ e o limite inferior de Cramer-Rao (também matriz) é uma matriz semi-definida negativa. Neste caso, $[n\boldsymbol{\mathcal{I}}(\boldsymbol{\lambda})]^{-1}$ denota a inversa da matriz $n\boldsymbol{\mathcal{I}}(\boldsymbol{\lambda})$, com

$$\mathcal{J}(\boldsymbol{\lambda}) = \mathrm{E}\left[\frac{\partial \log f(x;\boldsymbol{\lambda})}{\partial \boldsymbol{\lambda}}\frac{\partial \log f(x;\boldsymbol{\lambda})}{\partial \boldsymbol{\lambda}'}\right] = -\mathrm{E}\left[\frac{\partial^2 \log f(x;\boldsymbol{\lambda})}{\partial \boldsymbol{\lambda}\partial \boldsymbol{\lambda}'}\right].$$

A desigualdade de Cramer-Rao é um resultado poderoso, que permite verificar se um estimador é plenamente eficiente. Em particular, o resultado é utilizado na demonstração da eficiência assintótica do estimador de máxima verosimilhança (sec. 14.3).

Erro quadrático médio

Com frequência, tolera-se um grau reduzido de enviesamento, se a variância é reduzida. Nestas situações, em vez de pretender estimadores cêntricos (nem sempre disponíveis ou com variância mais elevada), opta-se por aquele que tem menor *erro quadrático médio* (EQM),

$$\mathrm{EQM}(l) = \mathrm{E}[(l-\lambda)^2].$$

O EQM é igual à soma da variância com o quadrado do enviesamento,

$$\mathrm{EQM}(l) = \mathrm{E}\{[l-\mathrm{E}(l)+\mathrm{E}(l)-\lambda]^2\} =$$
$$\mathrm{E}\{[l-\mathrm{E}(l)]^2\} + 2[\mathrm{E}(l)-\lambda]\underbrace{\mathrm{E}[l-\mathrm{E}(\lambda)]}_{=0} + [\mathrm{E}(l)-\lambda]^2 = \mathrm{V}(l)+\mathrm{B}(l)^2.$$

Como é óbvio, se o estimador é cêntrico - $\mathrm{B}(l) = 0$ - o erro quadrático médio coincide com a variância, $\mathrm{EQM}(l) = V(l)$.

C.2.2 Propriedades assintóticas - breve introdução

Com frequência, não se consegue obter estimadores ideais com amostras finitas (as únicas disponíveis). Assim, procura-se estimadores com propriedades desejáveis em grandes amostras, designadas propriedades *assintóticas*. As propriedades assintóticas mais comuns baseiam-se em resultados gerais, obtidos para $n \to \infty$ (n: dimensão amostral), designadamente, *lei dos grandes números* (LLN) e *teorema do limite central* (TLC), expostos em seguida. Por conveniência, explicita-se agora o índice referente à dimensão da amostra na notação de estatísticas ou variáveis aleatórias que o justifiquem (l_n, por exemplo). Enuncia-se sem demonstração os resultados teóricos – para uma exposição completa da teoria assintótica pode consultar-se, por exemplo, Bierens (2004).

Convergência em média quadrática

O estimador $l_n = l(x_1, \dots, x_n)$ diz-se *convergente em média quadrática* para o parâmetro λ, se

$$\lim_{n\to\infty} \mathrm{EQM}(l_n) = 0.$$

Denota-se $l_n \overset{mq}{\longrightarrow} \lambda$. Da definição de EQM, resulta a condição necessária e suficiente de consistência em média quadrática,

$$\begin{cases} \lim_{n\to\infty} \mathrm{E}(l_n) = \lambda \\ \lim_{n\to\infty} \mathrm{V}(l_n) = 0 \end{cases} \Leftrightarrow \quad l_n \overset{mq}{\longrightarrow} \lambda.$$

Convergência em probabilidade. Lei fraca dos grandes números.

Sejam $l_n, n = 1,2,\dots$ variáveis aleatórias reais. Diz-se que l_n *converge em probabilidade para* l (aleatório ou não) quando $n \to \infty$, escrevendo-se $l_n \overset{P}{\to} l$ ou $\mathrm{plim}_{n\to\infty} l_n = l$ (leia-se "limite em probabilidade"), se

$$\lim_{n\to\infty} \Pr(|l_n - l| > \delta) = 0, \forall \delta > 0.$$

Se $\boldsymbol{l_n}$ e $\boldsymbol{l}$ são vectores, $\mathrm{plim}_{n\to\infty} \boldsymbol{l_n} = \boldsymbol{l}$ se cada elemento de $\boldsymbol{l_n}$ converge em probabilidade para o elemento homólogo de $\boldsymbol{l}$.

Intuitivamente, a definição significa que, se $\mathrm{plim}_{n\to\infty} l_n = l$, a *probabilidade* de l_n se situar arbitrariamente próximo de l tende para a unidade, à medida que $n \to \infty$. Note-se que é a probabilidade, $\Pr(\cdot)$ (que é não aleatória), que converge para um nos termos da noção usual de limite utilizada no cálculo (de modo determinístico) – não é a distância entre l_n e l, $|l_n - l|$. Dado que as variáveis l_n (e, possivelmente, l) são aleatórias, a distância entre l_n e l é sempre aleatória, para n finito: é sempre possível que $l_n \neq l$.

Seja l_n um estimador e λ constante; se $\mathrm{plim}_{n\to\infty} l_n = \lambda$, diz-se que l_n é *consistente para* λ. Esta é, por assim dizer, a exigência mínima que um estimador deve cumprir: se o estimador não é consistente para o parâmetro de interesse, então não fornece informação útil sobre este, mesmo com uma amostra arbitrariamente grande.

Em Econometria (e muitas outras áreas) utiliza-se estimadores que são consistentes sob certas hipóteses populacionais. Se estas não são válidas, os estimadores deixam usualmente de ser consistentes para os parâmetros em causa. Em todo o caso, se um estimador não é consistente, pode-se por vezes calcular o seu limite em probabilidade, de modo a avaliar o seu grau de inconsistência.

Pode ser difícil verificar a consistência a partir da definição. Mostra-se que, se um estimador converge em média quadrática para λ então também converge em probabilidade para λ. Daí a condição suficiente de convergência em probabilidade (usualmente fácil de verificar),

$$[\lim_{n\to\infty}\mathrm{E}(l_n) = \lambda \wedge \lim_{n\to\infty}\mathrm{V}(l_n) = 0] \;\Rightarrow\; \mathrm{plim}_{n\to\infty} l_n = \lambda.$$

Figura C.1

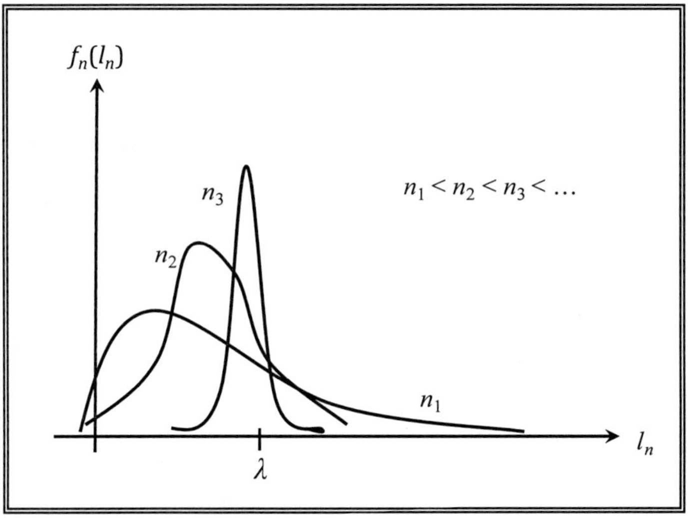

Distribuições amostrais de um estimador l_n consistente para λ

Dada a condição suficiente, se um estimador é *assintoticamente cêntrico para* λ $[\lim_{n\to\infty}\mathrm{E}(l_n) = \lambda]$ e se, no limite, a sua distribuição amostral é *degenerada* $[\lim_{n\to\infty}\mathrm{V}(l_n) = 0]$, então o estimador é consistente para λ. Por outras palavras, no limite, estimador e parâmetro coincidem. A figura C.1 ilustra esta situação. Note-se que, se $\lim_{n\to\infty}\mathrm{E}(l_n) = \theta \neq \lambda$ e $\lim_{n\to\infty}\mathrm{V}(l_n) = 0$, então $\mathrm{plim}_{n\to\infty} l_n = \theta$, o que significa que a distribuição amostral limite de l_n é degenerada no valor $\theta \neq \lambda$.

Lei Fraca dos Grandes Números

A *Lei Fraca dos Grandes Números* (LLN) permite afirmar que a média amostral converge em probabilidade para a média populacional. Sejam $y_i, i = 1,2, \ldots$ variáveis i.i.d. tais, que $\mathrm{E}(|y_i|) < \infty, \forall i$. Então, com $n \to \infty$,

$$\bar{y}_n = n^{-1} \sum_{i=1}^{n} y_i \xrightarrow{P} \mathrm{E}(y).$$

Se a população tem variância finita, $\mathrm{V}(y) < \infty$, a aplicação da condição suficiente de consistência permite obter imediatamente o resultado: $\mathrm{E}(\bar{y}_n) = \mathrm{E}(y)$, e $\mathrm{V}(\bar{y}_n) = n^{-1}\mathrm{V}(y) \to 0$.

Teorema de Slutsky

Se $\mathrm{plim}_{n\to\infty}\, l_n = \lambda$ e $g(\cdot)$ é uma função real contínua em λ, então

$$\mathrm{plim}_{n\to\infty}\, g(l_n) = g(\lambda).$$

Por exemplo, se $y_i, i = 1,2, \ldots$ são i.i.d. com $\mathrm{V}(y_i) = \sigma^2$, sabe-se que o estimador $n^{-1}\sum_{i=1}^{n}(y_i - \bar{y})^2$ é consistente para σ^2 (embora enviesado). Logo, por aplicação do Teorema de Slutsky,

$$\sqrt{n^{-1}\sum_{i=1}^{n}(y_i - \bar{y})^2} \xrightarrow{P} \sqrt{\sigma^2} = \sigma.$$

Note-se que a função $g(\cdot)$ pode não ser linear. Na maioria das situações, o Teorema de Slutsky permite a operação de passagem ao limite em probabilidade de modo análogo à passagem ao limite em cálculo – o que, como já referido (anexo B.3) não ocorre com o operador E. Por exemplo, sendo $\{k_n\}$ e $\{l_n\}$ sequências de estimadores,

- $\mathrm{plim}(k_n + l_n) = \mathrm{plim}k_n + \mathrm{plim}l_n$;
- $\mathrm{plim}(k_n l_n) = \mathrm{plim}k_n \mathrm{plim}l_n$;
- $\mathrm{plim}(k_n / l_n) = \mathrm{plim}k_n / \mathrm{plim}l_n, \quad \mathrm{plim}l_n \neq 0$.

O Teorema de Slutsky permite obter estimadores com limite conhecido a partir de diferentes estimadores consistentes. Por exemplo, sejam $(x_1, \ldots, x_n)$ e $(y_1, \ldots, y_n)$ amostras casuais dos pesos de recém-nascidos de, respectivamente, mães fumadoras e mães não fumadoras, pretendendo estimar-se a diferença percentual entre as médias das duas populações, $\delta = 100\% \left(\mu_x - \mu_y\right)/\mu_y$. Dado que $\mathrm{plim}_{n\to\infty}\bar{x} = \mu_x$ e

$\text{plim}_{n\to\infty}\bar{y} = \mu_y$, o estimador $\hat{\delta} = 100\%\,(\bar{x} - \bar{y})/\bar{y}$, embora enviesado - $\text{E}(\hat{\delta}) \neq \delta$ - é consistente para δ. Dado o Teorema de Slutsky,

$$\text{plim}\hat{\delta} = 100\%\,(\text{plim}\bar{x} - \text{plim}\bar{y})/\text{plim}\bar{y} = 100\%\,(\mu_x - \mu_y)/\mu_y = \delta.$$

Convergência em distribuição. Teorema do Limite Central.

Seja l_n uma variável aleatória com distribuição F_n. Diz-se que l_n *converge em distribuição para* a variável aleatória l quando $n \to \infty$, em que l tem distribuição F, se

$$\text{lim}_{n\to\infty}F_n(l_n) = F(l)$$

em todos os pontos de continuidade de F. Costuma escrever-se $l_n \xrightarrow{D} l$ ou $l_n \xrightarrow{D} F$. A definição é imediatamente extensível ao caso multivariado, com $F_{\boldsymbol{n}}$ e F distribuições conjuntas.

Se $l_n \xrightarrow{D} F$, então, para n suficientemente "grande", pode-se aproximar F_n por F. Diz-se então que F é a *distribuição assintótica* de l_n, utilizando-se também a notação $l_n \dot{\sim} F$. Não deve confundir-se esta distribuição com a distribuição *exacta* de l_n, frequentemente desconhecida - mas, para n elevado, espera-se que F aproxime F_n (tanto melhor, quanto maior n).

O TLC permite concluir que, sob certas condições, a média amostral converge em distribuição para uma variável aleatória normalmente distribuída. Pode enunciar-se o teorema como segue.

Teorema do Limite Central

Sejam y_i, $i = 1,2,\ldots$ variáveis i.i.d., com $\text{E}(y_i^2) < \infty, \forall i$. Então, com $n \to \infty$,

$$n^{1/2}\,(\bar{y}_n - \mu) = n^{-1/2}\sum\nolimits_{i=1}^{n}(y_i - \mu) \xrightarrow{D} \mathcal{N}(0, \sigma^2),$$

em que $\mu = \text{E}(y_i)$ e $\sigma^2 = \text{V}(y_i)$, $\forall i$. No caso multivariado ($\boldsymbol{y}_i$ vector), a condição do teorema é a de que $\text{E}(y_{ij}^2) < \infty, \forall i, j$, em que y_{ij} denota o elemento j de $\boldsymbol{y}_i$. Neste caso,

$$n^{1/2}(\bar{\boldsymbol{y}}_n - \boldsymbol{\mu}) = n^{-1/2}\sum\nolimits_{i=1}^{n}(\boldsymbol{y}_i - \boldsymbol{\mu}) \xrightarrow{D} \mathcal{N}_n(\boldsymbol{0}, \boldsymbol{\Sigma}),$$

em que $\boldsymbol{\mu} = \mathrm{E}(\boldsymbol{y}_i)$ e $\boldsymbol{\Sigma} = \mathrm{V}(\boldsymbol{y}_i)$, $\forall i$, e $\mathcal{N}_n$ denota a normal multivariada.

Note-se que o TLC não refere a média, $\bar{y}_n$, *tout court* – no limite, $\bar{y}_n$ é degenerado, porque $\mathrm{V}(\bar{y}_n) \to 0$. O TLC envolve a média corrigida pelo factor de escala $\sqrt{n}$, de modo que a variância limite é não nula e finita. Efectivamente, nas condições do teorema, $\mathrm{V}\left[\sqrt{n}(\bar{y}_n)\right] = n\mathrm{V}(\bar{y}_n) = n\,\mathrm{V}(y_i)/n = \sigma^2$.

Pode escrever-se o TLC, com a média amostral padronizada,

$$(\bar{y}_n - \mu)/\left(\sigma n^{-1/2}\right) \xrightarrow{D} \mathcal{N}(0,1)$$

ou, no caso multivariado,

$$(\boldsymbol{\Sigma}/n)^{-1/2}(\bar{\boldsymbol{y}}_n - \boldsymbol{\mu}) \xrightarrow{D} \mathcal{N}_n(\boldsymbol{0}, \boldsymbol{I}_n).$$

Para n "grande" escreve-se $\bar{y}_n \stackrel{\cdot}{\sim} \mathcal{N}(\mu, \sigma^2/n)$ ou $\bar{\boldsymbol{y}}_n \stackrel{\cdot}{\sim} \mathcal{N}_n(\boldsymbol{\mu}, n^{-1}\boldsymbol{\Sigma})$.

Se as variáveis y_i não são identicamente distribuídas e têm variâncias finitas (por exemplo têm diferentes médias e diferentes variâncias), uma versão mais geral do TLC permite escrever

$$n^{1/2}(\bar{y}_n - \mu) \xrightarrow{D} \mathcal{N}(0, \sigma^2),$$

em que $\mu = \mathrm{plim}_{n\to\infty}\,\bar{y}_n$, e $\sigma^2 = \lim_{n\to\infty} \mathrm{V}\left[n^{1/2}(\bar{y}_n - \mu)\right]$ se designa variância assintótica de $n^{1/2}(\bar{y}_n - \mu)$. No caso multivariado,

$$n^{1/2}(\bar{\boldsymbol{y}}_n - \boldsymbol{\mu}) \xrightarrow{D} \mathcal{N}_n(\boldsymbol{0}, \boldsymbol{\Sigma}),$$

com $\boldsymbol{\mu} = \mathrm{plim}_{n\to\infty}\,\bar{\boldsymbol{y}}_n$ e $\boldsymbol{\Sigma} = \lim_{n\to\infty} \mathrm{V}\left[n^{1/2}(\bar{\boldsymbol{y}}_n - \boldsymbol{\mu})\right]$.

Teorema de Cramer

Se $k_n \xrightarrow{D} k$, aleatório, e $l_n \xrightarrow{P} l$, constante, então

i. $k_n + l_n \xrightarrow{D} k + l$.

ii. $k_n l_n \xrightarrow{D} kl$ (*Regra do Produto*).

iii. $k_n/l_n \xrightarrow{D} k/l$, se $l \neq 0$.

Para muitos estimadores usuais, envolvendo médias amostrais, o Teorema de Cramer, combinando a LLN e o TLC, permite obter a distribuição-limite e, portanto, a sua distribuição assintótica. Deste modo, pode-se realizar inferência assintótica a respeito dos parâmetros de interesse (inferência aproximada, tanto mais exacta quanto maior a dimensão da amostra, n).

Para além da média amostral padronizada, utiliza-se outros estimadores que envolvem médias amostrais. Um exemplo importante é o da estatística t, que se pode obter da substituição de σ^2 pelo estimador consistente, $s_n^2 = n^{-1}\sum_{i=1}^{n}(y_i - \bar{y}_n)^2$, na expressão da média amostral padronizada.[39] Em concreto,

$$t = n^{1/2}(\bar{y}_n - \mu)/\sqrt{s_n^2} \overset{D}{\to} \mathcal{N}(0,1).$$

Dado que a distribuição t_n converge para a função $\mathcal{N}(0,1)$, pode-se escrever indistintamente $t \dot{\sim} t_n$ ou $t \dot{\sim} \mathcal{N}(0,1)$. Em consequência, também, por exemplo,

$$t^2 = n(\bar{y}_n - \mu)^2/s_n^2 \overset{D}{\to} \chi_1^2,$$

pelo que $t^2 \dot{\sim} \chi_1^2$.

O Teorema de Cramer pode obviamente enunciar-se no caso multivariado. Se $\widehat{\boldsymbol{\Sigma}}_{\boldsymbol{n}}$ designa uma matriz $(n \times n)$ consistente para a matriz $\boldsymbol{\Sigma} = \lim_{n\to\infty} V\left[n^{1/2}(\overline{\boldsymbol{y}}_{\boldsymbol{n}} - \boldsymbol{\mu})\right]$, e o vector $(n \times 1)$ $n^{1/2}(\overline{\boldsymbol{y}}_{\boldsymbol{n}} - \boldsymbol{\mu})$ cumpre os requisitos do TLC, a regra do produto permite escrever

$$\widehat{\boldsymbol{\Sigma}}_{\boldsymbol{n}}^{-1/2}\left[n^{1/2}(\overline{\boldsymbol{y}}_{\boldsymbol{n}} - \boldsymbol{\mu})\right] \overset{D}{\to} \mathcal{N}_n(\boldsymbol{0}, \boldsymbol{I}_n),$$

podendo-se escrever $\overline{\boldsymbol{y}}_{\boldsymbol{n}} \dot{\sim} \mathcal{N}_n\left(\boldsymbol{\mu}, n^{-1}\widehat{\boldsymbol{\Sigma}}_{\boldsymbol{n}}\right)$. Além disso, no caso considerado também é possível estabelecer, por exemplo, que

$$n(\overline{\boldsymbol{y}}_{\boldsymbol{n}} - \boldsymbol{\mu})'\widehat{\boldsymbol{\Sigma}}_{\boldsymbol{n}}^{-\boldsymbol{1}}(\overline{\boldsymbol{y}}_{\boldsymbol{n}} - \boldsymbol{\mu}) \overset{D}{\to} \chi_n^2.$$

Este tipo de procedimento aplica-se, por exemplo, na dedução da normalidade assintótica do estimador OLS (sec. 5.3) ou na obtenção da distribuição assintótica de estatísticas de teste (sec. 5.5).

---

[39] Como é bem sabido, esta estatística designa-se "estatística t", porque, para n finito, a sua distribuição exacta é t de Student (supondo, obviamente, que os y_i são normais).

O estimador OLS, $\hat{\boldsymbol{\beta}}$ [vector $(k+1) \times 1$], é um vector de médias dos valores da variável dependente (ponderados por funções das variáveis explicativas, $\boldsymbol{x}$). Sob o modelo de Gauss-Markov, para n finito, $\mathrm{V}(\hat{\boldsymbol{\beta}}|\boldsymbol{X}) = \sigma^2(\boldsymbol{X}'\boldsymbol{X})^{-1}$. Sob este modelo e pressupostos adequados a respeito de $\boldsymbol{x}$, pode-se aplicar um TLC a $\hat{\boldsymbol{\beta}}$. Donde, para $n \to \infty$,

$$\boldsymbol{V}^{-1/2}\left[n^{1/2}\left(\hat{\boldsymbol{\beta}} - \boldsymbol{\beta}\right)\right] \overset{D}{\to} \mathcal{N}_{k+1}(\boldsymbol{0}, \boldsymbol{I}_{k+1}),$$
$$\boldsymbol{V} = \sigma^2 \operatorname{plim}_{n\to\infty}(n^{-1}\boldsymbol{X}'\boldsymbol{X})^{-1}$$

e também, pelo Teorema de Cramer,

$$\hat{\boldsymbol{V}}^{-1/2}\left[n^{1/2}\left(\hat{\boldsymbol{\beta}} - \boldsymbol{\beta}\right)\right] \overset{D}{\to} \mathcal{N}_{k+1}(\boldsymbol{0}, \boldsymbol{I}_{k+1}),$$
$$\hat{\boldsymbol{V}} = \hat{\sigma}^2(n^{-1}\boldsymbol{X}'\boldsymbol{X})^{-1},$$

em que $\hat{\sigma}^2$ é um estimador consistente para σ^2. Deste modo, pode-se escrever $\hat{\boldsymbol{\beta}} \overset{.}{\sim} \mathcal{N}_n[\boldsymbol{\beta}, \hat{\sigma}^2(\boldsymbol{X}'\boldsymbol{X})^{-1}]$. Entretanto, dado que $\mathrm{V}(\boldsymbol{C}\hat{\boldsymbol{\beta}}) = \boldsymbol{C}\mathrm{V}(\hat{\boldsymbol{\beta}})\boldsymbol{C}'$, sendo $\boldsymbol{C}$ uma matriz não aleatória $j \times (k+1)$, sob a condição $\boldsymbol{C\beta} = \boldsymbol{c}$ tem-se

$$n\left(\boldsymbol{C}\hat{\boldsymbol{\beta}} - \boldsymbol{c}\right)'[\sigma^2 \boldsymbol{C} \operatorname{plim}_{n\to\infty}(n^{-1}\boldsymbol{X}'\boldsymbol{X})^{-1}\, \boldsymbol{C}']^{-1}\left(\boldsymbol{C}\hat{\boldsymbol{\beta}} - \boldsymbol{c}\right) \overset{D}{\to} \chi^2_j,$$

pelo que, se $\boldsymbol{C\beta} = \boldsymbol{c}$, a estatística de Wald, W, verifica

$$W = \left(\boldsymbol{C}\hat{\boldsymbol{\beta}} - \boldsymbol{c}\right)'[\boldsymbol{C}(\boldsymbol{X}'\boldsymbol{X})^{-1}\boldsymbol{C}']^{-1}\left(\boldsymbol{C}\hat{\boldsymbol{\beta}} - \boldsymbol{c}\right)/\hat{\sigma}^2 \overset{.}{\sim} \chi^2_j.$$

Exercícios

C.1 As variáveis $x_1, x_2 \dots, x_n$ são observações de uma variável x; sejam $\bar{x}$ e s^2, respectivamente, a média e variância deste conjunto de observações. Verifique que

a) $\sum_{i=1}^{n}(x_i - \bar{x}) \equiv 0$.

b) $s^2 = n^{-1}\sum_{i=1}^{n} x_i^2 - \bar{x}^2$.

c) Sendo $\bar{y}$ a média das observações da variável y e s_{xy} é a covariância entre as observações de x e y, verifique que $s_{xy} = n^{-1}\sum_{i=1}^{n} x_i y_i - \bar{x}\bar{y}$.

C.2 Sejam $y_1, \dots, y_n$ variáveis aleatórias i.i.d. com média μ e variância

σ^2. Considere $\bar{y} = n^{-1}\sum_{i=1}^{n} y_i$ e $s^2 = n^{-1}\sum_{i=1}^{n}(y_i - \bar{y})^2$, a média e a variância amostrais, respectivamente.

a) Mostre que $\bar{y}$ é um estimador não enviesado de μ.

b) Calcule $\mathrm{V}(\bar{y})$.

c) Mostre que s^2 não é um estimador cêntrico de σ^2. Apresente um estimador cêntrico de σ^2.

C.3 Sejam x_1, x_2 e x_3 variáveis aleatórias i.i.d. de uma população com média μ e variância σ^2. Considere $\bar{x} = (x_1 + x_2 + x_3)/3$.

a) Calcule $\mathrm{E}(\bar{x})$ e $\mathrm{V}(\bar{x})$.

b) Considere a média ponderada $p = x_1/6 + x_2/3 + x_3/2$. Calcule $\mathrm{E}(p)$ e $\mathrm{V}(p)$.

c) Qual dos estimadores, p ou $\bar{x}$, é preferível?

C.4 Considere uma amostra i.i.d. da população x, com média μ e variância σ^2. Sejam $\bar{x}$ a média amostral, $z_1 = \bar{x}/2$ e $z_2 = [(n+1)/n]\bar{x}$.

a) Calcule $\mathrm{E}(z_1)$ e $\mathrm{E}(z_2)$.

b) Calcule $\mathrm{V}(z_1)$ e $\mathrm{V}(z_2)$.

c) Calcule plim z_1 e plim z_2.

C.5 Considere o estimador w do parâmetro populacional μ. Verifique a igualdade $\mathrm{EQM}(w) = \mathrm{B}(w)^2 + \mathrm{V}(w)$, em que $\mathrm{B}(w) = \mathrm{E}(w) - \mu$. Que ocorre se w é cêntrico?

C.6 O estimador $\hat{\theta}$, obtido com base numa amostra casual de dimensão n de determinada população é tal, que

$$\sqrt{n}\left(\hat{\theta} - \theta\right) \overset{D}{\rightarrow} z \sim \mathcal{N}(0, \sigma^2),$$

em que θ denota um parâmetro, z denota uma variável aleatória e $\sigma^2 > 0$, é uma constante.

a) Escreva a expressão da distribuição assintótica de $\hat{\theta}$. Mostre que $\mathrm{plim}_{n\to\infty}\hat{\theta} = \theta$.

b) Determine o limite em distribuição da variável $\tau = n\left(\hat{\theta} - \theta\right)^2/\sigma^2$.

c) Seja uma constante não nula c. Escreva a expressão da distribuição assintótica de $c\hat{\theta}$.

C.7 (Versão multivariada do exercício **C.6**). O vector $k \times 1$ de estimadores, $\hat{\boldsymbol{\theta}}$, obtido com base numa amostra casual de dimensão n de determinada população é tal, que

$$\sqrt{n}(\hat{\boldsymbol{\theta}} - \boldsymbol{\theta}) \overset{D}{\to} \boldsymbol{z} \sim \mathcal{N}_k(\mathbf{0}_k, \boldsymbol{V}),$$

em que $\boldsymbol{\theta}$ denota um vector $k \times 1$ de parâmetros, $\boldsymbol{z}$ denota um vector aleatório $k \times 1$, $\mathbf{0}_k$ um vector $k \times 1$ de zeros e $\boldsymbol{V}$ é uma matriz $k \times k$ de elementos finitos, definida positiva.

a) Escreva a expressão da distribuição assintótica de $\hat{\boldsymbol{\theta}}$. Mostre que $\text{plim}_{n\to\infty}\hat{\boldsymbol{\theta}} = \boldsymbol{\theta}$.

b) Determine o limite em distribuição do vector aleatório $\boldsymbol{\tau} = n(\hat{\boldsymbol{\theta}} - \boldsymbol{\theta})'\boldsymbol{V}^{-1}(\hat{\boldsymbol{\theta}} - \boldsymbol{\theta})$.

c) Seja uma matriz não aleatória, $\boldsymbol{C}$, $j \times k$. Escreva a expressão da distribuição assintótica de $\boldsymbol{C}\hat{\boldsymbol{\theta}}$.

D Tabelas estatísticas

Tabela D1 Valores da distribuição normal reduzida

$$\Pr(Z \leq z) = \int_{-\infty}^{z} (2\pi)^{-1/2} \exp(-v^2/2)\, dv$$

z	0,00	0,01	0,02	0,03	0,04	0,05	0,06	0,07	0,08	0,09
0,0	0,5000	0,5040	0,5080	0,5120	0,5160	0,5199	0,5239	0,5279	0,5319	0,5359
0,1	0,5398	0,5438	0,5478	0,5517	0,5557	0,5596	0,5636	0,5675	0,5714	0,5753
0,2	0,5793	0,5832	0,5871	0,5910	0,5948	0,5987	0,6026	0,6064	0,6103	0,6141
0,3	0,6179	0,6217	0,6255	0,6293	0,6331	0,6368	0,6406	0,6443	0,6480	0,6517
0,4	0,6554	0,6591	0,6628	0,6664	0,6700	0,6736	0,6772	0,6808	0,6844	0,6879
0,5	0,6915	0,6950	0,6985	0,7019	0,7054	0,7088	0,7123	0,7157	0,7190	0,7224
0,6	0,7257	0,7291	0,7324	0,7357	0,7389	0,7422	0,7454	0,7486	0,7517	0,7549
0,7	0,7580	0,7611	0,7642	0,7673	0,7704	0,7734	0,7764	0,7794	0,7823	0,7852
0,8	0,7881	0,7910	0,7939	0,7967	0,7995	0,8023	0,8051	0,8078	0,8106	0,8133
0,9	0,8159	0,8186	0,8212	0,8238	0,8264	0,8289	0,8315	0,8340	0,8365	0,8389
1,0	0,8413	0,8438	0,8461	0,8485	0,8508	0,8531	0,8554	0,8577	0,8599	0,8621
1,1	0,8643	0,8665	0,8686	0,8708	0,8729	0,8749	0,8770	0,8790	0,8810	0,8830
1,2	0,8849	0,8869	0,8888	0,8907	0,8925	0,8944	0,8962	0,8980	0,8997	0,9015
1,3	0,9032	0,9049	0,9066	0,9082	0,9099	0,9115	0,9131	0,9147	0,9162	0,9177
1,4	0,9192	0,9207	0,9222	0,9236	0,9251	0,9265	0,9279	0,9292	0,9306	0,9319
1,5	0,9332	0,9345	0,9357	0,9370	0,9382	0,9394	0,9406	0,9418	0,9429	0,9441
1,6	0,9452	0,9463	0,9474	0,9484	0,9495	0,9505	0,9515	0,9525	0,9535	0,9545
1,7	0,9554	0,9564	0,9573	0,9582	0,9591	0,9599	0,9608	0,9616	0,9625	0,9633
1,8	0,9641	0,9649	0,9656	0,9664	0,9671	0,9678	0,9686	0,9693	0,9699	0,9706
1,9	0,9713	0,9719	0,9726	0,9732	0,9738	0,9744	0,9750	0,9756	0,9761	0,9767
2,0	0,9772	0,9778	0,9783	0,9788	0,9793	0,9798	0,9803	0,9808	0,9812	0,9817
2,1	0,9821	0,9826	0,9830	0,9834	0,9838	0,9842	0,9846	0,9850	0,9854	0,9857
2,2	0,9861	0,9864	0,9868	0,9871	0,9875	0,9878	0,9881	0,9884	0,9887	0,9890
2,3	0,9893	0,9896	0,9898	0,9901	0,9904	0,9906	0,9909	0,9911	0,9913	0,9916
2,4	0,9918	0,9920	0,9922	0,9925	0,9927	0,9929	0,9931	0,9932	0,9934	0,9936
2,5	0,9938	0,9940	0,9941	0,9943	0,9945	0,9946	0,9948	0,9949	0,9951	0,9952
2,6	0,9953	0,9955	0,9956	0,9957	0,9959	0,9960	0,9961	0,9962	0,9963	0,9964
2,7	0,9965	0,9966	0,9967	0,9968	0,9969	0,9970	0,9971	0,9972	0,9973	0,9974
2,8	0,9974	0,9975	0,9976	0,9977	0,9977	0,9978	0,9979	0,9979	0,9980	0,9981
2,9	0,9981	0,9982	0,9982	0,9983	0,9984	0,9984	0,9985	0,9985	0,9986	0,9986
3,0	0,9987	0,9987	0,9987	0,9988	0,9988	0,9989	0,9989	0,9989	0,9990	0,9990

Tabela D2 Quantis da distribuição t

$T \sim t_{gl}$; $c : \Pr(|T| \leq c) = 1 - \alpha$

gl \ α	0,200	0,100	0,050	0,020	0,010
1	3,0777	6,3138	12,7062	31,8205	63,6567
2	1,8856	2,9200	4,3027	6,9646	9,9248
3	1,6377	2,3534	3,1824	4,5407	5,8409
4	1,5332	2,1318	2,7764	3,7469	4,6041
5	1,4759	2,0150	2,5706	3,3649	4,0321
6	1,4398	1,9432	2,4469	3,1427	3,7074
7	1,4149	1,8946	2,3646	2,9980	3,4995
8	1,3968	1,8595	2,3060	2,8965	3,3554
9	1,3830	1,8331	2,2622	2,8214	3,2498
10	1,3722	1,8125	2,2281	2,7638	3,1693
11	1,3634	1,7959	2,2010	2,7181	3,1058
12	1,3562	1,7823	2,1788	2,6810	3,0545
13	1,3502	1,7709	2,1604	2,6503	3,0123
14	1,3450	1,7613	2,1448	2,6245	2,9768
15	1,3406	1,7531	2,1314	2,6025	2,9467
16	1,3368	1,7459	2,1199	2,5835	2,9208
17	1,3334	1,7396	2,1098	2,5669	2,8982
18	1,3304	1,7341	2,1009	2,5524	2,8784
19	1,3277	1,7291	2,0930	2,5395	2,8609
20	1,3253	1,7247	2,0860	2,5280	2,8453
21	1,3232	1,7207	2,0796	2,5176	2,8314
22	1,3212	1,7171	2,0739	2,5083	2,8188
23	1,3195	1,7139	2,0687	2,4999	2,8073
24	1,3178	1,7109	2,0639	2,4922	2,7969
25	1,3163	1,7081	2,0595	2,4851	2,7874
26	1,3150	1,7056	2,0555	2,4786	2,7787
27	1,3137	1,7033	2,0518	2,4727	2,7707
28	1,3125	1,7011	2,0484	2,4671	2,7633
29	1,3114	1,6991	2,0452	2,4620	2,7564
30	1,3104	1,6973	2,0423	2,4573	2,7500
40	1,3031	1,6839	2,0211	2,4233	2,7045
50	1,2987	1,6759	2,0086	2,4033	2,6778
60	1,2958	1,6706	2,0003	2,3901	2,6603
70	1,2938	1,6669	1,9944	2,3808	2,6479
80	1,2922	1,6641	1,9901	2,3739	2,6387
90	1,2910	1,6620	1,9867	2,3685	2,6316
100	1,2901	1,6602	1,9840	2,3642	2,6259
120	1,2886	1,6577	1,9799	2,3578	2,6174
∞	1,2816	1,6449	1,9600	2,3264	2,5759

Tabela D3 Quantis de ordem 95% da distribuição *F*

$F \sim F_{gl_1,gl_2}\,; \quad c : \Pr(F \leq c) = 0{,}95$

gl_1 / gl_2	1	2	3	4	5	6	7	8	9	10
1	161,45	199,50	215,71	224,58	230,16	233,99	236,77	238,88	240,54	241,88
2	18,51	19,00	19,16	19,25	19,30	19,33	19,35	19,37	19,38	19,40
3	10,13	9,55	9,28	9,12	9,01	8,94	8,89	8,85	8,81	8,79
4	7,71	6,94	6,59	6,39	6,26	6,16	6,09	6,04	6,00	5,96
5	6,61	5,79	5,41	5,19	5,05	4,95	4,88	4,82	4,77	4,74
6	5,99	5,14	4,76	4,53	4,39	4,28	4,21	4,15	4,10	4,06
7	5,59	4,74	4,35	4,12	3,97	3,87	3,79	3,73	3,68	3,64
8	5,32	4,46	4,07	3,84	3,69	3,58	3,50	3,44	3,39	3,35
9	5,12	4,26	3,86	3,63	3,48	3,37	3,29	3,23	3,18	3,14
10	4,96	4,10	3,71	3,48	3,33	3,22	3,14	3,07	3,02	2,98
11	4,84	3,98	3,59	3,36	3,20	3,09	3,01	2,95	2,90	2,85
12	4,75	3,89	3,49	3,26	3,11	3,00	2,91	2,85	2,80	2,75
13	4,67	3,81	3,41	3,18	3,03	2,92	2,83	2,77	2,71	2,67
14	4,60	3,74	3,34	3,11	2,96	2,85	2,76	2,70	2,65	2,60
15	4,54	3,68	3,29	3,06	2,90	2,79	2,71	2,64	2,59	2,54
16	4,49	3,63	3,24	3,01	2,85	2,74	2,66	2,59	2,54	2,49
17	4,45	3,59	3,20	2,96	2,81	2,70	2,61	2,55	2,49	2,45
18	4,41	3,55	3,16	2,93	2,77	2,66	2,58	2,51	2,46	2,41
19	4,38	3,52	3,13	2,90	2,74	2,63	2,54	2,48	2,42	2,38
20	4,35	3,49	3,10	2,87	2,71	2,60	2,51	2,45	2,39	2,35
21	4,32	3,47	3,07	2,84	2,68	2,57	2,49	2,42	2,37	2,32
22	4,30	3,44	3,05	2,82	2,66	2,55	2,46	2,40	2,34	2,30
23	4,28	3,42	3,03	2,80	2,64	2,53	2,44	2,37	2,32	2,27
24	4,26	3,40	3,01	2,78	2,62	2,51	2,42	2,36	2,30	2,25
25	4,24	3,39	2,99	2,76	2,60	2,49	2,40	2,34	2,28	2,24
30	4,17	3,32	2,92	2,69	2,53	2,42	2,33	2,27	2,21	2,16
40	4,08	3,23	2,84	2,61	2,45	2,34	2,25	2,18	2,12	2,08
50	4,03	3,18	2,79	2,56	2,40	2,29	2,20	2,13	2,07	2,03
60	4,00	3,15	2,76	2,53	2,37	2,25	2,17	2,10	2,04	1,99
70	3,98	3,13	2,74	2,50	2,35	2,23	2,14	2,07	2,02	1,97
80	3,96	3,11	2,72	2,49	2,33	2,21	2,13	2,06	2,00	1,95
90	3,95	3,10	2,71	2,47	2,32	2,20	2,11	2,04	1,99	1,94
100	3,94	3,09	2,70	2,46	2,31	2,19	2,10	2,03	1,97	1,93
120	3,92	3,07	2,68	2,45	2,29	2,18	2,09	2,02	1,96	1,91
∞	3,84	3,00	2,60	2,37	2,21	2,10	2,01	1,94	1,88	1,83

Tabela D4 Quantis da distribuição χ^2

$X \sim \chi^2_{gl}$; $c : \Pr(X \leq c) = 1 - \alpha$

gl \ α	0,100	0,050	0,025	0,010
1	2,7055	3,8415	5,0239	6,6349
2	4,6052	5,9915	7,3778	9,2103
3	6,2514	7,8147	9,3484	11,3449
4	7,7794	9,4877	11,1433	13,2767
5	9,2364	11,0705	12,8325	15,0863
6	10,6446	12,5916	14,4494	16,8119
7	12,0170	14,0671	16,0128	18,4753
8	13,3616	15,5073	17,5345	20,0902
9	14,6837	16,9190	19,0228	21,6660
10	15,9872	18,3070	20,4832	23,2093
11	17,2750	19,6751	21,9200	24,7250
12	18,5493	21,0261	23,3367	26,2170
13	19,8119	22,3620	24,7356	27,6882
14	21,0641	23,6848	26,1189	29,1412
15	22,3071	24,9958	27,4884	30,5779
16	23,5418	26,2962	28,8454	31,9999
17	24,7690	27,5871	30,1910	33,4087
18	25,9894	28,8693	31,5264	34,8053
19	27,2036	30,1435	32,8523	36,1909
20	28,4120	31,4104	34,1696	37,5662
21	29,6151	32,6706	35,4789	38,9322
22	30,8133	33,9244	36,7807	40,2894
23	32,0069	35,1725	38,0756	41,6384
24	33,1962	36,4150	39,3641	42,9798
25	34,3816	37,6525	40,6465	44,3141
26	35,5632	38,8851	41,9232	45,6417
27	36,7412	40,1133	43,1945	46,9629
28	37,9159	41,3371	44,4608	48,2782
29	39,0875	42,5570	45,7223	49,5879
30	40,2560	43,7730	46,9792	50,8922

Bibliografia

Amemiya, T. (1981), "Qualitative Response Models: A Survey", *Journal of Economic Literature*, 19, 4, 481-536.

Angrist, J., A. Krueger (1991), "Does Compulsory School Attendance Affect Schooling and Earnings?", *Quarterly Journal of Economics*, 106, 979–1014.

Arellano, M. (1989), "A Note on the Anderson-Hsiao Estimator for Panel Data", *Economics Letters*, 31, 337–341.

Baltagi, B. (2011), *Econometrics, 5th Ed.*, Springer, New York.

Baltagi, B. (2013), *Econometric Analysis of Panel Data, 5th Ed.*, Wiley, New York.

Belsley, D., E. Kuh, R. Welsch (1980), *Regression Diagnostics*, Wiley, New York.

Berndt, E., B. Hall, R. Hall, J. Hausman (1974), "Estimation and Inference in Nonlinear Structural Models", *Annals of Economic and Social Measurement*, 3, 4, 653-665.

Bierens, H. (2004), *Introduction to the Mathematical and Statistical Foundations of Econometrics*, Cambridge University Press, Cambridge.

Breusch, T. (1978), "Testing for Autocorrelation in Dynamic Linear Models", *Australian Economic Papers*, 17, 334–355.

Breusch, T., A. Pagan (1979), "A Simple Test for Heteroskedasticity and Random Coefficient Variation", *Econometrica*, 47, 987–1007.

Card, D. (1995), "Using Geographic Variation in College Proximity to Estimate the Return to Schooling," in: L. Christophides, E. Grant, R. Swidinsky, Ed., *Aspects of Labour Market Behavior: Essays in Honour of John Vanderkamp*, 201–222, Toronto University Press, Toronto.

Castro, V., R. Martins (2013), "Running for Office Again: Evidence from Portuguese Municipal Elections", *Public Choice*, 156, 3, 677-702.

Davidson, R., J. MacKinnon (1981), "Several Tests of Model Specification in the Presence of Alternative Hypotheses", *Econometrica*, 49, 781–793.

Davidson, R., J. MacKinnon (1993), *Estimation and Inference in Econometrics*, Oxford University Press, Oxford.

Dickey, D., W. Fuller (1979), "Distributions of the Estimators for Autoregressive Time Series with a Unit Root", *Journal of the American Statistical Association*, 74, 427-431.

Durbin, J. (1970), "Testing for Serial Correlation in Least Squares Regressions when Some of the Regressors Are Lagged Dependent Variables", *Econometrica*, 38, 410–421.

Engle, R., C. Granger (1987), "Co-Integration and Error Correction: Representation, Estimation, and Testing", *Econometrica*, 55, 2, 251–276.

Fisher, G., M. McAleer (1981), "Alternative Procedures and Associated Tests of Significance for Non-Nested Hypotheses", *Journal of Econometrics*, 16, 103–119.

Frisch, R. (1933), "Editorial", *Econometrica*, 1, 1-4.

Frisch, R., F. Waugh (1933), "Partial Time Regression as Compared with Individual Trends", *Econometrica*, 1, 387–401.

Gentle, J. (2007), *Matrix Algebra, Theory, Computations and Applications in Statistics*, Springer, NewYork.

Godfrey, L. (1978), "Testing Against General Autoregressive and Moving Average Error Models when the Regressors Include Lagged Dependent Variables", *Econometrica*, 46, 1293–1302.

Greene, W. (2012), *Econometric Analysis, 7th Ed.*, Prentice-Hall, Upper Saddle River.

Haavelmo, T. (1944), "The probability approach in econometrics", *Econometrica*, supplement, 12.

Hamilton, J. (1994), *Time Series Analysis*, Princeton University Press, Princeton, NJ.

Hansen, B. (2017), *Econometrics*, www.ssc.wisc.edu/~bhansen.

Hausman, J. (1978), "Specification Tests in Econometrics", *Econometrica*, 46, 1251–1271.

Hsiao, C. (2003), *Analysis of Panel Data, 2nd Ed.*, Cambridge University Press, Cambridge.

Johnston, J., J. DiNardo (1997), *Econometric Methods, 4th Ed.*, McGraw-

Hill, New York.

Koenker, R., J. Yoon, (2009), "Parametric Links for Binary Choice Models: a Fisherian-Bayesian Colloquy", *Journal of Econometrics*, 152, 120–130.

Kwiatkowski, D., P. Phillips, P. Schmidt, Y. Shin (1992), "Testing the Null Hypothesis of Stationarity Against the Alternative of a Unit Root", *Journal of Econometrics*, 54, 159–178.

Lovell, M. (1963), "Seasonal Adjustment of Economic Time Series", *Journal of the American Statistical Association*, 58, 993–1010.

McFadden, D. (1974), "Conditional Logit Analysis of Qualitative Choice Behavior", in P. Zarembka, Ed., *Frontiers in Econometrics*, Academic Press, New York.

Murteira, B., C. Silva Ribeiro, J. Andrade e Silva, C. Pimenta (2010), *Introdução à Estatística*, Escolar Editora, Lisboa.

Murteira, J., E. Ramalho, J. Ramalho (2013), "Heteroskedasticity Testing Through a Comparison of Wald Statistics", *Portuguese Economic Journal*, 12, 2, 131-160.

Newey, W., K. West (1987), "A Simple, Positive Semi-Definite Heteroskedasticity and Autocorrelation Consistent Covariance Matrix", *Econometrica*, 55, 703–708.

Press, W., S. Teukolsky, W. Vetterling, B. Flannery (2007), *Numerical Recipes, The Art of Scientific Computing, 3rd Ed.*, Cambridge University Press, New York.

Ramsey, J. (1969), "Tests for Specification Errors in Classical Linear Least-Squares Analysis", *Journal of the Royal Statistical Society, Series B*, 71, 350–371.

Santos Silva, J. (2001), "A Score Test for Non-nested Hypotheses with Applications to Discrete Data Models", *Journal of Applied Econometrics*, 16, 577-597.

Spanos, A. (1986), *Statistical Foundations of Econometric Modelling*, Cambridge University Press, Cambridge.

Stock, J., M. Yogo (2005), "Testing for Weak Instruments in Linear IV Regression", in: D. Andrews, Ed., *Identification and Inference for*

Econometric Models, Cambridge University Press, New York, 80-108.
Stukel, T. (1988), "Generalized Logistic Models", *Journal of the American Statistical Association,* 83, 402, 426–431.
Vuong, Q. (1989), "Likelihood Ratio Tests for Model Selection and Non-Nested Hypotheses," *Econometrica*, 57, 307–333.
White, H. (1980), "A Heteroskedasticity-Consistent Covariance Matrix Estimator and a Direct Test for Heteroskedasticity", *Econometrica,* 48, 817–838.
Wooldridge, J. (2001), "Diagnostic Testing", in Baltagi, B., ed., *A Companion to Theoretical Econometrics*, Blackwell, Massachusetts.
Wooldridge, J. (2010), *Econometric Analysis of Cross Section and Panel Data, 2nd Ed.*, The MIT Press, Cambridge.
Wooldridge, J. (2016), *Introductory Econometrics: A Modern Approach, 6th Ed.*, South-Western, Cengage Learning, Mason.
Wu, D. (1973), "Alternative Tests of Independence between Stochastic Regressors and Disturbances", *Econometrica*, vol. 41, pp. 733-750.